생동하는 고구려사

엄광용

역사산책

머리말

역사는 흐른다. 물이 높은 곳에서 낮은 곳으로 흐르듯, 역사는 고대로부터 현대로 끊임없이 시간을 실어 나른다. 시간은 과거~현재~미래로 이어지는 과정 속에 놓여 있는 한 흐름 속의 순간으로 존재한다. 물론 과거·현재· 미래는 존재하지 않는다. 인간이 시간을 두부 모 자르듯 토막을 내어 이해 하기 쉽도록 만든 임의적인 구분법에 지나지 않을 뿐이다.

우리가 바라보는 밤하늘의 별빛은 수억 광년 전에 발화되어 빛의 속도로 날아와서 눈앞에서 반짝이는 순간을 보여주고 있는 것이다. 별빛이 발생한 수억 광년 전을 과거라고 한다면, 지금 이 순간 우리 눈에 잡히는 별빛을 과연 현재라고 할 수 있을 것인가? 엄밀히 말하면 그것은 시간의 연속일 뿐, 과거니 현재니 하는 구분법으로 따질 수가 없다.

역사도 마찬가지다. 시간이라는 한 흐름 속에 역사가 놓여 있다. 따라서 우리는 고대의 역사를 읽으면서 하늘의 별과 마주치듯 현재, 바로 이 순간을 대면하고 있는 것이다. 영국의 사학자 E. H. 카는 역사를 '과거와 현재의 끊임없는 대화'라고 정의한 바 있다. 이는 현재의 입장에서 역사를 바라보고, 해석해야 한다는 것이다. 그럼으로써 역사 속에 숨어 있는 진정성을 찾아내 현실을 보는 거울로 삼고, 그 역동성을 되살려 미래로 시간을 영속시켜 나가는 것이 우리 인간의 삶이다.

고구려 역사를 새롭게 쓰면서 필자는 '역동성'에 주안점을 두었다. '생동하는 고구려사'라는 제목이 보여주듯, 역사는 죽은 것이 아니라 살아서 움직이며 현재의 우리에게 끊임없이 새로운 메시지를 전달하고 있다. 즉 역사를 읽는 당사자의 마음에 따라 과거의 죽은 역사가 되기도 하고, 마음을 열고 귀를 기울여 듣는 사람에게는 비로소 역사가 주는 메시지가 새롭게 가슴에 와서 부르르 진저리를 치게 만들기도 한다.

고구려의 역사는 전쟁과 평화의 파장 속에서 역동적으로 움직이는 시간의 흐름을 지속해왔다. 경제지표를 보면 언제나 불황과 호황이 반복되듯, 역사 속의 전쟁과 평화도 반복과정을 거치면서 변화를 거듭한다. 누구나 전쟁보다 평화를 원하지만, 끝없이 이어지는 전쟁도 없고 영원한 평화도 존재하지 않는다. 반드시 전쟁을 극복하는 과정 속에 평화가 있고, 평화가 지속되는 가운데 불만이 노출되어 전쟁의 불씨로 점화된다. 특히 고구려는 역학적 구도로 볼 때 요동 서쪽에는 중국의 시대 변화에 따른 각기 다른 제국들이, 북쪽에는 거란이, 동쪽에는 숙신과 동부여가, 남쪽에는 백제와 신라가, 동쪽 바다 건너에는 왜국이 있어 늘 주변 나라들과 대결구도를 갖지 않으면 안 되었다.

고구려 최고의 전성기는 광개토태왕 재위 시절이었다. 광개토태왕은 내심 평화를 간절히 원했으나, 아이러니하게도 가장 많은 전쟁을 치른 군주였다. 땅에서보다 말 위에서 보낸 세월이 더 많을 정도로, 그는 재위 기간 22년 동안 쉬지 않고 사방의 적성 국가들과 전쟁을 치러 무릎을 꿇게 만들었다. 직접 원정을 나가서 단 한 번도 진 적이 없고, 백전백승의 전승고를 울리며 귀환하곤 했다.

광개토태왕이 전쟁의 신처럼 주변의 적성 국가들과 싸워 이긴 것은 강한 국가를 만들어야 진정한 평화를 이룩할 수 있다는 신념을 갖고 있었기 때문이다. 일단 전쟁으로 주변국을 지배하에 두고, 그런 연후 덕으로 정치를 하면 평화로운 세상을 만들 수 있다는 것이 광개토태왕의 생각이었다. 그러나 그는 주변국을 다 무릎 꿇리고 나서 39세의 나이에 서거하였다.

오늘날 미국이 '팍스 아메리카나'를 내세우며 세계 각국 위에 군림하고 있듯이, 광개토태왕도 당시 동북아의 질서를 유지하기 위해 '팍스 고구려'를 꿈꾸었던 것이다. 지금 우리나라의 현실도 역학적 구도로 볼 때 고구려 당시의 사정과 별반 다를 것이 없다. 우리나라는 미국·중국·러시아·일본 등 군사와 경제에서 우위에 있는 강국들 사이에 끼어 있다. 거기에 남북 분단이라는 민족적 아픔까지 견디면서 해방 이후 지금까지 안간힘으로 버텨오고 있다.

광개토태왕이 '팍스 고구려'를 꿈꾸었던 것처럼, 지금 우리나라도 강한 국가로 다시 태어나 주변 강대국으로부터 자유로워져야 할 때다. 고구려 역사에서 우리가 배워야 할 것은 강력한 힘과 자주성이다. 생동하는 고구려의 역사가 들려주는 소리에 가만히 귀를 기울이면, 말 달리는 소리와 기마군단의 외침이 가슴에 와서 파도처럼 부서질 것이다. 역사를 보는 눈과 귀가 열린 사람은 그 파도가 고구려 시대부터 파장을 이루며 지금 우리에게 물결쳐오는 것을 느끼게 되리라 믿는다.

필자로서는 역사 속 고구려의 고민이 바로 우리의 현실임을 독자들이 깨닫게 되기를 바라는 마음 간절하다.

문학밖에 모르던 필자에게 역사를 보는 새로운 시각을 갖도록 가르침을 주신 단국대학교 사학과 문철영 교수님께 감사드리며 어려운 출판 여건속에서도 블로그 속에 묻혀 있던 이글을 선뜻 세상에 내놓을 수 있게 해주신 도서출판 역사산책의 박종서 대표님께도 고마움의 인사를 전한다.

2019년 7월

엄 광 용

목 차 ◆◆◆

제6부   당나라의 침공과 고구려의 멸망 • 289

제1부

주몽신화와 고구려의 건국

오녀산성 전경(ⓒ 윤성호)

주몽신화 속의 역사 읽기

1. 부여의 피를 이어받은 주몽

고구려 건국 과정을 다루고 있는 주몽 이야기는 신화로 되어 있다. 사실 신화는 어디까지가 사실이고 어디까지가 지어낸 이야기인지 명확하지 않다. 남미의 어느 부족은 '꿈'과 '신화'를 동일시하는 개념으로 사용하고 있다고 한다. 만약 '신화는 곧 꿈'이라는 등식이 성립된다면, 그것은 사실과 거리가 멀다고도 할 수 있다. 그러나 일반적으로 꿈이 미래에 뭔가를 이루겠다는 희망사항에서 출발한다면, 이와 반대로 신화는 과거에 그랬을 것이라는 가정 속에서 재구성되고 있는 것이다.

그렇다면 신화는 사실적인 것을 포함하면서 동시에 거기에 상상력을 가미한 '꿈' 즉 '희망사항'을 포함시키고 있다고 보아도 좋다. 따라서 신화 속에는 사실(논픽션)도 있고, 선조들을 우상화함으로서 미래의 번영을 예견토록 하기 위한 창작(픽션)도 포함되어 있다는 이야기다.

고증을 앞세우는 역사학에서는 신화를 그냥 꾸며낸 이야기로 취급하려는 경향이 있다. 그러나 신화는 일단 사실을 바탕으로 하고 있고, 거기에 상상력을 동원하여 좀 더 그럴 듯하게 꾸민 이야기라는 표현이 더 정확하다. 이 세상의 어떠한 상상력도 현실에 바탕을 두지 않고는 발휘되지 않는다. 이야기의 뼈대를 이루는 사실이 없다면 신화는 성립될 수 없는 것이다.

만약에 신화를 역사에서 제외시켜버리고 고증을 통한 역사나 명문화된 역사만을 고집한다면, 머리가 없고 몸체만 있는 비정형의 동상과 다름없는 꼴이 되고 말 것이다. 따라서 신화도 역사에 속한다는 가정 하에 출발해야만 잃어버린 역사의 복원이 가능해진다.

신화를 통한 역사 읽기는 어떻게 사실적인 부분과 창작한 부분을 구분해 내느냐에 달려 있다고 본다. 그것은 고증을 통한 역사 읽기가 아니라 상상력을 통한 역사 읽기에 의해서만 가능해진다. 따라서 신화가 하나의 '과일'이라고 할 때, 상상력이라는 '과육'을 벗겨내고 그 안에 숨은 사실이란 '씨앗'을 찾아내는 것 또한 역사 읽기의 한 방법이라고 할 수 있다.

고구려 건국 이야기를 하려면 먼저 주몽의 신화부터 분석해보아야 한다. 주몽의 신화는 북부여 신화와 동부여 신화를 연계하여 분석해야 그 출생의 비밀을 알 수 있다.

북부여를 건국한 하느님의 아들 해모수는 어느 날 압록강가 웅심연에서 물을 다스리는 신 하백의 딸 유화를 만난다. 첫눈에 반하여 유화를 희롱하자, 하백이 화가 나서 해모수에게 싸움을 걸었다.

여기서 북부여 건국 신화에는 하백과 해모수가 도술 대결을 하였다고 나온다. 하백이 잉어로 변하자 해모수가 수달피가 되어 쫓아간다. 기겁을 한 하백이 사슴으로 변하자, 이번에는 해모수가 승냥이로 변한다. 위험을 느낀 하백이 급히 꿩으로 변하자, 해모수는 매로 탈바꿈한다. 끝내 하백은 굴복을 하고 해모수에게 딸 유화를 데려가도록 허락해준다.

해모수와 하백의 도술 대결은 부족 간의 전쟁이라고 해석할 수 있다. 하느님을 믿는 부족과 물의 신을 믿는 부족 간에 벌어진 여러 차례에 걸친 힘겨루기 싸움이었던 것이다. 결국 하느님을 믿는 부족이 승리를 거두어 물의 신을 믿는 부족에서는 족장의 딸을 시집보냄으로써 두 부족이 화친을 맺게 되었다고 해석할 수 있다. 이처럼 당시 부족 간의 전쟁은 혼인을 통하여 서로의 긴장 관계를 해소하는 방법이 종종 사용되었던 것이다. 그러나 해모수는 싸움까지 벌여 얻은 유화를 끝내 버리고 만다.

한편 동부여를 세운 사람은 해부루다. 원래 해부루는 북부여 땅의 왕이었다가 상제의 명에 따라 동해 바다 인근의 가섭원이라는 곳으로 도읍을 옮겨 동부여를 세웠다. 나이 마흔이 다 되도록 슬하에 자식이 없어 고민하던 해부루는 어느 날 사냥을 나가 노루를 쫓다가 곤연이란 곳에서 금빛 개구리 형상을 한 아이를 하나 얻었다. 그가 바로 해부루가 죽고 나서 동부여 왕이 된 금와다.

어느 날 금와왕은 우발수라는 강가에 이르렀다가 유화를 만나 동부여의 궁궐로 데리고 온다. 유화는 자신이 물의 신 하백의 딸이며, 해모수와 결혼했으나 결국 쫓겨났다고 말했다.

이상하게 여긴 금와왕은 유화를 일단 골방에 가두었다. 그런데 신기하게도 골방으로 햇빛이 스며들어 유화를 비추었다. 이때 햇빛은 유화의 목덜미와 배에 머물렀다. 그녀가 피하면 이상하게도 햇빛은 따라다니며 몸을 비추는 것이었다. 그러고 나서 곧 유화는 아이를 배게 되었으며, 열 달 만에 몸을 풀었는데 낳은 것은 곡식이 다섯 되는 들어갈 만큼 큰 알이었다.

금와왕은 괴이한 일이라 여겨 그 알을 밖에 내다 버리게 하였다. 신하들이 알을 가져다 개와 돼지에게 던져주었으나 피하기만 할 뿐 알을 깨뜨려 먹지 않았다. 소가 다니는 길바닥에 버렸으나 밟지 않고 옆으로 비켜 다녔다.

신하들이 돌도끼로 깨뜨리려고 하였으나 알은 깨어지지 않았다. 이번에는 금와왕이 쇠도끼를 가져오라고 해서 직접 내리쳤지만 여전히 알은 그대로 있었다.

뒤늦게 두려움을 느낀 금와왕은 신하들에게 명하여 알을 다시 유화가 있는 골방에 넣어주라고 했다. 유화가 하얀 천으로 알을 싸서 따뜻한 아랫목에 놓아두었는데, 어느 날 그 알을 깨고 아이가 하나 나왔다. 그 아이가 바로 주몽이었다.

이러한 신화 속의 이야기를 통해 볼 때 주몽의 탄생은 비밀에 싸여 있다. 우선 아버지가 누구인지 모호하며, 알에서 탄생되었다는 신비화된 이야기가 너무 상징적으로 처리되어 있다. 언뜻 보면 유화와 처음 만난 하느님의 아들이자 북부여왕 해모수의 아들 같기도 하다. 흔히 난생설화의 상징은 태양, 즉 해와 관련이 있다고 보고 있다. 해는 하늘을 뜻하며, 따라서 주몽은 하느님의 피를 이어받은 천손이 되는 것이다.

주몽의 탄생설화에서 역사적인 사실을 유추해낸다면, 그가 하느님을 믿는 부족의 피를 이어받고 있다고 해석할 수 있다. 즉 하느님을 믿는 부족인 북부여의 해모수와 물의 신인 하백의 딸 유화와의 사이에서 태어나, 동부여의 금와왕 보호를 받고 자라난 것이다. 엄밀하게 말하면 주몽은 사생아로 태어나 의붓아버지에 의해 키워졌다고 볼 수 있다.

이런 여러 가지 정황을 살펴볼 때 주몽이 부여의 피를 이어받은 것만은 사실이다. 역사 자료에는 주몽이 '부여'에서 왔다고 하기도 하고, '북부여' 또는 '동부여'에서 왔다고도 한다. 이처럼 자료마다 기록이 다른 것은 주몽의 출생이 비밀에 싸여 있기 때문에 비롯된 결과라고 볼 수 있다. 중국의 ≪주서(周書)≫나 ≪수서(隋書)≫, ≪위서(魏書)≫등에는 주몽이 '부여'에서 왔다고 기록되어 있다. 그러나 김부식의 ≪삼국사기≫나 이규보의 ≪동명왕편≫에는 주몽이 '동부여' 출신이라고 나와 있다. 한편 우리나라에서 가장 오래된 기록이라고 할 수 있는 금석문인 광개토태왕비에는 '부여'도 '동부여'도 아닌 '북부여'가 주몽의 출생지로 나와 있다.

아무튼 어떤 기록이 정확한 것인지는 모르지만 주몽의 출생과 관련하여 '북부여'와 '동부여'는 밀접한 연관이 있는 것이 사실이다. 중국 사서에 '부여'로 나오는 것은 '북부여'와 '동부여'를 따로 구분하지 않고 통칭한 것일 수도 있다.

2. 두 남자의 아내가 된 유화 부인

주몽은 해모수의 피를 이어받은 아들이고, 해부루의 아들인 금와왕의 서자로 자라났다. 그런데 여기서 해모수와 해부루의 존재에 대한 해석이 엇갈린다. ≪삼국유사≫에서는 ≪고기(古記)≫에 전하는 북부여 신화를 소개하고 있는데, 하늘에서 다섯 마리의 용이 끄는 수레를 타고 내려온 해모수가 스스로 왕이라 일컬으며 국호를 '북부여'라 칭하였다고 나온다. 그런데 그 해모수의 아들 해부루가 하느님의 명에 따라 '동부여'로 도읍을 옮겼다고 한다.

이 신화의 내용대로라면 해부루는 해모수의 아들이 된다. 같은 해(解)씨이므로 그럴 가능성이 전혀 없는 것은 아니다. 그러나 동부여를 세운 해부루는 아들이 없다가 나중에 금빛 개구리 형상을 한 금와를 데려다 태자로 삼았고, 해부루가 죽자 금와가 왕이 되었다.

한편 금와왕은 우발수 강가에서 유화를 발견하고 궁궐로 데려와 같이 살게 된다고 신화는 전하고 있는데, 그것이 잘 이해되지 않은 부분이다. 왜냐하면 유화는 해모수가 먼저 관계를 맺은 여인이다. 그런데 해모수와 피가 섞이지는 않았지만 가계로 치면 손자가 되는 금와왕과 유화가 같이 살게 되었다는 것이 믿어지지 않는다. 해모수와 금와왕은 3대의 차이가 나는데 유화라는 같은 여자와 관계를 맺고 있는 것이다. 당시 사회가 어떤 윤리관을 가지고 있었는지는 모르지만, 할아버지와 손자가 같은 여자를 취한다는 것도 상식적으로 납득이 가지 않는 이야기다.

그렇다면 해모수와 해부루는 부자관계가 아닌지도 모른다. ≪삼국사기≫에 보면 원래 북부여의 왕은 해부루였다고 한다. 그때 북부여 국상 아란불의 꿈속에 하느님이 나타나 "장차 나의 자손이 이곳에 나라를 세우려고 하니 너희는 동쪽 바닷가 가섭원이란 곳으로 도읍을 옮기도록 하라."고 하였다는 것이다. 그 이야기를 전해들은 해부루는 하느님의 명에 따라 북부여를 버리고 동쪽으로 옮겨 '동부여'를 세웠다고 한다.

만약 해부루가 하느님의 명을 받아 동쪽으로 옮겨갈 때 하느님의 아들 해모수가 하늘에서 내려와 북부여왕이 되었다면, 그들 두 사람은 부자관계가 아니라 전혀 다른 사람들일 수도 있다. 어쩌면 해모수와 해부루의 성씨가 같다는 데서 신화가 구전되어오는 과정에 착오가 생긴 것일지도 모른다.

아무튼 유화는 물의 신을 섬기는 태백산 남쪽 우발수(지금의 백두산 남쪽 압록강) 부근의 강력한 지배력을 가진 부족 마을 족장 하백의 딸임에 틀림없다. 하백은 딸을 세 명 두었는데, 그중 유화는 맏딸이었다. 그 미모가 출중하여 북부여의 왕 해모수가 우발수 강가에서 그녀를 발견하고 첫눈에 반하여 관계를 맺었다.

이때 하백은 아무리 해모수가 북부여왕이라 하더라도 자신의 허락을 받지 않고 딸을 취한 것을 괘씸하게 생각하여 싸움을 걸었다. 해모수는 북부여왕이었고 하백은 일개 부족 마을의 족장이었으니, 그 군대의 규모나 전투력에서는 상대가 될 수 없었다. 결국 세 번 싸워서 세 번 모두 하백이 졌고, 맏딸 유화는 전쟁에 진 대가로 해모수의 전리품 신세가 되어버렸다.

그러나 해모수는 이미 한 번 취한 여인이라 거들떠보지도 않고 북부여 궁궐로 돌아가 버렸다. 이로 인하여 유화는 아버지 하백에게도 돌아가지 못하고 이미 몸을 준 해모수에게도 버림을 받아 우발수 강가에 유폐되는 신세로 전락하였다.

그때 유화는 우발수 강가에서 고기잡이를 하던 어부 강력추부의 고기를 훔쳐 먹다 들켜 붙잡히는 신세가 되었다. 어부가 도둑을 붙잡고 보니 세상에 보기 드문 빼어난 미인이어서, 그녀를 동부여의 금와왕에게 바쳤다.

금와왕은 유화로부터 자신이 북부여 왕 해모수에게 버림받은 여인이라는 고백을 듣고, 일단 그녀를 별궁에 유폐시켰다. 이미 그때 유화의 뱃속에선 아이가 자라고 있었고, 그 별궁에 머물면서 열 달을 채워 주몽을 낳았다.

이 같은 북부여와 동부여의 신화를 통해 보건대 《삼국유사》에 나오는 것처럼 해모수와 해부루는 부자지간이 아니다. 당시 부여 땅에는 해씨들이 지배세력을 형성하고 있었을지도 모른다. 그중 해부루가 왕으로 있었는데, 젊고 힘이 센 해모수가 새로운 세력으로 부상하면서 왕권에 도전해 왔다. 이때 해부루는 젊은 세력의 우두머리인 해모수에게 북부여왕의 자리를 내어주고 동쪽 바닷가에 있는 가섭원으로 가서 도읍을 정하고 '동부여'를 세운 것이다.

다시 말하면 연령대로 볼 때 해모수와 해부루는 《삼국유사》에 언급되고 있는 부자관계가 아니라, 오히려 그 반대로 해부루가 해모수의 아저씨

뻘이 되는 인척관계가 아니었을까 하는 유추가 가능해진다. 이런 가정법을 가지고 접근해야만 유화가 관계한 두 남자, 즉 해모수와 금와왕의 연령대가 비슷해질 수 있는 것이다. 물론 처음 유화가 할아버지 같은 해모수와 관계를 가질 수도 있다. 그래야만 《삼국유사》에서 언급하는 해모수와 해부루의 부자관계설이 성립되지만, 그럴 가능성은 아주 희박하다고 볼 수 있다. 왜냐하면 원래 해부루가 북부여왕이었는데 해모수에게 왕위를 물려주고 동쪽으로 내려와 동부여를 세웠다면, 이것은 아들이 아버지에게 왕위를 물려주는 꼴이 되기 때문에 이치에 맞지 않는다.

다시 유추를 해보면, 원래 북부여왕은 해부루였는데 다음 대를 이을 아들이 없었다. 그때 해씨 중 젊은 세력을 중심으로 일어난 해모수가 스스로 '하느님의 아들'이라 칭하며 해부루를 위협하여 북부여의 왕위를 가로챈 것이다. 결국 세력다툼에서 밀려난 해부루는 동쪽 바닷가로 피신하여 동부여를 세웠고, 우연한 기회에 자신의 피가 섞이지 않은 금와를 자식으로 얻어 동부여의 왕위를 계승토록 한 것이다.

어찌 됐든 아름다운 여인 유화는 해모수와 금와왕 두 남자 사이에서 비련의 주인공이 될 수밖에 없었다. 더구나 자신의 그런 복잡한 남자관계로 인하여 아들 주몽은 친아버지 해모수와 의붓아버지 금와왕을 두었으니, 그의 어머니 유화로서는 장차 그의 장래를 크게 걱정하지 않으면 안 되었다.

3. 주몽의 고구려식 발음은 '추모'다

《삼국사기》 고구려 본기 제1편에 보면 주몽의 이름과 성씨에 대하여 다음과 같이 나온다.

〈시조 동명성왕(東明聖王)의 성은 고(高)씨요, 휘(諱)는 주몽(朱蒙)〔혹은 추모(鄒牟) 혹은 상해(象解)-중모(衆牟?)라고도 씀]이다.〉

여기서 말하는 '휘'는 '임금의 이름'을 가리키는데, 즉 '주몽'이 고구려 시조 동명성왕의 이름이라는 것이다. 그런데 '추모'니, '중모'니 하는 이름도 '주몽'과 같은 뜻으로 발음도 비슷하다.

≪위서(魏書)≫에는 '추모'를 '주몽'이라 쓰고 있으며, '주몽'은 부여 말로 '활을 잘 쏘는 사람'을 일컫는다고 풀이하고 있다. 신채호는 ≪조선상고사≫에서 ≪만주원류고(滿洲源流考)≫의 내용을 인용하여 〈지금 만주에 활 잘 쏘는 사람을 '주릴무얼'이라 하니, 주몽은 곧 '주릴무얼'이다〉라고 밝히고 있다.

아무튼 '주몽'은 부여 말로 '활을 잘 쏘는 사람'을 가리키는 말이니, 엄밀한 의미에서 그것은 '별명'이지 이름이 아니다. 그러면 실제로 주몽의 어린 시절 이름은 무엇이었을까? 어떤 학자는 ≪삼국사기≫에 나오는 '상해'를 주몽의 어릴 적 이름이 아닐까 유추하기도 하는데, 이에 대한 명확한 근거는 없다.

문헌상으로 볼 때 분명한 것은 주몽의 어릴 적 이름이 나와 있지 않다는 것이다. 왜 '주몽'이란 별명은 있으면서 실제 이름이 기록되지 않았던 것일까? 당시 동부여의 금와왕에게는 정실인 왕비에게서 낳은 맏아들 대소(帶素)를 비롯한 일곱 명의 왕자가 있었다고 한다. 맏아들 대소의 이름은 기록으로 나와 있는데, 후궁인 유화 부인에게서 낳은 서자 '주몽'의 진짜 이름은 기록에 남아 있지 않은 것이다.

그렇다면 금와왕은 후궁이 낳은 서자를 천대하여 이름조차 지어주지 않았다는 것일까? 어쩌면 정식 이름보다는 그냥 '아무개'라고 불리면서 어린 시절을 보내다가 그 아이가 활쏘기에 능한 것을 보고 사람들이 '주몽'이라 부르기 시작하면서, 그 별명이 아예 이름으로 변한 것인지도 모른다.

아무튼 주몽은 태어날 때부터 금와왕의 천대를 받았던 것이 사실이다. 다만 아름다운 여인 유화 부인을 후궁으로 두고 아꼈기 때문에, 그 아들 또한 버림받지 않고 궁궐에서 정실이 낳은 일곱 명의 아들 형제들과 함께 자라날 수 있었던 것이다.

그런데 고구려 시조 '주몽'에 대한 이름도 학자마다 해석이 분분하다. ≪삼국사기≫에 나오는 '주몽'은 김부식이 역사를 저술하면서 중국의 문헌을 참고하여 그대로 옮겼기 때문이라는 주장이 있다. 따라서 국내 기록으로는 가장 오래된 광개토태왕 능비에 나오는 '추모'가 더 정확한 명칭이라는 것이다. '동명성왕' 대신 '추모왕'이라고 부르는 이유도 거기에 있다.

'동명성왕'의 명칭에도 많은 혼란이 있다. 원래 동명성왕은 부여의 건국신화에 나오는 인물이기 때문이다. ≪삼국사기≫ 보다 약 1,100년 전에 중국 동한(東漢)의 사상가 왕충(王充: 27~약 97년)이 쓴 저서인 ≪논형(論衡)≫에 나오는 부여의 건국신화는 주몽신화와 비슷한 내용이 많다.

〈북쪽 이민족의 탁리국(橐離國)에서 왕을 모시던 시녀가 임신을 하였다. 왕이 죽이려고 하자 시녀는 하늘에서 계란 같은 큰 기운이 내려와 임신을 하였다고 대답했다. 아이를 낳았을 때 돼지우리에 버렸지만 돼지가 아이에게 입으로 숨을 불어넣어 죽지 않았다. 다시 마구간으로 옮겨놓자 말들 역시 아이를 밟지 않았다. 왕은 아이가 아마 하느님의 아들일 것이라고 생각하여, 그의 모친에게 노비로 거두어 기르게 하였다. 이름을 '동명(東明)'이라 부르고, 그로 하여금 소나 말을 기르게 하였다. 동명의 활 솜씨가 뛰어나자, 왕은 그에게 나라를 빼앗길 것이 두려워 죽이려 하였다. 동명이 남쪽으로 도망가다가 엄체수(掩遞水)에 이르러, 활로 물을 치니 물고기와 자라가 올라와 다리를 만들어주었다. 동명이 건너가자 물고기와 자라가 흩어져 추적하던 병사들을 따돌릴 수 있었다. 그는 부여에 도읍을 정하여 왕이 되었다. 이것이 북이(北夷)에 부여가 생기게 된 유래다.〉

또한 중국 ≪후한서(後漢書)≫의 부여국에 관한 기록도 ≪논형≫과 아주 유사하다. '탁리국'을 '색리국(索離國)'이라고 쓴 것만 조금 다른데, 이것은 어느 쪽이든 한자를 잘못 표기한 실수로 이해할 수 있다. 즉 '탁' 자와 '색' 자의 한자 모양이 비슷한 데서 발생한 오류이다. 그리고 당(唐)나라 태종 때 편찬한 ≪양서(梁書)≫에도 '고구려는 그 선조가 동명으로부터 나왔다.'고 전제하면서 ≪논형≫과 비슷한 동명신화를 싣고 있다.

어떻게 해서 부여의 건국신화인 동명왕 이야기와 고구려의 건국신화인 주몽 이야기가 이처럼 비슷할 수 있는가? 이 두 신화의 유사성 때문에 고구려를 건국한 인물이 '동명성왕'이라고도 하고, '주몽' 또는 '추모왕'이라고도 하는 것이다.

그러나 신화의 발생 과정을 추적해 올라가면 그 이름의 구분은 명확해진다. 부여의 건국신화가 먼저 생겼고, 그 다음에 고구려의 건국신화가 나왔다. 당연히 고구려는 부여의 건국신화를 응용할 수밖에 없었을 것이다. 즉 고구려의 정체성을 살리기 위하여 부여의 동명신화를 차용하여 주몽신화를 만든 것이다.

따라서 ≪삼국사기≫에서 동명성왕을 주몽으로 보는 것은 잘못이다. 엄밀하게 말하면 동명왕과 주몽은 다른 사람이다. 다만 주몽은 '북부여'든 '동부여'든 부여 사람의 피를 받아 태어나 고구려를 건국한 것이 사실이고, 그 후대에서는 고구려가 부여의 대통을 이어받았다는 정통성을 강조하기 위해 두 나라의 건국신화를 조합하여 만들어낸 것이다.

또 하나 유추할 수 있는 것은 '동명'이 부여를 건국한 왕의 이름인 고유명사라기보다는 당시 특별히 시조인 '제왕'을 높여 부르는 보통명사였을 가능성이다. '고조선'이나 '부여'는 그 나라 이름이 '동쪽의 해 뜨는 나라'라는 뜻과 관련이 깊으며, 따라서 해를 숭상하는 민족이었다. '동명(東明)'의 한자가 뜻하는 것도 같은 의미인 것을 보면, 사람 이름이라기보다는 다분히 상징적인 의미로 쓰인 명칭일 가능성이 높다는 이야기다.

고구려에서는 해마다 '동맹(東盟)'이란 추수감사제가 열렸는데, 그 한자어 중 맹세할 맹(盟) 자는 밝을 명(明)과 피 혈(血) 자를 결합하여 만든 것이다. 즉 동명왕에게 충성을 다하자는 맹세가 '동맹'의 의식이었을 수도 있는 것이다. 왜냐하면 '동명'은 하늘을 뜻하고, 추수감사절에는 하느님에게 감사의 뜻을 표하는 의식이 행해졌기 때문이다.

아무튼 다시 정리를 하면 고구려의 시조는 '동명성왕'이 아니라 '주몽' 즉 '추모왕'이라고 해야 옳다. '주몽'은 김부식이 ≪삼국사기≫를 쓸 때 중국 문헌의 기록에서 따온 것이고, '추모'는 고구려 사람들에 의하여 만들어진 광개토태왕 능비에 새겨진 명칭이므로 '추모왕'을 고구려 건국시조로 부르는 것이 합당하다.

단재 신채호는 《조선상고사》에서 '주몽'이란 이름이 중국 문헌에 기록된 것을 그대로 옮겨온 것이기 때문에 광개토태왕 능비에 나오는 '추모'로 쓰는 것이 옳다고 주장하였다. 그런데 이미 김부식의 《삼국사기》 이후 고구려 시조를 '주몽'으로 쓰고 있어 '추모'라는 이름이 너무 생소하므로, 혼란을 가져오지 않기 위하여 여기서는 그대로 '주몽'이라 쓰기로 한다. 대신에 주몽이 고구려를 건국하고부터는 '추모왕'으로 격상시켜 부르는 것이 마땅하다는 생각이다. 어릴 적 이름과 왕이 되었을 때의 호칭을 구분하기 위해서 편의상 그렇게 정하는 것이다.

4. 영웅은 고난 속에서 태어난다

부여 말로 '주몽'은 '활을 잘 쏘는 사람'이라고 했듯이, 어린 시절부터 주몽은 활쏘기를 아주 좋아하였다. 고구려 건국에 관한 여러 가지 신화를 종합해보면 그는 태어난 지 불과 한 달 만에 말을 하기 시작하였다고 한다. 그때 그는 어머니에게 "파리가 눈을 빨아서 잠을 잘 수 없으니 나를 위해 활과 화살을 만들어 달라."고 하였다. 그러자 유화 부인은 갈대로 활과 화살을 만들어주었는데, 그는 저 혼자 베틀 위에 앉은 파리를 활로 쏘아 백이면 백 명중시켰다고 한다. 그리고 일곱 살 때는 직접 활을 만들어 쏠 줄 알았다고 기록되어 있는 것을 보면, 그는 타고난 명궁이었던 모양이다.

물론 한 달 만에 주몽이 말을 하고 활로 파리를 잡았다는 것이나, 일곱 살 때 직접 활과 화살을 만들 줄 알았다는 이야기는 신화가 형성되는 과정에서 영웅으로 추켜세우기 위해 과장한 것이 틀림없다. 그러나 그런 이야기를 통하여 그가 어려서부터 활과 화살을 가지고 놀았다는 사실을 유추해낼 수 있다. 그리고 그 사실 하나만으로도 그가 타고난 명궁이었음이 입증된다.

당시 동부여는 활을 잘 쏘는 사람을 특히 우대했던 것 같다. 동부여 지역은 중국 대륙과 달리 산악지대가 많아서 칼이나 창보다 활이 더 유용한 무기로 사용되었다. 평야지대에서는 말을 타고 달려가 직접 칼과 창으로 싸움을 하는 형태가 일반적이지만, 산악이 많은 지역에서는 한순간에 말을 달려 계곡을 건널 수 없기 때문에 멀리 쏘아 보낼 수 있는 화살이 가장 요긴한 무기가 될 수밖에 없었을 것이다.

또한 동부여에서는 주로 들판에서 농사를 짓거나 목축을 하였지만, 모자라는 식량은 산에 들어가 사냥을 하여 짐승의 고기로 대신하였다. 고기는 식용으로 쓰고, 가죽은 옷을 해서 입으니 사냥이야말로 일거양득의 수단이 아닐 수 없었다. 따라서 사냥은 농사와 마찬가지로 당시 사람들에게 아주 중요한 생계수단의 하나였고, 활을 잘 쏘는 사람은 사냥에서 큰 공을 세울 수 있기 때문에 인기를 독차지하여 영웅 대접을 받았을 것이다.

동부여의 금와왕은 왕자들을 대동하고 즐겨 사냥을 나갔다. 대소를 비롯한 일곱 왕자와 함께 주몽도 비록 서자이긴 하지만 명색이 왕자이므로 함께 사냥에 참여하였다. 당시 사냥은 대회의 형식을 띠고 있었기 때문에, 누가 활을 잘 쏘아 가장 많은 사냥감을 획득하느냐가 초유의 관심사였다.

사냥대회를 하면 타고난 명궁이었던 주몽이 당연히 최고의 점수를 올렸을 것이다. 금와왕 앞이었으므로 특히 왕자들끼리는 서로 자기 실력을 과시하려는 욕심 때문에 시기와 질투가 심할 수밖에 없었다.

그런데 매번 주몽이 가장 많은 사냥감을 포획하기 때문에 일곱 명의 왕자들은 그를 미워했다. 그 중에서도 앞으로 금와왕의 대를 이을 태자 대소는 주몽을 자신의 적수로 생각하여 증오심이 더 강했다.

어느 날 사냥을 나갔을 때, 대소를 비롯한 일곱 명의 왕자들은 몰이꾼들을 40여 명씩이나 동원하고도 겨우 한 마리의 사슴밖에 잡지 못했다. 그런데 같이 사냥을 한 주몽은 혼자서도 매우 많은 사슴을 잡았다.

일곱 명의 왕자들은 질투심이 나서 주몽이 잡은 사슴들을 모두 빼앗고,

그를 밧줄로 꽁꽁 묶어 나무에 붙들어 맸다. 그러고는 짐승의 밥이나 되라는 저주를 퍼부으며 그들은 도망치듯 산을 내려왔다.

그때 주몽은 나무를 뿌리째 뽑아 밧줄을 풀고서 의연하게 궁궐로 돌아왔다. 그만큼 그는 활만 잘 쏘는 것이 아니라 힘도 장사였던 것이다.

대소는 잔뜩 겁을 집어먹지 않을 수 없었다. 자칫 잘못하면 주몽에게 왕위를 빼앗길 수도 있다는 불안감에 휩싸였다.

동부여의 많은 사람들이 활을 잘 쏘는 주몽을 칭찬하자, 대소는 위기의식을 느끼고 금와왕을 찾아가 말하였다.

"주몽은 사람에게서 태어난 것이 아니므로 아주 위험한 존재입니다. 일찍 그 싹을 잘라버리지 않으면 나중에 크게 후회할 일이 생길 것이니, 그를 아예 죽여 버리는 게 어떻겠습니까?"

금와왕도 후궁 소생인데다 자신의 피가 전혀 섞이지 않은 주몽이 정실 소생인 대소보다 활을 더 잘 쏘는 것에 대하여 매우 못마땅하게 생각하고 있었다. 그러나 그는 아름다운 유화 부인을 계속 곁에 두고 싶었기 때문에 주몽을 죽이거나 멀리 궁궐 밖으로 내쫓을 수가 없었다.

"네 말은 잘 알아들었다. 그러나 일단 내가 주몽에게 말을 잘 기르는지 시험을 해보고 나서 그때 다시 생각해보겠다."

금와왕은 아무런 이유도 없이 주몽을 궁궐 밖으로 내쫓거나 죽일 수가 없어 핑계거리를 만들기 위해 마구간으로 보내 말먹이꾼 노릇을 하게 하였다. 그러나 아무리 후궁의 자식이라 하더라고 명색이 왕자인데 말먹이꾼을 시키는 것은 너무한 처사가 아닐 수 없었다.

주몽은 금와왕과 대소가 자신을 함정에 빠뜨리려고 한다는 사실을 잘 알고 있었지만 순순히 그 명령에 따라 말먹이꾼이 되었다. 그가 마구간에서 말먹이를 주고 있을 때 유화 부인이 나타나 말하였다.

"네가 이렇게 고생하는 걸 보니 마음이 아프구나. 이 나라에는 너를 시기하는 사람이 많은데, 반드시 그들이 너를 해치려고 할 것이다. 그러기 전에 멀리 도망가서 새로운 인생을 개척하도록 하여라. 장차 멀리 도망가려면 준마가 필요하니, 네가 탈 말을 골라보도록 하자."

유화 부인은 마구간에 있는 말들에게 채찍을 가하였다. 그러자 여러 말들이 모두 우리 안에서 이리저리 도망가는데, 붉은빛이 도는 말 하나가 두 길이나 되는 난간을 뛰어넘어 달아나는 것이었다.

"바로 저 말이 준마로구나. 저 말을 잘 길러 네 말로 만들어라."

유화 부인의 말대로 주몽은 붉은빛이 도는 말을 눈여겨 봐두었다.

당시 궁궐에서 기르는 말 중 가장 좋은 말은 왕이 타게 되어 있었다. 그러므로 주몽은 붉은빛이 도는 말을 자신의 것으로 만들기 위하여 일부러 그 말의 혓바닥에 바늘을 꽂아 먹이를 잘 먹지 못하도록 하였다. 그렇게 몇 달이 지나자 붉은빛이 도는 말은 비쩍 말라 옛날 준마의 모습을 찾아볼 수 없게 되었다.

한편 주몽은 다른 말들을 잘 먹여 살이 찌고 기름기가 흐르도록 길렀다. 그러다 보니 비쩍 마른 붉은빛이 도는 말과 다른 말들은 금세 비교가 되었다.

"이 말은 네가 가져라."

어느 날 금와왕이 마구간에 와서 보고 비쩍 마른 붉은빛이 도는 말을 주몽에게 상으로 주었다.

그 뒤 주몽은 붉은빛이 도는 말의 혓바닥에서 바늘을 뽑고 좋은 먹이를 주어 잘 길렀다. 그는 수시로 그 말을 타고 달리기 연습을 하며 말을 길들이는 데 온갖 정성을 다하였다.

5. '물고기'와 '자라'는 상징적 표현이다

말먹이꾼 주몽이 금와왕으로부터 붉은 빛이 도는 말을 하사받은 것은, 그의 나이 19세 때의 일이었다. 이미 그는 건장한 청년이 되었기 때문에 금와왕은 물론이고 대소를 비롯한 일곱 명의 왕자들에게 두려움의 대상으로 떠올랐다.

당시만 해도 왕이 되는 자는 무술과 지략이 뛰어나야만 하였다. 왕으로서의 가장 중요한 덕목이 다른 부족이나 적국과의 전쟁에서 이겨 나라와 백성을 온전하게 지키는 것이었기 때문이다. 활을 잘 쏘고 힘이 장사인데다 지략까지 겸비한 주몽은 당연히 경계의 대상이 될 수밖에 없었다.

　특히 금와왕의 맏아들인 대소는 아버지에게 찾아가 주몽을 죽이려는 음모까지 꾸밀 정도였으니, 이러한 사실을 잘 알고 있는 유화 부인은 늘 아들의 장래가 걱정되지 않을 수 없었다.

　결국 언젠가는 멀리 주몽을 떠나보내야 한다는 생각에, 유화 부인은 그보다 먼저 결혼부터 시켜야겠다고 생각하게 되었다. 한 번 떠나면 다시는 보지 못할지도 모르는 자식에게서 핏줄 하나 만큼은 남겨두고 싶었던 것이다. 그래서 급히 서둘러 예씨를 며느리로 맞아들였다.

　한편 주몽은 날이 갈수록 자신이 위급한 상황에 처해 있다는 사실을 실감하면서 마음에 맞는 친구들을 사귀었다. 왕자들이 자신을 죽이려고 음모를 꾸미자, 그 역시 만약의 사태에 대비하기 위해 몰래 무술이 뛰어난 친구들을 모았던 것이다. 특히 그는 오이(烏伊)·마리(摩離)·협보(陜父) 세 청년과 가까이 지냈다. 그들은 하나같이 무술이 뛰어났으며, 특히 의협심이 강했다.

　마침내 주몽의 아내 예씨는 아이를 잉태하였다. 유화 부인은 더 이상 아들을 붙잡아두었다가는 금와왕과 대소를 포함한 일곱 명의 왕자들에게 죽임을 당할지도 모른다고 판단하였다. 더구나 왕을 모시는 측근 신하들까지 한 패거리가 되어 음모를 꾸미고 있었던 것이다.

　"나라 사람들이 장차 너를 죽이려고 하니 어서 여기를 떠나거라. 너는 남다른 재주와 지략을 겸하였으니 어디를 간들 살지 못하겠느냐? 여기서 머뭇거리다 욕을 당하느니 멀리 도망가서 장차 큰일을 도모하는 것이 좋겠구나."

　유화 부인의 말에 주몽은 아내 예씨에게 어머니를 부탁하고 곧 친구로 사귄 오이·마리·협보 세 청년과 함께 길을 떠났다.

　그러나 늘 대소의 졸개들에게 감시를 받고 있던 주몽이었으므로, 그의 일행은 동부여 궁궐을 벗어나자마자 대소가 이끄는 군사들에게 추격을 받게 되었다. 구릉과 들판에서 말을 타고 무리지어 쫓고 쫓기는 그야말로 숨 막히는 추격전이 벌어진 것이었다.

일연의 ≪삼국유사≫에는 주몽 일행이 말을 타고 도망가다 강가에 이르렀을 때의 장면을 이렇게 기록하고 있다.

〈그래서 주몽은 오이 등 세 사람과 벗을 삼아 떠나 엄수(淹水)에 이르러 물에게 말하였다. "나는 천제의 아들이자 하백의 손자이다. 오늘 도망치는데 뒤쫓는 자들이 가까이 오고 있으니 어떻게 하면 좋겠는가?" 그러자 물고기와 자라가 다리를 만들어 건너가게 한 다음 다리를 풀었으므로 뒤쫓던 기병은 건너지 못하였다.〉

≪삼국유사≫의 '엄수'가 ≪삼국사기≫에는 '엄사수'로, 이규보의 ≪동명왕편≫에는 '엄체수(淹滯水)' 혹은 '개사수(蓋斯水)'로 나온다. 그리고 광개토태왕 능비에는 '엄리대수'로 나오는데, 이 강의 지류는 지금의 압록강(鴨綠江) 동북쪽에 있다고 한다.

압록강 동북쪽이면 금와왕이 태백산(지금의 백두산) 남쪽 우발수(優渤水)에서 유화 부인을 만났을 때, 그녀가 "웅심산(熊心山) 아래 압록가에서 해모수와 관계를 했다."고 말하던 그 '압록'과 같은 지명일 수 있다. 지금의 한자와 '록' 자가 다르지만 같은 음이며, 태백산은 백두산이고, 웅심산도 같은 산을 다르게 불렀을 가능성이 높다.

단군신화에 보면 환웅이 태백산에 내려와 곰과 호랑이에게 쑥과 마늘을 먹이는 시험을 하였는데, 그 시험에 통과한 곰이 사람으로 변하여 웅녀(熊女)가 되었다고 나와 있다. '웅심산'은 그 웅녀의 신화에서 발생된 산 이름일 가능성이 높기 때문에, 태백산의 다른 이름이라 추정하는 것이다.

아무튼 주몽 일행이 대소의 추격 군사들을 따돌리고 건넜다는 강은 지금의 백두산 아래 압록강 지류였을 가능성이 높다. 그리고 그곳은 유화 부인의 고향으로, 그녀의 아버지 하백이 족장으로 있던 부족마을이었을 것이다.

신화에는 언급되고 있지 않지만, 유화 부인은 아들을 떠나보낼 때 외할아버지가 다스리는 부족마을과 그 곁으로 흐르는 강에 대한 이야기를 하였을 것이다. 그 강은 깊은 곳과 낮은 곳이 있어서, 그 인근에 사는 사람이면 어느 곳으로 건너야 안전한가에 대해 잘 알고 있다는 귀띔까지 해주었을 가능성이 높다.

신화에 보면 주몽 일행이 강가에 이르렀을 때 마침 배가 없었다고 하였다. 이때 그들에게 다리를 놓아준 것이 '물고기'와 '자라'였다고 하는데, 이것은 신화를 만들 때 신비성을 강조하기 위한 상징적 표현에 지나지 않는다. 어쩌면 그들은 그 인근 마을에서 물고기와 자라를 잡아서 생계를 유지하는 어부의 도움을 받아 수심이 낮은 곳으로 강을 건넜을지도 모른다. 또는 물고기와 자라의 등이 육안으로 보일 정도로 수심이 낮은 곳을 두고, 신화를 만든 사람들이 '다리를 놓았다'고 표현했을 가능성도 있다.

아무튼 주몽 일행은 대소가 보낸 추격 군사들에 쫓기다가 강가에 이르렀고, 거기서 인근 마을 사람들의 도움으로 강을 건너 위기를 모면한 것만은 틀림없는 사실이다. 그곳은 유화 부인의 고향이고, 주몽에게는 외가가 있는 마을이므로 그들에게 특히 호의적이었을 것이기 때문이다.

신화에 '물의 신'으로 나오는 하백이 다스리던 부족마을은 주로 물고기를 잡아 생계를 유지하는 어촌이었을 것이다. 그러므로 혈통으로 볼 때도 하백의 외손자인 주몽은 강과 깊은 인연을 맺고 있으며, 신화에서의 '물고기'와 '자라'는 그를 신격화하기 위한 좋은 재료가 된다. 실제로 하백이 지배한 부족마을의 경우 '물고기'나 '자라'를 믿는 토템 신앙을 가지고 있었을지도 모른다.

6. 유화 부인은 왜 주몽에게 보리씨를 보냈을까?

《세종실록》 권154 지리지에 보면, 주몽이 동부여에서 도망치다 구사

일생으로 강을 건넌 직후의 이야기가 다음과 같이 전개되고 있다.

〈주몽이 큰 나무 밑에서 휴식을 취하고 있는데 두 마리의 비둘기가 날아왔다. 주몽이 말하기를 "이것은 틀림없이 신령스러운 재간을 가진 나의 어머니가 보리씨를 보내는 것이로다."하고 활을 당겨 쏘니 화살 하나에 두 마리의 비둘기가 맞아 땅에 떨어졌다. 그 비둘기들의 목구멍을 헤쳐 보니 보리씨가 나왔다. 죽은 듯 누워 있는 비둘기들에게 물을 뿜어주니 곧 살아서 날아갔다.〉

이 ≪세종실록≫ 지리지의 주몽신화는, 고려시대에 이규보가 ≪구삼국사≫를 읽고 영웅시로 표현한 우리나라 최초의 영웅시 ≪동명왕편≫의 내용과 기본적으로 같다.

≪동명왕편≫에 보면 '한 쌍 비둘기 보리 물고 날아 신모의 사자가 되어 왔다.'라고 되어 있으며, 그 주석을 다음과 같이 달아놓고 있다.

〈주몽이 이별할 때 차마 떠나지 못하니 어머니가 말하기를 "너는 어미하나 때문에 걱정하지 말라."하고 오곡 종자를 싸주어 보냈다. 주몽이 살아서 이별하는 마음이 애절하여 보리 종자를 잊어버리고 왔다. 주몽이 큰 나무밑에서 쉬는데 비둘기 한 쌍이 날아왔다. 주몽이 "아마도 신모(神母)께서 보리 종자를 보내신 것이리라."하고 활을 쏘아 한 화살에 모두 떨어뜨려 목구멍을 벌려 보리 종자를 얻었다. 그리고 나서 물을 뿜으니 비둘기들이 다시 소생하여 날아갔다……〉

이렇게 두 문헌의 내용이 같은 것은 조선시대에 편찬한 ≪세종실록≫이 고려시대에 저술한 이규보의 ≪동명왕편≫을 참고자료로 사용했기 때문일 것이다. 비교적 그보다 오래 전 시대에 나온 중국 사료들이나 ≪삼국사기≫, ≪삼국유사≫보다 ≪동명왕편≫의 주몽신화가 더 내용이 풍부하게 되어 있다. 그리고 조선시대에 와서 ≪세종실록≫을 기록하면서 내용은 더욱 풍부해져서 '해모수가 하늘에서 내려오는데 오룡거를 탔고, 따라온

자가 100여 명인데 모두 흰 고니를 탔다.'고 구체적인 숫자까지 언급하고 있다. 이처럼 신화는 오랜 시일을 두고 계속 다시 재구성되면서 보다 풍부한 내용을 갖게 된다.

그렇다면 ≪동명왕편≫이나 ≪세종실록≫은 어떻게 해서 그 전에 나온 자료들보다 더 풍부한 내용과 구체적인 기록을 남겨놓게 되었는지 궁금하지 않을 수 없다. 그 이유는 이규보가 너무 소략하게 기술된 ≪삼국사기≫의 주몽신화를 보고 마음에 들지 않아 당시까지 전해져오던 ≪구삼국사≫를 참고하여 원래의 내용을 되살렸으며, 조선시대에 와서는 ≪세종실록≫ 편찬시 이규보의 ≪동명왕편≫을 원전으로 삼아 주몽신화를 기술했기 때문일 것이다. 아니면 조선시대 초까지 ≪구삼국사≫라는 책이 전해지고 있었을 가능성도 전혀 배제하기 어렵다.

문제는 중국의 사서들과 ≪삼국사기≫, ≪삼국유사≫ 등 고려시대의 저술들이 주몽신화를 너무 소략하게 다루었다는 데 있다. 중국의 사서들은 이민족의 신화이므로 그럴 수밖에 없었을 것이다. 그러나 ≪삼국사기≫를 편찬한 김부식은 그러한 중국 사서를 원전으로 삼고 오래 전부터 전해내려오던 우리나라 사서인 ≪구삼국사≫의 신빙성을 의심해 전혀 참고하지 않았다. 또한 김부식은 신라인이므로, 삼국시대 중에서 고구려 역사를 신라의 역사보다 애써 깎아내리려는 의도가 ≪삼국사기≫ 전편에 걸쳐 곳곳에서 보인다. 당연히 고구려 건국신화인 주몽 이야기는 소략하게 취급될 수밖에 없었을 것이다.

≪삼국유사≫를 쓴 일연도 자료의 부실 때문인지는 모르지만, 거의 많은 이야기들이 신라에 편중되어 있다. 특히 고구려는 건국 초기만 잠깐 언급하고 넘어갈 정도로 심하게 축약내지는 아예 생략된 경우가 많다. 물론 신라의 이야기도 통일시대 이후의 이야기들이 많은 것을 보면 불교에 관한 고구려의 자료 한계가 그 이유일 것으로 판단된다. 또한 통일시대 이후 신라의 불교 중흥과, 고려시대로 이어지면서 불교를 국교로 삼은 역사적 흐름도 무시할 수 없었을 것이다.

아무튼 여러 가지 기록을 참고할 때, 유화 부인은 주몽에게 오곡 종자를 주었다. 그 중 깜빡하고 보리 종자를 빼놓고 와서, 나중에 비둘기를 보내 보리 종자를 전달했다. 여기서 다음 두 가지 사실을 추측할 수 있을 것이다.

첫째, 당시 농경사회에서 오곡은 아주 중요한 생계수단이었다는 점이다. 그 중에서도 특히 가을에 씨를 뿌려 추운 겨울을 견뎌내고 여름에 수확하는 보리야말로 춘궁기를 면하게 해주는 오곡 중의 으뜸이 되는 종자였던 것이다.

동부여는 압록강 북쪽에 위치해 있었기 때문에 기후 조건상 벼농사는 거의 안 되고 보리농사 정도가 가능했을 것이다. 사실 현재 조선족들이 짓는 벼농사도 해방 전에 북간도로 이주해 간 사람들에 의하여 논이 개간되었고, 그 지역 기후 조건에 맞게 품질을 개량한 조생종 벼를 심어 농사를 지어왔다. 따라서 옛날 동부여 지역에서는 벼농사보다 보리농사가 주종을 이루었을 것이다.

둘째, 당시 비둘기가 비상연락망과도 같은 중요한 수단으로 활용되었을 것이라는 점이다. 어쩌면 비둘기는 군사적으로 이용하기 위해 사람들에 의하여 길들여졌을지도 모르며, 비상연락을 할 때 먼 거리까지 편지를 전달하거나 암호를 보내는 목적에 이용되었을 가능성이 크다. 실제로 유화 부인이 비둘기의 입에 보리씨를 물려 주몽에게 보냈을 가능성은 희박하다. 다만 신화를 더욱 신비롭게 꾸미기 위하여, 또한 유화 부인을 신모(神母)로 승격시키기 위하여 꾸며낸 이야기에 불과할 뿐이다.

실제로 고구려가 건국된 이후 농업의 비중이 더욱 커지면서 주몽에게 오곡 종자를 준 유화 부인을 '신모'라고 부른다. 또한 국모(國母)이자 땅의 신이며, 농업의 신으로까지 섬기게 되었던 것이다.

주몽이 동부여를 떠나 남쪽 땅으로 내려갈 때 유화 부인은 왜 아들에게 오곡 종자를 주었던 것일까. 당시만 해도 나라의 우두머리가 되는 조건은 우선 무술과 지략이 뛰어나 적국으로부터 안전하게 백성을 보호하는 일이고, 그 다음으로는 농경사회에서 중요한 것이 풍부한 곡식의 생산에 있었기 때문에 무엇보다도 농사가 잘 되어 백성들이 굶어죽지 않도록 하는 일이었다.

농사가 잘 되는 조건은 기름진 땅과 곡식이 자라는 데 적절한 기후겠지만, 그것은 선택적인 것이 아닌 자연 조건이기 때문에 사람의 능력으로는 어찌해볼 도리가 없다. 다만 사람이 보여줄 수 있는 것은 농사가 잘 되는 좋은 씨앗을 농부들에게 공급하는 일이었을 것이다.

유화 부인이 남쪽으로 떠나는 아들에게 오곡 종자를 주었다는 것은 바로 주몽으로 하여금 새로운 나라를 세워 왕이 되어달라는 부탁에 다름 아니었다. 이미 활을 잘 쏘는 아들은 훌륭한 무예와 지략을 갖추고 있었으므로 나라의 우두머리가 되는 첫 번째 조건은 갖추었다고 보았다. 거기에다 백성들이 농사를 잘 지어 배불리 먹을 수 있도록 하는 조건만 실현되면 나라를 세워 우두머리가 될 수 있는 두 가지 조건이 다 갖추어지는 셈이라고 판단했던 것이다.

만약 주몽이 깜빡하여 오곡 중 네 가지 씨앗만 가지고 떠나고 보리씨를 남겨두었는데 나중에 유화 부인이 발견했다면, 아마 인편으로 급히 그것을 아들에게 전달했을 것이다. 그러므로 비둘기의 등장은 신화의 신비화내지는 신격화의 상징적 이미지 역할로 보아도 크게 틀리지 않을 것이다.

참고로 집안 지역에 있는 고구려 고분벽화에 보면 수신(燧神)·신농(神農)·단야신(鍛冶神)·제륜신(製輪神)·마석신(磨石神) 등이 나온다. 특히 6세기경의 오희분 4호묘 벽화에는 손끝에 곡식 이삭을 든 신농이 보이는데, 이것은 일종의 농업신으로 머리는 뿔이 달린 황소이고 몸은 사람의 모습을 하고 있다. 이 벽화를 볼 때 이미 그때부터 농사를 짓는데 소가 사용되었으며, 농사가 아주 중요한 생활수단이었음을 말해주고 있다.

이러한 정황으로 볼 때 유화 부인이 주몽에게 오곡 종자를 들려 보낸 것은 농경사회인 고구려에서 대단히 큰 공헌을 했다고 볼 수 있다. 따라서 유화 부인이 고구려 사회에서 '신모'로 신격화되어 농사신으로 떠받드는 존재가 될 수 있었던 것은, 당시 농민들이 그 공헌에 대한 최상의 배려를 한 것이라고 해석할 수 있다.

7. 재사·무골·묵거 세 현인의 정체

영웅신화에는 두 가지 공통점이 있다. 먼저 영웅은 온갖 수난과 박해를 받으며 자라난다. 자라나면서 숱한 위기에 봉착하게 되는데, 그때마다 각본이라도 짠 듯 도와줄 사람이 나타나 극적으로 위기를 모면하게 된다.

크게 될 인물의 주변에는 사람들이 모이게 되는데, 이들은 장차 주인공을 보필하는 역할을 맡는다. 아무리 타고난 영웅이라 하더라도 저 혼자 큰 인물이 되지는 못한다. 반드시 도움을 받아 큰 인물로 거듭나는 것이다.

≪삼국사기≫ '주몽신화'에 보면 모둔곡(毛屯谷)의 세 현인(賢人)이 나온다. ≪위서(魏書)≫에는 그곳을 '보술수(普述水)'라 표기하였는데, 이는 지금의 혼강(渾江)을 뜻한다. 그런데 고구려 사람들은 이 강을 비류수(沸流水)라고 불렀다. 광개토태왕비에도 '비류곡 운운'의 문구가 보이기도 하는데, 다 같은 지역을 이르는 말이다.

아무튼 주몽 일행은 모둔곡에서 삼베로 만든 옷(麻衣)을 입은 재사(再思), 도인들이 입는 검은색 옷(衲衣)을 걸친 무골(武骨), 물풀로 짠 옷(水藻衣)을 몸에 두른 묵거(默居)를 만났다. 이들 세 명의 현인은 비류수 근처에서 주몽 일행이 오기를 기다리고 있었던 것이다.

과연 이들 세 명은 어떤 사람들일까. 그 옷 입은 모습부터가 가지각색이다. 일부러 신화에 옷의 재료나 색깔들을 구분하여 표현한 것은 우연한 일이 아니다. 세 사람이 서로 비교될 수 있게 구체성을 띠고 있다는 것은 그 모습이 상징화되어 있었다는 증거에 다름 아니다. 그러므로 삼베 옷과 검은 옷과 물풀 옷의 상징성을 찾아내야 비로소 그들의 정체를 알 수 있게 된다.

지금의 압록강 중하류 지역에는 본류인 압록강과 만주지역의 환인 일대로 흐르는 혼강(비류수), 그리고 평안북도의 강계 일대로 흐르는 독로강

등 두 개의 지류가 있다. 이 압록강 유역은 주몽의 어머니 유화 부인의 고향이고, 따라서 하백이 지배하던 부족마을이 형성되어 있는 곳이기도 하다. 그러므로 모둔곡에서 만난 재사·무골·묵거 등 세 사람은 하백의 지배를 받고 있던 지역의 출신들일 가능성이 높다. 이건 어디까지나 유추이지만, 어쩌면 주몽의 일을 알고 하백이 그들을 보내 도와주라고 지시를 했을지도 모른다.

삼베 옷, 검은 옷, 물풀 옷은 그것을 걸친 세 사람의 출신지나 직업을 나타내는 상징어일 수도 있다. 예를 들어 삼베 옷은 삼베가 많이 나는 마을 출신이거나 옷을 잘 짜는 사람을 상징하고, 검은 옷은 승려들이 입는 옷을 뜻하므로 당시에는 도인들이 사는 마을이나 도통한 사람을 상징하며, 물풀 옷은 주로 어업에 종사하는 강변 마을이나 고기잡이 어부를 상징하는 것일지도 모른다. 아무튼 재사·무골·묵거 등은 각기 남다른 재주를 가진 사람들임에 틀림이 없으며, 주몽이 나라를 세우는 일을 돕기 위해 신화에 등장하는 배경 인물들이다.

≪삼국사기≫에 보면 이들 세 사람을 만났을 때 주몽은, 재사에게 극씨(克氏)란 성(姓)을, 무골에게는 중실씨(仲室氏)를, 묵거에게는 소실씨(少室氏)를 사(賜)하고 다음과 같이 말하였다.

"내가 지금 대명(大命)을 받아 국가(國家)의 기업(基業)을 개창(開創)하려고 하는데 마침 이 현인(賢人)을 만났으니 어찌 천사(天賜)가 아니랴."

즉, 하늘의 명을 받아 국가를 일으키려고 하는데, 지혜로운 세 사람을 만난 것은 우연이 아니라 하늘이 내려준 은혜와도 같은 것이라는 이야기다.

이때 주몽이 세 사람의 현인에게 특별히 성씨를 내린 것은, 그들을 앞으로 귀하게 쓰겠다는 뜻이 숨겨져 있는 것이다. 입장을 바꿔서 말하면, 그들 세 사람은 성씨을 하사한 주몽에게 충성을 다해야 한다는 뜻으로 해석할 수도 있다. 그리고 그 성씨를 분석해보면, 그 의미 속에 이미 세 사람의 지위까지도 순서가 정해져 있는 듯하다. 즉 극씨는 '어떤 사람도 능히 이긴다'는 뜻이니 가장 높은 지위이며, 중실씨가 그 중간이고, 소실씨가 그 아래에 해당된다. 그들의 지위는 재상인데, 조선시대로 말하면 영의정·좌의정·우의정 등 삼정승에 해당되는 지위쯤으로 생각하면 쉽게 이해할 수 있을 것 같다.

나라를 건국하는 데는 인재가 필요하다. 주몽신화는 그러한 인재의 등장을 놓치지 않고 있다. 먼저 동부여에서 사귄 오이·마리·협보 세 친구를 인재로 얻은 주몽은 든든한 무력의 힘을 확보할 수 있었다. 그리고 모둔곡에서 세 사람의 현인을 만나 지혜의 힘까지 얻게 된 것이다. 이렇게 문무(文武)를 겸비하게 되었으니, 이제는 나라를 세우는 일만 남아 있었다.

아무튼 주몽에게 새로운 성씨를 하사받은 세 사람의 현인은 나중에 고구려를 건국하는 데 큰 도움을 주는 개국공신이 되었을 것이 틀림없다. 이들은 나라를 세우는데 지혜를 짜내어 재상의 반열에 올랐을 것이고, 동부여에서 주몽과 함께 탈출한 오이·마리·협보 등은 근위 무사가 되어 개국공신 대열에 참여하였을 것이다.

두 세력의 만남과 고구려 건국

1. '주몽'과 '소서노'의 정략결혼

주몽은 동부여에서 따라온 오이·마리·협보 3명의 무사와 모둔곡에서 만난 재사·무골·묵거 등 3명의 현인과 함께 비류수(沸流水) 가에 초막을 짓고 살았다. 초라하기 짝이 없지만 사실상 이것이 나라를 세우는 시발점이 되었다.

그러나 나라를 세우기 위해서는 일단 세력을 규합하는 일이 가장 중요하다. 주몽은 세 명의 무사와 세 명의 현인들에게 각기 재능에 따라 중요한 직책을 주고 세력 규합을 위한 여러 가지 전략을 짜나갔다.

당시는 부족국가 형태였기 때문에 세력을 규합하는 데 가장 필수적인 것이 강한 힘을 가진 인물, 즉 영웅의 출현이었다. 영웅이 나타나면 그 주위로 사람들이 몰려들게 되어 있다. 따라서 무사와 현인들은 우선 주몽을 영웅으로 만들기 위한 전략을 구사해 나갔을 것이다.

먼저 재사·무골·묵거는 비류수 인근 마을을 돌아다니며 주몽의 남다른 재주와 인물의 뛰어난 점을 홍보하고 다녔을 가능성이 크다. 이를테면 신화의 내용처럼, 주몽이 태어날 때부터 신비로운 인물이었다는 점과 활을 잘 쏘는 재주를 가지고 있다는 점을 강조하였을 것이다. 어쩌면 주몽의 이야기가 신화화되기 시작한 것은 이 세 사람의 현인들에서 비롯된 것인지도 모른다.

아무튼 인근 마을 사람들은 주몽이 진짜 영웅인지 아닌지 알아보기 위해 비류수 가의 초막으로 몰려들었을 것이다. 그리고 이때 오이·마리·협보 등은 주몽에게 활쏘기 시범을 보이게 하여 사람들로 하여금 그가 영웅임을 믿게 만드는 일을 맡았을지도 모른다. 아니면 실제로 사냥을 나가 주몽이 활로 백발백중 사냥감을 맞혀, 그날 잡아온 노루와 사슴 등으로 축제를 벌였을 가능성도 있다. 그리고 그날 사냥에 몰이꾼으로 참여했던 많은 사람들이 배불리 고기를 먹을 수 있도록 함으로써 그들을 수하에 거느리게 되었을 것이다.

주몽이 영웅이란 소문은 사람들의 입에서 입으로 옮겨져 비류수 서쪽에 있는 마을(西奴)의 족장인 연타발(延陀勃)의 귀에까지 들어갔다. 그 마을은 졸본천(卒本川)을 끼고 있었는데, 비류수와 마찬가지로 압록강의 지류에 속하였다. ≪위서(魏書)≫에서는 이곳을 '흘승골성(紇升骨城)'이라고도 하는데, 서노 마을 족장이 사는 작은 성을 이르는 말일 것이다. ≪삼국유사≫에는 '졸본주(卒本州)'라고도 나오며, 이곳은 현도군의 경계 지역이다.

아무튼 졸본에 있는 이 부족 마을은 원래 부여족이어서 '졸본부여(卒本扶餘)'라고도 불렀다. 당시 이 마을 족장 연타발에게는 '소서노(召西奴)'라는 둘째딸이 있었는데, 그녀는 결혼한 지 얼마 안 되어 남편이 죽는 바람에 과부가 되었다.

남편을 잃고 혼자 살아가는 소서노를 안타깝게 생각한 연타발은 주몽이 영웅이란 소문을 듣고, 둘째 딸의 배필로 삼고 싶었다. 무엇보다 구미가 당기는 것은 주몽의 활 쏘는 재주와 뛰어난 지략이었을 것이다.

당시 졸본부여 근처에는 비류국이 있었다. 비류국의 송양왕은 졸본부여보다 더 큰 세력을 형성하고 있었는데, 연타발에게는 그 세력이 늘 큰 부담으로 작용하였다. 따라서 주몽을 사위로 삼게 되면 송양왕을 견제하는 데 큰 도움이 될뿐더러 인근에서 가장 세력이 큰 부족국가로 성장할 수 있다는 계산까지 하고 있었을 것이다.

아무튼 연타발은 사람을 보내 주몽에게 자신의 둘째 딸 소서노와 결혼해주지 않겠냐는 의사를 타진해 보았다. 이때 주몽 측의 참모진들 사이에서도 많은 의견이 오갔을 것이다.

가장 문제가 된 것은 이미 주몽이 동부여에 있을 때 예씨와 결혼을 한 몸이라는 사실이었다. 그 다음의 문제는 소서노가 한 번 결혼한 적이 있는 과부인데다 나이가 주몽보다 무려 8세나 많았고, 전 남편과의 사이에 두 아들까지 두고 있었다는 것이다.

일단 주몽 세력이 그를 영웅으로 만드는 일차적인 전략에는 성공한 셈이었다. 이미 인근 마을 사람들이 모두 그의 수하로 들어온 상태였다. 그러나 비류수 인근에서 가장 큰 세력으로 등장하기 위해서는 부족과 부족 간의 결합이야말로 일부러 싸움을 하여 피를 흘리지 않고도 세력을 키울 수 있는 가장 손쉬운 방법이었을 것이다.

결국 주몽은 연타발의 둘째 사위가 되기로 결심하였다. 이렇게 하여 주몽과 소서노는 결혼을 하게 되었다. 당시의 풍습에는 결혼을 하게 되면 신랑이 신부의 집에 가서 사는 '서옥(壻屋)'이란 제도가 있었다. 결혼을 하면 신부집에서는 울안에 작은 집을 지어 사위와 딸이 살도록 하였는데, 그 집을 '서옥'이라고 한다. 이 집에서 아이를 낳아 그 아이가 어느 정도 자랄 때까지 사위는 처가살이를 해야만 하는 것이다. 그래서 '처가로 간다'는 말이 오늘날에도 그 뿌리가 남아 '장가를 간다'는 상용어로 굳어진 것이다.

아무튼 주몽은 당시의 풍습대로 연타발이 지어준 서옥에서 소서노와 결혼 생활을 하게 되었다. 이때 주몽의 나이 22세였고, 소서노는 30세였다. 그런데 ≪삼국사기≫에는 주몽의 나이가 22세로 나오는 반면 ≪삼국유사≫에는 12세로 나온다. 여러 가지 정황으로 살펴볼 때 ≪삼국유사≫의 12세는 잘못된 것이라고 보는 것이 옳다.

2. 고구려 건국 연도의 역사학적 미로찾기

흔히 주몽이 소서노와 결혼한 해를 고구려 건국 연도로 잡는다. ≪삼국사기≫에는 고구려 건국에 관하여 다음과 같이 기술하고 있다.

〈이때 주몽의 나이 22세이니, 한(漢) 효원제(孝元帝) 건소(建昭) 2년이요, 신라(新羅) 시조 혁거세(赫居世) 21년인 갑신년(甲申年)이었다.〉

서기로 계산할 때 효원제 건소 2년은 기원전 37년에 해당된다. 만약 ≪삼국사기≫의 내용을 전적으로 믿는다면 고구려 건국 연도는 기원전 37년이고, 신라의 건국 연도는 기원전 57년으로, 신라의 건국이 고구려보다 20년이나 앞서고 있다.

그런데 고구려 사람들에 의해 세워진 광개토태왕비에는 주몽이 나라를 건국한 연대가 정확하게 나와 있지 않다. 그냥 '옛날'이라고만 되어 있으므로, 당시로서도 고구려 건국 연대를 확실하게 알고 있지 못했다는 증거로 볼 수 있다. 만약 고구려 사람들이 ≪삼국사기≫의 기록처럼 건국 연대를 한의 효원제 건소 2년으로 알고 있었다면 분명히 비문에 그렇게 새겨 넣었을 것이다.

고구려 건국 연도에 관한 ≪삼국사기≫의 기록에 대하여 많은 역사학자들이 의심을 하고 있는데, 그것은 다음 몇 가지 이유 때문이다.

먼저 ≪삼국사기≫ 신라본기 제6권 문무왕 10년조에 보면, 안승을 고구려왕으로 삼는 책명문에 '…개척한 땅이 천 리나 되고 역년(歷年)이 800년이 되려 하더니…'라는 기록이 나오고 있다. 이 기록이 사실이라고 할 때 고구려가 패망한 해인 668년에서 800년을 거슬러 올라가면 대략의 건국 연도가 나온다. 즉 기원전 132년경에 고구려가 건국되었다는 것을 유추해볼 수 있다는 것이다.

그리고 ≪삼국사기≫ 고구려 본기 제10권 보장왕 27년(668)의 기록에 의하면, 시어사(侍御史) 가언충(賈言忠)이 당주(唐主: 당태종을 이르는 말)에게 '고씨가 한대(漢代)로부터 나라를 세워 지금 900년이요'라고 대답하는 대목이 나온다. 그렇다면 668년에서 900년을 거슬러 올라간 기원전 232년경을 고구려 건국 연도로 잡아야 한다.

이처럼 같은 책에 나오는 기록인데도 불구하고 고구려 건국에 대하여 여러 군데서 달리 나오는 것을 보면, 어느 하나를 뺀 나머지는 잘못된 것이 분명하다. 아니, 어쩌면 정확하게 고구려의 건국 연대를 알 수 없기 때문에 ≪삼국사기≫에 언급되고 있는 모든 연도가 다 조작된 것일 수도 있다.

북한의 역사학자 손영종은 ≪고구려사≫에서 고구려의 건국 연도를 기원전 3세기 중엽으로 보고 있으며, 고구려가 적어도 900여 년 이상의 오랜 역사를 가지고 있다고 주장한다. 그러면서 그는 그 이유를 다음과 같이 들고 있다.

〈고구려의 건국 연대를 기원전 3세기 중엽 이전으로 보게 되는 중요한 근거의 하나는 광개토태왕릉비에 광개토왕이 추모왕(동명왕)의 17세손이라고 한 기록이다. 지금 전하는 ≪삼국사기≫ 고구려본기에 의하면 광개토왕은 동명왕의 12세손이다. 따라서 고구려본기에는 5대(세대)의 왕들이 누락되었다고 볼 수 있다. 이 5세대의 왕들 가운데 몇 명은 안팎(국내 및 외국)의 역사기록들과 금석문 자료를 비교 대조해 보면 어렵지 않게 찾아낼 수 있다. 즉 ≪위서≫와 ≪북사≫에는 주몽(동명왕)의 아들, 손자, 증손자로서 시려해(려달), 여률, 막래의 이름이 나오며 그들이 차례로 왕 자리를 이어받았다는 것이 지적되어 왔다.〉

손영종은 시려해, 여률, 막래 이외에 애루왕과 6대의 이름을 알 수 없는 어떤 왕이 더 있어서 총 5대의 왕이 ≪삼국사기≫에서 누락되었다고 주장하고 있다. 그러면서 ≪삼국사기≫가 고구려의 건국 연대를 신라보다 20년 늦은 것으로 기록해놓은 것은 잘못이라고 지적하고, 고구려가 정치·경제·문화의 모든 면에서 삼국 중 가장 앞선 나라였다는 걸 감안할 때 건국 연도 역시 신라보다 훨씬 앞당겨져야 한다는 것이다.

이처럼 고구려 건국 연도는 역사학자들마다 그 주장이 각양각색이다. 그 이유는 ≪삼국사기≫에 나오는 고구려 건국 연도보다 더 이른 시기에 이미 '고구려'라는 나라가 있었다는 문헌이 있기 때문일 것이다. ≪후한서≫

고구려전에 보면 전한(前漢)의 무제가 고조선을 멸망시키고 나서 고구려를 현으로 만들어 현도군에 속하게 했다는 기록이 있다. 이것은 주몽이 나라를 건국하기 이전에 이미 '고구려'라는 명칭이 사용되고 있었음을 뜻한다.

흔히 남한의 역사학자들은 주몽이 건국한 고구려와 이미 오래 전부터 그 이름을 쓰던 나라를 구분하기 위하여, 주몽의 고구려 건국 전에 존재했던 나라를 '원고구려'라고 부르고 있다. 그러나 사실이 명확하게 규명되지 않은 상태이기 때문에 그렇게 부르는 것도 정확한 표현이라고 하기는 어렵다.

북한 역사학자 손영종의 주장대로라면 ≪삼국사기≫에서 5대의 왕이 누락되었기 때문에 주몽의 건국시기를 그만큼 앞으로 당겨야 한다는 것이다. 즉 광개토태왕비에 나오는 것처럼 옛날 주몽이 남하하여 '고구려'를 세웠는데, 그 건국 연도가 적어도 ≪삼국사기≫에 기록된 기원전 37년보다 훨씬 앞선 시기였을 것이라는 이야기다. 다시 말하면 남한의 역사학자들이 말하는 주몽이 고구려를 건국하기 이전의 나라를 '원고구려'라고 표현하는 것을 전면적으로 부정하면서, 기원전 3세기 중엽에 주몽이 처음 고구려를 세웠다는 것이다.

이렇게 고구려의 건국 연도에 관해서는 나라가 패망한 668년으로부터 700년, 800년, 900년 등으로 거슬러 올라가는 여러 가지 설이 난무하고 있다. 그러나 그 어느 것도 명확한 근거는 없다. 그렇다고 무턱대고 ≪삼국사기≫의 기록을 믿을 수도 없는 노릇이다. 따라서 고구려 건국 연도에 대한 '역사적 미로찾기'는 앞으로도 계속되어야 한다.

3. '고구려'라는 나라이름의 유래

주몽은 졸본부여 왕 연타발의 뒤를 이어 왕위에 오르고 국호를 '고구려'라고 하였다. 그런데 그가 나라를 세우기 이전에도 이미 '고구려'는 있었다. 새로운 이름이 아니라 그 전부터 불리던 이름을 국호로 사용한 것이다.

'고구려'라는 이름이 나오기 훨씬 이전에는 '구려국'이 있었다. 기원전 12세기경부터 구려, 부여, 한, 맥 등의 종족집단이 있었다는 기록이 중국 문헌에 나오고 있다. 부여가 건국되기 이전에 '고리국'이 있었다는 기록도 전해지고 있다. 따라서 '고리', '구리', '구려' 등은 '고구려'가 건국되기 훨씬 이전부터 불리던 부족의 이름이었던 것이다.

《후한서》 고구려전에 보면 '고려는 맥(貊)이라고 부른다.'고 기록되어 있다. 즉 고구려가 세워지기 이전에 맥족이 있었다는 이야기다. 중국에서 가장 오래된 지리책으로 전해지는 《산해경(山海經)》에도 맥국은 한수의 동북방에 있는데, 그 지역은 연(燕)나라 가까이에 위치하며, 연나라에 의해 멸망되었다고 나온다. 기원전 3세기 중엽 위나라 역사책 《위략(魏略)》에는 고리국(高離國)이 나오는데, 이 명칭은 다른 중국 저서에 보이는 탁리국, 색리국 등과 같은 나라이다. '리국' 앞에 붙은 '고', '탁', '색'자의 한자 표기가 비슷한 모양을 하고 있는 점에서 쉽게 짐작할 수 있는 일이다.

아무튼 고리국은 중국 고대 문헌에 나오는 맥국이며, 따라서 고구려를 세운 종족은 부여와 마찬가지로 맥족이다. 《후한서》에 보면 '고구려는 부여의 별종이므로 그 언어와 법속이 부여의 그것과 같은 점이 많다.'고 되어 있다.

이 《후한서》의 기록을 보면, 주몽이 고구려를 건국하기 이전인 기원전 108년에 중국의 한(漢)나라는 고조선을 멸망시킨 후 한사군(漢四郡) 중 낙랑·임둔·진번 세 군을 먼저 설치했다고 나온다. 그 다음 해인 기원전 107년에 현도군을 설치했는데, 이때 현도군 내에 이미 고구려현(高句麗縣)이 있었다는 것이다.

'고구려'의 '고(高)'는 높음, 신성함 등을 의미하고 '구려(句麗)'는 '구루'로도 불렸다. 흔히 성(城)을 뜻하기도 하는 '구루'는 고을, 골 등을 의미하는 '홀(忽)'과 같은 뜻으로도 쓰인다. 즉 '고구려'란 높은 나라, 신성한 나라를 뜻한다.

그런데 원래 '고구려'는 '고구리'로 읽어야 맞는다는 설도 있다. 고울

'려(麗)'를 국호로 사용할 경우 나라 이름 '리(麗)'로 읽어야 한다는 것이다.

한편 단재 신채호는 ≪조선상고사≫에서 고구려의 유래에 대하여 다음과 같은 주장을 펼치고 있다.

〈…흘승골의 산 위에 도읍을 세우고 나라 이름을 '가우리'라 하였다. '가우리'는 이두자(吏讀字)로 고구려(高句麗)라 쓰니, 중경(中京) 또는 중국(中國)이라는 뜻이었다.〉

아무튼 고구려는 주몽이 나라를 세우기 이전부터 여러 가지 이름으로 불리고 있었다. 그러나 그 이름들은 발음상 거의 같으며, '고구려'의 별칭으로 보는 것이 옳다. 오늘날 영어로 '코리아'나 프랑스어로 '꼬레'라 부르는 것도 다 그런 어원에서 비롯된 것으로 보인다.

신채호의 기사에서 이두자로 해석하여 '고구려'의 뜻이 '중경' 또는 '중국'이라고 한 것은, 중국 대륙을 지칭하는 것과는 다른 뜻이다. 중국이 '세계의 중심'이라는 뜻으로 불리듯이, '고구려'도 천하의 중심국임을 표현한 것이라고 볼 수 있다. 중국에 천하관이 있듯이, 고구려도 중국과는 다른 천하관을 갖고 있었음을 뜻하는 것이다.

원래 고조선에 소속되어 고구려가 처음 일어난 곳은 지금의 혼하 상류와 혼강(동가강) 상류에 걸치는 산골짜기였다. 이 집단의 세력이 강화되면서 기원전 75년에는 현도군을 몰아내고 소노부 집단의 장(長)을 왕(王)으로 하는 연맹왕국을 건설하였다.

≪삼국지≫ 위지 동이전에 보면 '고구려는 본래 다섯 족이 있는데 연노부 · 절노부 · 순노부 · 관노부 · 계루부다.'라고 기록되어 있다. ≪후한서≫ 고구려전에는 '연노부'가 '소노부'로 나와 있을 뿐 다섯 족이 있다는 사실은 같다. 이 다섯 족은 혈연적 부족이라기보다는 정치적 집단의 의미가 강한데, 왕권은 소노부의 귀족집단이 쥐고 있었다. 고조선이 기원전 108년에 한나라에 의하여 멸망하였는데, 그 후 기원전 82년에 바로 소노부의 귀족

집단이 왕권을 쥔 고구려족이 한나라 세력을 물리치고 고구려족 전체 연맹 국가를 이루었다.

광개토태왕비에는 '추모왕(鄒牟王)이 비류곡 홀본(忽本)의 서쪽 산상(山上)에 성을 쌓고 도읍을 세웠다.'고 기록되어 있다. 또한 ≪위서≫에는 흘승골성(訖升骨城)에 나라를 세웠다고 나온다.

이 두 가지 기록을 놓고 볼 때 주몽이 고구려를 건국한 곳은 지금의 중국 요녕성 환인현(桓仁縣)인 '오녀산성(五女山城)'이다. '홀본'이나 '졸본'이나 '흘승골'이나 다 같은 지역을 뜻하며, 그곳이 혼강(비류수)을 끼고 있는 환인 지역인 것이다.

오녀산성은 현재 환인현 소재지에서 동북쪽으로 약 8km 거리에 있는 오녀산(820m) 위에 자리를 잡고 있다. 남북 길이가 약 1,000m, 동서의 너비가 300m에 이르는 산성인데, 3면이 100~200m에 이르는 깎아지른 듯한 절벽으로 이루어진 천연의 요새다.

제2부

건국 초기,
국가의 기틀을 다지다

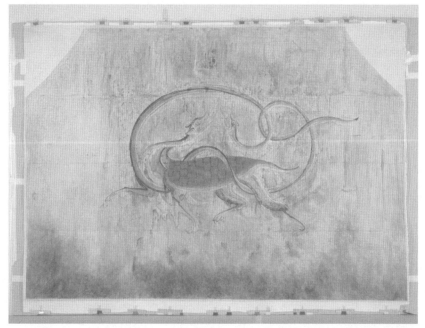

삼묘리 대묘 북벽 현무도 모사(ⓒ 국립중앙박물관)

제1대 추모왕(주몽, 동명성왕)

(재위기간: 기원전 58년~기원전 19년)

1. 추모왕은 단군의 핏줄이다

추모왕(주몽)은 고구려를 건국하자마자 졸본부여와 인접해 있던 비류국(沸流國)부터 병합하려고 하였다. 당시 비류국은 고구려 다섯 부족 중 가장 세력이 강하였으며, 그 나라 왕은 송양(松讓)이었다.

≪세종실록≫ 권154 지리지에는 추모왕과 송양왕의 대결 이야기가 자세하게 소개되고 있다.

비류국 송양왕이 사냥을 나왔다가 추모왕을 만났는데, 한 눈에 보아도 그 용모가 범상치 않아 자리를 청하고 마주 앉아 말했다.

"나는 구석진 곳에 살다보니 아직 어진 사람을 만나지 못하였소. 오늘 그대와 우연한 상봉을 하게 된 것이 얼마나 다행한 일인지 모르겠소. 대체 그대는 어디서 온 누구요?"

이때 추모왕이 대답하였다.

"나는 천제(하느님)의 손자이자, 서쪽 나라 왕이오. 감히 묻거니와 당신은 누구의 자손이오?"

추모왕이 '서쪽 나라'라고 한 것은 '서노(西奴)'를 이르는 말이며, 소서노와 결혼하여 고구려의 왕이 되었다는 이야기가 생략되어 있는 것이다. 비류국에서 볼 때 졸본부여는 서쪽에 있었으므로, 그렇게 말한 것일지도 모른다.

그 말을 듣고 이번에는 송양왕이 대답하였다.

"나는 선인의 후손으로 여러 대째 이곳에서 왕 노릇을 하고 있소. 이곳은 너무 영토가 작아 두 나라로 갈라놓을 수가 없소. 그대는 나라를 세운지 얼마 되지 않으니 나의 부용이 되는 것이 좋을 것이오."

송양왕이 말하는 '부용(附庸)'은 '작은 나라가 큰 나라에 복속되는 것'을 말한다. 즉 고구려는 작은 나라이므로 비류국의 속국이 되어야 하며, 따라서 추모왕은 대국(大國)의 왕인 자신을 받들어야 한다는 아주 도전적인 말이었다.

여기서 추모왕은 스스로를 '천제의 손자'라고 하였고, 송양왕은 '선인(仙人)의 후손'이라고 하였다. 그들 스스로가 밝히는 자신들의 출신성분이다.

추모왕이 '천제의 손자'라고 한 것은 자신이 천제의 아들 해모수의 적자임을 강조한 말이다. 즉 하느님의 혈통을 이어받았다는 것이다.

≪삼국유사≫ 왕력(王曆)편 고구려조에는 '주몽이 단군의 아들'이라고 나온다.(姓高. 名朱蒙. 作鄒蒙. 壇君之子.) 그리고 고조선의 건국신화인 '단군신화'에 보면 단군의 아버지는 환웅(桓雄)이고, 환웅은 하느님인 환인(桓因)의 서자로 나온다.

한편 ≪삼국유사≫ 기이편에서는 분명 주몽이 해모수의 피를 이어받은 아들이라고 나온다. 그런데 어찌하여 일연은 ≪삼국유사≫ 왕력편에서 주몽을 단군의 아들이라고 썼던 것일까.

≪삼국유사≫나 ≪삼국사기≫는 그 전부터 내려오던 역사서 ≪구삼국사≫, ≪단군기≫, ≪단군고기≫, ≪본기≫ (단군본기) 등을 토대로 하여 저술한 것이다. 여러 원전마다 주몽에 대한 이야기가 약간씩 다르게 나와 있었을 것이고, 그것을 토대로 엮다보니 한 권의 책에서도 한 인물을 이처럼 다르게 표현하는 오류를 범하게 된 것으로 볼 수 있다.

그러나 이러한 기록을 통하여 다음과 같은 연결 고리를 만들어 낼 수 있다. 즉 단군신화와 주몽신화의 닮은 점은 '신→신의 아들→인간'의 3단계 구조로 짜여 있다는 것이다. 단군신화는 '환인→환웅→단군'으로, 주몽신화는 '천제→해모수→주몽'으로 구분할 수 있는데, 이것은 단적으로 주몽 신화가 단군신화를 모방하고 있다는 증거다. 즉 '하늘(신)→하늘과 땅의 중간 존재(신+인간)→땅(인간)'의 신화 형식이 갖추어진 것이다.

원래 모방은 선대 문화를 후대 문화가 계승하는 형식을 취하고 있다. 따라서 단군신화와 주몽신화의 관계는 고조선과 고구려의 연결고리를 엮어내는 단초가 되고 있다. 주몽이 부여(부여, 북부여, 동부여 등)에서 왔으므로, 부여는 고조선과 고구려 사이에 교두보 같은 역할을 하고 있다. 이는 무슨 말이냐 하면, 문화의 계승이 '고조선→부여→고구려'로 연결되고 있다는 이야기다.

그렇다면 《삼국유사》 왕력편에 나오는 '주몽이 단군의 아들'이라는 기록은 설득력을 가지게 된다. 여기서 '아들'은 '자손'의 다른 말로 표현된 것이라 볼 수도 있고, '단군'이 고유명사라기보다는 고조선 시대의 '왕'을 지칭하는 보통명사라고 볼 때 주몽은 북부여의 왕 해모수의 아들이므로 '단군의 아들'이란 표현이 결코 틀린 것만은 아니라고 할 수도 있다. 다시 말하면 이를 통해 알 수 있는 것이 '해모수' 역시 단군의 혈통을 이은 천손이라는 사실이다.

한편 비류국 송양왕의 경우 그 스스로 '선인의 후손'이라고 하였는데, 이때 '선인(仙人)'이란 '단군선인(檀君仙人)'을 지칭하는 것이다. 단군신화에 보면, 고조선의 단군왕검은 말년에 기자(箕子)의 무리들에게 쫓겨 다니다 나중에는 다시 아사달로 돌아와 숨어살면서 산신(山神)이 되었다고 한다. 이때 산신은 '선인'이며, 그래서 여기서 '단군선인'이란 말도 나왔다.

결국 추모왕이나 송양왕이나 단군의 자손으로 같은 핏줄이라는 이야기다. 그리고 추모왕이 세운 고구려나 송양왕의 비류국이나 모두 고조선의 후예이며, 부여의 한 갈래라고 할 수 있다.

2. 고구려의 '다물정신'

고구려의 건국이념은 '다물정신(多勿精神)'이다. ≪삼국사기≫ 고구려
본기 제1권에 다음과 같이 나온다.

〈송양이 나라를 바치고 항복하므로 왕은 그곳을 '다물도'라 하였다. 송양
을 봉하여 그곳의 주(主)를 삼았다. 고구려 국어(國語)에 구토(舊土)의 회복
(回復)을 '다물'이라 하므로 그와 같이 이름을 지은 것이다.〉

즉 '다물'은 고구려 말로 '옛 영토를 다시 찾는다'는 뜻이다. 그렇다면
추모왕이 고구려를 건국하고 나서 다시 찾겠다고 나선 '옛 영토'는 어디를
말하는 것인가. 그것은 바로 고조선의 땅이다.

고구려의 옛 영토가 고조선임을 확실하게 알 수 있는 중국 사료들이
있다. ≪후한서≫ 동이열전에 보면 '예와 옥저, 고구려는 원래 모두 조선의
땅이었다'고 나와 있다. 그리고 ≪한서≫ 현도군 편에도 한무제가 사군을
설치할 때 '그 땅들이 모두 조선, 예, 맥, 고구려, 만이(蠻夷)다'라고 기록되
어 있다.

≪삼국유사≫ 왕력편에서 주몽을 단군의 아들이라고 한 것과 연결을
지어 볼 때, 고구려의 옛 영토가 고조선임은 더욱 확실해진다. 그런 시각으
로 볼 때 고구려의 시조 추모왕이 왜 '다물정신'으로 전에 고조선이 차지했
던 옛 영토를 복구하려고 했는지 충분히 짐작이 간다.

아무튼 추모왕은 고구려 건국 직후 다물정신을 살려 가장 먼저 당시
고구려 다섯 부족국가 중 가장 큰 세력인 비류국부터 제압하였다. 고구려
는 소노부(또는 연노부)·절노부·순노부·관노부·계루부 등 5개의 부
족국가로 되어 있었는데, 비류국은 바로 가장 세력이 큰 소노부였다.

추모왕이 속한 부족국가는 계루부로 건국 초기에는 세력이 약했으나,
소노부인 비류국을 제압하면서 가장 힘이 센 세력으로 떠올랐다. 세력이

약한 계루부를 이끈 추모왕이 가장 세력이 강한 소노부를 먼저 친 것은 다른 부족국가들에게 겁을 주기 위한 기선제압의 전략이었을 것이다.

아무튼 추모왕은 비류국의 송양왕과 세 차례에 걸쳐 싸움을 벌였다.

신화에는 첫 번째 싸움이 활쏘기 내기였다고 나온다. 이규보의 ≪동명왕편≫에 보면, 추모왕과 송양왕이 처음 활쏘기 내기를 하였다고 한다. 송양왕이 먼저 1백 보 거리에서 사슴을 쏘았는데 배꼽을 맞추지 못하였으나, 추모왕이 역시 1백 보 밖에서 옥가락지를 쏘아 기왓장 부서지듯 깨버렸다는 것이다.

활쏘기 내기에서 진 송양왕은 곧바로 굴복하지 않았다. 그러자 추모왕은 송양왕의 트집거리를 없애고 고구려를 오래된 나라로 보이기 위해 부하들과 새로운 전략을 짰다. 이때 충신 부분노가 졸개 둘을 데리고 비류국으로 가서 오래된 북과 나팔을 훔쳐왔다. 추모왕은 그 북과 나팔을 오래된 것처럼 보이게 하기 위하여 검은색을 칠하여 송양왕에게 보여주어 기를 꺾어 놓았다.

그래도 송양왕은 굴복하지 않고 누가 더 오래된 궁궐을 갖고 있는지에 따라 세력의 우위를 판가름하자고 나섰다. 이때 추모왕은 썩은 나무로 기둥을 만들어 천년 묵은 궁궐처럼 보이게 하여 송양왕을 이겼다.

이 세 차례에 걸친 싸움은 신화로 만들어지는 과정에서 극적 효과를 노리기 위해 재미있는 이야기로 변화된 것이다. 실제로는 추모왕이 이끄는 졸본부여 군사와 송양왕이 이끄는 비류국 군사 사이에 치열한 공방전이 벌어졌을 것이다.

송양왕은 세 번의 싸움에서 패하고도 추모왕에게 굴복하지 않았다. 결국 최후에는 추모왕이 초능력적인 힘으로 제압하였다고 신화에는 나온다. 그 내용은 다음과 같다.

〈왕이 서쪽으로 사냥 나가서 흰 사슴을 잡았는데 그것을 해원에서 거꾸로 매달아놓고 저주하는 말로 "하늘이 비를 내려 비류국의 수도를 떠내려가게 하지 않으면 나는 결코 너를 놓아주지 않을 터이다. 이 재난을 면하려면 너는 하늘에 호소해야 할 것이다."라고 하였다. 그러자 그 사슴이 슬프게 울었고, 그 소리가 하늘에 사무치니 7일간 장맛비가 내려 송양왕의 수도가 물에 잠기고 떠내려갔다.〉

수도가 물에 잠겨 송양왕이 당황하자 추모왕은 오리를 타고 물 위를 노닐다가 갈대로 엮은 새끼로 물을 그으니 갑자기 물이 줄어 위기를 모면하였다. 송양왕은 추모왕의 범상치 않음을 알고 마침내 항복하고 말았다.

이처럼 신화에서 흰 사슴에게 저주의 말을 퍼부어 장맛비를 내리게 하였다는 것은 추모왕을 더욱 신적인 존재로 만들기 위한 작위적인 것에 지나지 않는다. 따라서 추모왕의 위대함을 더욱 강조하기 위한 신화의 상징적 기법으로 이해하는 것이 좋다.

어찌 됐던 우여곡절 끝에 추모왕은 송양왕의 항복을 받아내 비류국을 제압하는 데 성공하였다. 추모왕은 이 비류국을 '다물도(多勿都)'라 하고, 송양왕으로 하여금 그곳을 다스리게 하였다.

추모왕이 비류국을 제압한 후 '다물도'로 명칭을 바꾼 것은, 고구려 건국이념이 '옛 영토를 회복하는 다물정신'에 있었음을 말해주는 것이다. 그리고 그 다물정신은 고조선의 신화에 나오는 '홍익인간(弘益人間)'에서 출발하고 있다고 볼 수 있다. 《삼국유사》 왕력편에 나오듯이 추모왕이 단군의 아들(자손)이라면 분명 홍익인간의 정신을 이어받았을 것이고, 널리 인간을 이롭게 하기 위해서는 '다물정신'을 살려 잃어버린 옛 영토를 회복하는 것이 무엇보다 우선되어야 할 것이다. 그런 연후에 '홍익인간' 정신을 통하여 세상을 널리 이롭게 하는 선정을 베푸는 것이 순서이기 때문이다. 따라서 '다물정신'은 고조선의 계승의식으로서 '홍익인간' 이념을 실천하기 위한 초기 단계의 건국이념이라고 할 수 있다.

3. 고구려 건국의 어머니 소서노

원래 ≪삼국사기≫ 고구려 본기에는 '소서노(召西奴)'란 이름이 나오지 않는다. 그냥 졸본부여 왕의 딸이라고만 언급될 뿐이다.

'소서노'란 이름이 등장하는 것은 ≪삼국사기≫ 백제 본기인데, 여기에 비로소 졸본부여 왕의 둘째 딸로 나온다.

졸본부여의 왕 연타발에게는 딸만 셋이 있었다. 그 중 소서노는 둘째 딸인데 주몽과 재혼하였다. 졸본부여는 고구려 5부 중의 하나인 계루부였으며, 소서노는 아버지 연타발의 권력과 재력을 바탕으로 재혼한 남편 주몽을 도와 고구려를 건국하였다.

주몽이 고구려를 건국하는데 가장 큰 힘이 되었던 것은 바로 소서노였던 것이다. 동부여에서 남하한 주몽 세력과 계루부, 즉 졸본부여 세력의 주체인 소서노와의 결합은 엄밀한 의미에서 정략결혼이라고 할 수 있다. 결혼을 통하여 세력과 세력이 결합하여 더 큰 세력을 형성해 인근 나라를 견제하는 부족 간의 혼인이었던 것이다.

소서노에 대한 기록은 ≪삼국사기≫ 백제 본기에 약간 언급되고 있을 뿐인데, 추측하건대 당시 남자들 못지않은 배짱과 용기를 가진 여장부였던 것만은 틀림이 없다. 만약 소서노가 없었다면 주몽은 고구려 건국에 실패했을지도 모른다. 고구려 건국의 두 주인공은 바로 주몽과 소서노였던 것이다. 주몽이 지략과 무술을 겸비한 뛰어난 인물로 고구려 건국을 주도하였다면, 소서노는 그 뒤에서 든든한 배경이 되어주었다. 졸본부여의 세력은 정치적 기반이 되었고, 연타발 집안의 재력은 경제적 밑받침을 해주었던 것이다.

≪삼국사기≫ 백제 본기에는 소서노의 두 남편과 두 아들이 나온다. 두 남편은 전 남편인 우태(優台)와 재혼한 남편인 주몽이며, 두 아들은 비류(沸流)와 온조(溫祚)다. 그런데 두 아들의 아버지에 대한 기록이 애매모호하게 나와 있다.

《삼국사기》 백제 본기에 보면 앞에서는 주몽과 소서노 사이에서 비류와 온조가 태어났다고 기록하고 있고, 뒤에 가서는 또 다른 일설로 소서노가 우태에게 시집가서 그 두 아들을 낳았다고 나온다. 뿐만 아니라 《삼국사기》는 '혹은 주몽이 졸본에 와서 건너편 고을(越郡)의 여자를 취(娶)하여 두 아들을 낳았다고도 한다.'고 주몽이 소서노가 아닌 다른 여자와의 외도를 기록한 내용도 보인다.

《삼국사기》에 보면 우태는 북부여(北扶餘)의 왕 해부루(解扶婁)의 서손(庶孫)인데 소서노와 결혼하여 장자(長子) 비류와 차자(次子) 온조를 낳았다고 나온다. 그 뒤 우태가 죽자 소서노는 과부로 지내다가 주몽과 재혼하여 고구려를 건국하였다는 것이다. 소서노는 건국에 내조의 공이 많았기 때문에 남편 주몽이 특히 총애하였다. 그래서 주몽은 소서노의 두 아들 비류와 온조를 마치 친아들처럼 대우하였다고 한다.

어찌하여 같은 책에서 이처럼 전혀 다른 내용이 번복되고 있는 것일까. 여러 가지 정황을 살펴 유추해 보건대 비류와 온조는 주몽의 아들이 아니라 소서노와 사별한 전남편 우태의 아들일 가능성이 높다. 왜냐하면 나중에 동부여에서 첫째 부인 예씨 사이에서 태어난 아들 유류(儒留: 유리)가 고구려로 찾아왔을 때, 주몽은 그 아들을 태자로 삼았다. 그 바람에 비류와 온조는 다음 왕위를 이을 태자가 되지 못하자 신변의 위협을 느끼고 남쪽으로 내려가 백제를 건국하게 된다.

만약 비류와 온조가 주몽과 소서노 사이에서 태어난 아들이라면, 태자가 될 우선권은 유류보다 비류에게 더 있었을 것이다. 그러나 주몽은 첫째 부인에게서 태어난 유류를 태자로 내세웠다. 이는 비류와 온조가 주몽의 피를 이어받지 않았다는 것을 미루어 짐작케 하는 단서가 된다.

소서노의 두 남편 사이에도 의문가는 점이 있다. 첫째 남편 우태나 둘째 남편 주몽이나 해부루의 서손이다. 그렇다면 우태나 주몽이 다른 이름을 쓰는 같은 인물이란 말인가. 그럴 가능성은 거의 없다. 우태가 죽은 후 주몽이 나타났기 때문이다. 어쩌면 우태를 해부루의 서손이라고 한 것은 잘못된 기록일 수도 있다. 주몽의 가계(家系)를 가져다 억지로 우태에게 붙인 꼴이 되는 것이다.

한편 해부루가 북부여의 왕이라는 것도 오류이긴 하나, 따지고 보면 해모수에게 쫓겨 북부여 지역에서 동쪽으로 옮겨와 동부여를 세웠으므로 어느 정도 이해 가능한 이야기라고 할 수는 있다. 그러나 엄밀하게 말하면 북부여의 왕은 해모수가 되어야 한다.

아무튼 주몽의 어머니 유화 부인도 비련의 여인이지만, 그의 둘째 부인인 소서노도 비록 여장부이긴 하나 비련의 여인으로 살아갔다. 주몽이 첫째 부인의 아들 유류를 태자로 내세우면서, 이에 격분한 소서노는 자신이 낳은 두 아들 비류와 온조를 데리고 남으로 내려가 새로운 나라 '백제'를 세우는 일을 도왔다.

엄밀히 내용을 따지고 보면 소서노는 사실상 고구려와 백제, 두 나라를 세운 여장부였던 것이다.

제2대 유리명왕(유리왕)

(재위기간: 기원전 19년~18년)

1. '유리'의 원래 이름은 '누리'다

　추모왕(주몽)의 아들 유리(琉璃)는 유류(儒留), 유리(類利) 등으로도 불린다. 이처럼 여러 가지 한자어로 불리는 것은 당시 언어를 한자로 표기하면서 생긴 오류라고 할 수 있다. 신채호는 ≪조선상고사≫에서 '유리'가 원래 당시 발음으로 '누리'로 읽히는데, 그 본뜻은 세(世) 또는 명(明)의 의미를 가지고 있다고 주장하고 있다. 그래서 ≪삼국사기≫에 유리명왕(琉璃明王)이라고 왕명에 명(明) 자를 함께 쓰고 있는 것인지도 모른다.

　아무튼 ≪삼국사기≫ 고구려 본기 제1 유리명왕편에 다음과 같은 기록이 나온다.

> 〈휘(諱) 유리(類利) 혹은 유류(儒留)라 하며 주몽의 원자(元子)요 어머니는
> 예씨(禮氏)다.〉

　유리의 이름을 누가 지어주었는지는 확실치 않으나, 어려서부터 그렇게 불린 것만은 사실이다. 아무튼 기록에 나오는 것처럼 그는 아버지 주몽이 대소의 무리들에게 쫓겨 동부여를 떠난 후 예씨 부인에게서 태어났다.

　확실히 알 수는 없으나 주몽이 예씨 부인의 뱃속에 든 아기 이름을 지어주고 떠났을 것이라는 추측은 가능하다. 왜냐하면 동부여를 떠날 때

그는 부인에게 다음과 같이 말했기 때문이다.

"그대가 남자를 낳거든 그 아이에게 이르되, 내가 유물(遺物)을 칠릉석(七稜石: 일곱 모난 돌) 위 소나무 밑에 감추어 두었으니 능히 그것을 찾는 자는 나의 아들임을 알겠다고 전해주시오."

주몽이 이와 같은 말을 임신한 부인에게 했다는 것은 그가 절실하게 아들을 원했다는 뜻이며, 그러므로 미리 떠나기 전에 아들의 이름까지도 지어주었을 가능성이 높다.

국어사전에 보면 '누리'는 평안도 방언인데, 그것은 '유리(琉璃)'를 말하는 것이며, 옛말에도 '누리임금'을 '유리명왕'이라 한다고 나와 있다. '누리'는 '세상'이란 뜻이며 '밝을 명(明)' 자의 뜻도 가지고 있으니 '세상을 밝힌다.'는 의미가 될 것이다.

만약 주몽이 동부여를 떠나기 전에 부인의 뱃속에 든 아기 이름을 '누리'라고 지었다면, 이미 그가 남쪽으로 가서 큰 나라를 세우겠다는 의지를 갖고 있었음을 뜻한다. 동시에 '누리'라는 아들이 태어난다면, 그를 반드시 자신의 후계자로 삼을 것이라는 다짐도 그 이름에는 은연중에 들어 있는 것으로 볼 수 있다.

그렇다면 여기서 주몽이 동부여를 떠날 때의 상황을 대략 유추해볼 수가 있을 것이다. 어쩌면 그는 부인 예씨와 함께 떠나고 싶었을지도 모른다. 아니 그는 어머니 유화 부인을 생각해서 예씨를 곁에 남겨두기 위해 아들이 태어나면 반드시 새로 세우는 나라의 후계자로 삼겠다며 '누리', 즉 '유리'라는 이름을 지어놓고 떠났을 가능성이 높다. 당시 주몽이 부인을 데리고 떠나지 않은 또 하나의 이유는, 주몽이 대소의 무리들에게 쫓기는 몸이라 임신한 부인을 대동하기 매우 곤란했을 것이다.

아무튼 유리는 아버지가 없는 상황에서 태어났으며, 어린 시절 '누리'라는 이름으로 불려졌다. 그 이름에는 '온 누리'를 밝히는 햇빛이 생략되어 있는데, 즉 유리의 이름도 '태양'과 연관을 지을 수 있다는 이야기다. 이는 주몽이 태어난 신화와 깊은 관계가 있다. 즉 금와왕이 유화 부인을 골방에 가두었을 때 햇빛이 따라다니며 그녀의 배를 비춘 후 임신을 하게 되어 주몽을 낳았다는 신화의 그 '햇빛'과 유리왕의 이름 '누리'는 기가 막히는 조화를 이루고 있다.

'햇빛이 온 누리를 비춘다.'는 것은 한 나라의 왕이 백성을 다스리는 것을 뜻한다. 햇빛은 왕이고 온 누리는 백성인데, 백성은 곧 왕의 아들이다. 이러한 해석대로 풀이한다면, 햇빛이 주몽이므로 온 누리는 그의 아들 유리가 되는 것이다.

아무튼 유리의 이름인 '누리'는 그 자체만으로도 범상치 않은 인물임을 알 수 있게 해준다.

2. 유리, 아버지를 찾아 떠나다

주몽이 어린 시절부터 활을 잘 쏘았던 것처럼 유리 역시 아버지를 닮아 활을 잘 쏘았던 모양이다. 어느 날 어린 유리가 밭둑에 나가 새를 쏘던 중 한 여자가 샘물을 길어 머리에 이고 가는 물동이를 깨뜨리고 말았다.

이규보의 ≪동명왕편≫에는 이 장면에서 "아비 없는 자식이 내 물동이를 쏘아 뚫었다."며 여자가 욕을 하자, 유리는 얼른 진흙 탄환을 묻힌 화살을 쏘아서 물동이의 구멍을 막았다고 묘사되어 있다.

유리가 물동이를 깬 것은 사실일 것이다. 그러나 물동이에 난 구멍을 막기 위하여 다시 진흙 탄환을 쏘았다는 것은 신화적인 표현에 지나지 않는다. 다만 여기서 유추해 볼 수 있는 것은 그가 아버지처럼 어려서부터 활을 잘 쏘았다는 점일 것이다.

물동이를 깨고 나서 사과를 했건 어쨌건 간에, 어린 유리는 이 사건을 계기로 새삼 아버지의 비어 있는 자리를 확연하게 깨닫게 되었다. "아비 없는 자식"이라는 비난을 통해 다시 깨닫게 되는 아버지의 부재 상황, 그것이 어린 유리로 하여금 세상에 대한 새로운 인식을 갖게 하는 계기로 작용하게 된다.

물동이를 깨뜨린 바로 그날 저녁, 유리는 집으로 돌아와 어머니에게
물었다.

"어머니, 내 아버지는 누구며 지금 어디 계시나요?"

　아마 예씨 부인은 그때까지 아들에게 아버지가 누구이며 어떤 사람이라
는 것을 가르쳐주지 않았던 모양이다. 어쩌면 그때까지도 동부여에 있던
주몽의 가족들은 금와왕의 세자 대소의 무리들에게 감시를 받고 있었는지
도 모른다. 언제 어느 때 주몽이 가족들을 데리러 올지 모르는 상황이었기
때문이다.

　그런데 제법 어른스러워진 유리가 아버지에 대하여 묻자, 예씨 부인은 이제
비밀을 알아도 될 만한 나이가 되었다고 판단하고 조심스럽게 말하였다.

　"네 아버지는 보통 사람이 아니다. 천제의 아들이신데, 그래서 이 나라
에서는 살지 못하고 남쪽 땅으로 가서 나라를 세우고 왕이 되셨단다."

　예씨 부인은 그러면서 주몽이 동부여를 떠날 때 아들이 태어나면 일러
주라며 당부한 말, 즉 "일곱 모진 돌 위의 소나무 밑에 감추어둔 유물을
찾아 가지고 오는 자가 있으면 아들임을 알고 받아들이겠다."는 이야기를
들려주었다.

　어머니의 말을 듣고 난 유리는 아버지가 숨겨둔 유품을 찾기 위해 일곱
모진 돌 위의 소나무를 찾아다녔다. 그는 먼저 소나무가 많은 산과 계곡을
헤매고 돌아다녔으나 일곱 모진 돌 위의 소나무는 찾아낼 수가 없었다.
그도 그럴 것이 돌 위에서 자라나는 소나무가 있을 턱이 없었던 것이다.

　실로 수수께끼가 아닐 수 없었다. 그런데 어느 날, 실의에 잠겨 있던
유리는 문득 자기 집 기둥을 세운 주춧돌이 일곱 모로 되어 있는 것을
발견하였다. 얼른 기둥을 살펴보니 그 재질이 바로 소나무였던 것이다.
그는 주춧돌과 소나무 기둥 사이의 벌어진 틈에서 곧 부러진 칼 조각을
찾아냈다.

　"바로 이것이 아버님이 숨겨놓으신 유품이로구나!"

　유리는 뛸 듯이 기뻤다. 그는 곧 옥지(屋智)·구추(句鄒)·도조(都祖) 등

세 사람과 함께 동부여를 떠나 아버지 추모왕이 있는 고구려로 달려갔다.

주몽이 대소 무리에게 쫓겨 남쪽으로 내려올 때 오이·마리·협보 등 세 사람을 대동하였던 것처럼, 아들 유리도 세 사람과 함께 동부여를 탈출한 것이다. 이들은 모두가 무사들일 가능성이 높다. 위험을 무릅쓰고 탈출을 감행하는 것이기 때문에 혼자서는 용기를 내지 못했을 것이다.

≪삼국사기≫ 고구려 본기 제1 시조 동명왕편에는 유리가 고구려로 온 기록을 다음과 같이 전하고 있다.

〈19년 4월에 왕자 유리가 부여에서 그 어머니와 함께 도망하여 오니, 왕은 기뻐하여 태자로 삼았다.〉

또 이규보의 ≪동명왕편≫에는 다음과 같이 기록되어 있다.

〈전한(前漢) 홍가(鴻嘉) 4년 여름 4월에 고구려로 달아나서 칼 한 조각을 왕께 받들어 올렸다.〉

이 시기는 추모왕 즉위 19년이므로, 고구려 건국 BC 37년을 기준으로 할 때 유리가 고구려로 온 것은 BC 19년이 된다. 그런데 ≪동명왕편≫의 기록에 '여름 4월'이라는 것이 잘 이해가 안 간다. 당시는 음력을 사용하였을 때니까, 아마 막 초여름으로 접어들던 때였는지도 모른다.

추모왕은 동부여에서 온 첫째 부인인 예씨와 아들 유리를 받아들인다. 둘째 부인인 소서노의 두 아들은 그의 친아들이 아니므로 당연히 친아들 유리를 태자로 책봉하려고 들었을 것이다.

여기에서 추모왕은 두 가지 갈등으로 괴로웠을 것이다. 우선 첫째 부인 예씨와 둘째 부인 소서노 사이에 보이지 않는 알력 관계가 있었을 것이다. 그녀들에게서 태어난 유리와 비류·온조 왕자들 간의 태자 책봉 문제로 빚어지는 갈등이 그것이다.

당시의 기록을 남긴 역사서에는 태자 책봉 문제를 다룬 이야기가 제대로 나와 있지 않다. 그러나 그 갈등 문제는 비류와 온조가 어머니 소서노와 함께 고구려를 떠나 남쪽으로 내려가는 것으로 일단락된다. 추모왕으로서는 왕후를 누구로 정하느냐, 태자를 누구로 책봉하느냐의 두 가지 문제로 갈등하였는데, 이해 당사자들이 떠나버리면서 자연스럽게 해결된 것이다.

그런데 유리가 태자로 책봉된 지 불과 5개월 후인 그해 9월에 추모왕이 나이 40세로 세상을 떠났다. ≪동명왕편≫에는 그 기록이 다음과 같이 전해지고 있다.

〈가을 9월에 왕이 하늘에 오르고 내려오지 않으니 이때 나이 40이었다. 태자가 왕이 남긴 옥 채찍을 대신 용산(龍山)에 장사하였다 한다.〉

이것은 추모왕의 죽음을 신격화하기 위해 하늘로 올라가 내려오지 않았다고 묘사한 것이다. 사실 그것은 엄연한 죽음이고, 옥 채찍이 아닌 시신을 용산에 장사지냈다고 보면 된다. 용산의 용(龍) 자도 지상에서 하늘로 오르는 것이 바로 상상의 동물인 용이므로, 추모왕의 능묘가 만들어진 곳도 그렇게 불린 것이라고 생각된다.

결국 유리는 아버지 추모왕을 만나 5개월 동안 곁에 있었을 뿐, 태어나서부터 청년기에 이르기까지 거의 '아비 없는 자식'으로 놀림을 받으며 살아온 것이다. 추모왕도 아비 없는 자식으로 자라나 고구려의 왕이 되었는데, 그의 아들 유리도 마찬가지로 그와 같은 전철을 밟아오다가 아버지의 대를 이어받아 왕이 되었다. 부자간의 운명치고는 참으로 묘하게도 닮은꼴을 하고 있다.

3. 한나라 여인 치희와 '황조가'

유리명왕은 추모왕이 죽고 나서 왕위를 계승하여 고구려 2대 왕이 되었으며, 그 다음 해에 다물후(多勿侯) 송양(松讓)의 딸과 결혼하였다.

송양은 원래 비류국 왕이었으나 추모왕과의 싸움에서 패하였다. 결국 비류국은 고구려의 제후국인 '다물도'가 되었고, 여전히 송양은 그곳의 통치를 맡았다. 따라서 이제 그는 고구려의 왕을 섬기는 제후가 되었으므로 어떻게 하든 신하의 도리를 다하려고 들었을 것이다.

≪삼국사기≫에는 '7월에 (王이) 다물후 송양의 딸을 들이어 비(妃)를 삼았다'고만 나오기 때문에, 그 결혼의 주선을 누가 했는지에 대한 일련의 과정을 명확하게 알 수는 없다. 다만 추모왕이 죽기 전에 송양에게 딸을 태자와 결혼시키게 하라고 부탁하였을 가능성은 있다. 아니면 송양이 계속 다물후로 자리를 보전하기 위하여 정략적으로 유리명왕에게 딸을 바쳤을 수도 있다. 또는 반대로 유리명왕이 송양의 지지기반을 활용하여 탄탄한 왕권을 확립하기 위하여 그의 딸을 왕비로 삼았을지도 모른다.

아무튼 유리명왕이 송양의 딸과 결혼 한 그 해에는, 그것을 축복이라도 하듯 신비스런 일이 두 번이나 일어났다. ≪삼국사기≫의 기록에 의하면 '9월에 (王이) 서쪽으로 순수(巡狩)하여 백장(白獐: 흰 노루)을 잡았다'고 하며, '10월에 신작(神雀: 鳳凰)이 왕정(王庭)에 모여들었다'고 했다.

결혼한 지 2개월 후인 9월에 유리명왕이 서쪽으로 사냥을 떠난 것은 사실일 것이다. 그러나 그때 잡은 것이 과연 흰 노루였는지는 알 수 없다. 그리고 10월에 봉황이 왕궁 뜰로 날아들었다고 하는 것도 믿기지 않는다. 상식적으로 볼 때 간혹 '흰 노루'는 있을지도 모르나, '봉황'은 상상의 새이므로 사실과 다를 것이다. 이것은 일부러 역사 저술을 할 때 왕의 결혼을 축복하는 뜻에서 신비적으로 표현했을 가능성이 많다.

아무튼 유리명왕은 송양의 딸을 왕비로 맞아들인 후, 다음 해 7월에 '골천'이란 곳에 이궁(離宮)을 지어 함께 지냈다. 기존의 왕궁은 정사(政事)를 펴는 곳이고, 새로 지은 이궁은 오직 왕비와 함께 지내기 위한 별궁이었을 가능성이 크다. 이처럼 왕은 왕비에게 별궁을 지어줄 정도로 극진하였으나, 왕비는 결혼 1년 3개월(유리명왕 3년 10월)만에 죽고 말았다.

그 후 유리명왕은 두 여자를 얻었다고 하는데, ≪삼국사기≫ 기록에는 다음과 같이 나온다.

〈왕이 다시 두 여자를 취(娶)하여 계실(繼室)로 삼으니, 하나는 화희(禾姬)
란 이로 골천인의 딸이요, 하나는 치희(雉姬)란 이로 한인(漢人)의 딸이었
다.〉

'골천인'이란 바로 이궁을 세운 지역의 유력자를 말하는 것이며, 그 딸이
'화희'다. 또 한 여자는 '치희'인데, 고구려 변방에 와서 살던 출신이 불분명
한 한나라 사람의 딸일 것이다. 화희나 치희는 이름이라기보다 비(妃)로
삼으면서 새로 지어 부른 명칭으로 보인다. 한문의 뜻을 토대로 풀이하면
화희는 벼꽃을 닮았다는 뜻이며, 치희는 꿩을 닮았다는 뜻이 된다.

그런데 화희와 치희는 유리명왕을 두고 질투가 심하였다. 서로 사랑다
툼으로 불화가 끊이지 않자, 왕은 양곡이란 곳의 동쪽과 서쪽에 두 개의
궁(宮)을 짓고 두 여자가 각기 떨어져 살게 하였다.

어느 날 유리명왕이 기산(箕山)이란 곳으로 사냥을 나가서 7일 동안 머물
렀다. 왕이 궁궐을 비워둔 사이에 화희와 치희는 또 사랑다툼을 벌였다.

화희가 한나라 출신의 치희에게 다음과 같은 말을 하였다.

"너는 신분이 비천한 주제에 무례하기 짝이 없구나."

궁중의 서열로 봐서 화희가 치희보다 앞서는 모양이었다. 그리고 고구
려인으로서의 자부심이 매우 강한 화희는 한나라 출신의 치희를 업신여겨
보았던 것이다. 아무튼 치희는 화희의 구박을 이기지 못하고, 너무 부끄럽
고 분한 나머지 친정으로 도망을 치고 말았다.

사냥터에서 뒤늦게 돌아온 유리명왕은 치희가 도망쳤다는 보고를 받고,
손수 말을 달려 쫓아갔다. 집까지 찾아가 치희를 만났으나, 왕은 끝내
그녀를 설득시키지 못하였다. 화희에게 당한 설움 때문에 독이 바짝 오른
치희는 자신의 팔을 잡아끄는 왕을 끝내 따라나서지 않았던 것이다.

다시 고구려 궁궐로 돌아오면서 유리명왕은 도무지 치희의 얼굴이 눈앞

에 어른거려 견딜 수가 없었다. 왕이 잠시 어느 나무 밑에서 쉬고 있는데, 황조(黃鳥)가 짝을 지어 날아와 가지 끝에서 울고 있었다. '황조'는 꾀꼬리를 말하는데, 그 새가 우는 모습을 보고 왕은 문득 곁에 없는 치희 생각에 자신의 외로운 마음을 시로 읊었다.

「꾀꼬리는 오락가락(翩翩黃鳥),
암수가 함께 노는구나(雌雄相依).
외로운 이 내 몸은(念我之獨)
뉘와 함께 돌아가리(誰其與歸).」

이것이 바로 유리명왕이 지었다는 '황조가(黃鳥歌)'다.

아주 짧은 시이기는 하지만, 그것이 마치 거울처럼 유리명왕의 심리를 그대로 드러내 보여주고 있다. 이 시기에 왕은 강력한 왕권을 갖지 못하고 있었음을 이 시에서 엿볼 수 있다. 만약 왕이 송양의 딸을 취하면서 지지기반을 확보하려고 했는데 왕비가 일찍 죽는 바람에 목적 달성을 이루지 못했다고 가정한다면, 골천에 세력기반을 가지고 있는 유력자의 딸 화희를 취하면서 다시 왕권을 강화하려고 들었을 것이다.

친정으로 쫓겨 간 치희를 데리러 갔으나 유리명왕이 혼자 돌아올 수밖에 없었던 것은, 고구려에 남아 있는 화희와 그녀의 아버지인 골천의 유력자를 무시할 수 없었기 때문일 것이다. 만약 화희와 그 배경 세력이 두렵지 않았다면 왕은 어떤 설득을 해서라도 사랑하는 연인 치희를 다시 고구려로 데려왔을 것이기 때문이다.

그런데 당시까지만 해도 왕권이 너무 약했다. 그도 그럴 것이 동부여에서 고구려로 온지 불과 몇 년이 되지 않았기 때문에, 유리명왕은 지지기반을 형성할 수 있는 시간적 여유가 너무 없었다. 그를 따르는 세력도 크게 많지 않았을 것이다.

더구나 소서노가 낳은 비류·온조 두 형제와 태자 자리를 두고 다투면서 고구려 왕실의 세력이 더욱 약화되었을 것이 분명하다. 거기에다 비류와 온조가 그들을 따르는 세력을 데리고 남쪽으로 내려가 백제를 세우면서, 유리명왕을 따르는 세력이 그만큼 줄어들었다고 보아야 한다.

결국 유리명왕은 왕권을 회복하지 못한 상태에서 강력한 아버지의 세력을 배후에 둔 화희의 질투에 대하여 죄를 물을 수가 없었다. 역사 기록 어디에도 화희에게 벌을 주었다는 대목이 보이지 않는다.

어쩌면 유리명왕은 질투심이 많고 대가 센 화희보다 의지할 데라곤 없는 외로운 여인 치희를 더 사랑했을지도 모른다. 이국에서 왔다는 것 하나만으로도 왕 자신의 처지와 비슷하였고, 그래서 더욱 치희와의 이별을 안타까워했을 것이다. 아무튼 왕이 치희와의 이별에 대한 슬픔과 자신의 외로운 처지를 '황조가'란 시로 읊으며 마음을 달랬다는 것을 그 짧막한 내용을 통해 미루어 짐작할 수 있다.

4. '돼지 우화'와 국내성 천도

유리명왕이 하늘에 제사를 지낼 때 돼지가 두 번씩이나 달아났다. 처음에는 재위 19년 8월의 일이었고, 두 번째는 그로부터 2년 뒤인 재위 21년 2월의 일이었다. ≪삼국사기≫에는 그 두 가지 사건을 다음과 같이 기록하고 있다.

〈19년 8월 교시(郊豕)가 (놓여) 달아나니, 왕이 탁리(託利)와 사비(斯卑)란 자로 뒤를 쫓게 하였는데, 장옥택중(長屋澤中)에 이르러 발견하고 칼로 그 돼지의 각근(脚筋)을 끊었다. 왕이 듣고 노하여 말하기를, "제천(祭天)할 때 희생(犧牲)을 어찌 (함부로) 상할 것이냐"하고, 드디어 두 사람을 구덩이 속에 넣어 죽였다.〉

〈21년 3월 교시가 (놓여) 달아나니, 왕이 희생을 맡은 설지(薛支)로 뒤를 쫓아가게 하여 국내(國內) 위나암(尉那巖)에 이르러 잡았다. (그것을) 국내

인가에 가두어 기르게 하고 돌아와……〉

　여기서 '교시'는 제천행사에 쓰이는 돼지를 이르는 말이다. 당시에는
살아 있는 돼지를 그대로 제사상에 올렸던 모양인데, 이 기사는 고구려
제천의식 관행을 알 수 있게 해주는 중요한 기록이 아닐 수 없다.
　두 번 돼지가 달아난 사건을 접한 유리명왕은 각기 다른 결단을 내렸다.
먼저 달아난 돼지를 쫓아가 칼로 다리를 잘라버린 두 사람은 신성한 희생
물을 피로 더럽힌 죄로 구덩이에 파묻혀 죽었다. 그런데 두 번째로 달아난
돼지를 산 채로 잡아 인가에 맡겨 기르게 한 사람에게는 벌을 주지 않았다.
오히려 그 사람이 돼지를 인가에 맡긴 '국내'란 곳이 국도(國道)로 적합하
다는 말을 듣고, 도읍을 옮기는 결단을 내렸다.
　돼지가 두 번 달아난 것은 사실일 것이다. 그러나 그 사건에 대한 유리명
왕의 결단은 사실과 다를 수도 있다. 먼저 달아난 돼지의 다리를 자른
두 사람을 죽인 것은 사실일 가능성이 크다. 제물로 쓰는 신성한 돼지를
살생했다는 것은 제천행사의 중요성을 생각할 때 큰 죄에 속하는 일이었을
것이 틀림없다.
　그러나 두 번째 돼지가 달아난 사건으로 유리명왕이 국내성 천도를
결심했다는 것은 잘 이해가 가지 않는 점이 있다. 오녀산성이 있던 환인(桓
仁) 지역에서 국내성이 있던 집안(集安) 지역까지의 거리가 문제이다. 도
저히 돼지가 달아날 수 있는 거리가 아니다. 환인에서 집안까지는 170㎞,
장장 400리가 훨씬 넘는 거리인 것이다.
　여기서 다시 유추해볼 수 있는 것은 고구려 때 제천의식에 사용한 돼지
가 집에서 기르는 가축이 아닌 멧돼지였을 가능성이다. 왕이 전렵행사를
통해 사냥으로 멧돼지를 사로잡아 제천의식의 제물로 사용했을지도 모른
다. '교시'의 '교(郊)'가 성 밖의 '들'을 의미하므로, 가축용으로 길들여진
돼지가 아닌 멧돼지일 가능성이 높기 때문이다.
　그렇다면 앞에서 예시한 ≪삼국사기≫의 두 번째 기사에서 보이는 설지

가 국내 위나암에서 잡아 민가에서 기르게 했다는 것 역시 멧돼지였을 것이다. 민가에서 기르게 한 것은 전례(예시한 첫 번째 기사)로 보아 설지가 멧돼지를 죽였을 때 그 자신도 죽음을 면치 못할 것이었기 때문에 임시로 민가에서 기르게 했을 가능성이 크다.

≪삼국사기≫의 역사 기록은 옛날부터 전해져 내려오는 ≪구삼국사≫의 내용을 토대로 하고 있는데, 돼지가 달아난 곳으로 도읍을 옮겼다는 이야기는 국내성 천도를 정당화하기 위한 신화적 기법을 활용한 기술이라고 할 수 있다. 추측은 두 가지가 가능하다. 도읍을 옮기는 떳떳한 명분이 필요했거나, 도읍은 함부로 옮길 수 있는 것이 아니기 때문에 하늘이 내린 명령이라는 것을 백성들에게 널리 알리기 위해 그런 이야기를 만들어낸 것일지도 모른다.

≪삼국사기≫에는 달아난 돼지를 쫓아갔다가 국내까지 갔던 설지가 유리명왕에게 다음과 같이 보고하는 기록이 나온다.

〈"신이 돼지를 쫓아 국내 위나암에 이르니 그 곳의 산수가 심험(深險)하고 땅은 오곡(五穀)에 알맞고 또 미록(麋鹿)과 어별(魚鼈)의 산(産)이 많음을 보았나이다. 왕이 만일 거기로 국도를 옮기신다면 단지 민리(民利)가 무궁할 뿐 아니라 또한 병란(兵亂)을 면할 수도 있습니다."〉

돼지 희생을 맡은 '설지'라는 자가 분석한 도읍지로서의 '국내성'은 우선 땅이 기름져 농사가 잘 되고 산에는 사슴이, 강에는 물고기가 많아 백성들이 살기에 좋다는 것이다. 그리고 또 하나는 산세가 험하여 적군을 막기에 용이하다는 군사적 요충지라는 점이다.

이 두 가지 점은 설득력을 갖기에 충분하다. 실제로 환인 지역보다 집안 지역의 기후가 따뜻하고 사계절이 분명해 농사가 잘되며, 강과 바다를 끼고 있어 물산이 풍부한 것이 사실이다. 또한 유리명왕 14년에 부여왕 대소가 고구려를 침범하였다가 눈이 많이 내리는 바람에 군사를 돌린 적이 있는 만큼, 당시만 해도 군사력이 강했던 부여의 대소 세력에 대한 두려움이 컸다. 따라서 당연히 부여군을 방어하기 좋은 곳으로 도읍을 옮기고 싶었을 것이다.

그러나 도읍을 옮긴다는 것은 국가 대사이니 만큼 반대파도 많았을 것으로 추측된다. 부여의 대소 세력이 무서워 도읍을 옮긴다는 것은 추모왕이 건국할 때부터 진취적 기상을 가진 고구려로 볼 때 지극히 자존심 상하는 일이 아닐 수 없다.

유리명왕이 재위 22년 국내성으로 도읍을 옮기고 나서 사냥을 다니며 여러 날 궁궐을 비우고 정사를 제대로 돌보지 않자, 추모왕 때 개국공신이었던 대보(大輔) 벼슬의 협보(陜父)가 다음과 같이 간청하였다.

"왕께서 새로 국도를 옮겨 백성들이 (아직) 안도치 못하니, 의당히 정법(政法)에 마음을 부지런히 쓰실 일이온대, 이는 생각지 아니하시고 전렵(田獵)에 치빙(馳騁)하여 오래도록 환어(還御)치 아니하시니 만일 개과자신(改過自新)치 아니하시면 정치가 문란하고 백성이 산망(散亡)하여 선왕(先王)의 업(業)이 땅에 떨어질까 두렵습니다."

개국공신다운 협보의 충언에 유리명왕은 벌컥 화를 내며 당장 그 자리에서 대보라는 그의 벼슬을 거두어들이고, 그 대신 관원(官園)의 사무를 보는 최하위직으로 보내버렸다.

이때 화가 난 협보는 남한(南韓)으로 달아났다. '남한'은 온조가 백제를 세우기 전부터 있던 마한·진한·변한의 삼한을 가리키는 말일 것이다.

이 사건 하나만 보더라도 당시 유리명왕의 국내성 천도를 두고 찬반 세력으로 갈라지면서 국력이 양분되었을 가능성이 크다.

한편 국내성 천도 다음 해에 유리명왕은 왕자 해명(解明)을 태자로 삼았다.

그러나 태자 해명과 부왕과의 사이는 그리 좋지 않았던 것 같다. 해명은 유리명왕이 집안의 국내성으로 천도했을 때부터 고도(古都)인 환인의 졸본성에 그대로 남아 있었으며, 27년 태자에 책봉된 다음 해인 28년에는 부왕의 명에 따라 자결하는 비운의 왕자가 되었다.

충언을 고하다 벼슬길에서 물러나 다른 나라로 도망친 개국공신 협보의 사건이나, 고도에 떨어져 있다가 부왕의 명에 의해 태자 해명이 자결한 사건은 모두 국내성 천도와 더불어 벌어진 불유쾌한 일들이었다.

이 불유쾌한 일들을 무마하기 위해서 무엇보다 필요한 것은 국내성 천도의 당위성 확보였을 것이다. 더 이상 천도 문제로 국론분열을 일으킬 수 없다는 고육지책으로 나온 것이 '돼지 우화'의 각색일지도 모른다. 즉 하늘의 명에 의하여 제천행사의 희생에 쓰일 돼지가 달아나 천도할 곳을 점지해주었다는 식의 이야기를 꾸며냈을 가능성이 크다.

5. 비운의 주인공이 된 세 아들

유리명왕에게는 기록에 나타난 아들만 네 명이 있다. 그 4형제의 어머니가 누구인지는 명확하게 밝혀져 있지 않다.

역사 기록에 의하면 유리명왕은 세 명의 여자를 취한다. 첫째 여자는 다물후 송양의 딸로 결혼 후 1년 남짓 살다 죽었다. 두 번째 여자는 홀천인의 딸 '화희'이고, 세 번째 여자는 한인(漢人) 출신의 '치희'다. 그러나 치희는 화희의 질투에 못 이겨 친정으로 도망갔으므로, 네 아들은 '화희'가 낳았을 가능성이 크다.

그런데 ≪삼국사기≫ 고구려 본기 제2 대무신왕(大武神王)편에는 다음과 같은 기록이 나와 다소 혼동을 일으키게 만든다.

〈대무신왕(제3대)이 즉위하니(혹은 大解朱留王이라고도 함), 휘는 무휼(無恤)이요, 유리왕의 셋째 아들이다. 나면서부터 총명하고 장성하니 영특하여 큰 지략이 있었다. 유리왕 즉위 33년 갑술(甲戌)에 태자가 되니 그때 나이 11세였으며, 이때에 이르러 즉위하였다. (王의) 어머니는 송씨니, 다물국왕 송양의 딸이다.〉

유리명왕과 결혼한 송양의 딸은 결혼 1년 남짓 살다 죽었는데, 그녀가 셋째 아들을 낳았다는 것은 이치에 맞지 않는다. 이것은 ≪삼국사기≫ 자체의 오류라고 밖에 설명할 길이 없다.

아무튼 유리명왕의 첫째 아들은 태자 도절(都切)인데, 재위 14년에 동부여왕 대소가 서신을 보내어 서로 볼모 교환을 청한 일이 있었다.

유리명왕이 도절을 동부여왕 대소에게 인질로 보내려고 하자, 태자는 두려운 나머지 부여국으로 가지 않았다. 이때 동부여왕 대소는 크게 노하여 군사 5만 명을 이끌고 고구려를 침공하였다. 그러나 때마침 대설(大雪)이 내려 얼어 죽는 병사가 많으므로 도중에 되돌아가 버렸다.

그로부터 6년이 지난 후인 유리명왕 재위 20년 정월에 태자 도절은 죽고 말았다. 기록에는 태자가 왜 죽었는지 나와 있지 않지만, 부왕의 명을 어긴 데 대한 죄책감에 시달리다 병사한 것으로 추측된다.

아무튼 첫째 아들 도절의 죽음은 유리명왕에게 큰 충격을 주었을 것임에 틀림없다. 다만 잘 이해가 가지 않는 것은 일찍이 태자로 책봉할 만큼 첫째 아들을 사랑했음에도 불구하고, 동부여왕 대소에게 인질로 보내려고 했다는 사실이다.

여기서 유리명왕의 우유부단한 성격을 미루어 짐작할 수 있다. 당시만 해도 대소왕이 이끄는 동부여국이 역사가 깊어 건국된 지 얼마 안 되는 고구려보다 강국이긴 했겠지만, 사신의 말만 듣고 태자를 볼모로 보내려고 했다는 것은 왕 자신이 그만큼 겁이 많았다는 점을 시사해주고 있다.

유리명왕은 첫째 아들이 죽은 지 3년만인 재위 23년에 둘째 아들 해명(解明)을 태자로 세웠다. 나라의 경사가 있는 날 죄인을 사면(赦免)하는 것은 그 당시에도 관례였던 모양이다. 해명을 태자로 삼고 나서 왕은 '국내(國內)의 죄수(罪囚)를 대사(大赦)하였다.'고 ≪삼국사기≫에 기록되어 있다.

그러나 그로부터 불과 4년이 지난 유리명왕 27년에 비극을 예고하는 사건이 일어났다. 태자 해명은 힘이 세고 무용(武勇)이 남달랐다고 한다. 당시 태자는 새로운 수도 국내성으로 부왕을 따라가지 않고 고도(古都),

즉 추모왕이 고구려를 건국한 졸본성을 지키고 있었다. 여기에서도 부왕 유리명왕과 태자 해명 사이의 성격적 갈등이 엿보이고 있다. 부자간에 국내성 천도 문제를 놓고 심각한 의견대립이 있었을 것을 미루어 짐작하게 하는 것이다.

아무튼 그 무렵의 어느 날인가, 고구려 태자가 힘이 아주 장사라는 소문을 들은 황룡국왕(黃龍國王)이 사람을 보내어 강궁(强弓)을 선물하였다고 한다.

그때 태자 해명은 황룡국왕이 보낸 사신이 보는 앞에서 활시위를 당겨 강궁을 단번에 부러뜨려버렸다.

"내 힘이 센 것이 아니라 이 활 자체가 너무 약하군!"

젊은 나이의 태자는 이렇게 마음껏 힘자랑을 하여 활을 보낸 황룡국왕을 조롱하였다. 당시 나이 20세의 젊은이로서는 대단한 기개가 아닐 수 없다.

그러나 그 이야기를 전해들은 유리명왕은 황룡국왕을 두려워하여 사신을 보내 다음과 같이 전하였다.

"해명이 자식으로서 불효하니, 청컨대 나를 위하여 죽여주시오."

유리명왕은 태자를 대신하여 황룡국왕에게 백배사죄를 한 것이다.

이때 오히려 황룡국왕은 해명의 기개가 마음에 들어, 다시 사신을 보내 태자를 초청하였다.

태자가 그 초청에 황룡국으로 가려고 하자, 주위에서 신하가 말렸다.

"지금은 위험합니다. 가지 마십시오."

"하늘이 나를 죽이려하지 않는데, 황룡왕이 나에게 어찌하겠느냐?"

태자 해명은 당당하게 말하며 황룡국으로 갔다.

이때 황룡국왕은 고구려 유리명왕의 청도 있고 해서 여차하면 해명을 죽이려고 하였으나, 그를 만나본 후 보통 인물이 아님을 알고 오히려 예로써 대접해 다시 고구려로 돌려보냈다.

그러나 그 다음 해인 재위 28년에 유리명왕은 태자 해명에게 칼을 보내 자결을 명하였다.

"내가 천도(遷都)한 것은 백성을 편안히 하고 나라를 굳건히 하기 위함인데 너는 어찌 나를 따라오지 않고 힘센 것만 믿고 이웃나라와 원한을 맺어 나라를 위태롭게 하느냐?"

이와 같은 유리명왕의 말을 전해들은 태자 해명은 곧 칼을 들어 자살하려고 하였다. 그때 주변의 신하가 말렸다.

"대왕의 장자가 이미 죽었으므로 태자는 다음 대를 이어야 하는데, 어찌 사자의 말만 듣고 가벼이 자결하려 하십니까? 지금으로선 사자의 전언이 거짓인지도 알 수 없는 일 아니겠습니까?"

태자가 그 말에 대답하였다.

"저번에 황룡왕이 강궁을 보내주었을 때 나는 그가 우리나라를 가벼이 여길까 염려하여 활을 꺾어 그에게 보답한 것인데, 뜻밖에 부왕(父王)에게 꾸지람을 받았다. 지금 부왕이 나를 불효자라 하여 칼을 보내 자결을 명하시니, 어찌 아버님의 명을 거역할 수 있겠는가?"

태자 해명은 그 길로 밖으로 뛰어나갔다. 그리고 들판에 거꾸로 창을 꽂아놓고 멀리서 말을 달려오다가 그 창에 몸을 날려 자결하였다. 그의 나이 21세 때였다.

왜 유리명왕은 태자 해명에게 칼을 보내 자결을 명하였을까? 여기서 잠시 그의 심리적 상황을 분석해볼 필요가 있다. 그는 우유부단한 성격에다 감성이 예민하기까지 하였다. 우유부단한 성격은 겉으로는 온화해 보이지만, 안으로 참는 인내심이 강한 반면 화가 나면 주체할 수 없는 분노를 폭발시킨다. 더구나 그는 한인 출신의 치희가 화희의 질투에 견디지 못해 친정으로 도망쳤을 때 그녀를 못 잊어 '황조가'를 부르기까지 할 정도로 감성적인 성격의 소유자였다.

다시 말하면 태자 해명의 자결 사건은 유리명왕의 우유부단함과 감성적인 성격이 내부에서 순간적인 충돌을 일으키면서 빚어낸 비극이라고 할 수 있다. 유리명왕의 최대 실수는 태자 해명을 잃은 일이었다. 그리고 태자 해명과 국내성 천도를 놓고 갈등을 일으켰고, 마침내 고구려의 왕도를 남쪽으로 옮겼다. 그러나 그것은 결과적으로 고구려가 서북방의 중원 세력과 대결해 요서지역으로 뻗어나가기보다, 반도의 백제를 공략해 남진 정책을 쓰는 결과를 낳게 되었다.

여기서 한 가지 의문은 대체 유리명왕이 그처럼 두려워한 황룡국이 어느 나라였느냐는 것이다. ≪삼국사기≫에는 황룡국왕이 누구인지, 황룡국이 어느 나라를 말하는 것인지 명확하게 언급되어 있지 않다. 아마 그 당시 아주 강력한 국가 체제를 갖춘 나라였을 것으로 유추된다. 따라서 당시 고구려 인근의 나라 중 강국은 북부여와 동부여밖에 없었기 때문에, 신채호는 ≪조선상고사≫에서 황룡국왕을 북부여왕이라고 주장하고 있다.

〈북부여왕(北扶餘王: 본보기의 황룡국왕)이 해명에게 강한 활을 보내어 그 힘을 시험해보려고 하자, 해명이 그 자리에서 그 활을 당겨 꺾어 북부여 사람의 힘없음을 조롱하였다.〉

결국 태자 해명이 자결하고 나자 유리명왕은 재위 33년에 셋째 아들 무휼(無恤)을 다시 태자로 책봉하였다. 무휼의 나이 11세 때였다.

그리고 나서 37년에는 넷째 아들 여진(如津)이 물에 빠져 죽는 사건이 일어났다. 기록에 의하면 유리명왕은 그 아들의 죽음을 몹시 애통해 하였다고 한다.

결국 유리명왕의 아들 4형제 중 무휼만 살아남고, 나머지 세 아들은 비극적인 죽음을 맞이하였다. 그것도 첫째와 둘째 아들은 자신의 우유부단하고 감성적인 성격 때문에 병사하거나 자결토록 해 잃게 되었고, 늘그막에 극진한 사랑을 주던 막내아들은 물에 빠져 죽었으니 그 비애감은 절통할 수밖에 없었을 것이다.

어쩌면 유리명왕은 두 아들을 죽게 만든 자신을 비관하며 평생 가슴에 못을 박고 살아온 데다, 막내아들을 잃을 슬픔이 겹쳐 마음의 병이 깊어졌

는지도 모른다. 아무튼 그는 막내아들 여진이 죽은 그해 7월에 두곡(豆谷)
의 이궁(離宮)에 가서 머물다가 그로부터 3개월 만인 10월에 죽고 말았다.
기록에는 죽음의 원인이 나오지 않고 있으나, 마음의 병이 깊어져 병사했
을 것으로 추측된다.

6. 병법에 밝은 명장 '부분노'

추모왕이 고구려를 건국하고 난 후, 나라의 기강을 튼튼히 다지는 데
공을 세운 개국공신들은 여러 명이 있다. 동부여에서 추모왕과 같이 온
오이·마리·협보 등의 무사나 모둔곡에서 만난 재사·무골·묵거 등의
현인들은 이른바 개국공신들이라고 할 수 있다. 그 개국공신 반열에 오를
수 있는 또 한 사람이 있었는데, 그가 바로 부분노(扶芬奴)다.
처음 추모왕이 동부여에서 내려와 고구려를 세울 때는 부분노의 이름이
등장하지 않는다. 다만 고구려 건국 초기부터 활동한 인물이라는 것만
짐작할 뿐이다.
아무튼 《삼국사기》에는 부분노의 이름이 두 번 등장하는데, 추모왕
6년과 유리명왕 11년 기록에 그의 활약상이 드러나 있다.

〈10월에 왕이 오이와 부분노를 명하여 태백산(太白山: 白頭山) 동남쪽의
행인국(荇人國)을 쳐서 그 땅을 빼앗아 성읍(城邑)을 삼았다.〉

《삼국사기》 고구려 본기 제1 시조 동명왕 6년 기록에는 단지 부분노
가 오이와 함께 행인국을 정벌하였다는 간단한 내용만 나온다.
그런데 이규보의 《동명왕편》에도 부분노의 이름이 등장하고 있다. 고구
려 건국 직후 추모왕과 비류국의 송양왕이 한창 실력다툼을 벌일 때였다.
어느 날 추모왕이 휘하 장수들을 모아놓고 말하였다.
"국가의 기업이 새로 창조되었기 때문에 우리는 고각(鼓角)의 위의(威

儀)가 없어 비류(沸流)의 사자가 내왕함에 내가 왕의 예로 맞으니, 그 까닭으로 나를 가볍게 여기는 것이다."

추모왕은 송양왕이 자신을 업신여기는 까닭을 비류국에 있는 보물인 고각, 즉 북과 나팔 때문이라고 말하고 있는 것이다. 북과 나팔은 당시 군사를 지휘할 때 군령 신호로 쓰는 물건이라고 추측된다. 따라서 고각을 가지고 있다는 것은 그만큼 군사력이 강하고, 군령이 엄하다는 것을 상징한다.

아무튼 추모왕의 근심어린 말에 장군 부분노가 선뜻 앞으로 나서며 말하였다.

"신이 대왕을 위하여 비류의 고각을 가져오겠습니다."

"다른 나라의 보물을 그대가 어찌 탈취할 수 있단 말인가?"

추모왕이 묻자, 부분노가 다시 대답하였다.

"그것은 하늘이 내린 보물인데 왜 가져오지 못하겠습니까? 대왕이 부여에서 곤욕을 당할 때, 누가 대왕이 여기에 이르리라고 생각이나 하였겠습니까? 지금 대왕이 만 번 죽음을 당할 위태한 땅에서 몸을 빼쳐 나와 요좌(遼左)에 이름을 날리니, 이것은 천제가 명령하는 것에 다름 아닙니다. 그러므로 이제 무슨 일인들 이루지 못하겠습니까?"

부분노의 말은 추모왕이 천제의 아들이므로 하늘이 내린 비류국의 보물을 가져야 할 사람은 바로 추모왕임을 역설하고 있는 것이다. 따라서 비류국의 보물을 가지러 가는 것은 천제의 명령과 같고, 그러므로 무슨 일인들 이루지 못할 것이 없다는 이야기다.

이때 부분노는 다른 두 명의 장수와 함께 비류국으로 가서 북과 나팔을 가져왔다.

이 이야기를 통해 볼 때 추모왕이 비류국의 송양왕에게서 항복을 받아낼 수 있었던 데는 부분노의 공이 컸음을 알 수 있다. 비류국의 북과 나팔이 무엇을 의미하는지는 알 수 없는 노릇이지만, 부분노가 비류국의 기강을 무너뜨리는 아주 중요한 일을 수행한 것만은 사실인 것 같다.

아무튼 이 일화를 통해 알 수 있는 것은 부분노가 아주 용감하고 지략을 겸비한 장수라는 이야기다. 유리명왕 대의 활약상을 보면 그가 지략을 겸비한 명장임을 여실하게 보여주고 있다.

유리명왕 재위 11년 4월의 일이었다. 왕이 군신들을 모아놓고 다음과 같이 말하였다.

"선비(鮮卑: 東胡의 一族)가 지세의 험함을 믿고 우리와 화친하지 아니하며, 이로우면 우리를 노략하고 불리하면 들어가 지키어 심히 걱정거리로다. 누가 능히 이를 꺾을 사람이 있으면 내 장차 무거운 상을 내리리라."

이때 부분노가 나서며 말하였다.

"선비는 험고(險固)한 나라입니다. 그들은 용맹하고도 어리석어 힘으로 싸우기는 어렵고, 천상 꾀로 항복을 받아내는 수밖에 없습니다."

"그러면 어찌하면 좋겠는가?"

유리명왕이 부분노에게 그 꾀에 대하여 물었다.

부분노는 유리명왕에게 선비를 칠 수 있는 자신의 전략을 말하였다. 이때 부분노가 내놓은 전략은 간첩을 이용하는 방법이었다. 즉 어떤 자에게 고구려를 배반하고 선비로 도망친 것처럼 꾸며 적의 성 안으로 숨어들게 하였다. 그 자는 선비의 군사들에게 '고구려는 땅이 작고 군사가 약하여 겁을 먹고 움직이지 않는다.'고 말하여 소문이 널리 퍼지도록 하였다.

한편 부분노는 몸이 날랜 정병을 이끌고 샛길로 가서 선비의 성이 멀지 않은 숲 속에 매복하였으며, 유리명왕은 나머지 약한 군사를 이끌고 선비의 성 남쪽에 나타나 유인 작전을 폈다.

이때 고구려에서 보낸 간첩의 말을 곧이곧대로 믿은 선비의 군사들은 고구려의 나약한 군사들을 보자 성문을 열고 달려 나왔다. 유리명왕이 부분노의 작전대로 선비의 군사들에게 겁을 먹은 척 달아나자, 선비의 군사들은 고구려의 달아나는 군사들을 만만하게 보고 그 뒤를 바짝 추격하였다.

그 사이 성문 가까이 매복하고 있던 부분노의 정예 군사들이 선비의 텅 빈 성을 탈취하였다. 이렇게 되자 성문 밖으로 나가 유리명왕이 이끄는 고구려 군사들을 추격하던 선비의 군사들은 당황하여 갈피를 잡지 못하였다.

이때를 기다려 유리명왕은 군사를 되돌려 갈팡질팡하는 선비의 군사들을 공략하였다. 한편 성을 탈취한 부분노의 정예병이 성문을 나와 쫓기는 적의 앞을 가로막으니 선비의 군사들은 오도 가도 못하다 결국 항복하였다.

이렇게 해서 선비를 물리친 유리명왕은 부분노의 공을 크게 칭찬하고 식읍(食邑)을 상으로 내렸다.

"그 상은 받을 수 없습니다. 이는 대왕의 덕일 뿐 어찌 신에게 공이 있다 하십니까?"

부분노는 이렇게 자신의 공을 유리명왕에게 돌리며 식읍을 사양하였다.

그러자 유리명왕은 식읍 대신 황금 30근과 좋은 말 10필을 부분노에게 하사하였다.

당시 군사 작전에서 간첩을 사용할 줄 알았다는 것은 부분노가 제대로 된 병법을 알고 있었다는 이야기가 된다.

≪손자병법≫에 보면 간첩을 이용한 작전이 많이 나오는데, 당시 부분노는 그러한 중국의 병법서를 많이 탐독했을지도 모른다. 아니면 고조선 시대부터 내려오는 전통적인 병법서가 존재했을 가능성도 있다.

아무튼 부분노는 고구려 건국 초기의 명장으로 시조 추모왕과 유리명왕 2대에 걸쳐 왕을 모셨으며, 지략이 뛰어난 장수이면서 겸양까지 갖춘 덕장이기도 하였다.

제3대 대무신왕(대주류왕)

(재위기간: 18년~44년)

1. 머리가 둘 달린 붉은 까마귀

　≪삼국사기≫에 보면 고구려 제3대 대무신왕('大解朱留王'이라고도 함)
의 휘(諱)는 무휼(無恤)인데, 그의 어머니는 다물국왕 송양의 딸로 되어
있다. 원래 송양의 딸은 유리명왕과 결혼한 뒤 1년 남짓 살다 죽었다.
유리명왕의 셋째 아들 무휼은 그 어머니가 송양의 딸이 될 수 없는데도,
기록에는 그렇게만 나와 있다.

　가정은 두 가지다. 우선 ≪삼국사기≫의 오류일 가능성이 가장 크다.
그 다음에는 만약 무휼의 어머니가 진짜 송양의 딸이었다면, 먼저 유리명
왕과 결혼한 딸이 죽고 나서 다시 송양이 다른 딸을 시집보냈을 가능성을
점쳐볼 수 있다. 그러나 송양이 두 딸을 모두 유리명왕에게 시집보냈을
리는 없을 것이다. 따라서 무휼의 어머니가 누구인지 모르지만, ≪삼국사
기≫ 기록대로 송양의 딸일 가능성은 거의 희박하다고 보아야 옳다.

　아무튼 유리명왕의 셋째 아들 무휼은 나면서부터 아주 총명하였다고
한다. 유리명왕 32년 무휼이 10세 때였다. 동부여에서 군사들이 쳐들어오
자 유리명왕은 무휼에게 군사를 거느리고 나가 싸우게 하였다고 한다.
당시 나이 겨우 10세에 전쟁터에 나갔다는 것이나 군사를 지휘하는 장군
이 되었다는 것은 믿을 수 없는 일이다. 다만 그만큼 어려서부터 배포가
크고 총명하였음을 강조한 것이라고 할 수 있다.

어찌되었든 무휼은 유리명왕의 명을 받들어 군사를 이끌고 나가 동부여 군사를 대적하였다. 그는 적군이 강하여 맞서 싸울 때 힘으로는 막을 수 없다고 판단하고, 꾀를 내어 자신의 군사를 이끌고 가서 깊은 계곡에 잠복시켰다. 동부여 군사들이 곧바로 들이닥쳐 학반령(鶴盤嶺) 아래 이르렀을 때, 무휼은 복병에게 공격 명령을 내렸다. 복병의 기습을 받은 동부여 군사들은 계곡에서 흩어져 산으로 기어 올라갔다. 이때 무휼은 자신의 군사들에게 명하여 흩어지는 적을 섬멸토록 하였다.

유리명왕 즉위 33년에 무휼은 태자가 되었으며, 당시 그의 나이 11세였다. 그때 이미 유리명왕은 태자 무휼에게 군국대사(軍國大事)를 맡겼다고 한다. 이때 유리명왕은 무휼에게 군사 2만 명을 주어 오이 · 마리 등과 함께 서쪽으로 진군하여 양맥(梁貊)을 쳐서 그 나라를 멸망시키게 하였다. 또한 한나라의 고구려현을 빼앗았다.

그로부터 3년 후에 유리명왕이 죽고 나서 태자 무휼이 고구려 제3대 왕위에 올라 대무신왕이 되었다. 그리고 나서 다시 3년 후 대무신왕은 골구천(骨句川)에 나갔다가 신비스런 말 한 마리를 발견하였다.

"이것이 바로 하늘이 내려준 신마(神馬)로구나!"

대무신왕은 신마를 자신이 타기로 하고, 그 이름을 '거루'라고 지었다.

대무신왕 10월에는 동부여왕 대소가 고구려로 사신을 보냈다. 이미 10세에 동부여 군사를 물리칠 정도로 총명하다고 소문이 나서, 대소왕은 특별히 대무신왕을 시험해보기 위하여 붉은 까마귀를 사신에게 들려 보내 선물한 것이다.

그 붉은 까마귀는 머리가 하나고 몸은 둘이었는데, 그것을 처음 발견한 동부여 사람이 신기하게 여겨 대소왕에게 선물로 바쳤다. 그때 어떤 점쟁이가 대소왕에게 다음과 같이 말하였다.

"까마귀는 원래 검은 것인데, 지금 이것은 색깔이 변하여 붉은 까마귀가 되었습니다. 또한 머리 하나에 몸은 둘이니, 이것은 두 나라를 아우를 징조입니다. 대왕께서 고구려를 합병할 좋은 기회라 생각됩니다."

이 말은 들은 대소왕은 크게 기뻐하여 총명하다고 소문난 고구려의 대무신왕을 시험해보기로 했다. 그는 곧 사신에게 붉은 까마귀를 들려 보내 대무신왕에게 전했다.

이때 대무신왕은 신하들과 의논하여 동부여에서 온 사신에게 다음과 같이 말하였다.

"검은 것은 원래 북방의 색인데 지금 남방의 색인 붉은색이 되었다. 또 붉은 까마귀는 상서로운 새이거늘 그대가 얻어서 가지지 않고 나에게 보내니 두 나라 중 누가 망할지 모르겠다."

이렇게 어린 대무신왕은 나이 많은 동부여의 대소왕을 잔뜩 비웃어준 것이었다.

사신이 동부여로 돌아가 대소왕에게 그대로 고하자, 그는 깜짝 놀라 대무신왕에게 붉은 까마귀를 보낸 것을 후회하였다.

고구려 벽화에 보면 상서로운 새들이 자주 등장한다. 먼저 오희분 5호묘와 각저총 벽화에서는 삼족오(三足烏)가 발견되었는데, 이 새는 다리가 세 개 달린 까마귀로 당시 고구려의 상징적인 존재로 인식되고 있다. 동그란 원 속에 삼족오가 들어 있어 태양을 상징하는 존재로 보고 있다. 또 무용총, 삼실총, 안악1호분 벽화에서는 꼬리가 세 개 달린 서조(瑞鳥), 즉 '상서로운 새'가 등장하고 있다. 그리고 무용총, 덕흥리벽화분에는 머리가 사람이고 몸이 새 모양인 인두조(人頭鳥)의 모습도 보인다. 이러한 새들은 모두 고구려의 신선 사상과 연결 고리를 맺고 있는 상서로운 새들이다.

동부여의 대소왕이 대무신왕에게 보냈다는, 머리는 하나인데 몸이 둘인 붉은 까마귀는 고구려 벽화에 자주 등장하는 '상서로운 새들'의 일종으로 볼 수 있다. 당시 돌연변이로 그러한 새가 나올 수도 있긴 하겠지만, 대무신왕을 좀 더 신비화시키기 위하여 윤색되었을 가능성이 크다.

다만 여기서 중요하게 생각하는 것은 머리는 하나인데 몸이 둘인 '붉은 까마귀'의 상징성이다. 대무신왕의 해석처럼, 이것은 나중에 동부여가 고구려로 통합된다는 것을 암시하고 있는 것이다. 까마귀는 고구려의 상징적인 새이고, 붉은색은 태양을 뜻한다. 고구려 벽화에 나오는 둥근 원 속의 삼족오와 일맥상통하는 상징성을 갖고 있는 것이다. 이는 이미 대무신왕 3년에 동부여와 관련한 상서로운 조짐이 보이기 시작하였다는 암시가 '붉은 까마귀' 속에 명시되어 있는 것으로 볼 수 있다.

2. 불 없이도 데워지는 솥

대무신왕은 즉위 4년 12월에 군사를 일으켜 동부여를 공격하기로 했다. 즉위한 지 4년이 지났으니까 대무신왕이 15세 때였다. 그는 이미 태자 시절인 10세 때 매복 작전으로 동부여 군사들을 혼내준 경험이 있기 때문에 전쟁에는 자신이 있었다. 15세 때는 육체적으로나 정신적으로 어른이 다 된 상태였기 때문에, 전부터 벼르던 동부여를 공격하기로 작정한 것이었다.

대무신왕이 군사들을 이끌고 비류수(沸流水: 지금의 渾江)에 이르렀을 때의 이야기가 ≪삼국사기≫에는 다음과 같이 신화적으로 처리되어 있다.

〈…비류수 위에 이르러 물가를 바라보니, 어떤 여인이 솥을 들고 유희(遊戲)하는 것 같았다. 가서 보니 단지 솥만 있었다. 사람을 시켜 불을 때게 하였는데, 불 없이도 저절로 데워지므로 밥을 지어 일군(一軍)을 포식(飽食)케 하였다. (그 때) 홀연히 한 장부(壯夫)가 나타나 말하기를 "이 솥은 우리 집의 것으로, 나의 누이가 잃은 것을 지금 왕이 얻었다."고 하고 짊어지고 따라가기를 청하니 (왕이) 성(姓)을 내려 부정(負鼎) 씨라 하였다.〉

여기서 왜 갑자기 '불 없이도 데워지는 솥'이 나왔을까? 당시는 12월이므로 매우 추울 때였다. 기후 때문에 웬만해서는 군사를 일으키기 힘든 겨울철이었던 것이다. 유리명왕 시절에도 동부여의 대소왕이 11월에 군사를 일으켜 고구려를 침공하였다가 폭설이 내리는 바람에 동사자(凍死者)가 부지기수로 생겨 철군한 일이 있었다.

이처럼 겨울철에는 웬만하면 군사를 일으키지 않는 것이 상식처럼 되어 있는데, 대무신왕은 12월 한겨울에 동부여를 침공한 것이었다. 결론부터 말하면 이 전쟁에서 고구려는 적군에게 쫓기는 신세가 되어 철군하였다. 원인은 아마 추위와 식량 때문이었을 것이다.

그런데 동부여에게 패한 고구려는 자존심 때문에 철군한 이유를 혹한의 추위에 둘 수 없었을 것이다. 아니 그것은 어쩌면 대무신왕의 자존심이었는지도 모른다. 자신감을 갖고 군사를 일으켰으나, 추위 때문에 패하였으니 자신의 불찰을 감추기 위하여 '불 없이도 데워지는 솥'이 필요하게 되었던 것은 아닐까?

솥(鼎)은 원래 패권을 쥔 나라의 상징이다. 중국에서는 옛날부터 '구정(九鼎)'이라는 것이 있었다. '구정'이란 천하 구주(九州)의 금속을 모아 제왕(帝王)의 덕을 상징하기 위해 만든 큰솥을 의미하는데, 이 구정을 가지고 있는 나라를 천하의 패자(覇者)로 인정하였다. 당시 중국의 패자였던 주나라에는 구정이 있었는데, 따라서 그 주변의 제후국들은 함부로 솥을 가질 수 없었다.

왜 솥이 천하의 패자를 상징하는 물건이 되었을까? 원래 솥은 다리가 세 개인데, 어떤 장소에 놓아도 가장 안정감을 준다. 다리 네 개는 뒤뚱거리지만, 다리 세 개는 비탈진 곳에 놓아도 약간 기울기는 할망정 뒤뚱거리지 않는다. 따라서 다리가 세 개 달린 솥은 평화의 상징이고, 그 솥을 가진 나라는 패자로써 제후국들을 다스려 천하를 안정되게 한다는 것이다.

대무신왕이 동부여를 침공했다 패하여 철군하였을 때 '불 없이도 데워지는 솥'이 등장한 것도, 중국의 경우처럼 천하의 패자가 고구려임을 애써 강조하려는 의도라고 볼 수 있다. 거기에 신비성을 더하여 추운 겨울에 허허벌판에서 불도 때지 않고 밥을 하여 많은 군사를 배불리 먹게 하였다는 신비한 솥 이야기는, 대무신왕 후대에 와서 신화적으로 꾸며진 것이라는 추측이 가능해진다.

이것을 다른 측면에서 해석하면 이미 대무신왕은 나이 15세 때 천하의 패자를 꿈꾸었다는 뜻도 된다.

3. 동부여 대소왕을 죽인 명장 괴유

광개토태왕 능비에 보면 '대주류왕(대무신왕)은 나라의 기초를 이어받았다(紹承基業)'고 나오는데, 이것은 바로 고구려 건국기에 기초를 튼튼하게 다진 왕이 대무신왕임을 뜻한다.

대무신왕(大武神王)은 그가 죽은 후에 붙여진 이름인데, 그 한문의 뜻은 '큰 전쟁의 신'으로 풀이된다. 고구려 백성들에게 '전쟁의 신'으로 추앙받을 만큼 그는 전술전략에 뛰어났으며, 많은 전쟁을 승리로 이끌었다.

그런데 15세 때 동부여로 쳐들어갔다가 '혹한' 때문에 대패하여 철군한 것이 대무신왕에게 있어서는 가장 큰 흠으로 작용하였다. 따라서 '대무신'이란 호칭을 쓰기 위해서는 당시의 전쟁을 신화적으로 꾸며 윤색할 수밖에 없었을 것이다. 이 전쟁에서 대무신왕이 비록 철군을 하였지만, 내용상으로 볼 때 결코 패배하였다고만 볼 수는 없다. 동부여로 쳐들어갈 때 그는 도중에 북명인(北溟人) 괴유(怪由)와 적곡인(赤谷人) 마로(麻盧) 두 장수를 얻었다. 그들 스스로 찾아와 돕겠다고 자청한 것인데, 이 두 사람은 무술이 뛰어나 접전할 때마다 동부여 군사들을 크게 무찔렀다. 특히 괴유는 동부여의 대소왕을 잡아 칼로 머리를 베는 공훈을 세웠다.

그러나 동부여 군사들이 대소왕을 잃고 나서도 끝까지 항쟁하며 시일을 끄는 바람에, 결국 군량미가 떨어진 대무신왕은 철군 명령을 내릴 수밖에 없었다. 동부여 군사들에게 고구려 군사가 두 겹으로 포위당했을 때였다. 이때 대무신왕의 신격화된 이야기가 다시 한 번 등장한다.

〈왕은 군량이 다하여 군사가 주리므로 우구(憂懼)하여 어찌할 바를 몰라 천신에게 음조(陰助)를 빌었다. 혼연히 큰 안개가 끼어 7일 동안이나 지척에

서 인물을 분별치 못하였다.〉

당시의 상황이 급박하였으니, 대무신왕이 천신에게 기도를 드린 것은
사실일지도 모른다. 그러나 그 때문에 안개가 7일 동안 끼었다고는 볼
수 없다. 다만 우연의 일치로 날씨가 고구려 군사들을 도와준 것으로 해석
하는 쪽이 더 옳을 것이다.

아무튼 한치 앞을 내다볼 수 없는 안개 속에서 대무신왕은 군사들에게
짚으로 허수아비를 만들어 세우게 하고, 몰래 군사를 돌려 적군의 포위망
에서 벗어났다. 이 허수아비의 위장 전술은 대무신왕이 뛰어난 전략가임
을 보여주는 또 하나의 사례라고 할 수 있다.

이때 대무신왕은 전에 골구천에서 얻은 신마(神馬) 거루와 대정(大鼎:
불 없이도 데워지는 솥)을 잃어버렸다고 ≪삼국사기≫에 전해지고 있다.
철군할 때 군사들이 허기에 지치자 들짐승을 잡아 목숨을 부지하였다고
하니, 당시 동부여 군사들의 포위망을 뚫고 탈출하는 과정이 얼마나 힘들
었는지를 추측케 한다.

대무신왕 즉위 5년 2월에 원정에서 돌아온 왕은 신하들을 모아놓고
이렇게 탄식하였다.

"내가 부덕하여 부여를 치다가 비록 그 왕을 죽이긴 하였으나 그 나라를
멸망시키지 못하고, 우리 군사를 많이 잃었으니 이는 나의 허물이다."

그런데 그 한 달 후인 3월에 대무신왕이 철군할 때 안개 속에서 잃었던
말 거루가 부여말 100필을 거느리고 돌아왔다. 과연 신이 내려준 명마라
아니 할 수 없다. 잃어버린 말이 그 주인에게 전리품까지 안겨다 준 것이다.

대무신왕이 동부여를 쳐서 끝내 완전 정복을 하지 못하고 철군하기는
하였지만, 명장 괴유의 칼에 대소왕이 참수를 당하여 사실상 동부여는
곧 어지러워지고 말았다.

이렇게 되자 대무신왕 5년 4월에 대소왕의 아우, 즉 금와왕의 막내아들
이 졸개 100여 명을 이끌고 압록곡(鴨淥谷)에 이르러 때마침 사냥을 나온

해두국왕(海頭國王)을 주살하고, 그 백성들을 취하여 갈사국(曷思國)을 세워 왕이 되었다.

한편 동부여 대소왕의 사촌동생은 강성한 고구려에 대항하여 나라를 지탱해나갈 힘이 없자, 1만여 명의 백성을 이끌고 대무신왕을 찾아와 다음과 같이 말하였다.

"우리 선왕(帶素)이 죽고 나서 나라가 위태로워지자 백성은 의지할 데가 없고, 왕의 막내동생은 도망하여 갈사국을 세웠습니다. 이렇게 서로 백성들이 갈라지니 불초한 이 사람은 나라를 부흥시킬 수 없어 대왕께 바칩니다."

이렇게 동부여 백성들이 투항하니, 대무신왕은 대소왕의 사촌동생을 제후로 봉하고, 연나부(掾那部)에 살게 하였다. 그리고 그에게 낙(絡)씨의 성을 내렸다.

그런데 대무신왕은 그해 10월에 대소왕을 죽인 명장 괴유를 잃었다. 병을 얻어 누워 있을 때 왕은 그에게 문병을 갔다.

"신은 북명 출신의 미천한 사람으로 대왕의 은혜를 입어 지금 죽어도 여한이 없습니다."

대무신왕은 신하들에게 명을 내려 북명산 남쪽에 괴유를 장사지내고, 해마다 잊지 않고 제사를 올리게 하였다.

4. 지혜로 요동태수를 속인 을두지

무력으로 대무신왕을 보위한 명장이 괴유였다면, 지혜로 대무신왕을 보필한 재상은 을두지(乙豆智)였다. 을두지는 대무신왕 8년 2월에 우보(右輔)가 되어 군사를 지휘하는 직책을 맡았다. 그리고 대무신왕 10년 1월에 을두지는 좌보(左輔)로 승진하고, 우보에는 송옥구(宋屋句)가 임명되었다. 좌보와 우보는 '좌승상'이니 '우승상'이니 하는 승상과도 같은 자리라고 할 수 있다.

한편 대무신왕 11년 7월에 후한(後漢)의 요동태수가 군사를 거느리고 고구려에 쳐들어왔다.

동부여를 쳐서 대소왕을 죽이고 부여국의 세력을 크게 약화시킨 대무신왕은, 그 후 재위 9년에 개마국(蓋馬國) 왕을 죽이고 그 땅을 군현으로 삼았다. 그리고 그해 12월에는 구다국왕(句茶國王)이 개마국의 멸망을 보고 크게 두려워하여 나라를 들어 고구려에 투항하였다.

이렇게 하여 고구려가 점차 국토를 확장하자, 더욱 강성해질 것을 두려워한 후한의 요동태수가 군사를 일으켜 쳐들어온 것이었다.

대무신왕은 좌보 을두지와 우보 송옥구 등 여러 신하를 불러놓고 후한의 군사들과 대항할 대책을 논의하였다.

먼저 우보 송옥구가 말하였다.

"신이 들으니 덕을 믿는 사람은 창성하고 힘을 믿는 자는 망한다 하였습니다. 지금 한나라는 해마다 흉작을 거듭한 데다 도처에서 도적들이 봉기하고 있음에도 불구하고, 까닭 없이 군사를 일으켰습니다. 이는 필시 변경의 태수가 공훈을 노리고 무단 침입한 것이니, 힘으로 맞서 싸우기보다 지형이 험한 곳으로 가서 저들을 방어하면서 기병으로 때를 노려 공격하는 전략을 짜는 것이 좋을 듯하옵니다."

그러자 좌보 을두지도 한 마디 하였다.

"지금 대왕의 군사는 적고 한나라의 군사는 많습니다. 그러므로 꾀로 물리쳐야지 실력으로는 대적할 수 없습니다."

대무신왕은 두 사람의 말을 옳다고 여겼다. 그래서 평지의 국내성을 버리고 산성인 위나암성(尉那巖城)으로 들어갔다. 대군을 거느린 후한의 요동태수는 위나암성을 포위하고 수십일 동안 대치하였다.

이에 대무신왕은 근심이 되어 을두지를 불러 물었다.

"이렇게 방어하는데도 한계가 있다. 한나라 군사들이 철통처럼 에워싸고 물러가지 않으니 어찌하면 좋겠는가?"

을두지가 말하였다.

"지금 한나라 군사들은 이 성이 암석으로 이루어진 땅이라 샘물이 없다고 판단하고 있을 것입니다. 필시 저들은 우리 군사들이 비축한 물이 떨어질 때까지 기다리며 장기전을 할 심산입니다. 그러므로 우리 산성의 연못에서 잡은 물고기와 그 물로 빚은 술을 적장에게 보내어 저들의 반응을 떠보심이 어떠하올지요?"

"그것 참 묘안이로군!"

대무신왕은 을두지의 책략대로 물고기와 술을 사신에게 들려서 후한의 요동태수에게 보냈다. 이때 적장에게 보내는 편지도 있었는데, 그 내용은 다음과 같다.

〈과인이 우매하여 상국(上國)에 죄를 얻어 장군으로 하여금 100만 명의 군사를 거느리고 이곳에 갑자기 나타나게 하니, 그 후의를 갚을 길이 없어 대신하여 변변치 못한 물건을 귀하에게 보내노라.〉

≪삼국사기≫의 기록이다. 당시 대무신왕은 후한을 상국으로 높여 불렀는데, 이는 적장인 요동태수가 어떻게 나오나 떠보기 위한 작전이었다고 볼 수 있다. 겉으로 높여주면서 속으로 우롱하는 전략이었던 것이다. 즉, '물고기를 안주로 하여 술이나 한 잔 마시고 돌아가라.'는 뜻이었다.

이러한 전략은 모두 을두지의 머리에서 나온 것이다.

대무신왕이 보낸 물고기와 술을 받은 후한의 요동태수는 속으로 탄식하지 않을 수 없었다. 자신의 판단이 잘못되었다는 것을 깨달은 것이다. 산성 안에 물고기가 살 수 있는 연못이 있다면 아무리 기다려도 고구려 군사가 항복해올 리 만무하다고 판단하였다.

결국 후한의 요동태수는 대무신왕에게 다음과 같은 답신을 썼다.

〈우리 황제가 영을 내려 군사를 내어 대왕의 죄를 묻게 하심인데, 지금 서신을 받아보니 말이 공손하므로 이를 어찌 황제께 보고하지 않으리오.〉

요동태수는 대무신왕에게 이 같은 답신을 보내고 곧 철군하였다. 사실 당시 후한은 국력이 강했고, 고구려는 이제 겨우 나라의 기강을 잡아가던 때였으므로 큰 나라를 대적해 싸운다는 것은 무리였다. 만약 을두지 같은 명재상의 지혜가 아니었다면 나중에 고구려가 영토 확장을 하여 대제국을 건설하는데 큰 무리가 뒤따를 수 있었을 것이다.

현재에도 위나암성으로 여겨지는 환도산성에는 음마지(飮馬池)와 양어지(養魚池) 등 두 개의 샘이 남아 있다. 음마지는 말 그대로 말에게 물을 먹이던 샘이고, 양어지는 물고기를 기르고 병사들이 식수로도 사용하던 곳이다.

5. 뛰어난 용인술

대무신왕은 재위 15년 3월에 대신(大臣)인 구도(仇都)·일구(逸苟)·분구(焚求) 등 세 사람을 내쫓아 서인(庶人)으로 삼았다. 이들은 시조인 추모왕을 도와 고구려를 건국하는데 공을 세운 신하들로, 비류부(沸流部)의 장(長)을 맡고 있었다. 즉 나라의 원로대신들이었던 것이다.

그런데 대무신왕은 왜 이들 원로대신들을 서인으로 삼았을까. 물론 죄를 물어 마땅한 벌을 내린 것이겠지만, 아무리 왕이라 하더라도 선대왕이 아끼던 원로대신을 마음대로 벌하기는 어려운 일이다. ≪삼국사기≫의 기록에는 이들 세 사람의 원로 대신들에 대한 죄상이 다음과 같이 기록되어 있다.

〈이 세 사람은 (앞서) 비류부 장으로 삼았는데, 그 바탕이 탐비(貪鄙: 탐욕이 있고 비루한 것)하여 남의 처첩(妻妾)과 우마(牛馬)와 재화(財貨)를 빼앗아 자기 하고 싶은 대로 하여, 혹 주지 않는 사람이 있으면 즉시 매질을 하여 때리기 때문에 사람들이 다 분원(忿怨)을 품었다.〉

이 기록을 보면 시조 추모왕을 거쳐 유리명왕과 대무신왕 3대를 내려오면서 공신들의 세도가 날로 득세하였음을 알 수 있다. 공신들이 득세를 하였다는 것은 그만큼 왕권이 약화되었음을 뜻하는 것이다. 시조인 추모왕 때만 해도 왕권이 그리 약하지는 않았다. 왕권이 약화된 것은 유리명왕 시대에 이르러서였다. 재위 37년간 유리명왕은 왕권을 유지하기 위해 송양의 딸을 왕비로 삼는 등 정략적인 결혼을 하였으며, 왕비가 죽은 후 다시 여러 여자를 취함으로써 그로 인한 많은 분란을 초래케 하였다. 왕자들이 비운의 죽음을 당한 것도 그런 분란이 근본 원인으로 작용했던 것이다.

대무신왕은 아버지 유리명왕의 우유부단함과 달리 어려서부터 강직한 성격의 소유자였다. 원로대신 세 사람의 비행을 들었을 때, 처음에 그는 그들을 죽이려고까지 하였다. 그때 신하들이 모두 말렸다. 추모왕이 아끼던 신하들인 까닭에 극형에 처하는 것만은 면하게 해달라고 간청하였던 것이다.

깊이 생각한 끝에 대무신왕은 일단 남부(南部) 사자(使者) 추발소(鄒勃素)를 비류부의 장으로 파견하여 다스리게 하였다. 그리고 그에게 원로대신 세 사람의 처벌을 일임하였다.

비류부의 장이 된 추발소는 먼저 큰집(大室)을 지어 권위를 세운 후, 원로대신 세 사람으로 하여금 당상(堂上)에 오르지 못하게 하였다. 이때 '큰집'이 구체적으로 무엇을 뜻하는지 기록에는 전하지 않는다. 지방 관청 정도가 아닐까 짐작할 수 있겠는데, 유독 큰집이라고 한 것은 당상과 당하의 뚜렷한 구분이 있는 '권위'의 상징을 나타내기 위한 표현이라고 할 수 있다. 즉 추발소가 세 사람의 원로대신들에게 당상에 오르지 못하게 한 것은, 왕명에 의해 서인이 된 그들 스스로 신분을 깨닫게 해주기 위한 작전이라고 할 수 있다.

어느 날 구도·일구·분구 세 원로대신은 추발소를 찾아와 말하였다.

"우리들 세 사람의 소인은 짐짓 왕법(王法)을 범하여 부끄러움과 후회를 금치 못하고 있습니다. 원컨대 공께서는 우리들의 허물을 용서하여 주시고, 우리들 스스로 새로운 마음으로 살아갈 수 있도록 해주신다면 죽어도 여한이 없겠습니다."

이때 추발소는 당하에 엎드려 있던 세 사람의 원로대신을 당상으로 끌어올려 같이 대좌하고 말하였다.

"사람은 누구나 허물이 없을 수 없는 법입니다. 그러나 또한 그 허물을 고치면 착해지는 법이니, 앞으로는 그렇게들 살도록 노력하십시오."

추발소는 세 사람의 원로대신이 왕명에 의하여 비록 서인으로 강등되기는 하였지만, 이후 허물없이 벗으로 대하여 그들로 하여금 다시는 죄를 짓지 않게 하였다. 그는 당상과 당하가 구분되는 큰집을 지어 왕의 권위를 세우고, 죄인들을 깨우쳐 방면시켜준 것이다.

이러한 비류부의 소문은 곧 국내성의 대무신왕 귀에도 들어갔다.

"발소가 위엄을 부리지 않고 능히 지혜로써 악인(惡人)을 징계하였다니 참으로 그 능력이 뛰어나다."

대무신왕은 추발소의 공을 높이 사서 그에게 대실씨(大室氏)란 성(性)을 내렸다.

추모왕도 고구려를 건국하기 전에 만난 현인 재사·무골·묵거 세 사람에게 극씨(克氏)·중실씨(仲室氏)·소실씨(小室氏) 등의 성을 내린 바 있었다. 이렇게 성을 하사하는 것은 신하가 공을 세웠을 때 높은 직위를 내리는 것과는 또 다른 상징적인 의미를 가지고 있다. 즉 '자기 사람'이란 뜻이 내포되어 있으면서 동시에 영원히 신하로서의 충정을 다하도록 하는, 대왕과 신하의 특별한 결속을 뜻한다.

대무신왕이 '대실씨'란 성을 내린 것은 그런 의미에서 추발소에게는 대단히 영광된 일이 아닐 수 없다. 끝까지 신임하겠다는 뜻이 담겨 있기 때문이다.

후한의 요동태수가 거느린 대군을 물고기 전략으로 물리친 을두지나 악행을 일삼는 원로대신 세 사람을 지혜로 다스려 굴복시킨 추발소는, 대무신왕이 왕권을 강화하는 데 있어서 큰 힘이 되어준 충신이라 할 수 있다.

왕권을 강화하는 데 있어서는 밖으로는 외침을 막고, 안으로는 내정을 잘 다스려 나라의 안전과 발전을 도모하는 것이 최우선 과제이다. 따라서 대무신왕이 을두지와 추발소 두 충신을 얻은 것은 그의 인재 발굴 능력을 높이 평가하는 기준이 되며, 그 인재를 적재적소에 배치하는 용인술 또한 뛰어나다는 사실을 미루어 짐작할 수 있게 해준다.

6. 신화로 각색된 호동왕자와 낙랑공주 이야기

호동왕자와 낙랑공주의 사랑은 너무나 잘 알려져 있는 비운의 이야기다. 그 호동왕자가 바로 대무신왕의 아들이다. 《삼국사기》 대무신왕 15년 기록에는 그의 출생과 죽음에 대하여 이렇게 나와 있다.

〈11월에 왕자(王子) 호동(好童)이 자살하니, 그는 왕의 차비(次妃), 즉 갈
사왕(曷思王) 손녀(孫女)의 소생(所生)이었다.〉

갈사왕은 동부여 금와왕의 막내아들이다. 즉 대소왕의 막내동생인데, 대무신왕이 동부여를 공격하여 대소왕을 참수하였을 때, 종자 100여 명을 데리고 도망치다가 도중에 압록곡에서 사냥하던 해두국왕을 죽이고 그곳에 도읍을 정하여 갈사국을 세우고 왕이 된 인물이다.

《삼국사기》의 기록대로 대무신왕의 차비가 갈사왕의 손녀라면, 갈사왕은 고구려의 강함을 보고 자신의 손녀를 대무신왕에게 바쳐 화친을 맺었을 가능성이 크다. 그러나 대무신왕의 원비(元妃)가 누구인지는 기록에 구체적으로 나와 있지 않은데, 호동왕자의 자살은 대무신왕의 원비와 차비 두 왕비가 각자 자기 소생의 아들을 태자로 책봉하려는 과정에서 빚어진 비극이다.

호동왕자와 낙랑공주의 사랑 뒤에 숨은 비극은 사실상 배다른 왕자들

간의 왕권 다툼에 다름 아니었던 것이다. 전해지는 기록에는 두 사람의 사랑 이야기가 비교적 큰 비중으로 다루어지고 있는 반면, 태자 책봉 문제로 빚어진 갈등 관계는 거의 묻혀 있다. 두 사람의 사랑이 신화적인 이야기로 둔갑하면서 왕자들의 싸움이 그 사실의 뒤안길로 숨어버린 형국이다. 영웅 이야기나 비극적인 이야기가 만들어지는 신화 형성 과정 속에는 이와 같은 '부끄러운 사실 숨기기'의 전략이 숨어 있는 것이다.

그렇다면 호동왕자와 낙랑공주의 사랑 이야기가 어떻게 신화적 상상력으로 사실을 왜곡시키고 있는지 살펴볼 필요가 있다.

호동왕자는 태어나면서부터 얼굴이 미려(美麗)하여 이름을 '호동(好童)'이라고 지었다 한다. 대무신왕은 어려서부터 총명하고 얼굴이 잘 생긴 호동을 매우 아꼈다.

대무신왕 재위 15년 4월 호동왕자는 옥저(지금의 함흥 일대) 지방을 유람하다 낙랑왕(樂浪王) 최리(崔理)를 만났다. 낙랑왕은 처음부터 호동을 마음에 들어 하였다.

"군(君)의 얼굴을 보니 보통 사람이 아닌 듯하다. 혹시 북국신왕(北國神王)의 아들이 아니냐?"

낙랑왕이 말하는 '북국'은 고구려이고, '신왕'은 대무신왕을 일컫는다.

호동이 범상치 않은 인물임을 안 낙랑왕은, 그를 곧바로 궁궐로 데리고 가 사위로 삼았다. 자신의 딸 낙랑공주와 결혼을 시킨 것이었다.

그 후 고구려로 혼자 돌아온 호동왕자는 낙랑국에 남아 있는 공주에게 비밀리에 사람을 보내어 다음과 같은 말을 전하였다.

"너희 나라 무고(武庫)에 들어가 고각(鼓角)을 부수면 내가 예로써 너를 맞이할 것이요, 그렇지 않으면 맞지 않을 것이다."

이때 '고각(鼓角)'은 군사를 지휘할 때 신호를 보내는데 쓰는 중요한 악기로 북과 뿔나팔을 말한다. 당시 낙랑에는 적군이 쳐들어올 때 저절로 울리는 '자명고(自鳴鼓)'가 있었다고 한다.

낙랑공주는 호동왕자의 지시대로 자기 나라의 무고에 몰래 들어가 북을 찢고, 뿔나팔을 망가뜨렸다.

한편 이 사실을 전해들은 호동왕자는 아버지 대무신왕에게 낙랑국을 칠 수 있는 좋은 기회라고 말하였다. 그의 말은 받아들여져 곧 고구려는 군사를 일으켜 낙랑국을 쳤으며, 고각이 망가져 적군이 쳐들어오는 신호를 듣지 못한 낙랑왕 최리는 그것이 딸에 의해 저질러진 일임을 뒤늦게 알고 낙랑공주를 죽인 뒤 궁궐 밖으로 나와 항복하였다.

《삼국사기》에는 그러한 기록과 함께, 다음과 같은 약간 다른 설(說)도 전하고 있다.

〈혹은 이르되 여왕(麗王)이 낙랑(樂浪)을 멸하려고 혼인(婚姻)을 청하여 그 딸로 자부(子婦)를 삼은 후 그(子婦)를 본국(本國)에 돌려보내어 병기(兵器)를 파괴(破壞)하게 한 것이라고 한다.〉

이 기록은 《삼국사기》의 기록 중 괄호 속에 들어 있는 이설(異說)인데, 호동왕자와 낙랑공주의 사랑 이야기를 신화적인 수법으로 처리함으로써 대무신왕의 비열한 행위를 숨기는 효과를 얻고 있는 것으로도 볼 수 있다.

객관적으로 생각할 때 호동왕자를 만난 낙랑왕 최리가 고구려 대무신왕과 아무런 사전 격식도 갖추지 않고 자신의 딸 낙랑공주와 혼사를 결정하였을 리는 만무한 일이다. 대무신왕이 죽은 이후의 일이겠지만, 호동왕자와 낙랑공주의 사랑 이야기가 신화적으로 처리되면서 다음과 같은 사실을 숨기고 있음이 분명하다.

낙랑왕 최리는 강국인 고구려가 두려워 딸 낙랑공주를 호동왕자에게 시집보냈을 것이다. 즉 정략결혼을 통해 고구려와 낙랑국이 사돈 관계를 유지함으로써 작은 나라의 안위를 도모하였던 것으로 보인다. 그런데 《삼국사기》에서 괄호 속에 처리된 내용처럼 대무신왕은 자부(子婦), 즉 낙랑공주의 약점(호동왕자를 사랑하는)을 이용하여 낙랑국의 무고(武庫)

를 무용지물로 만들어버린 것이다. 이때 '자명고'는 다만 신화적 상상력에 의해 만들어진 것이고, 대무신왕의 밀명을 받은 낙랑공주는 친정인 낙랑국으로 가서 가장 중요한 무고를 불태우거나 혹은 어떤 방법으로든 못쓰게 만들어 군사들의 수족을 묶어놓았을 것이다.

어쩌면 호동왕자는 낙랑공주를 극진히 사랑했는지도 모른다. 대무신왕의 밀명을 받고 낙랑국으로 가서 결국 나라를 망치게 만들어 아버지에게 죽임을 당한 낙랑공주의 비극적인 운명을 가슴 아프게 생각한 호동왕자는, 그때부터 심리적으로 심한 내적 갈등을 겪을 수밖에 없었다. 한편으로는 부왕 대무신왕이 원망스럽기도 하였고, 또 한편으로는 죽은 낙랑공주에게는 심한 죄책감을 가질 수밖에 없었을 것이다.

바로 그럴 즈음, 대무신왕의 첫째 부인인 원비(元妃)와 둘째 부인이자 호동왕자의 어머니인 차비(次妃) 사이에 태자 책봉을 둘러싼 암투가 일어났다. 원비는 자신의 소생이 아닌 차비의 소생 호동왕자를 태자로 삼을까 두려워하여 대무신왕에게 다음과 같이 참소하였다.

"호동이 나를 예(禮)로써 대접치 않으니 아마 나에게 음란한 마음을 갖고 있는 것이 아닌가 합니다."

그러자 대무신왕이 말하였다.

"친자식이 아니라서 그대가 미워하는가?"

원비는 다시 울면서 말하였다.

"청컨대 대왕께서는 가만히 엿보셔서 만일에 그러한 일이 없으면 저 스스로 죄를 받겠습니다."

원비가 이렇게 나오자 대무신왕은 그 말을 믿게 되었고, 호동왕자에게 벌을 내리려고 하였다.

이때 호동왕자가 홀로 괴로워하자, 그것을 안타깝게 생각한 어떤 신하가 말하였다.

"왕자님! 왜 스스로 대왕께 나가 죄가 없음을 아뢰지 않습니까?"

"내가 만약 변명을 하게 되면 어머니(원비)의 악함을 드러내게 되어 대왕의 걱정을 끼치는 일이 발생할 것이니, 이를 어찌 효(孝)라 할 수 있으랴."

호동왕자는 결국 이 말을 남기고 칼로 자결하였다.

이처럼 호동왕자의 자결사건은 사랑(愛)과 효도(孝)의 두 가지 명제 속에 그 근본 원인이 숨어 있었던 것이다. 낙랑공주에 대한 죄책감과 원빈의 모함으로 궁지에 몰린 그는 결국 자살을 선택할 수밖에 없었다.

다시 말하면 호동왕자는 아버지 대무신왕 사후 그의 신격화를 위해 피해를 본 '희생양'이었던 것이다. 왕의 호칭은 사후 차대왕대에 결정되는데, 대무신왕의 경우 신(神) 자가 들어간 것은 고구려 3대 왕으로서 주변의 여러 나라를 정복하는 등 그 빛나는 공적을 기리기 위한 의도가 숨어 있다고 할 수 있다. 그 '신' 자를 사용하기 위하여 며느리(낙랑공주)를 이용해 낙랑국을 친 대무신왕의 비열한 행위를 숨기고, 오히려 호동왕자와 낙랑공주의 사랑을 비극적인 신화로 만들어 널리 유포했을 가능성이 크다고 하겠다.

제4대 민중왕

(재위기간: 44년~48년)

1. 석굴을 자신의 능묘로 택하다

호동왕자가 자살한 그 해, 즉 대무신왕 15년 12월에 왕자 해우(解憂)를 태자로 책봉한 대무신왕은 그로부터 12년이 지난 후 죽었다.

재위 27년 만에 대무신왕이 죽고 나서, 그의 아우 해색주(解色朱)가 즉위하여 민중왕(閔中王)이 되었다. ≪삼국사기≫에는 '태자가 어려서 능히 대정(大政)을 총찰(總察)치 못하겠으므로' 대신들이 뜻을 모아 해색주를 왕으로 추대했다고 한다.

그런데 여기서 약간 의혹이 가는 부분이 있다. 대무신왕의 왕자 해우가 태자로 책봉된 후 이미 12년이 지났으므로, 충분히 왕의 자리에 앉을 수 있는 나이였을 것이다. 다만 해우가 몇 살 때 태자로 책봉되었는지는 기록에 없으므로 정확한 나이를 알 수 없을 뿐, 적어도 최소 15세 이상에서 20세 전후의 나이가 되었을 것으로 추측된다.

한편 ≪삼국유사≫ 왕력편에는 민중왕이 대무신왕의 아들로 되어 있어 ≪삼국사기≫에 나오는 대무신왕의 아우라는 기록과 비교할 때, 어느 것이 진실인지 판단하기 어렵다. 만약 ≪삼국유사≫의 기록을 그대로 믿는다면, 민중왕은 대무신왕의 아들이므로 태자 해우의 형이 될 것이다. 그렇다면 대무신왕은 왜 맏아들을 놔두고 둘째아들을 태자로 책봉한 것일까? 대무신왕이 죽은 후 태자가 어려서 그 대신 해색주가 왕이 되었다고 한 것을 보면, 해우는 태자가 될 때 서너 살 안팎이었을 것으로 추측된다.

대무신왕은 왜 그처럼 어린 왕자를 태자로 책봉해야만 했을까? 당시 원비(元妃)는 고구려에서 상당한 세력을 가진 귀족 집안의 딸이었을 것이다. 대무신왕은 원비보다 차비(次妃)에게서 먼저 아들을 낳았다. 그가 바로 호동왕자인데, 대무신왕은 얼굴이 수려하고 총명한 호동을 지극히 사랑하였다.

그러나 비극의 씨앗은 원비가 나중에 아들을 낳아 다음의 대를 이을 태자로 삼으려는 데서 싹트기 시작하였다. 결국 호동왕자는 자살하기에 이르게 되었는데, 대무신왕이 그런 정황을 지켜보고만 있을 수밖에 없었던 것도 원비의 배후 세력을 두려워했기 때문일 것이다. 결국 호동왕자가 자살한 지 한 달 후 대무신왕은 원비의 어린 아들 해우를 태자로 책봉할 수밖에 없었던 것이다.

이러한 여러 가지 사정으로 볼 때, 만약 해색주가 대무신왕의 큰아들이라고 가정하면 그는 태자로 책봉되기에는 좀 모자란 면이 있거나 몸이 너무 허약했다고 여겨진다. 또는 대무신왕의 아우라고 할 때, 태자 해우가 이미 15세 이상의 나이였으므로 어떻게 보면 조카의 자리를 대신 차지한 것으로 볼 수도 있다.

민중왕은 즉위년 11월에 죄인을 대사면하였다는 기록이 나오는데, 이는 민심 수습 방안의 하나였다고 생각된다. 즉 정치적으로 적대 관계에 있는 세력을 사면해줌으로써 왕권을 강화하려는 의도였을 것이다.

그러나 민중왕은 허약체질이었던 모양이다. 즉위 4년에 왕은 민중원(閔中原)으로 사냥을 나갔다가 우연히 석굴을 하나 발견하였다.

"내가 죽거든 반드시 여기에다 장사를 지내도록 하거라. 그리고 달리 능묘(陵墓)를 만들 생각은 말라."

이때 민중왕은 자신의 죽음을 예견하고 있었는지도 모른다. 그 예견은 맞아떨어져 왕은 다음 해인 즉위 5년에 세상을 떠났으며, 1년 전의 유언대로 능묘를 만들지 않고 민중원의 석굴에 장사지냈다.

왜 민중왕이 자신의 능묘를 만들지 못하게 하고 석굴 속에 장사를 지내라고 했던 것일까? 어쩌면 그것은 당시의 고구려 장례 풍습과 관계가 깊은 것일지도 모른다.

고구려의 능묘는 5세기 초까지 적석총(積石塚)이 주류를 이루고 있는데, 무덤을 만드는 데 들어간 돌만도 어마어마할 것이다. 당시 고구려 수도 국내성이 있던 중국의 집안지역에는 현재에도 고구려 적석총이 엄청나게 많이 남아 있다. 집안시에 분포된 이름이 알려진 많은 왕릉들, 그리고 통구고분군과 주변의 장천고분군 등에 적어도 1만 2,000개가 넘는 고구려 무덤들이 남아 있다. 그 각각의 무덤들은 규모 또한 엄청나서 거기에 사용된 돌들을 대체 어디서 가져왔는지 의문이 갈 정도다.

≪북사(北史)≫ '고구려전'에 보면, 고구려에서는 사람이 죽으면 눈물을 흘리고 곡을 하나, 장사를 지낼 때는 북을 치고 춤추고 풍악을 울리면서 죽은 사람을 떠나보낸다는 기록이 있다. 그런데 고구려 사람들은 죽은 지 3년 후에 장사를 치르는 후장(後葬) 풍습이 있었다고 한다. 아마 거대한 무덤을 만드는데 그만큼의 기간이 필요했던 것인지도 모른다. 그렇다면 무덤을 만드는데 들어가는 인력이나 경비 또만 만만치 않았으리라 짐작된다. 더구나 그것이 왕릉이라면 국가적인 대공사가 아닐 수 없었을 것이다.

민중왕이 자신의 능묘를 만들지 못하게 하고 석굴에 장사지내게 한 까닭은, 어쩌면 그런 인력과 경비를 낭비하지 말라는 깊은 뜻이 있었는지도 모른다.

제5대 모본왕

(재위기간: 48년~53년)

1. 폭군을 죽인 시종 '두로'

대무신왕의 원비(元妃)가 낳은 아들 해우(解憂)가 태자로 봉해진 것은 호동왕자가 자살한 바로 그 해 12월이었다. 그리고 태자 해우가 민중왕의 대를 이어 고구려 제5대 모본왕이 된 것은 그로부터 17년 후의 일이었다.

하늘도 폭군의 등장을 아는 듯, 모본왕 즉위 원년 8월에 나라에 큰물이 져서 20여 군데 산이 무너졌다고 한다. 모본왕의 어머니 원비는 대무신왕에게 신임을 받고 있는 차비(次妃)의 아들 호동왕자를 모함하여 자살케 만들고, 자신의 어린 원자(元子) 해우를 태자로 세우게 한 장본인이다. 시기와 질투의 화신이었던 어머니를 닮아 태자 해우도 어려서부터 성질이 포악하고 사납기 그지없었다.

민중왕의 대를 이어 왕위에 오른 모본왕은 국사를 제대로 살피지 않고 신하들만 괴롭혀 백성들의 원망을 샀다. 즉위 2년 3월에 나무뿌리가 뽑히는 심한 폭풍이 불었고, 4월에는 봄철임에도 불구하고 서리가 내리고 우박이 떨어졌다. 이 모두가 뭔가 불길한 조짐이 아닐 수 없었다.

모본왕의 포악은 날로 더하여 앉을 때는 엉덩이로 사람을 깔아뭉갰으며, 누울 때도 사람을 베개로 삼을 정도였다. 엉덩이 밑에 깔린 사람이나 머리 밑에 베개 대용으로 쓰인 사람이 조금만 움직여도 그들을 즉시 죽였다. 신하들이 그리지 말라고 간청하였지만, 모본왕은 바른 소리를 하는 그 충직한 신하들까지 직접 화살로 쏘아 죽였던 것이다.

이렇게 되자 신하와 백성들은 모본왕을 몹시 싫어하였다. 그런 사람들 가운데서 모본왕에 반대하는 세력들이 형성되기 시작하였다. 그 반대 세력 중에서도 가장 왕을 싫어한 인물은 시종(侍從) 역할을 담당했던 모본인(慕本人) 두로(杜魯)였다.

추측하건대 두로는 조선시대 때의 내시 같은 역할을 했던 모양이다. 그는 늘 모본왕 곁에서 시중을 들면서 육체적 고통을 당하였다. 즉 방석이나 베개 역할을 다반사로 맡았고, 조금만 왕의 마음에 들지 않더라도 매를 맞거나 인간 이하의 치욕을 당하였던 것이다.

어느 날 두로는 모본왕의 닦달을 견디다 못하여 홀로 숨어 통곡하였다. 마침 지나가던 어떤 사람이 그 장면을 목격하고 말하였다.

"대장부가 왜 우느냐? 옛사람이 말하기를 '나를 불쌍히 여겨 위로하며 은혜를 입게 하면 임금이고, 나를 못살게 하고 학대하면 원수'라고 하였다. 지금의 왕은 포학한 짓을 일삼아 사람을 죽이니 백성의 원수다. 그대는 더 이상 참지 말고 일을 도모하도록 하라."

이 말에 용기를 얻은 두로는 칼을 품고 모본왕 곁으로 다가갔다.

"오! 너 잘 왔다."

마침 장난을 치고 싶었던 모본왕은 두로를 눕게 하고 그 위에 엉덩이를 깔고 앉았다. 밑에 깔린 두로는 남몰래 부드득 이를 갈았다. 그러고는 곧 품속에 숨기고 갔던 칼을 빼어 모본왕을 찔러 죽였다.

모본왕이 죽자, 그를 모본원(慕本原) 장사지냈다.

이처럼 ≪삼국사기≫에는 모본왕에 대한 기사가 간략하게 나와 있다.

문제는 과연 모본왕을 죽인 두로는 누구이며, 그에게 왕을 죽이도록 사주한 인물은 누구인지 궁금하다는 것이다. 모본왕을 죽인 후 두로는 어찌되었는지도 기록으로 나와 있지 않다.

제6대 태조대왕

(재위기간: 53년~146년)

1. 요서를 공략한 여장부 '부여태후'

　모본왕의 대를 이어 고구려 제6대 왕이 된 인물은 이름이 궁(宮)인데, 그가 바로 태조대왕(太祖大王)이다. 궁은 유리명왕의 아들인 재사(再思)의 아들, 즉 유리명왕의 손자가 된다. 대무신왕이 유리명왕의 셋째아들이므로 재사는 그 이후에 태어난 아들일 것이다. 그러므로 모본왕과 태조대왕은 사촌간이 된다고 볼 수 있다.

　그런데 ≪삼국사기≫ 모본왕편 기록에 보면 즉위년 10월에 '왕자(王子) 익(翊)을 태자로 삼았다'고 나온다. 모본왕이 죽었으면 당연히 그 태자가 이어 왕위에 올라야 하는데, 재사의 아들 궁이 고구려 제6대 왕이 되었다.

　여기서 태조대왕이 즉위할 때의 ≪삼국사기≫ 기록을 잠깐 살펴볼 필요가 있다.

　〈모본왕이 돌아가고 태자가 불초(不肖)하여 족히 사직(社稷)의 주인이 되지 못하겠으므로 나라 사람이 궁(宮)을 맞이하여 세운 것이다. 왕은 나면서 능히 눈을 뜨고 볼 줄 알았고 어려서도 출중하였으나 (이때) 나이 7세이므로 태후(太后)가 수렴청정(垂簾聽政)하였다.〉

　이 기록을 잘 분석해보면 두로를 앞세워 모본왕을 죽인 배후가 재사의 세력임을 미루어 짐작할 수 있다. 이것은 요즘 말로 쿠데타에 다름 아니다.

그러나 당시 재사는 연로하여 정치에 직접 관여할 수 없었다. ≪삼국사기≫ 고구려 본기 태조대왕조 80년에 보면, 왕의 동생 수성(遂成)에게 차기 왕위에 오르기를 권하는 신하들의 말이 다음과 같이 나온다.

〈"처음에 모본왕이 돌아갔을 때 태자가 불초하여 여러 관료들이 왕자 재사를 세우려 하였는데 재사는 연로를 이유로 아들에게 사양한 것이니, 이는 형이 연로한 후엔 아우에게 양위하도록 하게 함이었다. 지금 왕이 이미 늙었음에도 불구하고 양위할 의사가 없으니 그대는 도모하라"〉

이 기록에서 보듯이 모본왕이 죽었을 당시 재사는 연로하여 자신의 아들에게 왕위를 넘겼던 것이다. 그러나 태조대왕이 나이가 어려서 태후가 수렴청정을 하였다고 한다.

아무튼 모본왕의 폭정에 견디다 못한 신하들이 반대 세력을 만들었을 것이 분명하며, 왕의 가장 가까이에 있는 두로를 하수인으로 세워 쿠데타를 단행한 것이다. 그리고 쿠데타 세력은 모본왕의 아들인 태자 '익'을 죽여 후환을 없애고, 재사의 아들 '궁'으로 하여금 왕위에 오르게 하였다.

고구려 건국의 어머니라고 할 수 있는 '소서노'가 대단한 여걸로 알려져 있듯이, 태조대왕의 어머니 '부여태후'는 그 대를 이은 여걸이면서 남편 재사를 제치고 아들 대신 직접 정치에 관여한 대가 센 여자였다.

≪삼국사기≫ 고구려 본기 태조대왕조에 보면, 아버지 재사가 연로하여 아들 궁(宮)이 왕위에 오른 것으로 되어 있다. 그런데 왕이 '나이 7세이므로 태후(太后)가 수렴청정(垂簾聽政)하였다.'는 기록이 나온다. 즉 왕은 어리고, 남편은 연로하여 태후가 수렴청정을 하였다는 이야기다.

그런데 여기서 유리명왕의 아들 재사의 나이에 관한 의문에서 또 다른 문제가 비롯된다. 유리명왕의 아들로 왕이 된 사람은 대무신왕과 민중왕이다. 그렇다면 재사는 그 두 사람의 뒤에 태어난 아들일 것이다. 대무신왕이 11세에 왕위를 계승하여 재위 27년에 죽었으므로, 38세를 살았다는 계산이 나온다. 그 뒤를 이어 민중왕이 5년간, 대무신왕의 아들 모본왕이 6년간 통치를 하였다. 따라서 태조대왕이 왕위에 오를 때, 그의 아버지 재사의 나이는 불과 45세 안팎이었을 것이다.

모본왕이 죽었을 때를 기준으로 계산하면 대무신왕의 나이는 49세가 되므로, 그의 아우 민중왕이 두 살 어리다고 가정할 때 47세, 그 다음 재사가 또 두 살 어리다고 할 때 45세가 되는 것이다. 다시 말하면 대무신왕과 민중왕, 재사가 각기 두 살 터울 이상이라고 계산할 때 태조대왕 즉위시 재사의 나이는 45세 이하가 될 수밖에 없다는 이야기다.

그렇다면 재사는 결코 정치를 할 수 없을 정도로 연로한 나이가 아니다. 모본왕의 대를 이어 왕위에 올라도 충분한 나이인데, 7세밖에 안 되는 그의 아들 궁이 왕위를 계승한 것이다. 여기에는 분명히 역사적 비밀이 숨어 있다고 할 수밖에 없다. 모본왕을 죽인 배후가 재사의 세력임은 분명한데, 더 정확하게 말하면 그의 아내인 부여인(扶餘人) 세력이 쿠데타의 중심에 있었다고 할 수 있다. 즉 태조대왕의 외척 세력이 왕권보다 강했기 때문에 명색이 유리명왕의 아들인 재사는 왕자의 혈통임에도 불구하고 권력을 행사할 수 없었던 것이다.

부여인 태후의 성씨는 정확한 기록이 없다. 부여 왕실의 여자라는 설도 있긴 하지만 근거가 없고, ≪삼국사기≫에 다만 '부여인'이라고 나오기 때문에 명칭을 '부여태후'라 부르는 것이 마땅하다고 본다.

이 부여태후가 바로 남편 재사의 적통을 표면으로 내세우고, 부와 권력을 쥔 친정의 부여 세력을 숨은 배경으로 하여 쿠데타를 일으킨 장본인이라고 보는 것이 옳다. 모본왕을 죽인 두로를 뒤에서 사주한 것은 엄밀히 말하면 재사의 세력이 아니라 부여태후의 세력이었다고 보아야 한다.

따라서 쿠데타에 성공하자, 부여태후는 남편 재사가 아닌 아들 궁으로 왕위를 계승하게끔 하였다. 그런 연후에 아들 태조대왕을 대신하여 부여태후가 수렴청정을 함으로써 왕권을 쥐고 흔들었던 것이다. 부여태후가 이같이 수렴청정을 하였다는 것은 대무신왕 때 회복되었던 왕권이 민중왕과 모본왕의 두 대를 거치면서 다시 약화되자, 왕의 외척 세력이 실제 정치의 표면으로 등장했음을 뜻한다.

모든 실세는 부여태후 편이었으며, 유리명왕의 적통인 재사는 명색이 '고추가(古鄒加)'란 관직을 가지고 있었지만 실권은 없었다. 남편을 제치고 아들인 왕을 대신하여 정권을 한 손에 쥐고 흔들었던 부여태후는, 역사상 아들을 대신하여 수렴청정을 한 여러 태후들과는 질적으로 다른 여건을 갖추고 있었다. 즉 다른 태후들은 왕인 남편이 죽고 나서 아들이 어릴 때 수렴청정을 하는 타의적 입장이었지만, 부여태후는 자신이 직접 영향력을 행사하여 권력을 잡았다는 점에서 자의적인 입장을 취하고 있었다. 다시 말하면 부여태후는 역사상 아들을 대신하여 수렴청정을 한 여느 태후(대비)들보다 권력 장악력이 강했으며, 따라서 정치력을 발휘하는 데 있어서도 큰 힘을 행사할 수 있었던 것이다.

부여태후는 태조대왕이 14세, 즉 재위 7년이 될 때까지 수렴청정을 하였다. 그 수렴청정 7년 동안 부여태후는 많은 일을 하였다. 태조대왕 재위 3년 2월에는 요서(遼西)를 쳐서 10성을 쌓았으며, 4년 7월에는 동옥저(東沃沮)를 공격하여 그 땅을 빼앗아 성읍(城邑)으로 삼았다. 이렇게 하여 당시 고구려의 국경이 서로는 요서까지, 북으로는 부여까지, 그리고 동으로는 창해(滄海: 지금의 東海)에 다다르고, 남으로는 살수(薩水: 지금의 淸川江)에 이르렀던 것이다.

일설에 의하면 부여태후 시절 요서를 공략했다는 기록을 잘못되었다고 주장하는 학자들도 있다. 당시 고구려의 국력으로 볼 때 가능하지 않았을까하는 추측이다. 그러나 그것은 다만 추측에 불과하다. 당시 기마민족의 피를 이어받은 고구려는 빠르고 날쌘 기마병을 가지고 있었으며, 거리상으로 볼 때 속전속결의 전략으로 나가면 요서 공략은 충분히 가능하다고 볼 수 있는 것이다.

이처럼 부여태후는 아들이 10대 중반이 될 때까지 7년 이상 수렴청정을 하여 나라를 군건하게 만들었으며, 태조대왕 재위 10년 후부터는 아들에게 정권을 넘겨주어 왕권을 더욱 강화할 수 있도록 하였다.

고구려 왕 중에서 '태조'를 붙인 것은 6대에 이르러서인데, 이는 고려나 조선 시대와 다른 점이다. 즉 '태조'는 주로 나라를 건국한 왕에게 붙이는 칭호인데, 고구려 시대에는 6대 태조대왕대에 와서야 가능해졌던 것이다. 이는 나라의 기틀이 태조대왕대에 와서 더욱 굳건해져 나라다운 면모를 갖추었다는 뜻도 될 것이다. 그 기틀을 마련한 것이 수렴청정을 한 부여태후이고 보면, 고구려 정치사상 아주 중요한 인물 중의 하나임을 간과할 수 없다 하겠다.

2. 책성을 순행하다

고구려의 영토 확장이 본격적으로 시작된 것은 태조대왕 때부터였다. 태조대왕은 '나면서 능히 눈을 뜨고 볼 줄 알았다.'고 할 정도로 어려서부터 매우 영특하였다고 한다. 이 기록은 ≪후한서≫에도 전하고 있는데, 당시 중국인들에게까지 알려질 정도이면 태조대왕이 그만큼 통치력을 가진 왕이었음을 증명해주고 있다고 할 수 있다.

어머니인 부여태후가 10년 가까이 수렴청정을 하였으니, 태조대왕이 본격적으로 정사에 관여하기 시작한 것은 15세 이후의 일이었을 것이다. 재위 7년에 왕이 직접 고안연(孤岸淵)이란 연못에 가서 고기잡이를 한 기록이 있으며, 재위 10년에는 수렵을 나가서 흰사슴(白鹿)을 잡았다는 기록도 보인다. 이것은 태조대왕이 이미 태후의 수렴청정에서 벗어났다는 것을 의미한다.

태조대왕은 나이 20대 초반부터 영토 확장 정책을 펼쳐나가기 시작하였다. 재위 16년 8월에 갈사왕의 손자 도두(都頭)가 나라를 바쳤는데, 이는 강성한 고구려의 위협을 견디지 못하고 항복했음을 뜻한다. 갈사국의 손녀가 대무신왕의 차비(次妃)가 되어 호동왕자를 낳았는데, 도두도 차비와 같은 배에서 태어난 형제자매 사이인지는 알 수 없다. 아무튼 둘 다 갈사왕의 핏줄인 것만은 분명하다.

한편 태조대왕은 재위 20년 2월에 관나부의 패자 달가(達賈)를 보내어 주나국(朱那國)을 쳐서, 그 나라 왕자 을음(乙音)으로부터 항복을 받아냈다.

이처럼 태조대왕은 고구려 주변의 작은 나라들을 차례로 굴복시켰으며, 회유책의 일환으로 그 나라 지배 세력들에게 벼슬을 하사하였다. 즉 갈사왕의 손자 도두에게는 우태(于台)의 벼슬을 주었으며, 주나국의 왕자 을음에게는 고추가의 벼슬을 내려 각기 자기가 다스리던 지역을 관리하도록 하였던 것이다.

태조대왕이 주변국을 병합하고 나서 그 지방 정권을 지배하는 방식은 황제국이 제후국을 다스리는 것과 다름이 없었다. 기존의 지배 세력으로 하여금 계속 권력을 유지할 수 있도록 해주면서, 중앙 정권에 절대 복종하도록 회유하였던 것이다.

또한 태조대왕이 지방 정권을 중앙 정권의 지배하에 두기 위한 전략의 하나로 사용한 것은 순행(巡行)이었다. ≪삼국사기≫ 태조대왕 재위 46년 기록을 보면 그 순행의 행적이 자세히 나온다.

〈46년 3월에 왕이 동쪽으로 책성(柵城)에 순수(巡守)할 때, 책성의 서쪽 계산(罽山)에 이르러 백록을 잡고, 책성에 이르러서는 여러 신하와 연회하고, 책성을 지키는 관리에게 차등을 두어 물품을 주었다.〉

이 기록은 태조대왕이 지방 정권을 돌아보며 황제로서의 역할을 했음을 증명해주고 있다. 중국을 통일한 진나라 시황제(始皇帝)가 제후국들을 다스리기 위한 통치 행위로 실행한 것이 바로 순행이었다. 고구려가 태조대왕 때 순행을 하였다는 것은 이미 이때 주변의 작은 나라들을 두루 흡수 내지는 병합하여, 그들을 제후국처럼 통치하였다는 사실을 증명해주고 있다.

이러한 통치 행위는 나라가 정비되지 않고는 발휘되기 어려운 법이다. 그리고 이는 당시 중국과는 또 다른 천하관(天下觀)을 가지고 있었음을 뜻한다. 순행은 천자(天子)만이 할 수 있는 고유 권한이다. 따라서 중국의 천하관과는 다른 고구려만의 천하관을 가지고 있었다는 것을 이 순행 기록으로 미루어 짐작할 수 있게 해준다.

태조대왕이 순행하였다는 책성은 지금의 훈춘시가 있는 지역이다. ≪위서≫ 고구려전에 보면 '동지책성(東至柵城), 남지소해(南至小海)'라고 나오는데, 바로 그 책성을 이르는 말이다. 고구려가 망하고 나서 그 유민 대조영에 의해 세워진 발해국(渤海國)의 동경용원부(東京龍原府)가 있던 곳도 바로 이 책성이다.

태조대왕은 재위 46년 3월부터 그 해 10월까지 이 책성에 머물렀는데, 수도를 비우고 동쪽 변방을 6개월씩이나 순행하였다는 것은 당시 이 지역의 정치 세력들을 중앙 정권의 지배하에 두기 위한 아주 중요한 전략이었다고 볼 수 있다. 당시 이 지역을 지배한 지방 세력은 점차 강성해지는 고구려에 항복하기는 하였지만 일부 반감을 가진 세력이 있었을 것이며, 태조대왕은 그들을 위무하고 때로는 위엄을 보여 간접적인 엄포를 놓기 위해 순행을 하였다고 생각된다.

책성의 순행을 마치고 수도로 돌아올 때 태조대왕은 산에 있는 큰 바위에 자신이 방문한 사실을 글로 새겼다는 기록이 전해지고 있다. 어쩌면 이것은 광개토태왕 이전에 보이는 고구려 최초의 금석문이라고 할 수 있겠는데, 지금까지 발견되지는 않아 그 기록의 진위를 판가름하기는 어려운 실정이다.

당시 태조대왕은 변방인 책성을 아주 중요한 군사 요충지로 생각하였다. 그래서 6개월간의 순행에서 돌아오고 나서 4년 뒤인 재위 50년 8월에 신하를 보내어 책성을 지키는 관리들을 위무하였다.

3. 대륙의 꿈과 고구려의 요동 정벌

≪삼국사기≫의 기록에 의하면 태조대왕 재위 53년 정월에 부여의 사신

이 와서 범을 헌상하였다고 한다. 그 범의 길이가 1장(丈) 2척(尺)이나 되고, 털 색깔이 매우 투명하였으며 꼬리가 없었다고 하니 보통 범이 아닌 것 같다. 범상한 일이 아님을 암시해주는 사건이다.

이때 부여가 고구려에 범을 헌상하였다는 것은 그만큼 고구려의 국력이 강성해졌다는 것을 의미한다. 원래 고구려는 토속신앙으로 '호랑이'를 믿는 부족국가에서 출발하였다. 그러므로 당시 고구려에 있어서 '범'은 신의 상징과도 같았다. 부여가 고구려에 범을 바쳤다는 것은, 그런 의미에서 신처럼 고구려를 떠받들겠다는 복종의 의미를 담고 있는 상징적인 사건이라 할 수 있다.

부여의 이 같은 복종에 태조대왕은 자신감을 얻었다. 당시 후한의 요동 지역은 고구려에게 늘 근심거리였다. 이미 대무신왕 때부터 요동 태수는 호시탐탐 고구려를 공격하여 괴롭혔으며, 태조대왕대에 와서도 여전히 요동은 방심할 수 없는 지역이었다.

따라서 태조대왕이 재위 기간 중 가장 고심한 것은 요동이었다. 요동 정벌이야말로 그는 자신이 가지고 있는 가장 큰 정치적 책무 중의 하나라고 생각했던 것이다.

당시 후한은 쇠퇴기로 접어들고 있었다. 유방(劉邦)이 세운 한(漢)나라가 왕망(王莽)에 의해 망하자, 한왕조의 핏줄을 이은 유수(劉秀)가 왕망의 반란 세력을 물리치고 후한(後漢)을 세워 광무제(光武帝)가 되었다. 유방이 세운 한나라와 구별하기 위하여, 왕망이 반란을 일으키기 이전의 한나라를 전한(前漢)이라 하고, 광무제가 세운 나라를 후한 또는 동한(東漢)이라고 구별하여 부르게 된 것이다.

아무튼 후한은 광무제에 의해 서기 25년에 건국된 이후 명제, 장제, 화제 등을 거치면서 강성한 나라가 되었다. 그러나 105년 화제가 죽고 나서 상제, 안제 등이 어린 나이에 제위에 오르면서 환관과 외척 세력들이 정치를 좌지우지하게 되었다.

당시 고구려가 '떠오르는 해'였다면 후한은 '지는 해'였다. 태조대왕은 환관과 외척들에 의해 나라가 어지러워지고 있는 후한의 정세를 손금 들여 다보듯 파악하고 있었는데, 이때야말로 후한의 변방이자 고구려와 국경을 이루고 있는 요동을 칠 수 있는 절호의 기회라는 판단하였던 것이다.

태조대왕은 재위 53년에 장수를 보내어 후한의 동쪽 변방인 요동을 치게 하였다. 일단 한 번 후한의 반응부터 떠보고 싶었던 것이다. 이때 고구려 군대는 요동의 여섯 개 현(縣)을 탈취하였으나, 요동 태수 경기(耿夔)의 강한 저항에 부딪쳐 대패하고 말았다. 아무리 '지는 해'라는 후한이 지만, 여전히 그 군대의 강성함은 지속되고 있었던 것이다.

이렇게 되자 태조대왕은 후한에 대한 정책을 바꾸지 않을 수 없었다. 당시 고구려에게 있어서 후한은 큰 나라였다. 당분간은 유화 정책을 써서 우선 요동 태수의 침략을 막는 것이 급선무였다.

따라서 태조대왕은 재위 57년에 후한에 사신을 보내어 안제(安帝)의 원복(元服) 대착식(戴着式)을 하례하였다. '대착식'은 당시 후한의 '성년식' 이라고 할 수 있는데, 어린 나이에 제위에 오른 안제가 20세가 되어 대인의 의관을 갖추는 국가적인 행사라고 할 수 있었다.

이때 태조대왕이 사신을 보내 하례를 한 것은 일종의 외교 전략이었다 고 할 수 있다. 일단 유화 정책을 써서 적국을 안심시킨 이후 국력이 쇠퇴 할 때를 기다려 다시 침공하겠다는 전술이었던 것이다. 이러한 외교 전략 은 그 이후에도 계속되어 태조대왕 59년에 후한에 사신을 보내 방물(方物) 을 전하며 현도군에 속하기를 청하였다.

이를 두고 고구려가 후한의 신하국이 된 것처럼 생각하는 사대주의 학자들도 있다. 그러나 이 기록은 《삼국사기》의 잘못이거나 아니면 태 조대왕의 고도화된 외교 전략술이라고 할 수 있다.

왜냐하면 그로부터 7년 후인 태조대왕 재위 66년 6월에 고구려는 예맥 (濊貊)과 더불어 후한의 현도군을 쳤던 것이다. 그러자 태조대왕 재위 69년에는 그 보복으로 후한의 유주자사 풍환(馮煥), 현도태수 요광(姚光), 요동태수 채풍(蔡諷) 등이 군사를 이끌고 예맥을 쳐서 병마와 재물을 빼앗았다. 그리고 나서 다시 고구려로 공격을 해오자, 태조대왕은 아우 수성(遂成)에게 군사 2,000여 명을 주어 후한의 군사들을 막게 하였다.

수성은 고구려 군사 2,000여 명으로는 후한의 대군을 격파하기가 힘들 것이라 판단하고, 회유 작전을 썼다. 즉 먼저 후한의 군대에 사람을 보내어 거짓 항복하게 한 후, 산세가 험난한 지역에 군사를 매복시켰다. 수성의 군대가 항복하였다는 소식을 접하고 후한의 군대는 무방비 상태로 진군하다가 매복 지점에 당도하여 고구려 군대에게 대패하였다.

이와 같이 꾀로 후한의 대군을 막은 수성은 태조대왕에게 간청하였다.

"지금 후한의 군대는 기세가 꺾여 달아났습니다. 이 기회에 요동을 쳐서 그 동안 우리 고구려의 숙원을 풀어야겠습니다."

"옳은 생각이다. 내 생각도 그와 같다."

태조대왕은 수성에게 다시 군사 3,000여 명을 내주어 요동을 공략하게 하였다.

수성은 곧 고구려 군사 3,000여 명으로 요동의 2개 군을 공격하여 그 성곽을 불 지르고 2,000여 명의 적군을 사살하는 전과를 올렸다.

태조대왕은 그 기세를 몰아 선비(鮮卑)의 군사 8,000여 명을 이끌고 친정에 나서 요동의 요대현(遼隊縣)을 공격하였다. 이때 요동태수 채풍은 신창(新昌)에서 고구려 군사와 맞서 싸우다 전사하였으며, 그 휘하에 있던 여러 장수도 고구려 군사의 말과 칼에 짓밟히거나 혹은 참수당했다.

이렇게 되자 태조대왕의 위세는 하늘을 찌를 듯 솟아올랐다. 요동을 정벌하고 온 그 해 10월에 태조대왕은 부여에 가서 태후묘(太后廟)에 제사를 지냈다. 태조대왕의 어머니는 아마 고향인 부여의 땅에 묻혔던 모양이다. 이때 이웃의 숙신(肅愼)에서는 사신이 와서 피복과 백마를 바쳤다.

그러나 당시 부여만큼은 고구려와 그렇게 사이가 좋지 않았다. 점차 강성해지는 고구려에 두려움을 느껴 사신을 보내 '범'을 헌상하기도 했던 부여는, 태조대왕이 부여 땅에 들어와 태후묘에 제사를 지내고, 부여에 종속되었던 숙신까지 고구려에 충성을 맹세하게 되자 부쩍 자존심이 상하였다.

태조대왕은 태후묘에 제사를 지내고 부여에서 돌아온 후, 그해 12월에 다시 마한(馬韓)과 예맥의 군사 1만여 명을 거느리고 가서 현도성을 공략하려고 하였다. 이때 부여왕은 후한과 손을 잡고 고구려 군대를 쳐야겠다고 판단하였다. 점차 강성해지는 고구려를 막는 방법은 후한과의 연대밖에 없었던 것이다.

부여왕은 아들 위구태(尉仇台)에게 군사 2만 명을 주어 요동으로 보내 후한의 군대와 함께 태조대왕의 군대와 맞서게 하였다. 결국 중과부적이었던 태조대왕의 군대는 대패하고 말았다.

태조대왕 재위 70년에 다시 마한과 예맥의 군사를 이끌고 요동을 침략하였으나, 이때 부여왕이 원병을 보내어 현도군을 구하는 바람에 태조대왕의 군대는 후퇴하지 않을 수 없었다.

이와 같이 태조대왕은 거의 20년 가까운 세월 동안 끊임없이 요동을 공략하였다. 만약 부여의 원군이 두 차례에 걸쳐 후한의 군대를 돕지 않았다면, 태조대왕의 요동 정벌은 쉽게 이루어질 수 있었을 것이다.

이처럼 태조대왕은 예맥·마한·선비 등의 변방국을 복속시키고, 그 나라 군대를 동원하여 후한의 요동을 정벌하는 등 외교적 책략에 능하였다. 다만 그가 유화 정책을 써서 부여를 고구려의 세력권으로 끌어들이지 못한 것은 큰 실책이라고 하지 않을 수 없다.

4. 태조대왕 재위 94년에 대한 의문

≪삼국사기≫의 기록에 보면 태조대왕은 재위 94년 12월에 동생 수성(遂成)에게 왕위를 물려주었다고 한다. 나이 7세에 즉위하여 100세에 별궁(別宮)으로 물러앉으며 양위하였고, 또 그로부터 19년을 더 살다 119세에 세상을 떠났다.

그런데 과연 태조대왕은 94년간 고구려를 통치했는지에 대하여 의문을 가지는 역사학자들이 있다. 이는 중국의 ≪위서≫ 열전 고구려전에 전하는 기사를 근거로 삼고 있는데, 그 내용은 다음과 같다.

〈막래(莫來)의 자손이 대대로 왕위를 이어 후손 궁(宮)에 이르렀다. 〔莫來
    子孫相傳　至裔孫宮〕〉

이때 '막래(莫來)'가 과연 누구인가에 대한 의문이 생기는데, 같은 ≪위서≫ 고구려전에 '여율사(如栗死), 자막래대립(子莫來代立)'이라는 기록이 있다. '여율'은 대무신왕의 이름인 '무휼(無恤)'를 가리키며, 그 아들인 '막래'가 왕위에 올랐다는 이야기다. 대무신왕의 아들은 모본왕인데 '모본(慕本)'이 '막래(莫來)'와 한자 모양이 비슷한 걸로 보아 ≪위서≫의 오기(誤記)일 가능성이 크다.

그런데 문제는 '막래'를 모본왕이라고 할 경우 모본왕에서부터 궁(宮), 즉 태조대왕까지 '자손이 대대로 왕위를 이었다'는 기록에 있다. 이 대목이 바로 태조대왕의 94년간 재위 기간에 대하여 의문을 갖게 하는 것이다. 다시 말하면 태조대왕 이전에 여러 왕이 차례로 왕위를 이었는데, 그 왕들의 기록이 전해지지 않아 그 기간까지 합하여 태조대왕의 재위 기간으로 바뀌었을 가능성이 있다는 이야기다.

태조대왕이 일생일대의 실수를 저지른 것은 동생 수성에게 왕위를 물려준 것이다. ≪삼국사기≫에 보면 태조대왕 94년 10월에 다음과 같은 기록이 보인다.

〈우보(右輔) 고복장(高福章)이 왕에게 말하기를, "수성이 장차 반(叛)하려 하오니 청컨대 먼저 그를 주(誅)하소서." 하니 왕이 말하기를, "내 이미 늙었고 수성은 나라에 공(功)이 있으므로 장차 위(位)를 선양(禪讓)하려 하니 그대는 번려(煩慮)치 말라."하였다. 복장이 말하기를, "수성의 위인이 잔인하고 어질지 못하니 금일에 대왕의 양위(讓位)를 받는다면 명일에는 대왕의 자손(子孫)을 해칠 것입니다. 대왕께서는 단지 불인(不仁)한 아우에게 은혜를 베푸실 줄만 아시고 무죄(無罪)한 자손에게 후환(後患)을 끼쳐주는 것은 모르시니 원컨대 대왕은 깊이 생각하소서."하였다.〉

그러나 태조대왕은 이 같은 충신 고복장의 말을 듣지 않았다. 아니 동생 수성의 세력이 너무 강하여 원자에게 왕위를 물려줄 용기가 나지 않았을 것이다.

고복장의 예언은 얼마 안 가서 현실로 확인되었다. 수성은 태조대왕의 대를 이어 제7대 차대왕(次大王)이 되었는데, 그는 재위 3년에 태조대왕의 원자(元子) 막근(莫勤)을 죽였다. 막근이 죽고 나자 그 동생 막덕(莫德)도 화가 다시 자신에게까지 미칠까 두려워하여 스스로 목을 매어 자살하였다. 이렇게 차대왕이 조카들을 죽이자, 그의 동생 백고(伯固)도 자신에게 화가 미칠 것을 두려워하여 깊은 산속으로 도망을 쳤다.

이러한 기록들로 유추해볼 때 늙은 태조대왕의 뒤를 이어 왕이 된 차대왕은 왕위 계승 때 많은 문제를 안고 있었을 것으로 보인다. 이미 차대왕도 왕위에 오를 때 76세의 고령이었다. 이는 차대왕의 왕권에 대한 욕심과 그를 추종하는 세력의 권력 야욕이 빚어낸 쿠데타적 사건이었다는 추측을 가능케 해주고 있다. 즉 늙은 태조대왕이 왕권 유지에 한계를 느끼고 있을 때, 그의 동생 수성이 자신을 따르는 세력을 등에 업고 힘으로 왕권을 찬탈하였다.

그러자 태조대왕의 원자인 막근과 그를 따르던 세력들이 차대왕을 쫓아 내려는 움직임을 보이기 시작하였다. 이에 차대왕은 조카인 원자 막근을 살해하였고, 그 화가 자신에게 미칠 것을 두려워한 동생 막덕도 자살을 하는 비극이 초래되었던 것이다.

태조대왕은 차대왕 재위 20년 3월에 별궁에서 향년 119세로 세상을 떠났다. 그리고 차대왕은 그 해 10월 연나부(椽那部) 조의(皂衣) 명림답부(明臨荅夫)에게 시해되었는데, 이때 그의 나이 이미 95세였다.

아무튼 태조대왕의 재위 94년은 여러 가지 의문을 남기고 있는 것이 사실이다. ≪위서≫의 기록처럼 모본왕과 태조대왕 사이에 여러 대의 왕에 관한 기록이 사라졌을 수도 있고, 태조대왕 재위 71년부터 정사에 참여한 수성이 사실상 대왕을 대신하여 실권을 쥐고 권력을 행사했을 수도 있다. 한 사람이 재위 94년간 통치 행위를 했다는 것은 그만큼 설득력이 약할 수밖에 없기 때문이다.

제3부

반역과 혁명,
시련 속의 성장

짐승얼굴무늬 수막새(ⓒ 국립중앙박물관)

제7대 차대왕

(재위기간: 146년~165년)

1. 포악한 정치와 그 말로

고구려 제7대 차대왕은 태조대왕의 동생으로 이름이 수성(遂成)이다. 그는 태조대왕 재위 79년 10월부터 정사에 적극적으로 참여하였다. 당시 태조대왕의 나이가 86세였으므로 연로하여 동생에게 정사를 맡긴 것이다. 이때 태조대왕은 목도루(穆度婁)를 좌보(左輔)로, 고복장(高福章)을 우보(右輔)로 삼아 수성과 함께 정사를 논하도록 하였다.

태조대왕 재위 80년 7월에 수성이 왜산(倭山)으로 사냥을 나갔을 때였다. 관나부 우태 미유(彌儒)와 환나부 우태 어지류(菸支留), 비류나부 조의 양신(陽神) 등이 모여 음모를 꾸몄다. 여기서 관나부·환나부·비류나부 등은 행정부서이며, 우태나 조의는 관직명이다.

아무튼 이들 미유·어지류·양신 등 세 명의 신하들은 모반의 음모를 꾸미고 비밀리에 수성을 찾아가 다음과 같이 말하였다.

"모본왕이 돌아가셨을 때를 기억하시지요? 당시 태자가 불초하여 여러 관료들이 왕자(王子) 재사(再思)를 세우려고 하였습니다. 이때 재사는 연로하다는 핑계로 아들에게 사양하였는데, 이는 형이 연로한 후에는 아우에게 양위(讓位)토록 하기 위한 것이었습니다. 지금 이미 왕이 늙었음에도 불구하고 양위할 의사가 없으니 이제야말로 일을 도모할 때라 생각됩니다."

이때 수성이 짐짓 다음과 같이 대답하였다.

"그 말은 옳지 않다. 왕위는 반드시 적통(嫡統)으로 이어가는 것이 천하의 법도다. 왕이 지금 연로하지만 적자가 있으니 어찌 내가 감히 왕위를 엿볼 수 있단 말인가?"

미유가 다시 수성을 부추겼다.

"현명한 아우가 형의 뒤를 잇는 것은 옛날부터 흔히 있어왔던 일입니다. 그러니 저희들의 청을 받아들여 주십시오."

이때부터 수성의 마음속에서는 스스로 왕이 되고 싶다는 욕심이 싹트기 시작했을 것이다. 애초 왕이 될 마음이 없었다 하더라도 측근에서 자꾸 부추기는 말을 하면 귀가 솔깃해지는 법이다. 더구나 전부터 마음속으로 왕위 자리를 꿈꾸어왔던 것도 사실이므로, 신하들의 말을 듣자 그 밑바닥에서부터 탐욕이 꿈틀거리기 시작하였다.

태조대왕 재위 86년에 수성이 정사를 돌보지 않고 사냥을 나가 유희를 즐기며 자주 궁궐을 비우자, 그의 동생 백고(伯固)가 우려하는 목소리로 간청하였다.

"형님! 길흉화복은 따로 들고 나는 문이 없고, 오직 사람이 불러들이는 것입니다. 지금 형님은 대왕을 대신하여 모든 관료들의 으뜸이 되는 자리에 있으며, 그동안 나라를 위하여 큰 공을 많이 세웠습니다. 마땅히 사욕을 버리고 충의로써 대왕의 덕을 빛나게 할 수 있으며, 그리고 반드시 민심을 얻어야만 환난이 일어나지 않습니다. 그런데 지금 나라 걱정보다 환락을 즐기려 하는 형님을 보면 위태롭기 그지없습니다. 형님, 제발 정신을 차리십시오."

그러자 수성이 대답하였다.

"사람은 부귀와 환락을 원하나, 그것을 얻은 자는 만에 하나도 없다. 지금 내가 마침 환락을 즐길만한 자리에 있는데, 이때 마음대로 즐기지 못한다면 무슨 재미로 살겠느냐?"

수성은 날이 갈수록 점점 오만해져 갔다.

태조대왕 재위 94년 7월 수성이 왜산 아래서 사냥을 할 때였다. 그는 자신을 따르는 신하들에게 이렇게 말하였다.

"대왕이 늙어도 돌아가지 않고, 내 나이 또한 만년이 다 되었다. 더 이상 기다릴 수가 없구나. 그대들은 나를 위해 도모하기 바란다."

"네, 명령대로 따르겠습니다."

수성을 따르는 신하들이 하나같은 목소리로 대답하였다. 그런데 바로 그때 한 명의 신하가 선뜻 앞으로 나서며 말하였다.

"방금 전에 왕제(王弟)께서 상서롭지 못한 말씀을 하였는데, 아첨하는 자들이 직언을 하지 못하고 다 명령에 따르겠다고 하니 이는 간사하기 짝이 없는 노릇입니다. 저는 그래서 왕제께 직언을 드리고자 합니다."

"그대가 직언을 한다면 그것은 내게 좋은 약이 될 터이니 어서 말해보라."

수성이 짐짓 웃는 얼굴로 말하였다.

"지금 대왕은 어질고 밝게 나라를 다스려, 나라가 안팎으로 평안합니다. 왕제께서 비록 공이 크다 하나, 지금 간사한 자들의 말을 들어 대왕을 폐하려고 합니다. 이것이야말로 가는 실에 무거운 추를 매달아 잡아당기는 것과 무엇이 다르겠습니까? 비록 어리석은 사람이라 할지라도 그것의 불가함을 능히 알고 있습니다. 지금 왕제께서 욕심을 버리고 대왕을 받든다면, 대왕께서는 왕제의 착함을 아시고 양위할 마음을 가질 것입니다. 그러나 만약 그렇지 않다면 왕제에게 큰 화가 미칠 것입니다."

이와 같이 직언하는 신하의 말을 들은 수성은 잔뜩 얼굴을 찡그렸다. 그를 부추기던 신하들이 이때를 놓치지 않고 다시 간하였다.

"이제 대왕이 연로하여 왕위가 위태로우므로 이를 염려하여 후계(後繼)를 도모하려고 하는 마당입니다. 그런데 불충한 신하가 저와 같은 망언을 하니, 우리는 모사가 탄로 나기 전에 저 자를 죽여 입을 막아야 할 것입니다."

수성은 자신을 따르는 신하들에게 명하여 직언한 신하를 척살하였다.

그 후에도 직언하는 신하들이 더러 있었지만, 수성은 왕위에 대한 탐욕을 더욱 키웠다. 결국 위기에 처한 태조대왕은 재위 94년 12월에 아우 수성에게 양위를 하고 별궁으로 물러나 앉았다.

"내가 이미 늙어 국사를 돌볼 수 없고, 그대 수성은 그동안 안으로 국정을 잘 다스리고 밖으로 군사를 튼튼히 하여 나라 안팎이 두루 평안하도록 한 공이 크므로 양위를 하노라. 그대는 즉위하여 길이 아름답게 나라를 창성토록 할지어다."

이때 태조대왕의 나이 100세였고, 수성도 이미 76세의 고령이었다.

이처럼 수성이 왕위에 오르기까지의 과정을 살펴보면 태조대왕이 정상적으로 왕위를 물려준 것이라고 보기 어렵다. 수성의 무리들이 힘으로 위협하여 태조대왕으로 하여금 스스로 왕위에서 물러나게끔 한 것이라고 볼 수 있다.

태조대왕은 자신의 친아들인 원자(元子) 막근(莫勤)에게 왕위를 물려주고 싶었을 것이다. 유추하건대 그때 원자의 나이도 70세 안팎은 되었을 것이기 때문에, 왕위를 물려받기에도 이미 늦은 나이였다.

이러한 ≪삼국사기≫의 기록을 믿는다면, 불운한 것은 태조대왕이 100세까지 왕위에 있었다는 사실에 있다. 아우 수성이 왕위를 넘보기 이전에 원자에게 양위를 하였다면 적통 체제로 나갈 수 있었을 것이기 때문이다.

고구려 제7대 왕이 된 차대왕 수성은 재위 2년 2월에 관나부의 패자 미유(彌儒)를 우보(右輔)로 삼았다. 미유는 태조대왕 재위 80년부터 수성으로 하여금 왕위를 찬탈하도록 종용한 대표적인 인물이다.

그러한 미유를 우보로 세운 것은 차대왕이 형 태조대왕의 왕위를 찬탈하는데 큰 공헌을 한 인물이기 때문이다. 미유에게 우보의 벼슬을 내린 차대왕은 곧바로 태조대왕 시절 우보였던 충신 고복장(高福章)을 죽였다. 그러자 좌보(左輔) 목도루(穆度婁)는 병을 핑계로 스스로 물러났다. 그 자리를 다시 차대왕은 자신을 왕으로 추대하는데 공을 세운 환나부 우태 어지류(菸支留)에게 주었다.

이렇게 공신을 좌우에 거느린 차대왕은 재위 3년 4월에 신하들을 시켜 눈의 가시였던 태조대왕의 원자 막근(莫勤)을 죽였다. 태조대왕을 따르던 충신들이 막근을 추대하여 왕으로 세우는 반란을 일으킬 것을 두려워한 나머지 아예 그 싹을 자르기 위하여 조카를 무참하게 살해한 것이다. 이때 막근의 아우였던 막덕(莫德)은 삼촌인 차대왕이 무서워 스스로 목을 매어 죽었다.

그리고 같은 해인 차대왕 3년 7월의 일이었다. 왕이 평유원(平儒原)으로 사냥을 나갔을 때였다. 흰여우 한 마리가 자꾸만 왕의 행차 뒤를 따라오며 울고 있었다. 차대왕은 그 흰여우의 울음소리가 듣기 싫어 활을 쏘았다. 그러나 맞히지 못하였다.

이상한 일이 아닐 수 없었다. 차대왕은 스스로 명궁이라 일컬을 만큼 활을 쏘았다 하면 정확하게 목표물을 맞히곤 하였는데, 이번에는 달랐다. 손이 떨리고 다리까지 후들거렸다. 이미 나이 80세를 바라보고 있었으므로 어쩌면 당연한 일이라고 할 수도 있었지만, 그는 그만큼 심리적으로 많이 위축되어 있었다.

"점쟁이를 불러오너라!"

차대왕의 명이 떨어지기 무섭게 무사(巫師)가 대령하였다. 당시 무사는 고구려에서 무당의 스승으로 일컬어지고 있었는데, 점술로는 으뜸이 가는 사람이었다.

"저 흰여우가 왜 울면서 따라오는 것이냐? 이것이 길한 일인지 흉한 일인지 점을 쳐 보거라."

차대왕의 말에 무사가 잠시 망설이다가 대답하였다.

"여우는 원래 요망한 짐승으로 길상(吉祥)치 못한데, 더더욱 흰색이라 예사로운 일이 아니옵니다. 하오나 이상하게 하늘도 말씀이 없어 점괘가 잘 나오지 않으니, 저 흰여우는 요괴가 분명하옵니다. 그러나 만일 대왕께서 덕을 닦아 화(禍)를 복(福)으로 바꾼다면 아무런 염려도 없을 것입니다."

이렇게 말하면서 무사는 벌벌 떨었다.

"대체 그게 무슨 점괘란 말이냐. 흉하면 흉한 것이고 길하면 길한 것이지, 화가 복이 된다는 말은 처음 듣는구나. 이는 저 자가 내게 거짓말을 하고 있다는 증거이니, 저 요망한 늙은이의 목부터 베어라."

차대왕의 명령이 떨어지기 무섭게 무장한 신하들에 의하여 무사의 목은 순식간에 피를 뿌리며 땅에 나뒹굴었다.

차대왕 재위 4년 5월에도 하늘의 별자리가 달라 보여 왕이 일자(日者), 즉 천문을 잘 아는 학자를 불러 물었다.

"대체 별자리가 왜 저렇게 한 곳으로 몰리는가?"

불과 1년 전 무사가 억울하게 죽는 것을 목격한 일자는 또 차대왕이 진노하여 자신을 죽일까봐 이렇게 거짓말을 하였다.

"오성(五星)이 동방(東方)에 모이니, 이는 대왕의 덕이요 나라의 복이옵니다."

그 말에 차대왕은 크게 기뻐하여 일자에게 큰 상을 내렸다. 이때 오성은 목성·화성·금성·수성·토성을 말한다.

아무튼 차대왕은 그때그때의 기분에 따라 사람을 죽이고 살리고 하는 포악한 정치를 일삼았다. 그러자 백성들이 모두 속으로는 원망을 하나 겉으로는 순종하는 척하였다. 이렇게 되니 민심은 더욱 흉흉해졌다.

차대왕 20년 3월에 별궁의 태조대왕이 119세로 세상을 떠났다. 그러고 나서 7개월 후인 10월에 연나부 조의 명림답부(明臨答夫)는, 백성이 포악한 정치를 견디지 못한다는 이유를 들어 차대왕을 시해하였다. 지금으로 말하면 혁명이다.

혁명에 성공한 명림답부는 태조대왕의 다른 동생, 즉 차대왕의 동생 백고(伯固)를 고구려 제8대 왕으로 추대하였다. 백고는 차대왕이 태조대왕의 왕위를 찬탈하고 원자를 죽이자, 형이 무서워 멀리 지방으로 내려가 숨어 살고 있었던 인물이다.

2. 목숨을 걸고 충언한 충신 '고복장'

태조대왕 시절 우보(右輔) 고복장(高福章)은 죽음을 무릅쓰고 충언을 한 신하였다. 대왕이 연로한 탓에 그의 아우 수성이 정권을 좌지우지 하고 있을 때였다. 측근들이 모두 수성의 편에 있었고, 태조대왕 곁에는 오직 고복장뿐이었다.

어느 날 태조대왕이 꿈을 꾸었는데, 표범 한 마리가 범의 꼬리를 물어 끊는 것을 보았다. 대왕은 그 길흉을 알기 위해 점쟁이를 불러 물었다.

"꿈에 어느 표범이 범의 꼬리를 물어 끊었다. 대체 그것이 좋은 꿈인가, 나쁜 꿈인가?"

"범은 모든 짐승의 우두머리요, 표범은 범과 같은 종이지만 작은 축에 속합니다. 작은 표범이 자기보다 큰 범의 꼬리를 물었으니, 이는 필시 친족 중에 대왕의 뒤를 끊으려고 하는 자가 있다는 뜻이옵니다."

점쟁이의 이 같은 말을 태조대왕은 믿지 않고, 옆에 있던 충직한 신하 고복장에게 다시 물었다.

"그대는 내 꿈을 풀이한 점쟁이의 말을 어찌 생각하는가?"

"착한 일을 하지 않으면 길(吉)이 흉(凶)으로 변하고, 착한 일을 하면 재앙이 도리어 복으로 변하는 것입니다. 지금 대왕께서는 나라를 내 집같이 걱정하시고 백성을 내 아들같이 사랑하십니다. 그러므로 조그만 변괴가 있다 할지라도 무엇을 염려하십니까?"

고복장 역시 이때까지만 해도 수성을 크게 의심하지 않고 있었다. 그리고 한낮 꿈을 가지고 대왕의 심기를 어지럽혀서는 안 된다는 생각에 '꿈보다 해몽'을 그럴싸하게 했던 것이다.

그러나 그로부터 몇 년 후인 태조대왕 재위 94년 10월에, 고복장은 수성과 그의 측근들이 왕위찬탈 음모를 꾸미는 것을 눈치챘다. 그는 태조대왕에게 이렇게 충언하였다.

"수성이 장차 모반을 하려고 합니다. 청컨대 사태가 발생하기 전에 먼저 그를 처단하소서."

주변에 수성의 측근들이 눈과 귀를 열어놓고 있는데도 불구하고 고복장은 전혀 두려워하는 기색이 없었다.

그러나 태조대왕은 고복장의 충언을 듣지 않고 오히려 이렇게 말하였다.

"내 이미 늙었고, 수성은 나라에 공이 많으니 그에게 왕위를 물려주려고 한다. 그러니 그대는 너무 근심하지 말라."

"아니옵니다. 수성은 그 성질이 잔인하고 어질지 못하니 금일에 대왕의 양위를 받는다면 명일에는 대왕의 자손을 해칠 것입니다. 대왕께서는 단지 어질지 못한 아우에게 은혜를 베푸실 줄만 아시고, 무죄한 자손에게 후환을 끼치게 하는 것은 모르고 계십니다. 원컨대 다시 한 번 깊이 헤아려 주시기 바랍니다."

고복장이 수성의 잔악함을 거듭 강조하였지만, 결국 그해에 태조대왕은 아우에게 왕위를 물려주고 말았다.

아무리 연로한 태조대왕이라 하더라도 충언을 하는 고복장의 진심을 모르지 않았을 것이다. 그러나 가까이에 수성의 측근들이 버티고 있었기 때문에, 실권을 잃어버린 대왕으로서는 이빨 빠진 호랑이에 불과할 뿐이었다. 그래서 고복장이 목숨을 걸고 충언을 고하였지만, 힘없는 대왕으로서는 현실적으로 그의 말을 들어줄 수가 없었던 것이다. 신하는 강직하였으나, 대왕은 허약하였다.

태조대왕의 뒤를 이어 고구려 제7대 왕위에 오른 차대왕은 눈엣가시 같은 고복장을 가만두지 않았다. 그는 즉위 2년 3월에 신하들을 시켜 고복장을 죽이게 하였다.

억울하게 죽어가면서 고복장이 차대왕을 향해 말했다.

"원통하구나. 내가 앞서 선조(先祖: 태조대왕)의 근신이 되어, 어찌 나라를 도둑질한 자(수성)를 보고 잠자코 있을 소냐? 선조 대왕이 나의 말을 듣지 아니하여 이 지경에 이른 것이 참으로 한탄스럽구나. 지금 그대가 왕위에 올라 마땅히 나라를 바로잡아 백성들에게 새로운 정치를 보여주어야 할 것인데, 이렇게 아무 죄도 없는 충신을 죽이려 한다. 내 이러한 무도한 시대에 사느니 차라리 일찍 죽음을 택하겠노라."

머리끝까지 화가 치밀어 오른 차대왕은 신하에게 명하여 어서 고복장의 목을 치라고 하였다. 목숨을 걸고 바른 말을 하던 충신은 그렇게 죽어갔다.

제8대 신대왕

(재위기간: 165년~197년)

1. 조카의 죄를 용서하다

차대왕에 이어 제8대 고구려 왕이 된 신대왕은 태조대왕과 차대왕의 동생이니, 고구려 왕 3대를 이들 형제들이 연달아 왕위에 오른 셈이다. 이것 하나만 보더라도 시조 추모왕 때부터 정해진 적자 계승의 원칙이 제8대에 이를 때까지 잘 지켜지지 않고 있었던 것이다.

신대왕의 이름은 '백고(伯固)'인데, 태조대왕 때 형 수성이 왕위 찬탈 음모를 꾸미자 그것의 잘못됨을 충언한 인물이다. 그러나 그의 충언은 받아들여지지 않았으며, 형 수성이 왕위에 오르자 자신에게 해가 미칠 것을 두려워하여 곧바로 도망쳐 깊은 산속에 숨어 살았다. 만약 태조대왕의 두 아들 막근이나 막덕처럼 도망을 치지 않았다면 차대왕의 미움을 사 백고 역시 형의 손에 죽음을 면치 못하였을 것이다.

아무튼 백고는 차대왕이 명림답부에 의해 살해될 때까지 깊은 산속에 숨어 살았다. 그 후 쿠데타에 성공한 명림답부는 백고를 모셔다 제8대 고구려 왕으로 추대하기 위하여 좌보 어지류로 하여금 사람을 은둔처로 보내게 하였다.

백고가 궁궐에 들어오자, 어지류는 무릎을 꿇고 그에게 국새(國璽)를 바치며 말하였다.

"선군(次大王)께서 불행히 돌아가셨사온데, 그 아들이 도망을 쳐서 능히 국가의 주인이 될 자격을 상실했습니다. 백성들은 어진 사람이 나라의 위업을 이어가길 원하오니, 삼가 왕위에 오르시옵소서."

이때 백고는 재삼 사양하다 국새를 받았다. 그의 나이 77세였다.

여기서 하나 짚고 넘어가야 될 것은 어지류의 문제다. 원래 어지류는 태조대왕 시절 수성과 모반을 획책한 인물이었다. 그런데 그는 차대왕이 죽고 나서도 버젓이 살아 다음 왕을 모시는 역할을 맡고 있는 것이다. ≪삼국사기≫ 기록에는 나와 있지 않지만, 이는 어지류가 명림답부의 쿠데타 세력에 동조하였다는 것을 뜻한다. 즉, 명림답부가 군대를 이끌고 궁궐을 칠 때 내응하는 역할을 맡았을 것이다. 그러나 왜 그가 차대왕을 배반하고 명림답부의 편에 섰는지는 알 수 없다.

고구려 제8대 왕으로 추대된 신대왕은 재위 2년 정월에 가장 먼저 민심 수습 차원에서 대사면을 단행하였다.

"짐은 왕의 혈육으로 태어났지만, 본래 덕이 모자라 왕이 될 자격이 없노라. 앞서 태조대왕께서 형제의 정을 지키려 하였으나, 차대왕이 그르치고 말았다. 그때 짐은 화가 미칠 것이 두려워 궁궐을 떠나 멀리 숨었다. 그러던 차에 차대왕의 흉보를 들으니 슬픔이 극에 달하였다. 허나 백성과 여러 관료들이 짐을 추대할 줄 어찌 알았겠는가. 이 조그만 몸으로 숭고한 자리에 오르고 보니 감히 편안을 생각할 겨를이 없고, 연못과 바다를 건너는 것처럼 조심스럽기만 하도다. 마땅히 은혜를 베풀어 먼 곳에 미치게 하고, 백성과 함께 새롭게 나라 일을 펼치려 하니, 먼저 억울하게 감옥에 갇힌 죄수들을 사면케 하라."

명림답부가 쿠데타를 일으켰을 때 차대왕의 태자 추안(鄒安)은 산속으로 도피하였다. 그런데 그는 신대왕의 대사면 소식을 접하고 곧 궁궐로 돌아와 대왕에게 머리를 조아리고 말하였다.

"앞서 나라에 환란이 있을 때 신은 죽지 못하고 산속으로 도망쳤습니다. 지금 새롭게 나라 정사를 바로잡으시는 대왕의 소식을 듣고 감히 죄를 고하옵니다. 대왕께서는 법에 의거하여 죄를 정하고, 그 법에 따라 신을 죽인다 하더라도 명령에 절대 복종할 것입니다. 만일 죽이지 아니하시고 먼 곳에 놓아주신다면, 이는 죽은 사람을 살려 백골에 살이 돋게 하는 큰 은혜이옵니다. 이것이 신의 소원이나 감히 바라지는 못하오니, 죽여주시옵소서."

신대왕은 조카인 추안을 양국군(讓國君)에 봉하여 구산뢰(狗山瀨)와 누두곡(婁豆谷) 두 곳을 다스리게 하였다.

또한 신대왕은 쿠데타의 주역인 명림답부를 국상(國相)으로 삼았다. 이때부터 고구려에는 국상이라는 새로운 관직이 생겼다. 기존의 좌보와 우보를 합한, 신하로서는 나라의 최고 위치에 해당하였다. 뿐만 아니라 명림답부는 국상이면서 동시에 패자(沛者)를 겸임하게 되었는데, 이는 병마사로서 군대 지휘권까지 쥐게 된 것이다.

2. 백전노장인 99세의 혁명가 '명림답부'

《삼국사기》 열전에도 등장하는 명림답부(明臨答夫)는 우리나라 최초의 혁명가로 알려져 있다. 김부식이 고구려 본기 기록에서도 명림답부를 언급하고, 따로 열전에서도 중요한 인물로 다루고 있는 것은 아마 그런 이유 때문일 것이다.

태조대왕이 즉위할 때 모본왕을 죽인 사람으로 두로가 있지만, 그는 부여태후의 사주를 받았으므로 혁명가는 아니고 그저 하수인 정도에 지나지 않았다고 할 수 있다. 그리고 두로는 모본왕을 시해한 후 정치의 전면에 나서지 못하고 역사의 뒤안길로 사라진 불가사의한 인물이므로, 그에 대한 역사적 해석은 보류해둘 수밖에 없다.

따라서 명림답부야말로 자신이 지휘하는 군사를 이끌고 일어나 쿠데타에 성공하였으며, 신대왕을 옹립하고 스스로 국상이 되어 권력을 휘두른 혁명가였다고 할 수 있다. 그를 '혁명가'라고 말할 수 있는 근거는 차대왕의 폭정에 반기를 들고 민생 안정을 부르짖으며 군사를 일으켰고, 신대왕을 앞세워 나라의 정치를 안정적으로 이끌어갔다는 점에 있다고 하겠다.

《삼국사기》 고구려 본기 신대왕 편에 보면, 명림답부는 113세까지 살았다고 나온다. 신대왕 재위 15년 9월의 일이었다. 그 죽은 연도에서부터 역산을 하면 명림답부는 태조대왕 14년에 태어났다고 할 수 있다. 그로부터 99년 후인 차대왕 20년에 그는 혁명을 일으켰다. 99세, 즉 '백수(白壽)'의 나이에 그는 혁명을 단행했던 것이다. 물론 당시 그가 흰 수염에 은빛 눈썹을 휘날리는 백전노장이었음은 두 말할 나위도 없다.

그러나 명림답부가 혁명을 일으킬 당시 그의 직급은 연나부(椽那部) 조의(皂衣)에 불과하였다. 조의는 원래 고구려 관등에서 아주 낮은 자리로, 서열상 관직의 마지막에서 두 번째였다. 당시 고구려에서는 왕의 친위병을 '조의'라고 불렀으며, 그 지휘관 즉 '친위대장'에게는 후에 '조의 두대형'이란 직급이 주어졌다. 중국의 《삼국지》 동이전의 기록에 따르면 조의의 위치가 주부, 우태에도 미치지 못하는 9등급이었다고 전한다.

그렇다면 낮은 등급의 명림답부가 어떻게 혁명을 일을 킬 수 있었을까, 하는 의문이 먼저 들지 않을 수 없다. 이것은 '조의'에 대한 해석의 잘못일 수도 있다. 단재 신채호는 '조의'를 《삼국지》 동이전과 다른 차원에서 해석하고 있다.

《조선상고사》에서 신채호는 '조의'를 관직이라기보다는 정치와 무관한 일종의 사회 조직으로 보고 있는 것이다. 즉 조의는 선인(仙人: '先人'이라고도 함)과 더불어 선배(先偤) 제도의 근간을 이루고 있다는 주장이다. 다시 말하면 조의나 선인은 정식 국병(國兵)이 아니라 천지신과 삼성(三聖: 단군신화의 환인, 환웅, 단군을 일컬음)을 모신 제단에서 고유의 도법을 수련하던 사람들이라고 한다. 그들의 도량을 '수두'라고 하는데, 이곳은 환웅이 신시를 연 신단수가 있는 숲을 모방하여 꾸민 신성한 지역이다. 제정일치 시대에는 군주가 수도를 하며 천제(天祭)를 지내던 곳인데, 왕권 시대로 바뀌면서 제정이 분리되자 수두에는 수련인들만 남게 되었다고 한다. 이 수두는 그 후 '소도(蘇塗)'라는 신성한 지역으로 바뀌었다. 즉

'수두'라는 발음의 모음이 'ㅜ'에서 'ㅗ'로 변하면서 '소도'가 되었다는 이야기다.

아무튼 수두에서 수련을 하는 사람들을 '선배' 혹은 '선비'라고 하는데, 이는 고구려가 당시 한자를 이두식으로 기록하였으므로 같은 말일 가능성이 크다고 신채호는 주장하고 있다. 이들은 수두에서 일신을 수양하다가 나라가 위험에 빠지면 목숨을 바쳐 구원하는 전통을 갖고 있는데, 이들 가운데 무예와 학문이 뛰어나 선별한 사람들을 조의 또는 선인이라고 하여 나라에서 따로 녹을 주었다는 것이다.

조의와 선인 가운데서도 우두머리는 태대형(太大兄) 또는 대두형(大頭兄)이라고 하였고, 그 아래 대형과 소형을 두어 일사불란한 움직임을 보일 수 있도록 탄탄한 조직을 갖추었다. 신채호는 명림답부를 적어도 연나부 선배 조직을 이끄는 태대형으로 보고 있으며, 문무를 겸비한 수도인이었을 것이라고 추측하고 있다.

선배 조직의 특징은 신분의 귀천이 없고 오로지 학문과 기예의 정도에 따라 대접을 받았다고 한다. 또한 평상시에는 정치 일선에 나서지 않았기 때문에 계급에 연연해할 필요가 없었는데, 따라서 명림답부도 비록 9등급의 하위직이지만 직급 따위에 크게 욕심을 내지는 않았을 것으로 보인다.

그러나 신채호는 명림답부를 혁명가로 보지 않는다. 고구려가 건국 초기부터 5부, 즉 연노부(연나부), 순노부(환나부), 관노부(관나부), 계루부(과루부) 등 연맹 체제를 표방하고 있었으므로 연나부의 '선배' 우두머리인 명림답부가 정치의 주도권을 장악하는 것에 지나지 않았다는 주장이다. 혁명은 반드시 역사상의 진화에서 의의를 찾아야 하는데, 일종의 정치 변동을 가지고 '혁명' 운운하는 것은 잘못이라는 것이다.

이러한 신채호의 주장에 일리가 없는 것은 아니지만, 명림답부가 혁명을 일으키게 된 동기와 신대왕을 추대한 후 국상으로서 나라 정치를 개혁해가는 것을 볼 때 그를 '혁명가'로 인정하는데 큰 불만은 없다.

아무튼 명림답부는 신채호의 해석처럼 연나부의 '선배' 우두머리였을 것이다. 그는 선배로서 학문과 무술을 연마하였으며, 연나부의 수장으로서 뛰어난 예지력과 지도력을 갖춘 인물이었다.

연나부의 수장이자 선배의 우두머리였지만 명림답부는 실제로 군사권을 장악하고 있지 못하였다. 국가에서 인정하는 직급 또한 9등급에 불과하지만, 당시 그의 명성은 선배들뿐만 아니라 모든 군사들의 존경을 받기에 충분했을 것이다.

그러나 그러한 존경만 가지고는 혁명을 일으킬 수 없었다. 당시 명림답부에게는 조직력을 갖춘 강한 힘이 필요하였다. 그는 그 힘을 차대왕의 측근인 좌보 어지류에게서 얻었을 것이다. 어지류는 수성에게 왕위 찬탈을 모의토록 하여 차대왕으로 추대한 대표적인 인물이지만, 20년 가까이 최측근에서 왕을 보좌하면서 정치적으로 불만에 차 있었음에 틀림없다.

명림답부는 그런 어지류의 불만을 잘 알고 있었을 것이고, 혁명의 조력자로 그와 손을 잡게 되었다. 즉 명림답부가 밖에서 군사를 이끌고 궁궐로 쳐들어갈 때, 어지류는 안에서 내응(內應)을 하도록 계획을 짰던 것이다.

마침내 차대왕 20년 3월에 별궁에 유폐되었던 태조대왕이 119세로 세상을 떠났다. 동생 수성에게 왕위를 빼앗기고, 그 바람에 두 아들까지 잃고 시름에 겨운 20년을 구차하게 목숨만 부지하고 살다가 죽은 것이다.

태조대왕의 죽음 이후 당시 고구려 민심은 날로 흉흉해져 갔다. 차대왕에 의해 감옥살이하듯 별궁에 유폐되어 살던 태조대왕의 설움을 백성들이라고 모를 리 없었다. 따라서 태조대왕의 죽음은 당시의 '민심'과 직결되는 상징성을 갖고 있었다.

명림답부는 이때를 놓치지 않았다. 그는 태조대왕이 죽은 지 7개월 후인 차대왕 재위 20년 10월에 연나부 선배들을 앞세워 군사를 일으켰고, 궁궐에서 환나부로 대표되는 어지류가 자기 조직을 동원하여 내응하면서 혁명을 성공으로 이끌었다. 즉 이 혁명은 연나부와 환나부의 합동작전에 의해 이루어진 것이다.

이와 같은 갑작스런 궁궐 안팎의 양동작전을 차대왕은 막아낼 겨를이 없었으며, 그는 명림답부가 이끄는 군사들에게 잡혀 참수를 당하였다. 결국 99세의 혁명가에게 96세의 포악한 군주는 무릎을 꿇고 말았던 것이다.

99세의 혁명가 명림답부는 100세에 국상(國相)의 자리에 올랐다. 고구려의 왕을 좌우에서 보좌하던 기존의 좌보(左輔)와 우보(右輔)를 통합한 것이니, 국상은 명실공히 대왕 다음가는 최고의 위치라고 할 수 있다. 고구려에서 '국상'이란 관직명이 처음 사용된 것은 이때부터의 일이다.

신대왕 3년 9월에 명림답부는 대왕으로 하여금 시조묘(始祖廟)에 제사를 드려야 한다고 청하였다. 시조묘는 고구려를 건국한 주몽, 즉 추모왕의 능으로 졸본성에 있었다. 이 시조묘에 제사를 드린다는 것은 고구려 백성들에게 새로운 왕이 옹립되었다는 것을 알리고, 새로운 정치 체제의 정체성을 확보하기 위한 왕권 확립에 그 목적이 있었다고 할 수 있다.

그런데 다음 해인 신대왕 재위 4년에 후한(後漢)의 현도군 태수 경림이 쳐들어와 고구려 군사 수백 명을 죽였다. 새로운 정권이 들어서서 체제 정비도 채 갖추어지기 전에 적의 기습공격을 받은 것이다.

이때 ≪삼국사기≫에는 '왕이 항복하여 현도에 속하기를 청하였다.'고 간단하게 기록되어 있다. 이 부분의 기록은 많은 것이 생략되었을 것으로 추측된다. 당시 후한의 침공은 그렇게 간단한 문제가 아니었을 것이다. 따라서 대왕은 국상인 명림답부와 적군을 어찌 대처하면 좋을지 의논하였을 것이 분명하다.

노장이지만 뛰어난 전략가이기도 한 명림답부는 고민을 거듭하였고, 고심 끝에 내린 결론은 일보 후퇴의 전략밖에 없다고 판단했을 것이다. 굴욕적이긴 하지만 적군보다 아군이 약세이므로 일단 항복하고 나서 후일을 도모하자는 생각이었다.

이러한 명림답부의 전략이 그대로 드러나는 것은, 그로부터 4년 후인 신대왕 재위 8년 11월 다시 후한의 현도군 태수 경림이 대병을 이끌고 고구려를 쳐들어왔을 때의 대처 방법이 증명해주고 있다.

이때에도 신대왕이 크게 걱정하여 신하들을 불러 대책을 논의할 때,

중의(衆議)가 나서서 말하였다.

"한병은 군사가 많은 것을 믿고 우리를 업신여기므로, 만약 이때 우리가 나가 싸우지 않으면 그들은 우리를 비겁하다고 얕잡아 볼 것입니다. 따라서 이후에도 자주 우리 고구려를 공략하려고 들 것이므로, 차제에 나가 싸워 본때를 보여주어야 합니다. 우리나라는 산이 험하고 길이 좁아 그야말로 군사 전략상 요새이므로 적은 군사로 많은 적을 물리칠 수 있을 것입니다."

이때 가만히 듣고 있던 명림답부가 말하였다.

"그 의기는 좋으나 전쟁은 나라의 운명이 걸려 있고 수많은 생명이 죽고 사는 문제이므로 신중의 신중을 기하지 않으면 안 됩니다. 지금 후한은 국토가 크고 강력한 대군을 가지고 있으므로 맞서 싸워서는 그 예봉을 꺾을 수가 없습니다. 병법에도 군사가 많으면 나가 싸우고, 적으면 마땅히 방어 전술을 쓰는 것이 원칙이라고 알려져 있습니다. 지금 한군은 천리 원정으로 많은 군량을 조달해 와야 하므로, 오래도록 군사를 이곳에 머물게 할 수 없습니다. 그러므로 우리가 만일 함정을 깊이 파고, 성루를 더욱 높이고, 들판을 비워 장기전에 돌입한다면 오래 지나지 않아 한병은 기근으로 철군할 것입니다. 그때 우리가 강병으로 기습을 하면 기근에 허덕이는 힘없는 적을 쉽게 섬멸시킬 수 있을 것입니다."

신대왕은 명림답부의 말이 옳다고 여겼다. 따라서 들판의 곡식을 모두 불사르고 백성들을 성 안으로 불러들인 뒤, 성문을 굳게 닫고 관민이 합세하여 총력적으로 방어전에 돌입하였다.

명림답부의 작전은 맞아떨어졌다. 후한의 군사가 대군이긴 하지만 성문을 굳게 닫고 방어전을 펴는 고구려 군사를 대적할 수는 없었다. 공성전투에는 공격하는 군사의 수가 방어하는 군사의 수보다 10배 이상 많아도 성공하기 어려운 법이다. 험한 요새의 산성일 경우 방어 군사 1명이 공격하는 적 100명을 상대할 수 있다고 할 정도로 당시 고구려는 수성 작전에 능한 군사를 갖고 있었다.

아무튼 당시 한군은 여러 차례 공격을 하였지만 실패만 거듭하였다. 그러자 결국 그 기세가 한 풀 꺾인 데다, 군량미까지 떨어지자 철군을 서둘렀다.

이때 명림답부는 날래고 힘센 고구려 기병을 동원하여 철군하는 적의 퇴로를 막았다. 그는 직접 기병 수천을 이끌고 나가 좌원(坐原)의 요새에 매복하게 하였다가 한군을 기습 공격하여 말 한 필 돌아가지 못하게 하는 대승을 거두었다. 신대왕은 그 승전보를 듣고 크게 기뻐하여 명림답부에게 좌원과 질산(質山)을 식읍으로 주었다.

명림답부는 신대왕 재위 15년 9월에 죽었으며, 당시 그의 나이 113세였다. 그가 죽었다는 비보를 들은 신대왕은 친히 그의 집에 찾아가 7일 동안 신하들과의 조회도 생략한 채 문상차 머물렀으며, 식읍으로 내린 질산에 장사지내고 묘지기 20가구를 두게 하였다.

참고로, 명림답부가 들판의 곡식을 모두 불태워 멀리서 온 적으로 하여금 식량을 현지에서 조달할 수 없게 한 전략을 '청야작전(淸野作戰)'이라고 한다. 이것은 그 후 대륙에서 원정을 온 적군에 대한 고구려의 주요한 방어전술로 자주 활용되었다.

제9대 고국천왕

(재위기간: 179년~197년)

1. 연나부 좌가려의 반란

《삼국사기》에 보면 고구려 제9대 고국천왕은 신대왕 백고(伯固)의 둘째 아들로, 이름이 남무(男武)라고 기록되어 있다. 신대왕이 세상을 떠났을 때 원래 첫째 아들 발기(拔奇)가 제위에 오르는 것이 마땅한데, 그가 불초(不肖)하다는 이유를 들어 남무가 왕위에 오르게 되었다는 것이다.

그러나 발기를 첫째 아들로 보는 것은 김부식이 《삼국사기》를 저술할 때 중국의 《위지(魏志)》 동이전에 나오는 '백고사(伯固死), 유이자(有二子), 장자발기(長子拔奇)'라는 기록에 의존하였기 때문이다. 이 기록은 신대왕의 아들이 둘이라고 하고 있지만, 실제로는 네 명이다. 따라서 첫째 아들이 발기라는 기록은 믿기 어렵다. 그것은 고국천왕이 죽고 나서 신대왕의 셋째 아들 연우(延優)가 왕위에 오르자, 발기가 군사를 일으켜 왕궁을 에워싸고 이렇게 말하였다는 데서 증명된다.

"형이 죽으면 아우에게 (왕위가) 돌아가는 것이 예(禮)인데, 너는 순차(順次)를 뛰어넘어 왕위를 찬탈했으니 그것이 너의 큰 죄로다."

이 말은 순차적으로 볼 때 고국천왕의 뒤를 이어 바로 밑의 아우인 발기 자신이 왕위에 올라야 하는데, 셋째인 연우가 찬탈을 한 것은 잘못이라는 이야기다. 이 대목으로 볼 때 분명 발기는 고국천왕 남무의 동생인 것이다. 그렇다면 남무는 둘째 아들이 아닌 장자라고 보는 것이 옳다.

두 기록 다 ≪삼국사기≫에 나온 것이므로 전자나 후자 둘 중의 하나는 오기임이 분명하다.

어찌됐든 ≪삼국사기≫ 기록에 보면 신대왕의 뒤를 이어 왕위에 오른 고국천왕에 대해 '왕은 신장(身長)이 9척이요, 자표(姿表)가 웅위(熊偉)하고, 힘은 능히 큰 솥을 들어 올린다.'고 하였다. 왕자(王者)의 면모를 갖추고 있었다는 걸 강조하는 내용이다.

고국천왕은 재위 2년 2월에 비(妃) 우(于)씨를 왕후(王后)로 삼았다. 왕후 우씨는 제나부(提那部) 우소(于素)의 딸이라고 한다. 그런데 ≪삼국사기≫에 나오는 '제나부'는 '연나부(椽那部)'의 오기라는 설이 있다. '연(椽)' 자를 쓴다는 것이 실수로 '제(提)' 자를 쓴 것이라는 주장이다. 고구려 역사를 기록한 어떤 책에도 더 이상 '제나부'가 나오지 않으므로, 이것은 '연나부'로 보는 것이 옳다. 또한 우씨 왕후가 연나부 출신일 가능성이 높은 것은, 당시 국상인 연나부 출신의 명림답부가 왕자의 비(妃)를 당연히 자기 출신으로 추천했을 것이라는 데서 연유한다.

한편, 고국천왕 재위 6년에 후한의 요동태수가 군사를 이끌고 고구려로 쳐들어 왔다. 이때 넷째 왕자(王子) 계수(罽須)로 하여금 적군을 막게 하였으나 실패를 거듭하므로, 왕이 직접 정예 군사를 이끌고 가서 좌원(坐原)에서 싸워 후한의 군대를 크게 무찔렀다. 당시 적군의 머리가 좌원 언덕에 산과 같이 쌓였다고 한다.

이처럼 외란을 겪고 나서 고국천왕은 6년 후에 내란을 겪게 되었다. 우씨 왕후의 친척인 중외대부 패자(沛者) 어비류(於界留)와 평자(評者) 좌가려(左可慮)가 권세를 부려 백성을 몹시 괴롭혔다. 그들의 자제들까지 아버지의 권세를 등에 업고 나서서 남의 자녀를 데려다 첩이나 노비로 삼았으며, 함부로 논밭과 집을 빼앗아 백성들의 원성이 높았다.

주변 신하들로부터 이러한 보고를 받은 고국천왕은 크게 노하여 어비류와 좌가려를 주벌하려고 하였다. 그러자 좌가려는 연나부 내의 자기 세력(4연나)을 규합하여 모반을 도모하였다.

고국천왕 재위 13년 4월 좌가려 등은 군사를 모아 왕궁을 쳤는데, 이때 왕은 곧 병마를 징발하여 반군을 토벌하는 데 성공하였다.

이처럼 고국천왕의 좌가려 반란 평정은, 부왕인 신대왕 시절 명림답부를 위시한 연나부 세력의 전면적인 등장과 막강한 권력 행사를 일시에 잠재우고 왕권을 강화하는 계기가 되었다. 밖으로 후한의 침략을 막고 안으로 반군을 토벌하면서 자연적으로 왕권이 강화되어 국가의 기강을 바로 세울 수 있었던 것이다.

2. 진대법을 실시한 국상 '을파소'

좌가려의 반란은 고국천왕에게 큰 충격을 주었다. 굳게 믿었던 왕비의 친족 세력인 연나부에서 반란을 일으키자, 측근 세력을 너무 키웠다는 자책이 뒤따르지 않을 수 없었던 것이다.

이때 고국천왕은 신하들을 불러 다음과 같이 말하였다.

"근자에 이르러 신하들의 총애만 믿고 관직을 주었으며, 승진을 시키는 일도 덕망보다는 사사로움에 비중을 두었다. 그런데 그로 인하여 백성이 괴롭고 왕실 또한 동요케 되었으니, 이는 다 짐의 불민한 소치이니라. 너희 4부에서는 각기 훌륭한 인재를 천거하기 바란다."

여기서 4부란 고구려 5부 중 왕실인 계루부를 제외한 나머지 부를 말한다. 4부의 신하들은 이때 동부(東部)의 안류(晏留)를 추천하였다. 곧 고국천왕은 안류를 불러들였다.

"소인은 재주가 용렬하고 어리석어 본래 큰 정치를 할 줄 모릅니다. 소인보다는 서압록곡(西鴨淥谷) 좌물촌(左勿村)에 사는 을파소(乙巴素)라는 사람을 중용하심이 좋을 듯하옵니다. 그는 유리대왕 때 대신을 지낸 을소(乙素)의 손자로서, 성질이 강직하고 매사 과감하게 행동하면서 아울러 지략 또한 겸비하고 있습니다. 다만 세상이 그를 알아주지 않아 농사를 지으며 살고 있는데, 대왕께서 나라를 다스리려면 그 사람을 데려다 중히 쓰심이 좋을 듯하옵니다."

고국천왕은 곧 을파소를 불러오게 하였다. 그리고 그에게 중외대부(中畏大夫)에 우태(于台)의 벼슬까지 겸임토록 하고 말하였다.

"짐이 외람되이 선왕의 업을 이어 백성을 다스렸으나 덕이 모자라고 재주가 없어 바른 정치를 하지 못하고 있소. 선생은 그 훌륭한 재주와 지혜를 감추고 초야에 묻혀 지낸지 오래되었다 하니, 이제 짐을 도와 사직과 민생을 살펴주기 바라오. 청컨대 짐은 조용히 선생의 가르침을 받고자 하니, 성심을 다하기를 바라마지 않는 바이오."

이때 을파소는 짐짓 사양하며 다음과 같이 아뢰었다.

"늙고 명민한 신으로서는 감히 어명을 받기 어렵사옵니다. 원컨대 대왕께서는 더 훌륭한 사람을 발탁하시는 게 옳을 듯하오니, 그에게 높은 직급을 주어 부디 대업을 이루게 하소서."

고국천왕은 을파소에게 내린 벼슬이 낮은 직급이라 생각하고, 다시 국상의 벼슬을 주어 정사를 맡게 하였다. 그때서야 을파소는 수락하였다.

이때 조정의 신하들과 4부의 귀족들은 을파소가 정치 경험이 없는 신진(新進)이라 하여 업신여겼다. 특히 그들은 을파소가 자신들의 약점을 왕에게 고하여 이간질을 한다고 생각하였다.

아마도 당시 신진 세력인 을파소의 등장은 기존 실세 권력자들에게 눈엣가시처럼 보였을 것이다. 당연히 을파소를 위시한 신진 세력과 4부의 구신(舊臣) 세력 간의 알력다툼이 벌어질 수밖에 없는 상황이었다. 그런 연유로 구신 세력들은 국상인 을파소의 말을 잘 듣지 않았다.

이러한 알력다툼을 고국천왕이라고 모르지 않았다. 그러나 구신 세력을 믿지 않았던 고국천왕은 새로 등용한 을파소에게 보다 더 큰 힘을 실어주었다.

"이제부터 국상의 말에 복종하지 않는 자는 귀천(貴賤)을 막론하고 멸족시킬 것이다."

고국천왕의 추상같은 엄명에 국상 을파소가 힘을 얻어 비로소 사람들에게 다음과 같이 말하였다.

"때를 만나지 못하면 숨고, 때를 만나면 나아가 벼슬을 하는 것이 선비로서 마땅히 해야 할 일이다. 지금 대왕께서 내게 힘을 실어주시었으니, 어찌 예전의 초야로 돌아가 은거할 수 있겠는가."

여기서 을파소의 말 중 '선비'라는 표현이 나온다. 그는 정치권에 나가지 않고 초야에 묻혀 학문을 도야하며 나라에서 크게 쓰일 때를 기다리던 선비였던 것이다. 신대왕 시절의 국상 명림답부가 선비 출신이었듯이, 을파소 또한 선비 출신으로 국상의 자리에 오른 것이다.

이 같은 선비 출신들의 등장은 5부 체제의 고구려 정치에 일대 변혁을 가져오는 계기가 되었다고 할 수 있다. 그것도 신하로서는 나라 최고의 자리인 '국상'에 선비 출신이 연이어 등장하였으므로, 그동안 고구려 정치를 좌지우지했던 5부 세력들의 거센 반발에 부딪칠 수밖에 없었을 것이다.

아무튼 고국천왕의 총애를 한 몸에 받게 된 을파소는 나라의 정사를 밝게 살피고, 두루 백성을 편안케 하여 정세가 더욱 안정되었다.

고국천왕은 을파소를 천거한 안류를 불러 말하였다.

"만일 그대의 말이 아니었다면 짐이 능히 을파소를 얻어 나라를 함께 다스리지 못하였을 것이다. 지금 나라 정치가 이처럼 안정된 것은 다 그대의 공이로다."

그러면서 고국천왕은 을파소를 대신하여 벼슬을 양보한 안류에게도 대사자(大使者)의 벼슬을 내렸다.

고국천왕 재위 16년 7월 한여름에 서리가 내려 농사를 망쳤다. 그해 10월 어느 날 왕이 질양(質陽)이란 곳으로 사냥을 나갔는데, 어떤 사람이 길바닥에 털썩 주저앉아 하늘을 바라본 채 울고 있었다.

"그대는 왜 울고 있는가?"

고국천왕이 물었다.

"소인은 가난하여 품팔이로 어미를 봉양하고 사는데, 금년에는 농사가 제대로 되지 않아 품팔이할 곳조차 없습니다. 일을 못하니 먹고 살 양식을 구할 수 없어 이렇게 그저 하늘만 바라보고 있을 뿐입니다."

울고 있는 사람의 말을 다 듣고 난 고국천왕은 한탄하여 이렇게 말하였다.

"아아! 짐이 백성의 어버이가 되어 저들의 배고픔을 모르고 있으니, 이는 짐의 죄이니라."

고국천왕은 신하들을 시켜 울고 있는 사람에게 옷과 먹을 것을 주고 위로하였다.

궁궐로 돌아온 고국천왕은 흉년으로 굶주리는 백성들을 위해 나라가 할 수 있는 일이 무엇인가, 국상 을파소를 위시한 휘하 신하들과 의논하였다.

이때 을파소는 궁핍한 백성들뿐만 아니라 여러 가지 이유로 어려운 백성들을 다 도와줄 수 있는 정책을 세웠다. 실제로 역사 기록에는 을파소에 관해서 그가 때를 못 만나 농사만 짓다가 안류의 추천으로 국상이 되기까지의 이야기만 나와 있어, 그 이후 구체적으로 어떤 정책을 펼쳤는지는 알 수 없다. 다만 그는 중국의 강태공 같은 인물로서, 고국천왕을 도와 당시 고구려의 혼란한 국정을 바로잡은 명재상임에 틀림 없다. 따라서 고국천왕이 실천한 정책들은 거의 모두가 을파소의 머리에서 나왔다고 보아도 좋을 것으로 생각된다.

≪삼국사기≫에 보면 다음과 같은 기록이 나와 있다.

〈……이내 중외(中外)의 관리에게 명하여 환(鰥), 과(寡), 고(孤), 독(獨)과 노병(老病), 빈핍(貧乏)으로 자존(自存)치 못하는 자는 널리 물어 구휼(拘恤)케 하였다.〉

즉 홀아비·과부·고아·독거노인, 그리고 늙고 병든 사람과 가난한 사람 등등에 대하여 나라에서 곡식을 나누어 주도록 한 것이다. 이것은 고국천왕의 명에 의해 이루어진 것이지만, 을파소의 정책이라고 보아도 무방하다.

고국천왕은 또한 매년 춘궁기인 3월부터 7월까지 관곡(官穀)을 내어 백성들의 호구(戶口), 즉 가족 수에 따라 곡식을 내어주고 10월에 거두어들이는 진대법(賑貸法)을 실시토록 하였다.

이 진대법 역시 고국천왕이 중외(中外)의 관리들에게 명한 것으로 되어 있다. 그러나 당시 을파소가 국상이었으므로, 왕은 당연히 백성들을 구휼하기 위한 대책을 국상과 논하여 '진대법'이란 정책을 내놓게 되었을 것으로 짐작된다.

따라서 '진대법'은 어려운 처지에 있는 백성들을 위해 국상 을파소가 발의를 하였고, 이를 옳게 여긴 고국천왕이 휘하 신하들과 의논하여 펼쳐 나간 정책이라고 보는 것이 옳다.

이처럼 고구려가 진대법을 실시하는 등 여러 가지 좋은 정책을 펼쳐 백성들을 편안케 하고 있을 때, 중국의 후한에서는 대란이 일어났다.

고국천왕 재위 19년에 중국 땅에서는 여기저기서 군웅(群雄)들이 봉기하였는데, 이른바 조조·원소·유비·손책 등 ≪삼국지≫에 나오는 인물들이 바로 그들이었다. 이때가 후한 헌제(獻帝) 건안 2년이었는데, 권력을 손아귀에 쥔 동탁이 자신의 마음에 들지 않는 사람들을 제멋대로 죽이며 폭정을 일삼자 후한의 많은 백성들이 고구려로 피신하였다. 고국천왕은 국상 을파소와 의논한 끝에, 이들을 모두 받아들여 귀화인으로 살게 하였다.

3. 우씨 왕후와 하룻밤 사이에 뒤바뀐 왕위

고국천왕 재위 13년에 왕후의 친척인 좌가려가 반란을 일으켰다 실패를 하고 나서, 우씨의 친정 세력인 연나부는 급격히 약화될 수밖에 없었다. 우씨 또한 남편인 고국천왕 앞에 낯을 들 입장이 못 되었다.

그렇게 6년을 꾹 참고 있던 우씨 왕후는 고국천왕이 재위 19년 5월에 세상을 떠나자, 주위 사람들에게 일단 그 사실을 비밀에 붙이고 발상(發喪)을 하지 않은 채 깊은 생각에 잠겼다.

당시 고국천왕과 우씨 사이에는 아들이 없었다. 따라서 다음 왕위를 이어받을 사람은 왕의 형제들이었다. 4형제 중에서 고국천왕이 첫째였고, 그 다음 둘째가 발기(勃岐), 셋째가 연우(延優), 그리고 넷째가 계수(罽須)였다. 그러므로 다음 왕위는 둘째인 발기가 이어받아야 할 차례였다.

우씨 왕후는 고국천왕이 세상을 떠난 데 대한 슬픔보다 어떻게 하면 약화된 자신의 권력을 다시 세울 수 있는지에 대해서만 마음이 급하였다. 자신의 왕후 자리를 계속 이어가고, 친정인 연나부 세력을 규합하기 위해서는 다음에 왕위에 오를 발기의 힘이 절대적으로 필요하였다.

당시 고구려에는 취수혼(娶嫂婚)의 풍습이 있었다. 즉 형이 죽으면 그 동생이 형수와 결혼하는 풍습이었다. 역사학자 노태돈은 ≪고구려사 연구≫에서 취수혼에 대해 다음과 같이 밝히고 있다.

〈취수혼에서 망형(亡兄)의 처를 취하는 차례는 형제의 연령순이다. 단 미혼의 동생이 있을 경우 일반민에게 있어서는, 귀족은 구애되지 않지만, 그가 우선적일 수 있다. 이는 혼납금(婚納金)을 마련하기 어려운 데 따른 관행으로 여겨진다.〉

이때 '혼납금'은 결혼할 때 신랑이 신부 집에 보내는 돈으로, 일종의 '신부대'라 할 수 있다. 하지만 왕실의 경우 혼납금이 아까워 장가를 들지 못할 처지는 아니다. 다만 가난한 일반인들 사이에서 혼납금을 마련할 수 없어 결혼을 못한 동생이 형이 죽은 후 형수를 취하여 결혼을 하는 사례가 있었을 뿐이다.

그런데 우씨 왕후의 생각은 달랐다. 왕실이라고 '취수혼'을 하지 말라는 법은 없다고 생각한 것이다. 억지로 일반인들의 풍습에 따른다고 하면, 우씨 왕후는 결혼한 발기가 아닌 아직 결혼을 하지 않은 연우와 결혼을 해야 한다.

이렇게 되면 발기는 왕이 되고 그의 처는 왕후가 된다. 한때 우씨 왕후의 아래 동서였던 발기의 처가 왕후가 된다는 사실도 가슴 아픈 일인 데다,

연우와 결혼하면 완전히 자신의 처지가 위에서 아래로 바뀌고 마는 것이다.

우씨 왕후는 발기와 결혼하기로 마음먹었다. 그러면 계속 자신이 왕후 자리를 차지할 수도 있을 거라고 계산한 것이다.

한밤중에 우씨 왕후는 남편 고국천왕의 시신을 궁궐 깊은 곳에 숨겨둔 채 왕제 발기의 집으로 찾아갔다.

"나에겐 후사가 없으니 그대가 왕위를 계승하시오."

우씨 왕후는 고국천왕이 세상을 떠났다는 말도 꺼내지 않고 먼저 그렇게만 말하였다.

잠을 자다 나온 발기는 그 말이 무슨 뜻인지 잘 이해하지 못하였다. 발기는 아직 왕이 죽은 줄 모르는 상태였으므로, 왕후의 말을 듣는 순간 부쩍 의심부터 들었다. 다음 왕위를 논하는 것도 해괴한 일일뿐더러, 한밤중에 왕후인 형수가 헐레벌떡 달려온 것도 이해할 수 없는 일이었다.

"하늘의 운행이 따로 돌아가고 있으니, 가벼이 의논할 수 있는 일이 아닙니다. 하물며 왕후께서 이 밤중에 홀로 나와 다니니, 이는 예의에 어긋난 일이라 생각됩니다."

발기는 형수인 우씨 왕후를 점잖게 훈계하여 돌려보냈다.

발기에게 우스운 꼴만 당한 우씨 왕후는 도무지 화가 나서 참을 수가 없었다. 그래서 이번엔 다시 셋째인 연우의 집을 찾아갔다.

연우는 늦은 밤인데도 불구하고 의복을 갖추고 나와 우씨 왕후를 맞았고, 집안으로 안내하여 주연을 베풀었다. 한창 주연이 무르익을 무렵, 우씨 왕후는 연우에게 누가 들을까 무서워 아주 작은 소리로 말했다.

"오늘 밤 대왕이 세상을 떠나셨소. 그대도 알다시피 우리에겐 후사가 없습니다. 당연히 다음 왕위는 둘째 발기에게 돌아가게 되는데, 그는 나에게 딴 마음이 있다고 폭언하면서 오만무례한 행동을 하였소. 그래서 지금 이렇게 그대를 보러온 것이오."

연우는 우씨 왕후의 말을 듣고, 무슨 뜻인지 곧 알아차렸다. 지금 형수의 마음을 사로잡으면 형 발기대신 자신이 왕위에 오를 수 있다는 생각에,

그는 우씨 왕후를 더욱 극진히 대접하였다.

이때 연우는 예의를 다하여 우씨 왕후를 대접하려고 직접 칼을 잡고 고기를 썰다가 그만 실수로 손가락을 베었다. 이것을 본 우씨 왕후가 얼른 허리띠를 풀어 시동생의 상처 난 손가락을 싸매주었다. 그것으로 곧 두 사람의 마음은 하나로 통하였다.

궁궐로 돌아가려고 할 때, 우씨 왕후는 연우에게 넌지시 말하였다.

"밤이 깊어 무슨 일이 생길지 모르니, 그대가 나를 궁궐까지 바래다주 시오."

연우가 흔쾌히 승낙하자, 우씨 왕후는 곧 그와 함께 궁궐로 향하였다.

그 이튿날 아침, 우씨 왕후는 고국천왕이 세상을 떠났다는 사실을 신하 들에게 알렸다. 그리고 대왕의 유언이라며, 발기가 아닌 연우를 왕으로 삼았다. 하룻밤 사이에 왕위가 형에서 아우로 뒤바뀐 것이었다.

제10대 산상왕

(재위기간: 197년~227년)

1. 왕위 자리를 빼앗긴 발기의 반란

고국천왕에게 아들이 없었으므로 형제 중에서 다음 왕위를 이어야 하는데, 우씨 왕후의 농간으로 셋째인 연우가 제10대 산상왕이 되었다. 당연히 둘째인 발기가 다음 대를 이어 왕위에 오를 차례인데 하루아침에 운명이 뒤바뀐 것이었다.

그 사실을 안 발기는 크게 노하여 군사를 일으켰다.

"형이 죽으면 그 다음 아우에게 왕위가 돌아가는 것이 예인데, 너는 그 순차를 뛰어넘어 왕위를 찬탈하였다. 너의 죄가 크니, 어서 나와 이 형의 칼을 받아라."

발기가 자기 휘하의 군사를 이끌고 궁궐의 성문 앞에 나타나 이렇게 외쳤으나, 동생 연우는 3일 동안 성문을 걸어 잠근 채 꼼짝도 하지 않았다.

그때 이미 연우는 왕위에 올랐으며, 우씨 왕후와 결혼한 사이였다.

고구려 초기에는 형이 죽으면 그 동생이 형수를 취하는 '형사취수(兄死娶嫂)'의 풍습이 있었다. 이를 '취수혼'이라고 하는데, 이 풍습은 삼국 중 고구려에만 있었던 특이한 혼속이었다. 형이 죽고 나서 둘째 동생이 미혼일 경우 형수와 결혼하는 것이 순서이지만, 만약 둘째 동생이 결혼한 상태라면 미혼인 셋째 동생이 그 형수를 취하게 되어 있다.

따라서 고국천왕 사후 우씨 왕후가 둘째인 발기가 아닌 셋째인 연우와 맺어진 것은 당시 고구려의 취수혼 풍습으로 볼 때 크게 어긋나는 일이 아니었다. 오히려 당연히 그렇게 해야 하는 것으로 여겨졌기 때문에, 당시 고구려 조정에서는 말이 없었다. 더구나 우씨 왕후가 선왕(先王)인 고국천왕의 유언이라며 연우에게 왕위를 물려주게 되자, 신하들은 아무런 의심 없이 그 말에 따랐을 뿐이었다.

그러나 우씨 왕후는 그때 거짓으로 고국천왕이 연우에게 왕위를 계승케 하라고 유언했다고 말한 것이었다. 거기에는 우씨 왕후를 둘러싼 연나부 세력의 음모도 가담이 되어 있었을 것으로 보인다.

고국천왕 당시 우씨 왕후의 친족 세력인 좌가려가 반란을 일으켰다가 실패하면서 연나부 세력은 크게 위축되었다. 연나부 출신이었던 왕후 역시 좌가려의 반란으로 인하여 운신의 폭이 그만큼 좁아질 수밖에 없었다.

그런데 마침 고국천왕이 죽자 연나부 세력들은 왕후 우씨를 부추겨 세력 강화의 기회로 삼았을 것이고, 그것이 '취수혼'이라는 풍습에 의거한 음모로 가시화되었을 것으로 보인다. 다시 말하면 우씨 왕후 혼자서 꾸민 일이 아니라, 그 뒤에 호시탐탐 권력의 헤게모니를 움켜쥐려고 기회를 엿보던 연나부의 세력이 있었던 것이다.

고국천왕은 갑자기 죽은 것이 아니라 오래도록 병상에 있었을 것으로 짐작된다. 그 죽음이 예고되어 있는 상태였으므로 연나부 세력들은 몰래 우씨 왕후와 결탁하여 '취수혼 음모'를 꾸미기 시작했을 가능성이 크다. 문제는 우씨에게 왕위를 이을 자식이 없다는 데 있었다. 만약 우씨 왕후 소생의 아들이 있으면 다음 왕위는 그 아들이 계승하게 될 것이므로, 연나부가 권력의 표면으로 재등장하는 데 별 문제가 없다. 그런데 우씨 왕후에게 아들이 없었기 때문에, 연나부 출신들은 당시 고구려 사회에 관행처럼 이어져 오던 '취수혼 풍습'을 음모로 이용하게 되었을 것이다.

고국천왕이 죽게 되면 다음 왕위는 바로 밑의 왕제인 발기가 이어받게 되어 있다. 그런데 발기는 이미 결혼한 상태였으므로, 그가 왕이 되면 자연히 그의 아내가 다음 왕후의 자리에 오르게 된다. 이렇게 될 경우 우씨 왕후의 운명은 비참해질 수밖에 없는 것이다.

원래 합작된 음모는 서로의 이득을 전제로 해서 꾸며지는 것이다. 연나부 세력들은 권력을 잡기 위해, 우씨는 계속해서 왕후의 자리를 유지하기 위해 서로의 합의점을 찾은 것이 바로 '취수혼 음모'였다.

고국천왕이 죽었을 때 우씨 왕후가 상사(喪事)도 알리기 전에 밤길을 이용해 급히 발기를 찾아간 것은 이미 연나부 세력과의 음모에 의한 수순 밟기에 다름 아니었다. 그 음모의 단서가 바로 ≪삼국사기≫ 기록에 나타나 있다.

〈처음 고국천왕이 돌아갔을 때 왕후 우씨는 (喪事를) 비밀리에 붙여 발상
(發喪)치 않고 밤에 왕제(王弟) 발기(發岐)의 집에 가서 말하기를, "왕이 후사
(後嗣)가 없으니 그대가 계승하라"고 하였다.〉

이 기사 속에 우씨 왕후와 연나부 세력의 음모가 숨어 있는 것이다. 우씨 왕후는 발기에게 고국천왕의 죽음을 알리지 않고 다만 왕위를 계승하라고 말했을 뿐이다. 만약 그 죽음을 알렸다면 발기는 당장 궁궐로 달려가 왕위를 계승하고, 고구려 제10대 왕의 자격으로 고국천왕의 장례를 모셨을 것이다.

그런데 우씨는 그렇게 하지 않았다. 오히려 발기에게 질책만 듣고 그의 집에서 나온 우씨는 연나부 세력과 입을 맞춘 계획에 따라 그날 밤 아주 바쁘게 움직였다. 곧바로 셋째 연우의 집을 찾아간 우씨의 행동 속에 또 음모의 씨앗이 숨어 있음을 알 수 있다.

≪삼국사기≫ 기록을 다시 인용해본다.

〈후(后)가 말하기를 "대왕이 돌아가시고 아들이 없으니 발기가 장(長: 어른)이 되어 의당 뒤를 이어야 할 터인데 도리어 (나더러) 이심(異心)이 있다 하고 포만무례(暴慢無禮)하므로 (지금) 숙(叔: 아제)을 보러 온 것이오." 하였다.〉

이 대목을 보면 아주 노골적으로 고국천왕의 죽음을 알리고 발기 대신 연우에게 왕위에 오르는 것이 좋겠다고 말하고 있는 것이다. 일종의 '유혹'이다. 연우는 그 유혹을 금세 알아차리고 왕후의 청을 받아들여 고구려 제10대 산상왕이 된 것이다.

산상왕이 된 연우는 형 발기가 군사를 몰고 궁궐 앞에 나타나자 3일 동안 문을 굳게 걸어 잠근 채 반란을 평정할 대책을 논의하였다. 이때 물론 우씨 왕후와 연나부 세력이 권력 전면에 재등장하여, 음모의 다음 수순으로 발기를 제거할 계책을 세웠을 것이다.

2. 형제애가 두터웠던 계수의 눈물

반란을 일으킨 발기는 자신의 군사가 적은 데다 궁궐 안에서 동조하는 세력이 없자, 식구들을 데리고 요동으로 달아났다. 그는 요동 태수 공손도(公孫度)를 찾아가 말하였다.

"나는 고구려왕 남무(男武)의 동모제(同母弟)인데, 남무가 죽고 아들이 없으니 아우 연우가 형수 우씨와 공모하고 즉위하여, 천륜의 의를 저버렸습니다. 이 때문에 분하여 상국(上國)에 와 의탁하는 것이니 원컨대 나에게 군사 3만을 주면 아우 연우의 군사들을 평정코자 합니다."

발기가 말하는 '남무'는 고국천왕의 이름이고, '동모제'란 같은 어머니의 핏줄을 타고난 동생을 뜻한다.

요동 태수 공손도는 발기의 말을 듣고 깊이 생각해 보았다. 군사만 빌려 주면 발기 스스로가 고구려를 멸망시키겠다고 하니 듣던 중 반가운 소리였다. 만약 그렇게만 된다면 손쉽게 고구려를 후한의 속국으로 만들 수 있다는 생각이 든 것이다.

공손도는 선뜻 발기에게 군사 3만을 내주었다. 발기는 후한의 군사들을 이끌고 다시 고구려의 국내성으로 쳐들어갔다. 그 소식을 들은 산상왕 연우는 아우 계수(罽須)를 시켜 발기의 군사와 맞서 싸우게 하였다.

이때 계수는 난감하지 않을 수 없었다. 왕명을 어길 수도 없는 노릇이고, 그렇다고 해서 그 명을 받아 형 발기와 맞서 싸우기도 곤란한 일이었던 것이다. 일단 그는 지엄한 왕명을 어길 수 없다고 생각하고, 군사를 이끌고 나가 발기가 지휘하는 후한의 3만 군사와 결전을 벌였다.

계수가 선봉장이 되어 이끈 고구려 군사들은 날래고 용맹하여 후한의 군사들이 당하지 못하였다. 더구나 고구려의 발기가 대장군이라는데 불만 이 많은 데다, 후한 군사들 사이에 그를 위해 왜 피를 흘려야 하느냐는 분위기가 팽배하여 도무지 싸울 의지를 보이지 않았다. 따라서 고구려군 사가 공격해 오면 뿔뿔이 흩어져 달아나기에 바빴다.

후퇴를 거듭하면서 발기는 아우 계수를 보고 외쳤다.

"네가 지금 이 형을 죽이려 하느냐?"

"연우 형님이 왕위를 형님에게 사양치 않는 것은 의로운 행동이 아니나, 발기 형님께서 그 분을 참지 못하고 다른 나라 군사를 이끌고 와서 우리나 라를 멸하려 들다니 대체 이 무슨 해괴한 짓입니까? 죽어서 무슨 면목으로 선왕들을 뵈올 작정이십니까?"

발기는 동생의 말을 듣고 부끄러움을 이기지 못하여 배천(裴川)으로 달아났다. 계수는 형이 달아나도록 내버려두었으나, 후한의 군사들이 뿔 뿔이 흩어지자 발기는 끝내 부끄러움을 이기지 못하고 스스로 칼로 목을 찔러 죽었다.

형 발기의 주검을 본 계수는 슬픔을 이기지 못하여, 그 시체를 거두어 초장(草葬)을 지냈다. 나중에 다시 왕의 명을 받아 정식으로 장례를 치러 주기로 하고 풀로 시체를 덮어 임시로 무덤을 만들어둔 것이다.

고구려 군사를 이끌고 국내성으로 돌아온 계수는 산상왕에게 보고하고, 울면서 말하였다.

"결국 발기 형님은 스스로를 부끄럽게 여겨 자결하였습니다. 형제끼리 의를 저버려 이런 슬픈 일이 일어나고야 말았습니다."

산상왕은 따로 술상을 마련하고, 왕과 신하의 관계가 아닌 형제의 정을 다지는 자리에서 계수에게 이렇게 질책하였다.

"발기가 다른 나라에 청병하여 우리나라를 침범한 것은 대단히 큰 죄다. 이제 네가 그의 군사를 쳐 크게 이겼으나 죽이지 않고 놓아주었으니 그것으로 족하다. 그럼에도 불구하고 그가 자살을 한 것인데, 너는 왜 슬피 울며 나에게만 잘못이 있다고 말하는 것이냐?"

계수는 다시 눈물을 머금고 대답하였다.

"신은 지금 한 마디 말씀을 아뢰고 죽기를 청합니다."

산상왕이 물었다.

"그 청이 무엇이냐?"

"왕후(우씨)가 비록 선왕의 유명(遺命)을 가지고 대왕을 세웠다 하나, 대왕이 예로써 사양치 않은 것은 일찍이 형제로서의 의리가 없던 까닭입니다. 신은 대왕의 덕을 널리 알리려고 발기 형님의 시신을 거두어 초분을 만들었습니다. 그런데 신은 지금 대왕께서 진노하시는 까닭을 알지 못하겠습니다. 대왕이 만일 인자한 성품으로 모든 것을 잊고 형의 예로써 장사를 지내주신다면 누가 대왕을 의리가 없다고 하겠습니까? 신은 이미 말씀을 사뢰었으니, 죽어도 여한이 없습니다. 청컨대 신하들에게 명하여 신을 죽여주십시오."

산상왕은 이 말을 듣고 앞으로 다가앉으며 계수에게 온화한 얼굴로 말하였다.

"내가 불초하여 너를 질책하였구나. 지금 네 말을 들으니 진실로 나의 허물이 무엇인지 알겠노라. 너의 충정과 형제애를 알았으니, 너무 자책하지 말거라."

이에 계수는 벌떡 일어나 산상왕에게 절을 한 후, 화기애애한 분위기 속에서 술을 마시며 형제애를 돈독히 하였다.

곧 산상왕은 신하들을 시켜 발기의 시신을 모셔다 왕의 예로 장례를 치러주었다.

3. 촌부에게서 아들을 얻다

고국천왕 사후 왕위에 오른 산상왕은 우씨 왕후를 그대로 다시 왕후(王后)에 봉하였다.

그리고 산상왕은 재위 2년 2월에는 환도성(丸都城)을 쌓았다. 이는 형 발기가 반란을 일으켜 후한의 요동 군사 3만 명을 이끌고 국내성을 쳐들어 왔을 때 수도 방위의 필요성을 절감하고 나서, 고심 끝에 외성(外城)으로 산성 하나를 더 만들게 된 것이다. 즉 외침이 있을 때 평지성인 국내성으로는 마음을 놓을 수 없다고 판단하여, 험준한 요새에 산성을 쌓고 일단 유사시 왕궁의 피난처로 사용하기 위하여 수도와 가까운 곳에 환도성을 만든 것이다.

이 환도성은 현재의 집안(輯安)과 가까운 압록강 지류인 통구강 하류 우측의 환도산(丸都山)에 위치해 있다. 이 산 동쪽에 산성자촌(山城子村)이 있어 간혹 '산성자산성'이라고 부르기도 한다.

한편 산상왕은 7년이 지나도록 우씨 왕후와의 사이에 자식이 없어 걱정이었다. 전 남편인 고국천왕과의 사이에서도 자식이 없었던 것으로 보아, 아이를 잉태하지 못하는 결함은 우씨에게 있었던 모양이다.

재위 7년 3월에 산상왕이 산천에 기도를 하였더니, 15일 밤 꿈에 천신이 나타나 다음과 같이 말하였다.

"내가 너의 소후(小后)로 하여금 아들을 낳게 할 터이니 근심하지 말라."

산상왕은 꿈에서 깨어나 여러 신하가 있는 자리에서 그 이야기를 털어놓았다.

"꿈에 천신이 나타나 나에게 말하기를 소후가 아들을 낳을 것이라고 하였는데, 정작 나에게는 소후가 없으니 이를 어찌하면 좋겠소?"

이때 재상 을파소가 대답하였다.

"천명은 헤아릴 수 없는 것이니, 대왕께서는 그저 기다리고 계시기만 하면 됩니다."

그런데 그해 8월에 을파소는 죽고 말았다. 그의 뒤를 이어 고우루(高優婁)가 재상이 되었다.

그로부터 5년이 지난 재위 12년 11월의 일이었다. 산상왕이 하늘에 제사를 지내려고 할 때, 제사상에 올릴 교시(郊豕: 돼지)가 달아났다. 그 돼지를 잡으려고 담당 관리가 쫓아가다 보니 주통촌(酒桶村)이란 마을에 이르렀다. 아무리 쫓아가도 관리는 달아나는 돼지를 잡을 수가 없었다. 그런데 그때 그 마을에 사는 20세쯤 된 아름다운 여인이 앞질러 가서 돼지를 잡아주었다.

이렇게 겨우 돼지를 잡아가지고 돌아온 관리가 산상왕에게 주통촌 여인에 대한 이야기를 보고하였다. 그 이야기를 듣고 난 대왕은 이상히 여겨 밤에 몰래 그 여자의 집으로 찾아갔다. 같이 간 신하를 시켜 그 여자와 하룻밤 정을 나누고 싶다고 전하였다. 그 여자의 집에서는 대왕이 온 것을 알고 감히 그 청을 거역하지 못하였다.

여자의 부모가 허락하자, 산상왕은 곧 방에 들어가 그녀와 마주보고 앉으며 말하였다.

"이리 가까이 오라."

그러자 여자가 말하였다.

"대왕의 명을 감히 어길 수는 없습니다만, 만일 아이가 생기면 부디 저버리지 마시기 바랍니다."

산상왕은 그 여자에게 약속을 지키겠다고 맹세하고, 하룻밤의 정을 나눈 뒤 환궁하였다.

산상왕 재위 13년 3월에 왕후 우씨가 주통촌 여자에 대한 이야기를 듣고 투기를 하여, 몰래 군사를 보내 죽이려고 하였다. 그 여자가 먼저 그 소식을 듣고 남자 복장을 하고 달아났으나, 곧 붙잡히는 몸이 되었다.

그때 주통촌 여자는 왕후가 보낸 군사에게 말하였다.

"너희가 지금 와서 나를 죽이려 하는 것은 대왕의 명령이냐, 아니면 왕후의 명령이냐? 지금 나의 뱃속에는 아이가 들어 있다. 만약 나를 해치게 되면 왕자를 죽이게 되는 것이니 그리 알라!"

그러자 군사는 감히 여자를 해치지 못하고 돌아가 왕후에게 그와 같은 사실을 보고하였다. 그 이야기를 듣고 왕후는 어떡하든 그 여자를 죽이려고 하였으나 끝내 목적을 이루지는 못하였다.

그런데 그 이야기가 산상왕의 귀에까지 들어갔고, 이때 대왕은 그 여자의 집으로 찾아가 다음과 같이 말하였다.

"네가 지금 아이를 배었다 하니, 그것이 누구의 아이냐?"

"신첩이 평생 형제와도 동석치 않거늘 하물며 다른 남자를 가까이 하겠나이까? 지금 복중에 있는 아이는 대왕의 핏줄이 틀림없사옵니다."

산상왕은 그 여자에게 위로금을 전달하고 돌아와, 왕후 우씨에게 그와 같은 사실을 알렸다. 마침내 왕후도 어쩌지 못하고 그 여자를 더 이상 괴롭히지 않았다.

그해 9월에 주통촌의 여자가 아들을 낳자, 산상왕은 크게 기뻐하여 말하였다.

"오, 하늘이 나에게 귀한 아들을 주셨구나."

산상왕은 처음 '교시(郊豕)'가 달아나 여자를 얻은 것이므로, 아들의 이름을 '교체(郊彘)'라고 지었다. 그리고 그 어머니 주통촌 여인을 '소후(小后)'로 삼았다. 처음 소후를 낳을 때 그 어머니는 해산하기 전에 무당으로부터 "왕비를 낳을 것이다."라는 말을 듣고 그 이름을 '후녀(后女)'라고 지었는데, 정말 나중에 그 이름대로 되었다고 한다.

오래도록 바라던 왕자를 얻은 산상왕은 그해 10월에 도읍을 국내성에서 환도성으로 옮겼다. 재위 2년부터 성을 쌓기 시작하여 13년에 완성을 본 것이니, 축성기간만 11년이 걸린 셈이다.

제11대 동천왕

(재위기간: 227년~248년)

1. 왕을 두 번 시험한 우씨 왕후

산상왕은 재위 13년에 주통촌의 여인에게서 아들 '교체'를 얻었고, 재위 17년에 그 아들을 태자로 삼았다. 그리고 태자 교체는 15세의 나이에 아들 연불(然弗)을 얻었다.

이때 왕손을 얻은 산상왕은 크게 기뻐하였을 것이다. 왕위를 물려받을 혈통이 없어 형제끼리 싸움이 일어나는 변란을 겪은 그로서는 왕손을 얻게 되자 비로소 '형제상속'이 아닌 '부자상속'으로 왕위를 이어갈 수 있게 된 것을 참으로 다행스럽게 생각하였을 것이기 때문이다.

그로부터 3년 후인 재위 31년 5월에 산상왕은 세상을 떠났다. 그러나 그때까지도 왕후 우씨는 살아 있었다.

산상왕의 뒤를 이어 태자 교체가 고구려 제11대 왕이 되었다. 그가 바로 동천왕(東川王)이다. 그는 어려서부터 심성이 매우 착하여 자신을 낳아준 어머니 소후뿐만 아니라 산상왕의 왕후 우씨에게도 깍듯한 예의를 갖추었다.

왕후 우씨는 산상왕이 죽고 나서 동천왕이 왕위를 이어받자, 은근히 그의 심성을 떠보고 싶었다. 왕으로서 자격을 갖추었는지 시험해보려는 것이었다.

우씨는 동천왕의 측근에서 보위하는 신하를 한 명 불러 다음과 같이 말하였다.

"몰래 대왕이 타는 애마의 말갈기를 잘라보게."

그때까지도 우씨는 새로 즉위한 동천왕보다 실제적으로 더 큰 권력을 가지고 있었다. 그러므로 그녀의 말을 들은 신하는, 명령대로 감히 대왕이 타는 애마의 말갈기를 잘랐다.

"말이 갈기가 없으니 가련하도다."

동천왕은 애마의 말갈기를 자른 신하를 찾아내 벌줄 생각도 하지 않고 말의 가련한 모습만 안타까워하였다.

우씨는 그래도 동천왕의 성품을 믿을 수가 없었다. 어쩌면 가식적으로 온화한 성격인 척하는지도 모른다고 생각했던 것이다. 그래서 다시 한 번 시험을 해보기로 하고, 대왕의 수라상을 담당하는 시녀를 불러 말하였다.

"수라상을 들여갈 때 일부러 대왕의 옷에 국을 엎지르도록 하여라."

수라상을 담당하는 시녀는 곧 우씨가 시키는 대로 하였다. 그런데 동천왕은 그때도 화를 내지 않았다.

동천왕이 왕위에 오른 후, 우씨가 걱정한 것은 자신의 처지였다. 동천왕은 소후의 아들이므로 비록 산상왕 당시 왕후였던 우씨이지만 자신이 왕태후(王太后)의 자리에 오를 수 있다는 것을 보장받기 어렵다고 생각했다.

그러나 우씨는 두 번에 걸쳐 동천왕을 시험해보고 나서 적이 안심이 되었다. 과연 재위 2년 2월에 동천왕은 졸본의 시조묘에 가서 제사를 지내고 죄수들을 대사면하였으며, 그해 3월에는 우씨를 '왕태후'로 삼았다.

우씨는 동천왕 8년 9월 세상을 떠날 때까지 '왕태후'로서 대왕의 어머니역할을 하였다. 그리고 임종을 맞았을 때 그녀는 다음과 같은 유언을 남겼다.

"내가 일찍이 행실이 바르지 못하여 많은 과오를 범하였으니, 어찌 국양(고국천왕)을 지하에서 뵐 수 있으리오. 그러하니 만일 내가 죽거든 산상왕릉 곁에 묻어주시오."

왕태후 우씨는 먼저 고국천왕과 결혼하였고, 그가 죽자 '취수혼(娶嫂婚)'의 관례를 빌미삼아 그의 아우 산상왕과 다시 관계를 맺었다. 그녀는 2대에 걸쳐 왕후 자리를 차지하였으며, 동천왕 때는 왕태후로서 극진한 예우를 받았다.

그런데 막상 죽게 된 마당에 이르러 왕태후 우씨는 고민에 빠진 것이다. 당시 고구려의 관례대로라면 전 남편이 죽고 나서 '취수혼'으로 시동생과 다시 결혼하였다면, 그 아내는 죽어서 다시 전 남편 곁에 묻혀야 하는 것이다. 그러나 왕태후 우씨는 고국천왕보다 산상왕을 더욱 사랑하였던 모양이다.

동천왕은 왕태후 우씨의 유언대로 그녀의 시신을 산상왕릉에 합장해 주었다. 고구려 '취수혼' 풍습의 금기를 왕실에서 깬 것이다.

《삼국사기》에는 왕태후 우씨가 유언대로 산상왕 곁에 묻혔을 때의 기록 끝에 다음과 같은 이야기를 남기고 있다.

〈무자(巫者: 무당)가 말하기를, "국양왕(고국천왕)이 나에게 강림하여 말하기를, '어제 우씨가 천상에 온 것을 보고 (내가) 분함을 이기지 못하여 드디어 그와 싸움을 하였다. 그런 연후 물러나와 생각하니 안후(顔厚: 낯이 뻔뻔함)하여 차마 나라 사람을 볼 수 없으니, 너는 조정에 고하여 (무슨) 물건으로 나를 가려 주게 하라.'하였습니다." 하므로 능(고국천왕릉) 앞에 소나무를 일곱 겹으로 심었다.〉

이 기록은 무당의 몸을 빌려 강림한 고국천왕의 억울한 심정을 담고 있다. 지하에 묻힌 혼령까지 이처럼 진노를 하였다면, 당시 고구려 왕실은 물론 일반 백성들 사이에서도 왕태후 우씨의 '취수혼' 풍습에 대한 금기 깨기가 얼마나 큰 문제였는지 미루어 짐작하기 어렵지 않다.

2. 요동의 서안평을 점령하다

동천왕은 재위 4년 국상 고우루가 죽자 우태(于台) 명림어수(明臨於漱)를 국상으로 삼았다. 신대왕 때 국상이 된 명림답부와 성씨가 같은 것으로 보아, 명림어수는 그 후손이거나 인척일 것으로 추측된다. 명림답부가 연나부 출신인 것으로 미루어볼 때 명림어수 또한 연나부 세력일 가능성이 크다.

명림어수가 재상이 될 당시 연나부 출신의 왕태후 우씨가 생존해 있었으므로, 동천왕이 그를 국상으로 삼은 것은 왕태후 우씨의 입김이 크게 작용했을 것으로 보인다.

한편 그 무렵 중국에서는 위(魏)·촉(蜀)·오(吳)가 세력을 다투는 삼국시대가 조조, 유비 등의 병사로 인하여 1세대를 지나 2세대로 진입해 있었다. 위에서는 조조의 아들 조비가, 촉에서는 유비의 아들 유선이 집권하였다. 그러나 오의 경우 그때까지도 손권이 건재하고 있었다.

이처럼 중국의 삼국은 각기 통일을 꿈꾸며 세력다툼을 벌이고 있었는데, 인접 국가였던 고구려 역시 그 역학관계를 무시할 수가 없었다. 삼국 중 어느 나라와 외교관계를 맺느냐에 따라 고구려의 위상이 달라질 수 있었다. 또한 당시 외교문제는 외세의 침략으로부터 나라를 보호하는 데 있어 가장 중요한 사안이기도 하였다.

산상왕 당시 환도성을 쌓고 수도를 옮긴 것도, 후한 말 위·촉·오 삼국으로 분열된 어지러운 시대 상황을 고려하여 그 세력다툼의 불씨가 자칫 고구려로 튈 수도 있다는 우려 때문이었다. 즉 평지성인 국내성보다는 천연의 요새를 이용해 산성을 쌓은 환도성이 방어하기 좋다는 판단에 따른 것으로 보인다.

한편 중국을 통일하려는 야심을 가진 위·촉·오 삼국도 인접국인 고구려를 무시할 수가 없었다. 누가 고구려와 먼저 손을 잡느냐에 따라 나라의 위상이 달라질 수 있는 문제였기 때문이다. 삼국 중 가장 먼저 고구려에 손을 뻗친 것은 오나라였다.

동천왕 10년 오왕 손권이 사자 호위(胡衛)를 고구려에 보내 화친을 맺고자 하였다. 이때 고구려에서는 일단 사자를 머물러 있게 한 후 삼국의 태도를 관망하고 있었다. 그리고 나서 내린 결론은 역시 가장 인접해 있던 위나라와 화친하는 것이 국익에 도움이 된다고 생각하여, 오나라 사자를 죽여 위나라에 보냈다.

그러고 나서 그 다음 해인 재위 11년에 동천왕은 위나라에 사신을 보내어 연호(年號)를 개칭(改稱)한다는 의사를 밝혔다. 이는 위나라의 속국이 되겠다는 뜻이라기보다는 화친의 의미가 강하며, 외교적 전략의 하나라고 할 수 있다. 당시 고구려는 인접한 요동의 공손씨 세력에게 위협을 받고 있는 상태였으며, 위나라와의 화친은 요동을 두 나라의 가운데 묶어두어 더 이상 발호할 수 없게 만드는 외교 전략이 필요했던 것이다.

고구려와 위나라 사이에 화친이 이루어지고 나서 바로 그 다음 해인 동천왕 재위 12년에 위나라 태부(太傅) 사마선왕(司馬宣王)이 군사를 이끌고 와서 요동의 공손연(公孫淵) 세력을 토벌하였다. 이때 동천왕도 주부(主薄)와 대가(大加)를 시켜 군사 1천을 이끌고 가 위나라 군사를 돕게 하였다. 이는 요동의 공손씨 세력을 격파하기 위한 고구려와 위나라의 양동작전이었던 것이다. 이 작전으로 공손씨 세력은 크게 위축되었다.

그로부터 4년 뒤인 동천왕 재위 16년에는 대왕이 다시 장수를 보내 요동의 서안평현(西安平縣)을 습격케 하여 공손씨 세력을 깨뜨리는 데 성공하였다. 이는 당시 고구려의 외교 전략이 주효했음을 증명해주는 쾌거가 아닐 수 없다.

이러한 동천왕의 외교 전략은 고구려의 서진정책에 따른 것이며, 요동의 서안평을 장악한 후 계속 남진하여 산동성 일대까지 세력권을 형성하였다. 또한 현도군을 공략하여 무너뜨림으로써 태조대왕 이래의 숙원사업을 마침내 이루어내는 데 성공하였다.

동천왕은 재위 17년에 왕자 연불(然弗)을 태자로 삼아 장자상속의 왕위 계승을 확고하게 다졌으며, 재위 19년에는 군사를 내어 신라의 북변을 쳐서 땅을 넓혔다. 요동의 서진정책에 이어 남진정책을 펼쳐 국토를 확장하는데 힘썼던 것이다.

3. 나라를 걱정하다 굶어죽은 충신 '득래'

동천왕 재위 20년 8월에 위나라는 유주자사(幽州刺史) 관구검(毌丘儉)
으로 하여금 군사 1만을 동원하여 고구려를 침공하게 하였다. 위나라와의
외교관계가 깨진 것은 고구려가 먼저 요동과 현도를 공략했기 때문이다.

관구검이 고구려를 침범하였을 때 충신 득래(得來)가 동천왕 앞에 나와
말하였다.

"대왕! 위나라 군사와 대적해선 안 됩니다. 지금 위나라는 촉나라와
오나라와의 실력 다툼에서 우위를 점하고 있을 정도로 강력한 군사력을
가지고 있습니다. 위나라와 다시 화친을 맺는 것이 상책입니다."

그러나 동천왕은 위나라의 군사력을 가볍게 보았다.

"위나라 장수 관구검은 고작 1만의 군사를 이끌고 왔다. 우리가 2만의
보병과 기병을 동원한다면 쉽게 적을 무너뜨릴 수 있을 것이다."

"그렇지 않습니다. 관구검이 이끌고 온 군사가 비록 1만밖에 안 되어
당장은 우리 고구려가 깨부술 수 있다손 치더라도, 위나라의 국력이 욱일
승천하고 있기 때문에 감히 함부로 대하기 어렵습니다. 지금 위나라와
화친을 하지 않으면 장차 이 나라가 쑥대밭이 되고 말 것입니다."

득래는 목숨을 걸고 충언하였다. 그는 식음을 전폐하고 나라 걱정을
한 충신이었다.

그러나 동천왕은 한때 위나라 군사를 도와 연나라 공손씨를 무찌르고
나서, 나중에는 요동의 서안평까지 얻게 되자 자만심에 빠졌다.

동천왕은 충신 득래의 간언을 물리친 채 보병과 기병 2만을 거느리고
비류수로 나가 위나라 장수 관구검의 군대와 맞섰다. 그때 지리에 밝았던
고구려 군사는 위나라 군사의 허를 찔러 무려 3천여 명의 적군을 베었다.

첫 전투에서 패배한 관구검은 나머지 군사를 이끌고 일단 양맥(梁貊)의
골짜기로 후퇴하였다. 그러자 동천왕은 첫 전투에서 승리한 기세를 몰아
골짜기로 숨어든 위나라 군사의 퇴로를 차단하여 다시 3천여 명의 적군을

참수하였다.

"위나라 대군(大軍)이 도리어 우리의 소군(小軍)만도 못하다. 관구검은 위나라의 명장으로 소문이 나 있지만, 이제 보니 그의 목숨이 우리 손에 달려 있구나."

동천왕은 이렇게 말하며, 고구려의 철기병 5천을 거느리고 나가 패전하여 달아나는 관구검의 군사를 추격케 하였다.

그러나 관구검은 그렇게 만만하게 볼 장수가 아니었다. 두 차례에 걸친 전투에서 크게 군사를 잃었으나, 다시금 나머지 군사를 재정비한 그는 사각형으로 방진(方陣)을 쳐서 결사항쟁에 돌입하였다. 이 방진은 군대가 적에게 포위되었을 때 사방에 군사를 배치하여 대적하는 위나라의 대표적인 진법이었다.

동천왕이 보낸 고구려의 철기병 5천은 위나라 군사의 결사항쟁과 관구검의 신출귀몰한 진법에 걸려들어 힘 한 번 쓰지 못하고 쓰러졌다. 다시 군사 1만 4천을 보냈으나 고구려 군사는 크게 패하여, 먼저 보낸 철기병을 포함하여 무려 1만 8천의 군사가 죽었다.

결국 동천왕은 나머지 군사 1천을 이끌고 관구검의 군사들에게 쫓겨 압록원(鴨淥原)으로 후퇴할 수밖에 없었다.

세 번째 전투에서 대승을 거둔 관구검은 아주 손쉽게 고구려의 환도성을 점령하였다.

한편 동천왕으로 하여금 위나라와 화친을 맺어야 한다고 충언하였던 득래는 식음을 전폐하면서 나라의 위태로움을 걱정하다 끝내 굶어죽고 말았다.

환도성에 입성한 관구검은 득래에 관한 이야기를 듣고 감동하지 않을 수 없었다.

"득래의 묘는 절대 헐지 말도록 하라. 그 묘역에 심은 나무도 손대지 말라."

관구검은 이렇게 군사들에게 명하고, 사로잡힌 득래의 처자까지도 다

놓아주었다.

4. 위나라 군사를 물리친 밀우·유옥구·유유

위나라 장수 관구검에게 패한 동천왕은 환도성을 버리고 압록원으로
달아났다가, 위나라 장수 왕기(王頎)의 추격군에게 쫓겨 다시 남옥저(南沃
沮)로 피신키로 하였다. 피신 도중에 죽령(竹嶺)에 이르렀을 때는 이미
고구려 군사들은 거의 다 흩어져 버렸다. 여기서 '죽령'은 현재 함흥 서북쪽
에 있는 황초령(黃草嶺)이라는 설이 유력하다. 당시 옥저가 함흥 지역에
있었고, 압록강 중류의 고구려와 연락하는 교통로가 바로 황초령이었던
것이다.

오합지졸만 남은 군사로 죽령을 넘으려 할 때, 마침 동부(東部) 출신의
밀우(密友)가 동천왕 앞으로 나가 말하였다.

"대왕! 지금 추격병이 매우 가까이 와 있으니 상황이 아주 급박합니다.
이대로 계속 간다면 적에게 추격당하고 말 것이므로, 신이 죽기를 작정하
고 이곳에서 적을 막을 때 대왕께선 그 틈을 타서 멀리 안전한 곳으로
피신하시옵소서."

동천왕 역시 위급함을 알고 밀우의 말을 들어주었다.

밀우는 일단 동천왕이 깊은 산속으로 숨고 나자 급히 결사대를 조직하
여 뒤쫓아오는 위나라 장수 왕기의 추격군과 맞서 싸웠다.

한편 깊은 산속으로 피신하여 흩어진 군사를 수습한 동천왕은 뒤에
남겨두고 온 밀우가 걱정되어 다음과 같이 말했다.

"지금 능히 밀우를 데려오는 사람이 있으면 후한 상을 내리겠다."

이때 하부(下部) 출신의 유옥구(劉屋句)란 사람이 자청하였다.

"신이 가겠습니다."

왕명을 받은 유옥구는 밀우를 구하기 위해 죽령으로 달려갔다. 위나라
추격군과 고구려 결사대가 격전을 벌인 싸움터에 가니 마침 밀우가 땅에

쓰러져 신음하고 있었다.

유옥구는 밀우를 업고 동천왕에게로 돌아와 고하였다.

"대왕! 아직 밀우가 살아 있으니 염려 놓으십시오."

동천왕은 유옥구로 하여금 밀우를 내려놓게 하였다. 그리고 손수 자신의 무릎 위에 밀우의 머리를 눕히고 상처를 보살피자, 얼마 시간이 지나지 않아 그가 깨어났다.

다시 동천왕은 군사를 이끌고 샛길로 죽령을 넘어 남옥저에 이르렀다. 그러나 위나라 군대가 계속 추격해오는데, 고구려군은 이렇다 할 계책이 없었다.

이때 동부(東部) 출신의 유유(紐由)가 동천왕에게 나가 말하였다.

"사세가 매우 위급합니다. 그렇다고 이대로 헛되이 죽을 수는 없습니다. 위나라 군대는 강하고 우리 고구려 군대는 약합니다. 그 수에 있어서도 중과부적이니 따로 계책을 쓰지 않으면 안 될 것입니다."

"그래, 어떤 계책이라도 있단 말이오?"

동천왕이 다급하게 물었다.

"네, 신이 회유책을 써볼까 합니다. 신이 직접 음식을 가지고 위나라 군대에 가서 후하게 대접을 하면서 기회를 엿보다가 적장을 칼로 찔러 죽이겠습니다. 그때 질서를 잃고 갈팡질팡하는 위나라 군대를 대왕께서 공격하십시오. 그러면 우리가 반드시 승리할 수 있을 것입니다."

유유의 말을 동천왕은 흔쾌하게 들어주었다.

"그대의 회유책을 믿어보자."

동천왕의 명을 받은 유유는 음식을 장만해 가지고 곧 위나라 장수 왕기를 찾아갔다.

"우리 임금이 대국에 죄를 짓고 이곳 바닷가로 도망왔지만, 여기에 이르러 이제 마땅히 갈만한 곳도 없습니다. 하여 귀국의 군대에 항복을 청하기로 하였는데, 우선 신을 먼저 보내 변변치 못한 것이나마 음식을 대접하라고 하였습니다."

위나라 장수 왕기는 유유의 말을 듣고 크게 기뻐하였다. 곧 고구려왕을 사로잡을 수 있게 되었다는 기쁨에 그는 아무런 의심을 하지 않았다.

유유는 음식을 담은 그릇 밑에 칼을 숨겨가지고 왕기 앞으로 나가, 그가 방심하고 있는 사이 재빨리 칼로 찔러 죽이고 자신도 그 자리에서 죽었다. 장수가 죽자 위나라 군대는 곧 어지러워졌다.

이때를 기다려 동천왕은 군사를 세 길로 나누어 급습하니, 위나라 군대는 혼란에 빠져 갈팡질팡하다가 크게 패하여 낙랑(樂浪) 방면으로 후퇴하였다.

관구검이 위나라로 퇴거하고 나서 동천왕은 나라의 기강을 회복하고 밀우와 유옥구와 유유에게 큰 상을 내렸다. 즉 밀우에게는 거곡(巨谷)·청목곡(靑木谷)의 땅을, 유옥구에는 압록두눌하원(鴨淥杜訥河原)의 땅을 식읍으로 주었다. 그리고 적장과 함께 죽은 유유에게는 벼슬을 추증하고, 그를 대신하여 아들 다우(多優)를 대사자(大使者)로 삼았다.

제12대 중천왕

(재위기간: 248년~270년)

1. 장발미녀를 바다에 빠뜨린 중천왕

동천왕이 재위 22년에 죽고 나자, 그의 아들 연불(然弗)이 고구려 제12대 왕위에 올랐다. 그가 바로 중천왕인데, 외모가 준수하고 특히 지략이 뛰어났다고 전해진다. 즉위 직후 그는 연(椽)씨를 택하여 왕후로 삼았다.

당시에 연나부 출신의 명림어수(明臨於漱)가 국상으로 있었는데, 중천왕도 연나부 세력을 무시할 수가 없었다. 그래서 연나부 출신 여자를 왕후로 삼아 왕권을 안정시키려고 하였던 것이다.

중천왕 즉위년에 왕제(王弟)인 예물(預物)과 사구(奢句)의 모반사건이 일어났다. 이 사건을 잠재운 것은 왕후와 국상을 중심으로 한 연나부 세력이었을 것이다. 이로 인하여 국상 명림어수는 중천왕 재위 3년에 중외(中外)의 병마사(兵馬事)를 겸임하여 병권까지 거머쥐게 되었다.

이처럼 국상이 병권까지 장악했다는 것은 신권(臣權)이 왕권(王權)보다 강했음을 의미한다. 이러한 사실을 증명해주는 것이 '관나(貫那)부인 질투 사건'이다. 당시 중천왕은 관나부 출신의 아름다운 여자를 가까이 두고 있었는데, 머리카락의 길이가 9자나 되는 장발인 데다 미모까지 출중한 자태에 반하여 장차 소후(小后)로 삼으려 하였다.

중천왕은 연나부 세력을 무시할 수가 없어 왕후 연씨와 정략결혼을 한 셈이기 때문에, 정작 사랑하는 마음은 왕후보다 관나부인에게로 더 기울어질 수밖에 없었다. 왕후 연씨는 왕의 은총을 관나부인이 독차지하게 될 것을 두려워하여 왕에게 이렇게 고하였다.

"제가 들으니 지금 위나라에서는 천금을 주고 장발(長髮)을 구한다 하옵니다. 전일에 선대왕(동천왕)이 위나라에 예의를 갖추지 않은 관계로 마침내 위나라 군대에 화를 입어 사직을 거의 잃을 뻔하였습니다. 지금 대왕께서 위나라에 장발미녀를 바친다면 더 이상의 외침은 없을 것입니다."

왕후가 말하는 장발미녀는 곧 관나부인을 뜻하였다. 그러나 중천왕은 관나부인을 사랑하였기 때문에 왕후의 말에 귀를 기울이지 않았다.

한편 관나부인은 왕후가 자신을 모함하여 위나라로 보내려고 했다는 소문을 들었다. 그녀는 왕후를 계속 놔두었다가는 자신에게 큰 해가 미칠 것을 두려워하여 중천왕에게 달려가 거짓으로 참소하였다.

"왕후께서는 저를 만나기만 하면 '시골 계집 주제에 언감생심 궁궐에 머물 생각을 하느냐. 다시 네가 살던 시골로 돌아가지 않으면 크게 후회할 날이 있을 것'이라고 협박하곤 합니다. 만약 대왕이 멀리 출타하게 되면 왕후가 저를 해치려고 들 것입니다. 이를 어찌하면 좋겠습니까?"

중천왕은 이번에도 왕후에게 했던 것처럼 들은 척하지 않았다.

얼마 후 중천왕이 멀리 기구(箕丘)로 사냥을 나갔다가 돌아왔을 때였다. 관나부인이 기다리고 있었다는 듯 가죽부대를 가지고 달려나와 울면서 말하였다.

"폐하! 왕후가 저를 여기에 집어넣어 바다에 던져버리려고 하였습니다. 그러니 어찌 곁에서 폐하를 더 이상 모실 수가 있겠습니까? 저는 이제 두려워서 이 궁궐에 있을 수가 없으니, 어서 집으로 돌려보내 주시기 바랍니다."

중천왕은 관나부인이 자신의 미모만 믿고 거짓말로 참소한다는 사실을 알고 있었다.

"네가 정녕 바다에 들어가려고 하는구나."

화가 난 중천왕은 신하들을 시켜 관나부인을 그녀가 들고 온 가죽부대에 넣어 바다에 던져버리게 하였다.

이 '관나부인 질투 사건'은 당시 고구려 중심 세력의 갈등 관계를 표면화시켜주는 좋은 예가 되고 있다. 즉 왕후를 내세워 권력을 장악한 연나부와 몰락한 귀족인 관나부 간의 세력 다툼이 은밀하게 진행되고 있었다는 사실을 이 사건을 통해 미루어 짐작할 수 있다.

관나부는 연나부와 함께 고구려 5부의 하나였다. 고구려 제7대 왕인 차대왕 시절에 관나부는 권력의 핵심부에 있었다. 그러나 연나부의 조의 명림답부에 의하여 차대왕이 죽임을 당하면서 관나부 세력도 몰락하고 말았다.

명림답부 이후 왕후와 국상은 대부분 연나부 출신이 차지하게 되었으며, 그것은 중천왕 때까지도 계속 이어지고 있었다. 연나부 세력의 위세에 밀려 시골에 묻혀 살던 관나부 출신들은 다시 재기할 수 있는 기회를 엿보았을 것이다.

어쩌면 관나부인은 관나부가 왕실과 연을 맺기 위해 들여보낸 '미끼'와 같은 존재였을지도 모른다. 타고난 미녀에게 9자(약 3미터)나 되게 머리를 기르게 하여 중천왕에게 바쳤을 것이다.

《삼국사기》는 표면적으로 연씨 왕후와 관나부인의 암투관계로 사건을 기록하고 있으나, 내부적으로는 연나부와 관나부의 세력다툼이 있었을 것으로 보인다. 이 과정에서 관나부인이 바다에 던져졌다는 것은 연나부가 관나부를 축출했다는 뜻으로 해석할 수 있다.

그렇다면 중천왕 시대에도 연나부의 세력이 너무 강하여 왕이 함부로 권한을 행세할 수 없었다고 보아야 한다. 왕후를 중심으로 한 연나부 세력이 무서워 사랑하는 관나부인을 바다에 던져버리라고 명령한 허약한 왕의 모습을 통해 그러한 사실을 알 수 있는 것이다.

중천왕 7년에 국상 명림어수가 죽고 나자, 비류나부의 패자(沛者) 음우(陰友)를 국상으로 삼았다. 그리고 재위 9년에는 연나부 명림홀도(明臨笏覩)에게 공주를 시집보내고, 그 사위를 부마도위(駙馬都尉)로 삼았다는

기록이 있다. 부마도위는 임금의 사위에게 주는 벼슬인데, 비류나부에서
국상이 나왔음에도 불구하고 공주를 명림홀도에게 시집보낸 것은 그만큼
연나부 세력을 무시할 수 없었기 때문인 것으로 해석된다.

제13대 서천왕

(재위기간: 270년~292년)

1. 숙신을 정벌한 왕제 '달가'

서천왕(西川王)은 고구려 제13대 왕으로, 중천왕의 둘째 아들이며 휘는 약로(藥盧 또는 若友)다. 둘째 아들이므로 장자계승 원칙에서 벗어나 있다. 그러나 첫째 아들에 대한 언급이 없으므로 왜 장자계승의 원칙을 무시한 채 둘째 아들이 왕위에 올랐는지는 알 수 없다.

중천왕 8년에 약로는 태자로 책립되었는데, 어려서부터 성품이 어질고 총명하여 백성들이 우러러 마지않았다. 그런 성품 때문에 장자를 제치고 둘째 아들이 태자로 책립되었을 것으로만 추측할 뿐이다.

서천왕 재위 2년 정월에 서부(西部) 출신 대사자(大使者) 우수(于漱)의 딸을 왕후로 삼았다. 서부는 고구려 5부 중 하나인데, 이때의 5부는 고구려 초기의 연노부(연나부)·절노부(제나부)·순노부(환나부)·관노부(관나부)·계루부(과루부) 등 5부와는 다른 중앙집권체제에 의해 형성된 새로운 체제이다. 즉 고국천왕 이후 왕권체제가 강화되면서 수도를 중심으로 하여 동서·남·북·중의 5부로 재편되기 시작했던 것이다. 이는 지역 중심의 기존 5부 체제가 무너지면서, 벼슬길에 오른 귀족들이 그 직능에 따라 새로운 부 체제를 형성한 것으로 볼 수 있다. 중천왕 때까지만 해도 연나부와 관나부의 세력다툼이 있었으나, 서천왕 때에 와서 본격적으로 중앙집권체제가 강화되면서 새로운 5부 체제가 출범하였던 것이다.

서천왕 재위 11년 10월에는 숙신(肅愼)이 고구려 변방을 쳐들어와 백성들을 살해하였다. 왕은 신하들을 불러 그 대책을 논의하였다.

"과인이 조그만 몸으로 외람되게 왕업을 이어받았으나, 덕이 능히 백성을 편안케 하지 못하고 위엄이 먼 곳까지 떨치지 못하여 인근의 적들이 우리 강역을 침범케 하였다. 이에 대한 묘책이 있는 신하와 용맹한 장수를 얻어 적을 쳐 깨부수고 싶으니, 그대들은 각기 장수감이 될 만한 인물을 천거하라."

이때 여러 신하들이 입을 모아 말하였다.

"왕제(王弟) 달가(達賈)의 용맹과 지략이라면 능히 대장감이 될 만합니다."

서천왕은 동생 달가를 불러 출병케 하였다.

"그대의 용맹을 일찍이 아는 바이니, 이번에 숙신 정벌에 나서 짐의 근심을 덜어주기 바란다."

왕명을 받은 달가는 즉시 기병을 이끌고 숙신 정벌에 나섰다. 그는 기습 작전으로 적을 쳐서 단로성(檀盧城)을 단숨에 빼앗아 추장을 죽이고, 적 600여 호를 부여(扶餘) 남쪽 오천(烏川)으로 이주케 하였다. 또한 적 부락 6, 7개소를 항복받아 고구려 속국으로 삼아 조공을 바치게 하였다.

서천왕은 숙신을 정벌하고 돌아온 달가를 반갑게 맞았으며, 그 공을 높이 치하하여 안국군(安國君)으로 삼고 중외(中外)의 병마사(兵馬事)를 맡겼다. 또한 양맥(梁貊)과 숙신의 여러 부족을 직접 통솔케 하였다.

이러한 서천왕의 달가에 대한 파격적인 대우는 다른 왕제들의 불만을 사게 만드는 불씨가 되었다. 다른 왕제인 일우(逸友)와 소발(素勃)은 서천왕 재위 17년에 모반을 꾀하기 위하여 거짓으로 칭병(稱病)을 하고 온탕(溫湯)에 가서 도당을 지어 먹고 놀며 때를 기다렸다.

그런데 그 방자하기가 이를 데 없어 모반의 비밀이 고구려 궁궐에까지 들어갔다. 그 사실을 안 서천왕은 두 왕제에게 국상(國相)에 버금가는 벼슬을 주겠다고 회유하여 궁궐로 들어오게 한 뒤, 역사(力士)를 시켜 잡아 죽였다.

재위 24년에 서천왕이 죽자, 시신을 서천원(西川原)에 장사지냈다. 서천은 서부에 해당하는 지역으로 강처럼 큰 내를 끼고 있는 평원으로 추측되는데, 아마 왕후의 출신인 서부의 세력들이 권력을 잡고 있었기 때문에 그곳에 장사를 지냈을 것으로 보인다. 왕의 능을 자신의 지역에 정하는 것도 기득권에 속하는 일이기 때문에, 계속 세력을 유지하기 위한 전략의 일환으로 서천원에 왕의 능을 만들었을 가능성이 크다.

제14대 봉상왕

(재위기간: 292년~300년)

1. 삼촌과 동생을 죽이다

서천왕이 재위 24년에 세상을 떠나고, 그의 아들인 태자 상부(相夫)가
왕위를 계승하여 고구려 제14대 봉상왕이 되었다. 선왕인 서천왕은 모반
을 의심하여 동생 일우와 소발을 죽였는데, 그의 아들인 봉상왕도 의심이
많아 삼촌과 동생을 죽였다. 서천왕의 동생인 안국군 달가는 북쪽 변경의
숙신을 물리친 명장이었다. 달가는 중외의 병마사를 맡아 군사권을 쥐고
있었으며, 양맥과 숙신 등 여러 부족을 통솔하였다. '안국군(安國君)'이란
'나라를 편안하게 하는 제후'란 뜻으로, 그는 국왕 다음의 제2인자 역할을
맡아 백성들로부터 존경을 받고 있는 인물이었다.

어릴 때부터 의심이 많았던 봉상왕은 삼촌 달가를 두려워하고 있었다.
백성들의 존경을 한 몸에 받고 있는 달가가 혹시 모반을 꾀할지도 모른다
는 생각이 들자, 봉상왕은 즉위 원년 3월에 그를 주살해 버렸다.

백성들은 달가의 억울한 죽음을 깊이 애도하였다.

"안국군이 아니면 백성이 양맥과 숙신의 난을 면치 못할 터인데, 지금
그가 죽었으니 장차 우리는 어디에 의탁하란 말인가."

백성들이 이처럼 말하며 안국군의 빈소에 찾아와 울면서 조문하였다.

봉상왕은 동생 돌고(咄固)까지도 의심하여 끝내 죽여 버렸다. 백성들
이 그의 무죄함을 알고 애통해 하였으나, 봉상왕은 돌고의 아들까지도

죽이려고 들었다.

고추가인 돌고에게는 을불(乙弗)이란 아들이 있었는데, 아버지가 억울한 죽음을 당하자 자신도 죽음을 면치 못할 것이라 생각하고 멀리 도망쳤다. 봉상왕은 신하들로 하여금 궁궐에서 도망친 조카 을불을 추적케 하였으나 끝내 잡지 못하였다.

이처럼 중천왕 때부터 서천왕, 봉상왕까지 3대에 걸쳐 왕자들이 수난을 당하였다. 이는 산상왕과 왕후 우씨의 '취수혼 사건' 이후 동천왕 때부터 장자계승의 원칙을 따르게 되었으나, 그 원칙이 아직 정착되지 못했다는 것을 보여주는 증거라고 할 수 있다. 즉 왕위에 오르면 삼촌이나 형제들이 그 자리를 탐할까 두려워 의심부터 하게 되고, 결국은 어떤 이유를 들어서라도 죽여 버려야 안심이 되었던 것이다.

봉상왕 재위 7년 9월에 서리와 우박이 내려 곧 추수를 하려던 곡식이 모두 죽어버렸다. 이렇게 흉년이 들어 백성들이 기근에 시달리는데도 봉상왕은 궁궐을 증축하기 위해 백성들의 고혈을 짜내고 힘든 노역을 시켰다. 신하들이 여러 번 간하여 궁궐 증축을 중지해야 한다고 주장하였지만, 봉상왕은 그 말을 듣지 않았다.

그로부터 2년 뒤인 봉상왕 재위 9년 정월에는 지진이 일어났으며, 2월부터 7월까지 비가 내리지 않아 큰 흉년이 들었다. 연이은 흉년으로 기근에 시달리던 백성들은 서로 사람을 잡아먹을 정도로 궁핍해 있었다.

그런데도 봉상왕은 남녀 15세 이상 된 사람들을 징발하여 궁궐 증축에 열을 올렸다. 백성들은 먹을 음식이 모자라 하루에 한 끼로 버텼고, 궁궐 짓는 노역에 시달리다 죽거나 도망치는 자가 부지기수였다.

봉상왕이 신하들의 만류에도 불구하고 강압적으로 궁궐을 증축한 이유는 두 가지 측면으로 생각할 수 있다. 우선 그는 자신의 허약함을 감추기 위해 왕실의 권위부터 세우고 싶었을 것이고, 두 번째는 도망친 조카 을불이 언제 어느 때 군사를 몰고 궁궐로 들이닥칠지 모르는 불안감 때문이었을 것이다.

제4부

국력신장과
광활한 영토 확장

광개토태왕릉비 전경(ⓒ 국립중앙박물관)

제15대 미천왕

(재위기간: 300년~331년)

1. 왕족임을 숨기고 비천한 생활을 한 '을불'

봉상왕이 삼촌 달가를 죽이고 나서 동생 돌고를 죽이려고 하자, 돌고의 아들 을불은 그 화가 자신에게까지 미칠 것을 알고 미리 도망을 쳤다. 을불은 성을 갈고 이름까지 바꾸었으며 평민 복장을 하고 돌아다녀 그가 왕실의 핏줄인 줄 아무도 모르게 하였다.

여러 번 봉상왕이 부하들을 시켜 을불의 행방을 알아보았으나 끝내 찾아내지 못하였다. 그때 을불은 왕의 추격병을 따돌린 뒤 수실촌(水室村)에 들어가 음모(陰牟)라는 사람의 집에서 머슴살이를 하였다.

음모는 을불에게 밤낮을 가리지 않고 매우 고되게 일을 시켰다. 낮이면 나무를 하도록 하고, 밤이면 그 집 문 앞 연못에 기와조각이나 돌을 던져 개구리가 울지 못하도록 하였다.

을불이 머슴살이를 했다는 것은 그 주인 음모가 땅을 가진 지주였음을 의미한다. 이는 당시에도 사유재산이 어느 정도 인정되고 있었음을 뜻한다. 따라서 빈부격차에 의한 지주와 소작인, 머슴이나 노예 등 다양한 계층이 생겨났을 것으로 보인다.

아무튼 을불을 고용한 음모라는 지주는 성질이 포악하였던 모양이다. 자기 식구들 잠을 재우기 위하여 낮에 죽도록 일을 한 머슴에게 밤잠도 자지 않고 개구리를 울지 못하게 한 것을 보면, 당시의 머슴살이가 얼마나 고단한 것이었는지 알 수 있다.

결국 을불은 음모의 집에서 머슴살이 1년 만에 괴로움을 견디지 못하고 나와 버렸다. 그는 다시 동촌(東村)에 사는 재모(再牟)와 함께 소금장사를 하였다.

당시 소금은 귀한 것이었으므로 바다가 아닌 육지에서 소금장수의 도움 없이는 소금을 구하기가 매우 어려웠다. 소금장수는 배로 소금을 실어 나르기도 하고, 등짐을 지고 산촌 마을 여기저기를 돌아다니며 소금을 팔기도 하였다.

소금장수가 된 을불은 어느 날 배를 타고 압록(鴨淥)의 사수촌(思收村)에 가서 노파가 사는 집에 기거하였다. 집 주인 노파가 소금을 달라고 하자, 을불은 한 말 가량을 내주었다. 그런데 다시 노파가 소금을 달라고 했을 때 그는 주지 않았다.

아마 노파는 자기 집에 기거하는 것을 빌미삼아 을불에게 소금을 공짜로 달라고 한 모양이었다. 만약 돈을 주고 소금을 샀다면, 두 번째로 노파가 달라고 할 때 을불이 주지 않았을 리 없을 것이다.

또한 을불이 노파에게 거듭 소금을 내주지 않은 것은 가가호호 골고루 나누어주려고 했기 때문일지도 모른다. 당시 육지에서는 소금이 귀한 물건이었고, 따라서 소금장수가 왔을 때 소금을 사두지 못하면 크게 낭패를 볼 수도 있는 일이었다. 을불은 한꺼번에 많은 소금을 가지고 다닐 수 없기 때문에 집집마다 조금씩 소금을 파는 것을 원칙으로 정해놓고 있었던 것으로 보인다.

그런데 욕심쟁이 노파는 더 이상 소금을 주지 않자, 화가 나서 을불을 골려주려고 소금가마니 속에 몰래 자신의 신발을 묻어두었다. 그리고 을불이 소금가마니를 지고 다른 곳으로 가려고 집을 나서자, 노파는 맨발로 달려 나와 자신의 신발을 내놓으라고 소리쳤다.

을불이 무슨 영문인지 몰라 어리둥절한 표정을 짓고 있을 때, 노파는 자신의 신발이 소금가마니 속에 들어 있다며 압록재(鴨淥宰)에게 일러바

쳤다. 압록재는 그 고을을 다스리는 관리였을 것이다.

노파의 고소가 들어오자, 그 관리는 을불을 불러 소금가마니를 열게 하였다. 과연 그 속에서는 노파의 신발이 나왔다. 을불은 그 죄값으로 태형에 처하여졌고, 노파는 신발도 찾고 소금도 얻어갔다.

이렇게 억울한 죄를 뒤집어썼지만, 을불은 자신이 왕실의 피를 이어받은 인물이라는 사실을 밝히지 않았다. 남루한 옷을 입고 있었고, 온갖 고생으로 얼굴도 많이 여위었으므로 아무도 그가 왕손(王孫)인 줄 알아보지 못하였던 것이다.

2. 소금장수를 왕으로 추대한 '창조리'

소금장수 을불이 왕이 될 수 있었던 것은 당시의 국상 창조리(倉助利) 덕분이었다. 그는 ≪삼국사기≫ 열전에도 나오는 인물로, 봉상왕 재위 3년에 국상 상루(尙婁)가 죽고 나서 뒤를 이어 그 자리에 올랐다. 그는 남부 대사자(大使者) 출신으로 국상이 되면서 대주부(大主簿)의 벼슬도 겸하는 파격적인 대우를 받았다.

창조리는 그만큼 봉상왕의 신임을 얻었다. 그로부터 2년 후인 봉상왕 재위 5년에 선비족(鮮卑族)의 우두머리 모용외(慕容廆)가 고구려를 침입하여 서천왕의 능묘를 파헤쳤다. 이때 능묘를 파헤치던 모용외의 졸개들이 죽고, 무덤 속에서 음악소리가 들리자 선비족들은 그것을 신(神)의 소리로 알고 무서워서 도망쳤다.

이때 봉상왕은 아버지 서천왕의 능묘를 파헤친 선비족들을 괘씸하게 생각하고 여러 신하들을 불러 그에 관한 대책을 의논하였다.

"모용씨가 자주 군사를 이끌고 우리 고구려 땅을 침범하니, 이를 어찌하면 좋겠소?"

그때 국상 창조리가 나서서 말하였다.

"북부의 대형 고노자가 어질고 용맹스러우니 대왕께서는 모용씨 군대를 방비하기 위해 그를 중히 쓰심이 어떠하온지요?"

봉상왕은 국상의 말을 듣고 당시 5부 중의 하나인 북부(北部)의 고노자(高奴子)를 신성(新城) 태수로 삼았다. 그 뒤부터 모용씨 세력은 감히 고구려 땅을 넘보지 못하였다.

이처럼 창조리는 국상이 된 초기에 봉상왕을 도와 중요한 국사를 논하였다. 그러나 봉상왕이 궁궐을 증축하면서 강제노역과 과도한 세금 징수로 백성들을 괴롭히자, 그는 용기를 내어 왕에게 다음과 같이 간하였다.

"천재지변에 흉년이 거듭되면서 백성들이 궁핍에 시달리고 있는데다 궁궐을 증축하는 노역에 동원되어 그 괴로움이 매우 큽니다. 지금 백성들은 살 곳을 잃고 마을을 떠나 방황하고 있으며, 장정들은 노역을 피해 도망 다니기에 바쁩니다. 그러니 힘없는 노인과 아이들만 어디로도 가지 못하고 그대로 마을에 남아 굶어죽을 판입니다. 대왕께서는 이제라도 궁궐을 짓기 위한 강제노역과 세금의 징수를 금하고, 백성들을 굽어 살피소서."

그러자 봉상왕은 머리끝까지 화가 치밀었다.

"자고로 임금의 자리란 백성들이 우러러보는 지위이므로, 궁궐을 화려하게 꾸미지 않으면 그 위엄이 떨어진다. 지금 국상은 과인을 비방하여 백성들의 인기를 얻으려 함이 아닌가?"

이에 굴하지 않고 창조리는 다시 말하였다.

"임금이 백성을 사랑하지 않으면 인(仁)이 아니요, 신하가 임금에게 간하지 않으면 충(忠)이 아닙니다. 신이 이미 국상의 빈자리를 이은 이상 말을 하지 않을 수 없는데, 어찌 감히 백성들의 인기를 얻으려는 마음을 품을 수 있겠습니까?"

'인'과 '충'을 이야기 하는 것을 보면 창조리는 중국 공자의 유학 사상에 밝았던 모양이다. 그의 말에서는 학문의 깊이가 느껴지며, 감히 임금 앞에서도 직언을 하는 대쪽 같은 선비로서의 태도를 보여주고 있음이 그러하다.

그러나 창조리의 말에 봉상왕은 얼굴을 험악하게 일그러뜨렸다.

"국상은 백성들을 위하여 죽으려고 감히 그런 말을 하는가? 금일 이후 다시 그런 말을 하면 가만두지 않을 것이다."

이것은 봉상왕의 엄포였다. 다시 국상이 자신을 비방하는 말을 하면 죽여 버리겠다는 뜻이었다.

그 이후 창조리는 고심하지 않을 수 없었다. 그리고 나서 내린 결론은 백성들을 살리기 위해서는 왕을 바꿀 수밖에 없다는 생각이었다. 그는 먼저 북부의 조불(祖弗)과 동부의 소우(蕭友) 등과 비밀 회동을 하여 자신의 그 같은 계획을 말하고, 그들로 하여금 전에 궁궐에서 도망친 돌고의 아들 을불을 찾아보게 하였다. 봉상왕을 폐하고 을불로 다음의 왕위를 계승케 하려는 것이었다.

조불과 소우가 을불을 수소문하며 비류하(沸流河)에 이르렀을 때 배 안에서 한 사람을 만났는데, 차림새는 비록 비천해 보이나 그 얼굴의 생김과 행동거지가 범상치 않았다. 두 사람은 그에게 절을 하고 말하였다.

"지금 대왕이 무도하여 나라가 어지럽습니다. 그리하여 국상이 여러 신하와 함께 의논하여 왕을 폐하려 합니다. 보아하니 우리가 다음 왕위를 계승케 하기 위해 찾는 왕족이 틀림없습니다. 우리와 함께 가시지요."

그러자 을불은 일단 그들을 의심하고 짐짓 다음과 같이 거짓말을 하였다.

"나는 일개 야인일 뿐이오. 그대들이 찾는 왕족이 아니니 다시 자세히 살펴보시오."

그래도 조불과 소우는 그가 왕족임을 믿어 의심치 않았다. 그들은 곧 창조리에게 을불을 찾았다는 소식을 알렸다.

창조리는 일단 을불을 비밀의 처소에 숨겨둔 후 때를 기다리기로 하였다.

그리고 그해, 즉 봉상왕 재위 9년 9월 왕이 후산(侯山) 북쪽으로 사냥을 나갔을 때 창조리는 여러 신하들과 모의하여 다음과 같이 말하였다.

"나와 마음을 같이하는 자들은 나처럼 모자 위에 갈댓잎을 꽂아라!"

신하들이 모두 창조리의 말에 따라 모자 위에 갈댓잎을 꽂았다. 봉상왕을 폐위하는 일에 참여하겠다는 뜻이었다.

이에 용기를 얻은 창조리는 머리에 갈댓잎을 꽂은 신하들과 힘을 합쳐 봉상왕을 잡아 별실에 가두고, 자신을 따르는 군사들로 하여금 철저히 감시케 하였다. 그리고 을불을 고구려 제15대 왕으로 추대하였는데, 그가 바로 미천왕(美川王)이다.

별실에 갇힌 봉상왕은 이미 을불이 다음 왕위를 이은 것을 알고, 자신에게 곧 화가 미칠 것을 두려워하여 자살해버렸다. 그의 두 아들도 따라서 죽었다.

3. 낙랑군과 대방군을 공략하다

추모왕이 고구려를 건국하고, 이어서 송양왕의 비류국을 정벌하였을 때 그곳을 제후국으로 삼고 '다물국'이라 개칭하였다. 또한 송양왕으로 하여금 계속 그곳을 통치하도록 하고 '다물후'에 봉하였는데, 이것은 추모왕의 '옛 영토 회복'에 대한 의지의 한 표현이다. 즉 옛날 단군조선 시대의 광활한 영토를 회복하는 것이 고구려의 건국 정신이었다고 할 수 있다.

그러나 건국 초기에는 이러한 추모왕의 '다물정신'을 계승할 수 있는 기반이 제대로 마련되어 있지 못하였다. 제3대 대무신왕 때 추모왕의 '다물정신'을 계승하기 위하여 주변 여러 나라를 공략하기는 하였으나, 그 이후 왕권보다 5부의 세력이 강하여 고구려 왕실은 허약성을 면치 못하였다. 그러다 보니 왕위 계승에 있어서 왕제들 간에 피를 부르는 쟁탈전이 계속되었다.

미천왕은 그러한 형제간 또는 숙질간의 왕위 다툼에서 피해를 본 장본인이기도 하였다. 그래서 젊은 시절 이름까지 바꾸고 남의 집 머슴살이에 소금장수로 변신을 거듭하면서 8년에 걸친 고난의 세월을 보냈던 것이다.

이처럼 미천왕이 왕위에 오르기 전까지 갖은 고행을 겪은 것은, 오히려 그에게 백성들의 아픔이 무엇인지 알게 해주는 체험적 공부가 되기도 하였다. 뿐만 아니라 소금장수를 하면서 이웃나라의 경계를 넘어 지리를 익히는 한편, 나라 구석구석을 두루 돌아다니면서 민생을 살필 수 있었다. 이러한 체험이 그로 하여금 추모왕의 '다물정신'을 다시금 일깨워주는 계기가 되었을 것으로 추측된다.

미천왕은 재위 3년 9월에 군사 3만 명을 이끌고 현도군을 공략하여 8천 명을 사로잡아 평양으로 끌고 왔다. 재위 12년 8월에는 장수를 보내어 요동의 서안평을 습격하여 그 땅을 빼앗았다. 서안평은 요동군의 속현으로, 고구려가 압록강 하류의 서남 방면으로 진출하는데 큰 장애가 되던 곳이었다. 이곳을 탈취했다는 것은 고구려가 당시 서남 방향으로의 진출에 뜻을 두고 있었다는 것으로 해석할 수 있다.

또한 미천왕 재위 14년 10월에는 낙랑군을 공략하여 남녀 2천 명을 사로잡았다. 낙랑군은 한무제 때 설치된 군현으로 고구려 땅 가운데 있어 늘 눈엣가시 같았던 곳이었다.

그런데 미천왕 대에 이르러 낙랑은 완전히 정복되어 고구려 땅으로 변하였다. 미천왕 이후 어떤 기록에도 낙랑에 관한 기사가 나오지 않는 것을 보면, 낙랑의 패망을 미루어 짐작하기 어렵지 않다. 이로써 한무제 때 낙랑군을 설치(기원전 108년)한 이후 미천왕 14년(서기 313년)까지 실로 420여 년간 곪어 부스럼처럼 여겨지던 것을 완벽하게 해소한 것이다.

미천왕 재위 15년 정월에는 왕자 사유(斯由)를 태자로 삼았으며, 그해 9월에는 대방군(帶方郡)을 공략하였다. 당시 대방군은 요동군 출신의 장통이란 자가 실권을 쥐고 있었는데, 고구려의 강력한 공세 앞에 견디지 못한 그는 1천여 호의 일반 백성을 이끌고 요서지방의 모용외에게 가서 투항하였다.

이로써 미천왕은 낙랑과 대방의 군대를 고구려 땅에서 몰아내고, 그동안 그들이 담당했던 동방 여러 국가와의 중계 무역권을 차지할 수 있게 되었다. 미천왕이 낙랑군과 대방군을 구축한 것은 역사적으로 큰 의의를 가진다. 고조선 옛땅에 설치되었던 한사군의 마지막 교두보를 무너뜨림으로서 고구려의 안전 보장은 물론, 고조선 시대부터 내려오던 백성들의 오랜 숙원을 풀게 되었던 것이다. 이는 고구려를 건국한 추모왕의 '다물정신'이 미천왕에 의하여 계승, 발전되고 있었다는 것을 의미한다.

4. 요동을 둘러싼 선비족과의 주도권 싸움

미천왕은 재위 16년 2월에 다시 현도성을 공격하였다. 이는 서방을 개척함과 동시에 모용선비에 대한 포한을 갚기 위한 전략으로 보아야 할 것이다. 봉상왕 때 모용외가 국경을 침범하여 서천왕의 능묘를 파헤친 적이 있었는데, 고구려에게는 그 사건이 치욕적일 수밖에 없었다.

중국의 ≪진서(晉書)≫에 보면 '미천왕이 요동을 공격하다가 자주 패하고 물러나 맹약을 청하였다.'는 기록이 있다. 다른 책인 ≪양서(梁書)≫에는 '을불(미천왕)이 자주 요동을 침범하되 모용외가 제어하지 못하였다.'는 기록도 있는 것을 보면 당시 요동을 둘러싼 주변국의 주도권 싸움이 얼마나 치열했는지 알 수 있다.

원래 선비족은 3세기 중반 이후 우문씨(宇文氏) · 모용씨(慕容氏) · 단씨(段氏) · 탁발씨(拓跋氏) 등 네 개의 세력으로 나누어져 서로 주도권 다툼을 벌여왔다. 특히 이들 선비족들은 중국 진(晉)나라와 고구려 사이에서 요동과 요서 지역을 무대로 삼아 활동하였다. 4세기 초에는 이들 네 개의 세력 중에서 모용선비가 최강자로 등장하였는데, 그 우두머리가 바로 모용외(慕容廆)였다.

바로 그 무렵 중국에서는 서진(西晉)이 망하고 동진(東晉)이 일어섰다. 고구려는 그 혼란한 시기를 틈타 서진의 낙랑군과 대방군을 구축하였다. 더구나 고구려가 미천왕 16년에 현도성까지 공략하자, 진나라 현도군은 요동지역에서 자취를 감추었다. 이때 일부의 현도군 세력은 모용외에게 의탁하였으며, 그 결과 요서지방에 새로운 현도군이 생겨났다.

고구려의 현도성 공략으로 이제 요동지방에는 진나라의 요동군 하나만 남게 되었다. 그것도 요동군의 중심지역만 진나라 평주의 관할 지역으로 떨어져 그 힘이 많이 위축된 상태였다.

이러한 틈을 타서 모용외의 세력이 요동지역 진출을 꾀하였고, 당시 진나라의 평주자사 최비(崔毖)는 모용선비에게 두려움을 느낀 나머지 비밀리에 고구려와 손을 잡았다. 최비의 전략은 먼저 고구려와 합세하고, 다시 모용외에게 꺾이어 세력이 약화된 단씨와 우문씨 두 선비족 세력을 규합하여 모용선비를 공격하자는 것이었다.

미천왕 재위 20년 12월 고구려는 최비의 전략을 받아들여 단씨와 우문씨의 군사들과 합세해 모용선비의 수도인 극성(棘城)을 공격하였다. 이때 위기를 느낀 모용외는 성문을 굳게 닫아걸고 3국의 연합군을 물리칠 묘안을 짜냈다.

모용외는 자국의 군사만 가지고는 3국의 연합군 세력을 격퇴할 수 없다고 판단하고, 그중 우문씨 세력을 대상으로 회유책을 쓰기로 하였다. 즉 우문씨에게 기름진 음식을 보내 극진히 대접하여, 나머지 두 세력인 고구려와 단씨의 군사들로 하여금 우문씨 세력이 모용외와 내통한 것처럼 보이도록 한 것이다. 엄밀히 말하면 회유책이라기보다는 이간책이었다고 할 수 있다.

결국 모용외의 이간책에 말려든 고구려와 단씨의 군사들은 모용외 군사들과의 싸움을 포기하고 각기 본국으로 돌아갔다. 이때 모용외에게 깜빡 속아 넘어간 것을 깨달은 우문씨의 대인(大人) 실독관(悉獨官)은 다음과 같이 말하였다.

"고구려와 단씨의 군사들이 비록 돌아가기는 하였으나, 내가 혼자서라도 모용외의 군사들을 치고야 말겠다."

그러나 모용외는 이미 우문씨 실독관의 심리를 꿰뚫어보고 있었다. 그는 자신의 아들 '황'과 장사(長史) '배의'로 하여금 정예병을 끌고 선봉에 서게 하였다. 그리고 나서 그는 대병을 끌고 정예병의 뒤를 따랐는데, 우문씨의 실독관은 모용외의 세력을 만만하게 보고 공격하다 대패하여 달아났다.

평주자사 최비는 이 소식을 듣고 조카인 도(燾)를 시켜 극성에 가서 모용외에게 거짓으로 승전을 축하하게 하였다. 그러나 막상 모용외 앞에 가자 도는 잔뜩 겁에 질려 그만 사실대로 고백하고야 말았다.

이때 모용외는 도를 돌려보내 최비에게 다음과 같이 말하도록 일렀다. "항복하는 것이 상책이요, 달아나는 것은 하책이다."

그러고 나서 모용외는 곧바로 군사를 일으켜 요동을 공격하였다. 이에 다급해진 최비는 겨우 수십 명의 기병을 이끌고 고구려로 도망을 쳤다. 쉽게 요동을 얻은 모용외는 아들 인(仁)에게 그곳을 굳게 방비하게 하였다.

한편 최비가 모용외에게 쫓겨 고구려에 투항하자, 미천왕은 장수 여노(如弩: '여노자'라도 함)를 보내 요동을 공략하게 하였다. 여노가 하성(河城)을 차지하자 모용외는 장수 장통(張統)을 보내어 맞서 싸우게 하였다. 이 싸움에서 여노는 장통에게 사로잡히는 몸이 되었고, 이때 장통은 고구려 백성 1천여 호도 포로로 붙잡아 모용선비의 수도인 극성으로 돌아갔다.

이후에도 미천왕은 계속해서 군사를 보내 요동의 모용선비를 쳤으나, 모용외는 모용한(慕容翰)·모용인 등을 보내어 맞서 싸우게 하였다. 결국 싸움으로 이길 수 없다고 판단한 미천왕은 모용선비와 화친을 맺는 방법을 택하지 않으면 안 되었다.

제16대 고국원왕

(재위기간: 331년~371년)

1. 미천왕의 무덤을 파헤친 모용황

미천왕이 재위 32년 2월에 죽고 나서 태자 사유(斯由)가 고구려 제16대 왕으로 등극하였다. 태자로 책립된 지 17년 만에 왕위에 올랐는데, 그가 바로 고국원왕이다.

고국원왕은 재위 4년에 평양성을 증축하였으며, 5년에는 북쪽에 신성 (新城)을 쌓는 등 국방을 튼튼히 하기 위해 노력하였다. 이는 선비족 중 가장 강성했던 모용씨의 침략에 대한 방비책의 일환이었다. 그 무렵에는 모용외의 아들 모용황(慕容皝)이 연(燕: 전연)나라를 세우고 왕이 되어 점차 세력을 강화해나가고 있었던 것이다.

아니나 다를까, 고국원왕 재위 9년에 연나라의 모용황이 고구려의 신성 으로 쳐들어왔다. 이때 연나라 군대를 대처할 방도를 찾지 못하던 고국원왕 은 화맹을 청하였고, 모용황은 일단 이를 받아들여 군사를 돌려 물러갔다.

고국원왕은 강성한 연나라를 달래기 위해 재위 10년에 태자를 모용황에 게 보내 다시 한 번 회맹의 뜻을 밝혔다. 그리고 재위 12년에는 환도성을 증축하고, 국내성을 새로 쌓는 등 만약에 있을지 모를 연나라의 공격에 대비하였다. 그리고 나서 수도를 환도성으로 옮겼다.

당시 고구려의 이러한 방비책이 연나라에도 전해졌을 것이다. 고구려가 새로 성을 쌓고 군사력을 강화한다는 정보를 입수한 연나라에서는 다시 군사를 일으킬 계획을 세웠다.

고구려가 수도를 환도성으로 옮기던 해에 연나라도 기존의 극성에 있던 수도를 용성(龍城)으로 이전하였다. 이때 입위장군(立威將軍) 모용한(慕容翰)이 연왕 모용황에게 다음과 같이 말하였다.

"폐하! 먼저 고구려를 취하고 다음에 우문씨를 없애야만 중원을 도모할 수 있습니다."

모용한은 연왕 모용황의 형으로, 당시 연나라에서 용맹스럽고 지략이 뛰어난 장수로 알려져 있었다.

모용황도 형 모용한의 의견에 동의하였다. 고구려가 서북 변방에 신성을 쌓고 수도를 환도성으로 옮기는 등 국력신장에 노력을 기울이는 것은, 연나라 입장에서 볼 때 결코 좌시할 수 없는 일이었던 것이다.

"형님, 바로 보셨습니다. 우문씨야 세력이 약하니, 그보다 강성한 고구려만 취하면 그들은 저절로 우리에게 복속될 것입니다. 그러니 고구려가 더 세력을 강화하기 전에 도모하는 것이 좋겠지요."

모용황은 형 모용한에게 고구려를 칠 계획을 세우라고 명하였다.

왕명을 받은 모용한은 군사를 정비하는 한편, 고구려로 쳐들어가기 위한 작전을 짜기에 바빴다. 당시 연나라에서 고구려로 가는 길은 북쪽과 남쪽 두 갈래가 있었다. 북쪽 길은 평탄하나 남쪽 길은 험하고 좁은 협곡이 많았다. 따라서 많은 군사가 힘들이지 않고 이동하기에는 북쪽 길이 좋았다. 모용한은 고구려 군사들도 그것을 알고 북쪽에 많은 군사를 배치하고 남쪽은 허술하게 경계할 것이라 판단하였다.

고국원왕 재위 12년 11월, 연나라 모용황은 형 모용한의 전략을 받아들여 정병 4만의 군사를 거느리고 험로인 남쪽 길을 택하여 고구려로 쳐들어갔다. 이때 모용한과 모용패가 선봉이 되었으며, 따로 장사(長史) 왕우(王寓) 등으로 하여금 군사 1만 5,000명을 거느리고 북쪽 길로 가게 하였다. 이는 고구려로 하여금 연나라 군대가 북쪽 길로 쳐들어오고 있다는 소문을 내게 하기 위한 위장 전술의 하나였다.

모용한의 전술은 맞아 떨어졌다. 고국원왕은 연나라 군대가 평탄한 북쪽 길로 쳐들어오고 있다는 소문을 듣고, 아우 무(武)에게 명하여 정병 5만 명을 이끌고 북쪽 길을 막게 하였다. 그리고 대왕 자신은 만약을 모른다는 생각에, 적은 군사를 이끌고 남쪽 길로 나가 방비하였다.

고국원왕의 군대는 남쪽 길로 쳐들어온 연나라 모용한의 선봉대를 맞아 싸웠다. 처음에는 박빙의 승부 같았으나, 바로 뒤를 이어 연왕 모용황이 이끄는 4만의 대군이 들이닥치자 고구려의 적은 군대로는 당해낼 재간이 없었다. 이때 고구려 장수 아불화도가(阿佛和度加)는 연나라 좌장사(左長史) 한수(韓壽)의 칼에 맞아 죽었다.

연나라 군대는 그 기세를 몰아 고구려의 군대를 물리치고 곧바로 환도성에 입성하였다. 이때 홀로 살아남은 고국원왕은 말을 타고 달아나 단웅곡(斷熊谷)으로 숨어들었다.

한편 환도성에 입성한 연나라 장수 모여니(慕輿埿)는 고구려의 왕태후, 즉 고국원왕의 어머니 주씨(周氏)와 왕비를 사로잡았다. 모용황이 고국원왕을 불러 항복을 받으려 하였으나 찾을 길이 없었으므로 군사를 돌려 환국하려고 하였다. 이때 휘하 장수 한수가 말하였다.

"고구려는 지세가 험하여 지키기 어렵고, 왕은 달아나 산속에 숨어버렸습니다. 만약 우리 대군이 떠나고 나면 반드시 다시 군사를 모을 것이므로 장차 큰 걱정거리가 될 것입니다. 청컨대 고구려왕의 아비 무덤을 파 그 시신을 싣고, 또한 사로잡은 생모를 함께 데리고 돌아가는 것이 좋겠습니다. 그러면 고구려왕이 스스로 찾아와 잘못을 빌고 아비 시신과 생모를 모셔가기 위해 우리 연나라에 은혜와 신의를 다하겠다고 맹세할 것입니다."

모용황은 그 말이 옳다고 여기고, 미천왕릉을 파헤쳐 시신을 싣고, 왕태후와 왕비까지 데리고 환국하였다. 이때 창고를 뒤져 온갖 보물을 취한 뒤 궁실을 불을 지르고 환도성을 헐어버렸으며, 남녀 5만여 명을 사로잡아 연나라로 돌아갔다.

연나라 군대가 모두 물러가고 나서 왕궁으로 돌아온 고국원왕은 다음 해인 재위 13년에 왕제(王弟)를 보내어 연왕에게 사죄하고, 진귀한 물건 1,000종을 바치게 하였다. 그러나 연왕 모용황은 미천왕의 시신만 돌려보내고, 왕태후와 왕비는 여전히 볼모로 잡아두었다.

그 이후에도 연나라는 틈만 나면 군사를 내어 고구려를 공격하였다. 고국원왕 재위 15년 10월에는 모용황이 자신의 아들 모용각(慕容恪)으로 하여금 고구려 남소성(南蘇城)을 탈취케 하여, 그곳에 주둔병(駐屯兵)을 두기도 하였다.

고국원왕 재위 25년 12월에 가서야 왕은 굴욕적이지만 연나라에 사신을 보내어 왕태후와 왕비를 보내줄 것을 간청하였다. 이에 연왕은 고구려 왕태후와 왕비를 돌려보냈다. 연나라에 볼모로 붙잡혀간 지 13년만의 일이었다.

2. 백제군의 화살에 맞아 전사하다

연나라 모용황에게 크게 패한 고구려는 국력이 급격하게 약화되었다. 더구나 인질로 붙잡혀갔던 왕태후와 왕비를 모셔오는 조건으로 연나라에 조공까지 바치는 굴욕을 당한 고국원왕으로서는 그 수치를 씻을 길이 없었다.

그런데 점점 강성해지는 것은 연나라만이 아니었다. 남쪽의 백제와 신라가 또한 세력을 키워가고 있었던 것이다. 특히 백제의 경우 근초고왕이 즉위하여 정사를 바로잡고, 신라에 사신을 보내는 등 외교수완을 발휘하여 고구려를 견제하였다.

당시 고구려의 고국원왕은 요동을 근거지로 한 선비족 연나라의 세력이 강성해지는 데다 남쪽의 백제와 신라가 외교적으로 결속을 강화하는 것에 크게 위기를 느꼈을 것으로 보인다. 당장 원수를 갚는다고 연나라를 쳤다가는 나라가 패망할 수도 있는 일이라 고구려는 당분간 요동을 넘볼 수 없는 처지였다. 따라서 고국원왕은 신라와 외교를 하면서 점차 세력을 키워가는 백제부터 제압하는 것이 좋겠다고 생각하였을 것이다.

고국원왕은 재위 39년에 군사 2만 명을 이끌고 백제 친정에 나섰다. 치양(雉壤: 지금의 황해도 배천)에서 백제군과 싸우게 되었는데, 이때 근초고왕은 태자에게 군사를 주어 고구려군을 격퇴시키게 하였다.

≪삼국사기≫ 백제본기 제2권 근구수왕 편에 보면, 당시 고구려군과 벌인 치양전투에 대해 비교적 자세하게 나와 있다. 근구수왕은 근초고왕의 아들로, 태자 시절 백제군의 장수가 되어 치양에서 고구려 군사와 맞서 싸웠다.

당시 고구려 군대에는 백제 출신의 사기(斯紀)라는 자가 있었다. 그는 백제에 있을 때 국가에서 기르는 말의 발굽을 상하게 한 죄로 벌을 받게 될까 두려워 고구려로 도망쳤다. 그런데 어쩌다 고구려 군대의 사졸이 되어 백제군을 정벌하러 오게 되었다. 그는 이 기회가 아니면 다시 백제로 돌아가기 어렵다고 판단하고 고구려 진영을 탈출하여 백제군에 투항하였다.

백제의 태자는 투항한 자를 불러 고구려 군대의 전세를 물었다. 그러자 사기가 바른대로 말하였다.

"고구려 군사의 수가 비록 많기는 하나, 모두 머릿수만 채운 의병(疑兵)에 불과합니다. 날래고 용감한 자들은 붉은 깃발을 든 군사들뿐이니, 만약 그들을 먼저 깨부순다면 나머지는 군사 훈련도 제대로 받지 못한 오합지졸들이므로 쉽게 고구려 군대를 물리칠 수 있을 것입니다."

이 말을 들은 백제의 태자는 붉은 깃발을 든 고구려 군사들을 집중 공격하여 깨뜨리고, 나머지 도망치는 군사들을 포로로 잡았다. 그리고 나서 그는 계속 북으로 추격하여 수곡성(水谷城) 서북에까지 이르렀는데, 이때 백제군이 사로잡은 고구려군 포로만 무려 5,000여 명이나 되었다.

백제의 태자는 계속 고구려 군대를 추격하려고 들었다. 이때 휘하의 장군 막고해(莫古解)가 간하였다.

"만족할 줄 알면 욕되지 않고, 그칠 줄 알면 위태롭지 않습니다. 지금 얻은 바가 많으니 더 이상 욕심을 내는 것은 무리입니다."

이에 백제의 태자는 그 말이 옳다고 생각하고 고구려 군대를 더 이상 추격하지 않았다. 그 대신 돌로 표지를 세우고, 그 위에 올라가 좌우 군사들을 돌아보며 말하였다.

"금후 누가 다시 여기에 이를 수 있겠는가?"

그로부터 2년 뒤인 고국원왕 재위 41년에, 고구려는 다시 백제의 근초고왕과 태자가 이끄는 군사 3만 명을 평양성에서 맞았다.

이때 고국원왕은 평양성에서 백제군과 맞서 싸우다 적의 화살을 맞고 전사하였다.

이러한 고구려 고국원왕의 죽음에 대하여, ≪삼국사기≫ 백제본기 개로왕(蓋鹵王)편에는 위(魏)나라 보내는 글월에 너무 과장해서 기록하고 있다. 그 글월에서는 고국원왕이 근초고왕의 아들인 태자 수(須: 近仇首王)에 의해 목이 베어 효시를 당했다고 나와 있는데, 이는 개로왕이 자신의 할아버지인 근구수왕의 용맹함을 추켜세우기 위해 쓴 것에 지나지 않는다. 당시 고국원왕은 날아오는 화살에 맞아 전사한 것이 사실일 것이다.

제17대 소수림왕

(재위기간: 371년~384년)

1. 국가기강을 바로잡다

고국원왕은 연나라 모용황에 의해 부왕의 시체가 파헤쳐지고 왕태후와 왕비까지 볼모로 잡혀가는 비운을 겪은 데다, 나중에는 평양성 전투에서 백제의 근초고왕이 이끄는 군대의 화살에 맞아 전사하였다. 이러한 잇따라 일어난 외침으로 고구려는 건국 이래 극도로 국력이 쇠약해졌다.

고국원왕이 죽고 나서 그 뒤를 이은 고구려 제17대 소수림왕(小獸林王)은 재위 초기부터 극도로 쇠약해진 국가의 기강을 바로잡기 위해 전력을 다하였다. 그는 고국원왕의 아들로, 어린 시절 부르던 이름은 '구부(丘夫)'다. 어려서부터 그는 기골이 장대하고 용맹스러웠으며, 지혜가 남달리 뛰어났다고 한다. 고국원왕 재위 25년에 태자로 책립되었고, 재위 41년에 부왕이 죽자 왕위를 이어받았다.

소수림왕은 부왕을 죽게 한 백제에 대하여 원한이 깊었지만, 곧바로 군사를 일으켜 백제를 공격하지는 않았다. 그는 국가기강부터 단단히 다져놓은 후 부왕의 원수를 갚아도 늦지 않다고 생각하였다.

재위 2년 6월에 소수림왕은 전진(前秦)의 왕 부견(苻堅)이 보낸 승려 순도(順道)로부터 불교를 받아들였는데, 이는 강력한 국가의 정신적 지주 역할을 할 구심점이 필요했기 때문이다. 당시 고구려는 강력한 군사력으로 연나라를 패망시킨 전진과 외교관계를 맺고 있었으며, 부견이 보낸 순도가 불상과 경문(經文)을 가져오자 전진에 사신을 보내 방물(方物)을 전하여 고마움을 표시하였다.

소수림왕 당시 고구려에는 전래되어오던 무속이 있었으나, 제정일치의 통치방법에 변화가 오면서 서서히 제사보다 정치에 무게 중심을 두고 있을 때였다. 따라서 무속은 절대군주체제의 왕실이나 귀족들의 전유물이 아니라 점차 민간신앙으로 뿌리를 내려가고 있었다.

이러한 제정분리의 시기에 체계적인 종교사상으로 무장한 불교가 들어오자, 소수림왕은 먼저 통치수단의 일환으로 불교를 수용하게 되었다. 왕위에 오른 직후 그는 국가기강을 바로잡을 수 있는 제도화된 율령이 있어야 한다는 생각에 몰두하였고, 때마침 그 시기에 불교가 들어오자 원군을 얻은 듯한 기분이 들었을 것이다.

소수림왕은 불교를 수용함과 동시에 태학(太學)을 설립하여 왕실의 자제들을 교육시켰는데, 이 또한 전진의 영향이라 볼 수 있다. 당시 전진의 왕 부견은 학교를 세우고 학생을 모집하여 유교를 진흥시키는 정책을 펴나가고 있었다. 태학은 왕실이 설립한 교육기관으로 왕실 자제들은 물론 귀족의 자제들까지 가르쳤으며, 여기에 입학한 학생들은 유학 경전을 두루 배웠다.

재위 3년에 소수림왕은 율령(律令)을 정식으로 반포하였다. 이처럼 불교의 수용, 태학의 설립, 율령의 반포가 거의 같은 시기에 이루어졌다. 이 세 가지는 밀접한 관련을 맺고 있었다. 국가기강을 바로세우는 정신적 지주로서의 불교, 학문도야의 장으로 미래의 인재를 키우는 태학, 나라의 질서를 바로 세우는 율령의 반포는 다리가 세 개 달린 솥처럼 국가를 안정적으로 떠받쳐주는 버팀목이 되었던 것이다.

특히 소수림왕은 불교의 정착에 관심이 많았는데, 재위 4년에 승려 아도(阿道)가 오자 더욱 적극적으로 불교를 장려하게 되었다. 각훈(覺訓)의 ≪해동고승전(海東高僧傳)≫에 의하면 아도는 위(魏)나라에서 왔다고 기록되어 있으나, 일연의 ≪삼국유사≫에는 전진에서 왔다고 되어 있다.

그러나 당시 고구려와의 외교관계로 볼 때 아도 역시 순도처럼 전진에서 왔다고 보는 것이 옳다. 아도가 동진(東晉)에서 왔다고 주장하는 학자도 있으나, ≪삼국유사≫의 기록에 따르는 것이 정설이다.

아무튼 소수림왕은 전진에서 온 두 승려를 위하여 재위 5년에 두 개의 절을 지었다. 먼저 초문사(肖門寺)를 지어 순도를 머물게 하고, 또한 이불란사(伊弗蘭寺)를 지어 아도로 하여금 불법을 전파하도록 하였다. 이것이 해동 불법의 시초였다.

소수림왕 재위 5년 7월에는 백제가 수곡성을 공격하였다. 당시 백제는 근초고왕의 뒤를 이어 근구수왕이 재위하고 있었는데, 그는 바로 태자 시절 고구려를 공격하여 수곡성 서북에 이르러 돌을 쌓고 표석을 세운 장본인이다. 평양성 전투 때는 백제 근초고왕의 태자로 전쟁에 참여하였으며, 그 전투에서 고국원왕은 백제군의 화살을 맞아 전사한 바 있다.

따라서 백제의 근구수왕은 고구려에게는 숙적이었다. 국가기강이 바로 섰다고 생각한 소수림왕은 다음 해인 재위 6년 11월에 백제의 북쪽 경계를 공격하였다. 또한 재위 7년 10월에 백제가 군사 3만 명을 이끌고 와서 고구려의 평양성을 치자, 그는 11월에 다시 백제를 공격하는 등 부왕의 원수를 갚기 위해 전력하였다.

제18대 고국양왕

(재위기간: 384년~391년)

1. 요동에서 연나라군을 크게 격파하다

소수림왕은 먼저 국가기강을 바로잡고 나서 부왕(고국원왕)의 원수를 갚기 위해 백제를 쳤다. 그러나 북쪽에서 거란이 또한 변경을 위협하므로 백제를 치는 데 전력을 다하지 못하였다. 결국 그는 부왕의 원수도 갚지 못한 채 재위 14년 11월에 세상을 떠났고, 슬하에 아들이 없었으므로 왕제 이련(伊連)이 대를 이어 고구려 제18대 고국양왕이 되었다.

형 소수림왕이 부왕의 원수를 갚기 위해 백제를 치는데 주력하였다면, 고국양왕은 먼저 할아버지(미천왕)의 능묘를 파헤쳐 시신을 가져갔던 연나라를 공격하여 치욕의 한을 씻으려고 하였다. 따라서 그는 재위 2년 6월에 군사 4만 명을 내어 요동을 쳤다.

당시 전진에게 망했던 연나라(前燕)는 모용황의 다섯째 아들 모용수(慕容垂)가 선비족을 다시 규합해 후연(後燕)을 세웠는데, 그는 고구려 군대가 요동을 공격한다는 소식을 접하자 용성(龍城)을 지키고 있던 대방왕(帶方王) 모용좌(慕容佐)로 하여금 요동을 구원토록 하였다. 그러나 이때 고구려 군대는 모용좌의 군대를 크게 격파하여 요동과 현도를 함락하고 남녀 포로 1만 명을 사로잡았다.

같은 해 11월, 이번에는 연나라 장수 모용농(慕容農)이 군사를 이끌고 요동과 현도를 쳐들어왔다. 그는 연왕 모용수의 동생으로, 지난 6월에 고구려 군대에 크게 패한 데 대한 보복전을 벌여 다시 요동과 현도를 회복하였다. 먼저 고구려가 요동과 현도를 함락할 때 유주(幽州)와 기주(冀州)의 유민(流民)들이 많이 고구려에 항복하였는데, 이를 안 모용농은 두 군을 회복한 후 범양(范陽)의 방연(龐淵)에게 요동 태수를 맡겨 유민들을 위무시켰다.

이처럼 고구려와 연나라는 요동과 현도를 놓고 팽팽하게 밀고 당기는 힘겨루기 싸움을 계속하였다. 연나라가 유민들까지 위무하는 정책을 쓴 것을 보면 당시 고구려가 결코 만만하게 볼 수 없는 상대였음을 알 수 있게 해준다.

고국양왕은 재위 3년 정월에 왕자 담덕(談德)을 태자로 책립하였다. 그리고 그해 8월에 다시 군사를 일으켜 이번에는 남으로 백제를 쳤다.

고구려가 백제의 북변을 자주 침략하자, 고국양왕 재위 7년 8월에 백제는 달솔(達率) 진가모(眞嘉謨)에게 군사를 주어 고구려 도압성(都押城)을 공략케 하였다. 이때 백제는 고구려 군사 200명을 포로로 잡아갔다.

고국양왕은 북쪽의 연나라와 남쪽의 백제가 결코 만만한 상대가 아님을 알고, 백제와 국경을 맞대고 있는 신라까지 적국으로 만들어서는 곤란하다는 생각을 하였다. 신라까지 적국으로 만들면 고구려는 세 나라의 가운데 위치하여 자칫 고립될 수도 있는 상황이었기 때문이다.

제19대 광개토태왕

(재위기간: 391년~413년)

1. '영락(永樂)'이란 연호를 쓰다

고구려에 관한 현존하는 국내 사료 중에서 가장 오래된 것은 고려 중기에 편찬한 《삼국사기》이다. 그밖에 중국 사료들이 있으나 이민족에 대한 역사를 개략적으로 다룬 수준이어서 참고 자료 정도밖에 안 된다. 그런데 김부식이 중국 사료를 주로 참고하였으므로, 《삼국사기》 역시 왜곡된 부분이 많다.

결국 지금까지 남아 있는 고구려 역사 기록 중 가장 오래된 것은 금석문으로 된 광개토태왕릉비문(廣開土太王陵碑文)이라고 할 수 있다. 광개토태왕릉 비문은 당시 고구려 사람이 직접 쓴 것이므로 중국이나 국내 사료보다 가장 정확한 사실 기록이라고 할 수 있다. 그런데도 국내 역사학자들은 중국의 사료나 《삼국사기》의 기록에 의존하려는 경향이 있다. 쉬운 예로 광개토태왕에 대한 호칭이 그렇다.

중국에서는 광개토태왕을 '호태왕'이라고 부른다. 김부식의 《삼국사기》에서는 '광개토왕'이라고 되어 있으며, 이러한 선례를 따라 북한은 '광개토왕'(손영종의 《고구려사》)이라고 쓰고 있다. '태' 자가 어디론가 사라져버렸다. 그런데 남한에서는 한술 더 떠서 '광개토대왕'이라고 쓰는데, 이는 '태'자를 '대'로 대신해 제후의 수준으로 깎아내린 것이다.

비문에 나온 정확한 명칭은 '국강상광개토경평안호태왕(國岡上廣開土

境平安好太王)'이다. 문제는 왕 이름이 너무 길다는 데 있다. 여기서 앞에 나오는 '국강상'은 능이 있던 땅 이름이므로 일단 제외하기로 한다. 중간의 '광개토경'과 '평안'은 각각 왕의 외정과 내치의 업적을 기리는 표현이고, '호'는 미칭으로 쓰인 것이다. 따라서 왕의 치적을 설명하는 부분을 괄호 속에 넣고 나면 '태왕'만 남는다. 그러나 '태왕'만으로는 정확하게 누구인지 구분하기 곤란하므로 가장 큰 치적이라 할 수 있는 '광개토'를 살려두는 것이 마땅하다 하겠다. 그런데 어떤 연유로 '광개토태왕'이 '광개토대왕'으로 바뀌었는지 모른다. 분명 '태(太)'와 '대(大)'는 다르다.

중국에서는 진나라 이전까지 군주를 '왕'이라고 하다가 '시황제' 때부터 '황제'라 칭하였다. 일본에서도 '천황'을 사용하여 일반 군주와 다른 최고의 지위임을 명시하였다. 고구려의 '태왕' 역시 중국의 '황제'나 일본의 '천황'과 같은 최고의 지위를 일컫는 명칭이다.

실제로 태왕릉에서 나온 벽돌에도 '태왕'이란 글자가 새겨져 있었으며, 중원고구려비에도 분명히 '태왕'이란 호칭을 쓰고 있다. 그런데도 북한에서는 '광개토왕'이라고 하고, 남한에서는 '광개토대왕'이라고 하여 실제 비문에 나오는 '광개토태왕'을 애써 낮춰 부르고 있다. 현행 국사 교과서에서조차 그 명칭을 그대로 사용하고 있으며, 신문이나 방송도 그대로 따르고 있다. 참으로 한심한 노릇이 아닐 수 없다.

이처럼 나라마다 다르게 호칭을 쓰고 있는 데는 서로의 입장 차이가 있기 때문으로 보인다. 중국에서는 앞에 '광개토'를 붙이는 것이 못마땅하여 '호태왕'이라고 뒤에 붙은 것만 호칭으로 사용했을 가능성이 크다. 광개토태왕이 중국 땅을 정복했기 때문에 '광개토'가 들어가면 자존심이 상할 수밖에 없는 일이다. 북한에서는 비문에 새겨진 금석문이 있는데도 불구하고 문헌을 중요시 여겨 김부식의 ≪삼국사기≫에 나오는 호칭을 그대로 사용하였다. 또 한편으로는 주체사관에 입각하여 민중을 강조하다 보니 왕을 격상시켜 '태왕'으로 부르는 것조차 용납하지 않고 있는 것이다. 그런데 남한에서는 '광개토태왕'을 한 급 낮춰 '광개토대왕'이라고 부른다. 북한에서 먼저 '광개토왕'을 쓰자 그대로 따라가기는 자존심 상하는 일이라, '태'자를 '대'자로 고쳐서 썼거나, 식민사관에 물들어 일본 학자들이 낮춰 부르던 호칭 그대로 '광개토대왕'이란 호칭을 사용했을 가능성이 크다.

그런데 여기서 '광개토태왕'이라고 써야 마땅한 이유가 또 하나 있다. 광개토태왕 당시 고구려는 처음으로 '영락(永樂)'이란 독자적인 연호를 사용하였다. 이는 고구려가 독자적으로 천하관(天下觀)을 가진 나라임을 만천하에 공포한 것으로 해석할 수 있다. 즉 왕의 나라가 아니라 중국의 '황제'와 마찬가지로 고구려식 표현으로 '태왕'이 있는 나라인 것이다. 당시 동아시아에서는 중원(중국)의 주변국들은 일반적으로 중원의 왕조가 사용하는 연호를 썼다. 이러한 상황에서 중원의 연호를 무시하고 광개토태왕이 독자적인 연호를 사용하였다는 것은, 중원이 아닌 동방에 새로운 천하관을 가진 패자가 등장했음을 천명하는 사건이 아닐 수 없다.

이러한 이유로 현행 국사 교과서에서는 '광개토대왕'을 '광개토태왕'으로 바꾸어야 한다. 해방 70년 년이 지나도록 그 호칭 하나 바꾸지 못하는 것은 한국 사학계의 수치다. 아직까지도 식민사관의 뿌리를 끊지 못했다는 증거가 아닐 수 없다.

2. 백제의 관미성을 쳐 고국원왕의 원수를 갚다

고구려 제19대 광개토태왕은 391년 부왕 고국양왕이 재위 9년 만에 세상을 떠나자 18세의 나이로 왕위에 올랐다. 그가 태어난 것은 소수림왕 때인 374년이었는데, 당시 왕실에서는 큰 경사가 아닐 수 없었다.

소수림왕은 슬하에 아들이 없었는데, 왕제 이련(伊連)이 아들을 낳자 마치 자기 소생의 왕자가 태어나기라도 한 듯이 기뻐하였다. 광개토태왕의 어릴 적 이름은 '담덕(談德)'으로, 그는 태어날 때부터 체격이 우람하고 성격이 듬직한 편이었다고 한다.

담덕이 태어난 지 10년 만인 384년, 소수림왕이 재위 14년 만에 세상을 떠난 후 이련이 왕위를 이어받아 고국양왕이 되었다. 그리고 고국양왕은 재위 3년에 아들 담덕을 태자로 삼았으며, 그로부터 6년 후에 담덕은 부왕의 뒤를 어어 왕위에 올랐다.

광개토태왕은 즉위와 함께 '영락(永樂)'이란 연호를 사용하여 중국과는 다른 독자적인 천하관을 가지고 대대적인 정복사업을 시작하였다. 그 정복 사업의 첫 단계는 남진정책으로, 숙적 백제를 공략하는 것이었다.

즉위 초기부터 광개토태왕이 백제를 공략한 것은 할아버지 고국원왕에 대한 원수를 갚기 위한 것이었다. 물론 소수림왕과 고국양왕 때에도 여러 차례 백제를 공략하였지만, 일진일퇴를 거듭하였을 뿐 이렇다 할 성과를 거두지는 못하였다.

광개토태왕은 재위 2년 7월에 남으로 백제를 쳐서 10성을 빼앗으면서 고구려의 오랜 숙원 사업을 달성해 나갔다. 그는 숨을 돌릴 사이도 없이 그해 10월에 다시 백제의 관미성(關彌城)을 공격하였는데, 군사를 7개 부대로 나누어 해전과 공성 전투를 벌여 20일 만에 요새를 함락하였다.

여기서 관미성에 대하여 학자들마다 이견이 분분하다. 《삼국사기》 이병도 역주에 보면 광개토태왕릉비에 나오는 백제의 성 중 '각미성(閣彌城)'이 관미성일 가능성이 크다는 견해를 밝히고 있다. 일단 한자의 '각(閣)'과 '관(關)'이 그 모양이나 소리가 비슷하기 때문이다. 현재의 위치로는 강화도 교동도(喬桐島)로 비정하고 있는데, 고구려 시대 때 이곳은 고목근현(高木根縣)이었다고 한다. 실제로 교동도는 뱃길로 진입하기도 힘든 곳이어서 고려시대나 조선시대 때 흔히 모반죄를 지은 왕족들의 유배지로 이용되기도 하였다. 바다 밑에 갯벌이 깔려 있어 뱃길을 모르면 접근하기 어려운 곳이라 군사적 요충지임에는 틀림이 없다.

한편 《고구려사》를 쓴 북한 역사가 손영종은, 당시 고구려군이 먼저 백제의 10여 개 성을 빼앗고 다음에 집중적으로 공략한 성이 관미성이므로, 〈대동여지도〉에 보이는 개풍군의 백마산 부근을 관미성이 있던 자리로 비정하고 있다.

≪삼국사기≫에 보면 관미성은 사면이 천연의 요새로 되어 있었다고 하는데, 당시 광개토태왕이 7개 부대로 나누어 관미성을 공략하였다는 것은 그가 전술전략에 뛰어났으며, 고구려군이 해상전투에 능했다는 것을 미루어 짐작할 수 있게 해준다.

당시 관미성은 백제나 고구려에게 중요한 요충지였음에 틀림이 없다. ≪삼국사기≫ 백제 본기에 보면 아신왕(阿莘王) 재위 2년에 다음과 같은 기사가 나온다.

〈8월에 왕이 무(武)에게 이르기를, "관미성은 우리 북변의 요새인데 고구려의 소유가 되었으니, 이는 과인이 뼈아프게 생각하는 바다. 경은 마땅히 마음을 써서 설욕을 하라."〉

이때 백제의 장군 진무는 아신왕의 명을 받아 군사 1만 명을 거느리고 고구려에게 빼앗겼던 다섯 성을 회복하였다. 그러나 관미성에 이르러 고구려 군사들이 굳게 지키는 관계로 백제군은 회군할 수밖에 없었다.

광개토태왕이 관미성을 공략한 것은 백제 진사왕 말년이었는데, 진사왕의 뒤를 이어 왕위에 오른 아신왕은 바로 그 다음 해에 설욕전을 펼쳤으나 관미성을 회복하지 못한 것이다.

3. 거란 정벌 위해 대흥안령까지 진출

광개토태왕이 즉위하자마자 백제를 친 것은 단순히 할아버지 고국원왕의 원수를 갚기 위한 목적만은 아닐 것이다. 영토 확장을 위해 서북방을 치려면, 먼저 남쪽의 백제부터 억눌러놓지 않으면 곤란하기 때문이었을 것이다. 백제는 근초고왕 당시 역대 왕 중 가장 강성한 국력을 자랑하였으며, 황해를 통하여 중국대륙의 동진(東晉)과 바다 건너 왜국하고도 밀착 외교를 강화하였다. 이는 점차 강성해지는 북쪽의 고구려를 견제하기 위한 외교 전략이었다.

따라서 고구려는 황해의 해상권을 장악하여 백제가 이 같은 외교 전략을 펴지 못하도록 손발을 묶어두기 위해 먼저 관미성부터 공략한 것이었다. 관미성은 백제의 한성으로 통하는 관문이었고, 그 요새가 무너질 경우 곧바로 한강으로 뱃길이 닿고 경기만으로 통하는 육로가 개방되기 때문에 중요한 거점 역할을 하고 있었다.

결국 광개토태왕에게 관미성을 빼앗긴 백제는 대외교섭 창구가 막히면서 외교적으로 고립될 수밖에 없었다. 뿐만 아니라 고구려가 관미성을 장악하게 되자 백제는 예성강과 임진강 이북의 땅을 포기하지 않으면 안되었다.

이렇게 백제의 손발을 묶어버린 광개토태왕은 영락 5년에 거란 정벌에 나섰다. ≪삼국사기≫에는 광개토태왕 원년 9월에 거란을 쳐서 남녀 500명을 사로잡고, 그곳에 살던 고구려인 1만 명을 권유해서 본국으로 안전하게 데려왔다고 나와 있다. 그런데 광개토태왕 능비에는 영락 5년에 거란을 정벌하였다는 내용이 나온다. 이는 같은 사건인데, 연도가 다르게 표기된 것으로 보인다.

거란 정벌에 관한 내용이 ≪삼국사기≫에는 단 한 줄로 언급되어 있는데 반하여, 광개토태왕 능비에는 그보다 더 자세하게 나와 있다. 능비의 글은 당시 고구려인들이 작성한 것이기 때문에 더 신빙성이 있다고 본다. 그리고 ≪삼국사기≫ 기록처럼 즉위 원년에 백제도 치고 거란도 정벌하기란 쉬운 일이 아니었을 것이다. 따라서 ≪삼국사기≫의 거란 정벌 기록은 그 연도가 잘못 되었다고 보아도 좋다. 아니면, 광개토태왕이 즉위 원년에도 거란을 친 적이 있는데, 그것이 여의치 않자 우선 백제의 관미성을 쳐서 남방을 안정시킨 후 영락 5년에 다시 거란 정벌에 나선 것인지도 모른다.

광개토태왕 능비의 비문 내용 중 거란 정벌 부분을 살펴보면 다음과 같다.

〈영락 5년 을미가 되는 해에 왕은 패려(稗麗)가 □□을 하지 않으므로 몸소 군사를 거느리고 가서 토벌하였다. 그때 부산(富山), □산을 지나 산을 등지고 염수(鹽水)에 이르러 그 3개 부락과 600~700개 영(營)의 유목민 마을을 격파하니 소와 말, 양이 헤아릴 수 없이 많았다. 이에 군사를 돌려 돌아올 때 양평도(襄平道)를 지나 동쪽으로 □성, 역성, 북풍 등을 거쳐 왔다. 왕은 사냥을 준비한 뒤, 유람까지 즐기면서 사냥을 하고 돌아왔다.〉

능비의 중간 중간 글자가 마모되어 정확하게 알아볼 수는 없으나, 앞뒤 글을 해석하여 유추해보면 어렵지 않게 이해가 된다. 이때 '패려'는 서요하 방면에서 유목생활을 하던 당시 '거란'을 일컫는다. 소수림왕 때인 378년 거란은 고구려 변방을 공격하여 500명의 고구려인들을 포로로 잡아 데려간 적이 있었다. 그래서 당시 거란이 거주하던 땅에는 고구려인 포로 500 명과 흉년이 들어 그곳으로 이주해간 고구려인까지 1만여 명이 살고 있었다. '패려가' 다음의 □□에는 '고구려인 포로를 돌려주지 않는다'는 뜻의 글자가 들어 있었을 것이다. 그 다음 □는 산 이름이며, 또 그 다음 □는 성 이름이므로 글의 내용을 이해하는 데는 큰 지장을 주지 않는다.

광개토태왕은 이들 고구려인들을 구하기 위해 395년 직접 군대를 끌고 가서 거란을 정벌한 것이다. 당시 그가 정벌한 거란 땅은 중국 대흥안령 남쪽 지점에 있는 시라무렌장(西拉木倫江)과 시랴호허(西遼河) 지역인데, 이곳이 바로 '염수'다. 말 그대로 소금이 지천으로 깔려 있는 땅이다. 지금도 이곳에는 염택지들이 많이 있는데, 그래서 '염수'라고 지칭했던 것이다.

당시 거란이 대흥안령 가까운 남쪽 지점에 있었다는 것은, 능비에 광개토태왕이 사냥을 하며 돌아왔다는 북풍(北豊)이 지금의 심양(瀋陽) 서북쪽에 있는 것을 보면 미루어 짐작할 수 있는 일이다. 즉 패려는 심양에서는 훨씬 더 서북쪽에 위치해 있었다는 이야기가 된다.

《위서》 거란전에도 보면 거란 8부족 중의 하나를 '필려부(匹黎部)'라고 지칭하는 것이 있는데, 이는 능비에 나오는 '패려'와 음이 비슷하기 때문에 같은 부로 생각할 수 있다. 따라서 당시 광개토태왕이 정벌했던 곳이 거란의 8부족 중의 하나였음을 알 수 있게 해준다.

4. 백제 아신왕의 치욕적인 항복

고구려의 광개토태왕에게 관미성을 빼앗긴 백제는 진사왕의 뒤를 이은 아신왕 초기에 여러 번에 걸쳐 고구려를 공략하였으나 거듭 실패하였다. 아신왕 2년 8월에 장군 진무를 보내 고구려의 남경(南境)을 공격하여 5개의 성을 회복하려 했으나, 관미성의 고구려군이 성을 굳게 지키자 공격을 포기하고 군사를 되돌렸다. 그 다음 해, 즉 아신왕 3년 7월에도 백제는 고구려의 수곡성(황해도 지역)을 공격하다가 실패했는데, 이때 고구려는 남쪽 백제와의 경계지역에 8개의 성을 쌓아 방어진지를 구축하였다.

≪삼국사기≫에 보면 광개토태왕 4년 8월에 '왕이 패수(浿水: 지금의 예성강)에서 백제와 싸워 크게 대패시키고 8,000여 명을 사로잡았다.'는 기록이 있다. 이 기록에는 백제 아신왕이 굴복하였다는 내용이 빠져 있으나, 광개토태왕 능비에는 당시 백제와의 전쟁 내용이 아주 자세하게 나온다.

김부식이 왜 ≪삼국사기≫ 기록에서 백제 아신왕의 굴복 기사를 빠뜨렸는지는 알 수 없다. 다만 ≪삼국사기≫ 백제 본기 아신왕편에서도 당시 고구려와의 전쟁 기사를 자세하게 기록하고 있어, 광개토태왕 능비의 내용이 사실임을 입증하고 있다,

그런데 김부식은 애써 고구려 본기에서 광개토태왕의 업적을 아주 간략하게 다루고 있다. 더구나 ≪삼국사기≫ 고구려 본기나 백제 본기 어디에서도 백제의 아신왕이 굴복하였다는 기사는 찾아볼 길이 없다. 광개토태왕 능비의 기록을 보고 백제가 당시 고구려에게 굴욕적인 항복을 하였다는 사실을 알 수 있을 뿐이다.

≪삼국사기≫의 내용과 광개토태왕 능비의 내용을 종합하여 백제 아신왕의 굴복 장면을 재구성하면 다음과 같다.

〈광개토태왕 4년 8월, 백제의 아신왕이 좌장 진무 등에게 명하여 고구려를 치게 하였다. 이때 광개토태왕은 직접 군사 7,000명을 거느리고 패수(임진강) 강변에 진을 치고 백제군과 맞서 싸웠다. 이때 백제군은 크게 패하여 전사자가 무려 8,000명에 이르렀다.

이에 화가 난 백제의 아신왕은 그해 11월에 군사 7,000명을 거느리고 고구려를 치기 위해 출정하였다. 그러나 한수(漢水)를 건너 청목령(靑木嶺: 지금의 개성 부근) 밑에 이르렀을 때 폭설이 내려 동사하는 군사가 많아지자 회군하지 않을 수 없었다. 이때 광개토태왕이 이끄는 고구려군은 백제군을 추격하여 수많은 백제의 성을 빼앗고, 내친 김에 아리수(한강)를 건너 백제의 수도 한성을 공략하였다.

백제의 아신왕은 더 이상 견디지 못하고 굴복하여 노비 1,000명, 가는 베 1,000필을 광개토태왕 앞에 바치며 무릎을 꿇고 신하의 예를 갖추었다.

"이제부터 영원토록 노객(신하)이 되겠나이다."

이에 광개토태왕은 백제 아신왕의 잘못을 용서하였다. 이때 고구려는 백제의 성 58개와 700촌을 얻었으며, 아신왕의 아우와 대신 10명을 볼모로 삼아 고구려 수도로 개선하였다.〉

백제 아신왕이 고구려 광개토태왕 앞에서 신하의 맹세를 한 것은 굴욕적인 사건이 아닐 수 없다. ≪삼국사기≫에는 이러한 굴복에 관한 기사가 나오고 있지 않으나, 아신왕이 그 이후 계속 고구려에게 보복전을 하려고 꿈꾸었던 것을 보면 당시 광개토태왕에게 굴복한 것이 그에게는 얼마나 치욕적이었는가를 미루어 짐작할 수 있게 해준다.

≪삼국사기≫ 백제 본기에 보면 아신왕은 고구려와의 싸움에서 굴복한 지 3년 후인 재위 7년 8월에 백제군을 이끌고 고구려를 치기 위해 한산(漢山) 북책(北柵: 지금의 풍납토성으로 추정)에 이르렀는데, 때마침 밤하늘에서 큰 별이 군영(軍營) 안으로 떨어지자 길하지 못한 일이라 여기고 고구려 정벌 계획을 포기하였다. 그 다음 해인 재위 8년 8월에도 다시 고구려를 치기 위해 크게 병마(兵馬)를 징발하였으나, 백성들이 병역을 괴로워하여 신라로 도망치는 자가 많아 결국 그 뜻을 이루지 못하였다.

이처럼 백제 아산왕은 광개토태왕에게 신하의 예를 갖춰 굴복한 것을 천추의 한으로 여기며 계속적으로 고구려 정벌을 꿈꾸었으나, 죽을 때까지 그는 가슴에 맺힌 한을 풀 수 없었다. 그 이유는 단 한 가지 고구려는 강했고, 백제는 약했기 때문이다.

5. 북방의 숙신을 완전히 정벌하다

백제를 굴복시킨 광개토태왕은 북방으로의 진출을 꾀하고 숙신 정벌에 나섰다. ≪삼국사기≫에는 숙신 정벌에 관한 기사가 나오지 않으나, 광개토태왕 능비에 숙신을 정벌했다는 기록이 나와 있다.

능비에 '숙신(肅愼)'은 '식신(息愼)'으로 나와 있다. 숙신은 여진(女眞)과 말갈(靺鞨)의 전신으로, 일찍부터 만주 목단강(牧丹江) 유역과 연해주(沿海州) 방면에 퍼져 살던 퉁구스족이다. 사학자 천관우는 능비에 나오는 '식신'을 '숙신'으로 보고 있으며, 남북 사학자들의 견해도 대체적으로 그 주장과 일치하고 있다.

다만 능비에 나오는 '식신'이란 글자 중 '식(息) 자를 '백(帛)'으로 읽는 일부 학자들도 있는데, 그들은 이 '백신'이 경기 북부 및 강원 일대에 있던 '예(濊)'라고 주장하기도 한다. 그러나 대체적으로 '식신'을 '숙신'으로 보는 것이 옳다.

아무튼 능비에는 영락 8년(398)년 조에 광개토태왕이 '편사(偏師)', 즉 소병력을 보내 '식신토곡(息愼土谷)'을 '관(觀)'하게 하고, 막사라성과 가태라곡의 남녀 300명을 습격하여 사로잡아왔다고 나와 있다. 숙신족들은 이미 서천왕 11년 왕제 달가에 의해 고구려에게 6~7개소가 정복된 상태였으며, 이들은 그 이후 계속 고구려의 부용국이 되어 조공을 바쳐왔다.

따라서 영락 8년에 광개토태왕이 소병력을 보내 숙신을 정벌한 것은 100여 년 전 정복당하지 않았던 숙신의 일부 세력마저 정복하여 부용국으로 삼았음을 뜻한다. 서천왕 시절 달가가 숙신을 정벌할 때 고구려에 항복하지 않았던 일부 숙신 세력들은, 그 이후 호시탐탐 고구려 북변을 쳐들어와 노략질을 일삼아 백성들을 괴롭혀왔던 것이다.

광개토태왕은 남진정책을 써서 백제를 굴복시킨 후, 눈엣가시 같던 북방의 숙신까지 정벌하여 더 이상 북변의 소요가 일어나지 않도록 철저하게 방비하였던 것이다. 이때부터 숙신족들은 고구려에게 복종을 맹약하고, 해매다 조공을 바칠 것을 다짐하였다.

당시 고구려의 숙신 정벌은 그리 큰 싸움은 아니었다. 그러나 광개토태왕이 나머지 숙신의 잔여 세력까지 복속시킨 것은, 사실 차후에 북방진출을 하기 위한 전초기지가 필요했기 때문이다. 또한 숙신의 잔여세력에 의한 북방의 작은 소요들이 남진정책을 추진하는 데 걸림돌로 작용했기 때문에, 그 소요의 싹을 아예 제거해 버리자는 내부적인 속셈도 있었을 것으로 보인다.

이 같은 숙신 세력의 복속을 통한 북방의 정비는 나중에 광개토태왕이 동북방의 동부여를 정벌하는 데 전략적 전초기지로서의 역할을 톡톡히 해내는 큰 힘으로 작용하였다. 왜냐하면 숙신 지역이 바로 동부여와의 경계 지역에 자리잡고 있어, 고구려 북방의 지리적 여건상 아주 중요한 위치라고 할 수 있었기 때문이다.

6. 백제와 왜구의 연합전선을 궤멸시키다

광개토태왕 능비의 영락 9년 조에 보면 '기해년에 백잔이 맹세를 어기고 왜와 더불어 화의를 맺고 통하였다.'고 기록되어 있다. '백잔'은 고구려가 백제를 낮춰 부르는 이름인데, 백제는 왜국과 외교적으로 가깝게 지냈다. 당시 백제와 왜구는 연합을 하여 호시탐탐 신라 또는 고구려의 국경을 침범하곤 했다.

왜구가 신라로 쳐들어오자, 당시 신라왕이었던 내물이사금(奈勿尼師今)은 고구려에 사신을 보내어 광개토태왕에게 원군을 요청하였다. 그 내용이 능비에 다음과 같이 나와 있다.

〈신라가 사신을 보내어 왕에게 아뢰기를 왜인이 그 나라 경계 지방에 가득 차서 성을 무너뜨리고 있는데 노객(신라왕)은 (태왕의) 신민으로서 왕에게로 와서 지시를 주기를 기다린다고 하였다. 태왕은 은혜롭고 자애로워 그가 충성함을 칭찬하고 사신을 보냈으며 또 비밀계획을 알려주게 하였다.〉

영락 10년 경자년에 광개토태왕은 고구려의 보병과 기병 5만을 신라에 보내 왜구를 토벌하게 하였다. 남거성에서 출발하여 신라성으로 가니, 이미 성안에는 왜구들로 가득 차 있었다. 고구려 원정군이 들이닥치자 왜구는 곧 성을 버리고 달아났다.

고구려 원정군은 신라군과 함께 쫓기는 왜구를 추격하여 임나가야의 종발성에 이르렀다. 당시 임나가야는 지금의 김해지역에 있었는데, 왜구는 이곳에서 가야군과 연합하여 대항하였으나 크게 싸워보지도 못하고 항복하였다.

이때 고구려 원정군은 신라군으로 하여금 종발성을 수비케 하고 다시 쫓기는 왜구의 잔여세력을 추격하여 신라의 □□(능비에 글자가 지워져 있음)성에 이르렀다. 결국 왜구는 궤멸되었으며, 이렇게 되자 성 안에 있던 백성들 중 열이면 아홉은 다 왜구를 따르기를 거절하였다. 고구려 원정군은 이 성에도 신라의 수비군을 두어 성을 지키게 하였다.

백제군과 왜구의 잔여세력이 또 다른 성으로 도망을 쳤으나, 고구려 원정군은 끝까지 추격하여 그 성도 정복하고 신라의 수비군으로 방비케 하였다.

이렇게 고구려 원정군의 대승리로 끝나면서 왜구가 궤멸되자, 신라는 고구려에게 조공을 바치는 제후국이 되었다. 이후 100여 년간 신라는 고구려에게 조공을 바치는 종속관계를 유지하였다.

영락 14년 갑진년에는 왜구가 분수없이 고구려의 대방지경에 침입하였다. 이때 왜구들은 백제군과 함께 연합하여 황해를 통하여 대방지역(옛날 대방국의 남부지경으로, 오늘날의 황해도 남쪽 해안지방)으로 쳐들어와 일대 소란을 일으켰다.

당시 광개토태왕은 평양성에서 직접 군사를 이끌고 나가 백제와 왜구의 연합군을 쳐부수었다. 무적의 힘을 자랑하던 고구려군은 단숨에 적을 격파했으며, 이때 많은 왜구가 죽었다. 능비에도 '왜구가 패전하여 무너지니 참살당한 자가 헤아릴 수 없이 많았다.'고 기록되어 있다.

이때 크게 패한 이후 한동안 백제나 왜구는 잠잠했다. 간혹 왜구들이 신라를 침범하는 경우는 있었으나, 감히 고구려를 넘보지는 못하였던 것이다.

백제의 경우 이 시기에 아신왕이 죽고, 그의 둘째 동생 훈해(訓解)가 섭정을 하며 왜국에 가 있던 태자가 돌아오기를 기다렸다. 그런데 이때 아신왕의 셋째 동생 설례(碟禮)가 형 훈해를 죽이고 스스로 왕이 되었다. 뒤늦게 왜국에서 태자가 돌아오자 백제의 충신들이 설례를 죽이고, 마침내 태자를 왕위에 추대하였다. 그가 아신왕의 뒤를 이은 전지왕(腆支王)이다.

이렇게 백제가 혼란을 겪을 즈음, 광개토태왕은 영락 17년 정미년에 보병과 기병 5만을 보내 백제를 쳤다. 이는 백제가 더 이상 왜구와 연합하여 고구려 땅을 넘보지 못하게 하기 위한 전략이며, 이로써 남방진출을 확실하게 마무리 지은 뒤 북방 진출을 모색하려는 의도였다. 이 전투에서 고구려군은 수많은 백제군을 목 베었으며, 1만여 벌의 갑옷과 투구 등을 노획하였다. 그밖에 사구성, 우주성 등 6~7개의 성을 깨뜨리는 전과도 올렸다.

7. 후연 모용희의 공격과 고구려의 반격

광개토태왕이 백제와 왜구를 정벌하는 남진정책에 전력을 다하고 있을 즈음, 서북방의 후연은 호시탐탐 고구려 국경을 넘보았다.

원래 모용선비는 요하 중상류 지역을 중심으로 세력을 키워온 부족으로, 전연을 건국하기 전까지 만해도 당시 이들의 지도자인 모용외는 진나라의 평주자사였다. 그러다가 317년 진나라(西晉)가 망하고 동진(東晉)이 일어나는 과정에서 한족들이 모용선비에게 귀의하면서 세력이 커지자 모용외는 연나라를 건국하였다. 고구려는 미천왕 때 동진의 평주자사 최비와 함께 단선비, 우문선비까지 연합하여 모용선비의 연나라를 공략하였다. 그러나 모용외가 우문선비에게 술과 고기를 접대하는 등의 책략을 써서 위기를 모면하였다.

미천왕의 아들 고국원왕 때는 모용선비의 연나라가 고구려 최대의 적으로 떠올랐다. 이때 연나라의 왕은 모용외의 아들 모용황이었는데, 그는 고구려를 공격하여 환도성을 빼앗고 태후와 왕비를 볼모로 잡았으며, 철군할 때는 고국원왕의 부왕 미천왕의 무덤을 파헤쳐 시신을 가져갔다.

그 후 고구려는 연나라 모용황에게 당한 수치를 갚을 길이 없었다. 370년 전진을 세운 부견이 화북의 패권을 놓고 연나라와 치열한 전쟁을 벌여 승리한 것이다. 그 후 모용선비는 한동안 나라를 세우지 못하였기 때문에 고구려와의 충돌이 없었는데, 384년 모용황의 아들 모용수가 후연을 건국하였다. 당시 고구려는 고국양왕 시절이었는데, 요동과 현도 지역을 놓고 후연과 밀고 당기는 전쟁을 계속하였다. 이때 고구려는 몇 차례에 걸쳐 후연과 전쟁을 벌였지만 이렇다 할 성과를 거두지는 못하였다.

광개토태왕은 태자 시절 부왕인 고국양왕이 후연과 싸우는 정황을 직접 보고 몸으로 체험하였으며, 할아버지인 고국원왕 때 모용선비에게 당한 수치를 잘 알고 있었다. 이처럼 고구려는 모용선비가 세운 연나라와 오랜 숙적 관계였고, 그것은 대를 이어 계속되었던 것이다.

≪삼국사기≫에는 광개토태왕 재위 9년 정월에 '후연에 사신을 보내 조공을 하였다.'는 기록이 있다. 이때 후연의 왕 모용성(慕容盛)은 고구려에서 보낸 국서의 내용이 거만하다는 트집을 잡아 군사를 일으켰다. 모용성은 모용보의 아들인데, 표기대장군 모용희(慕容熙: 모용성의 숙부)를 선봉으로 삼아 군사 3만을 거느리고 고구려 국경을 침범하였다.

후연의 침입으로 보아 ≪삼국사기≫에 나오는 '조공하였다'는 표현은 잘못된 것임을 알 수 있다. 모용성이 군사를 일으킬 정도의 내용이었다면 광개토태왕이 국서에서 후연을 제후국처럼 대하였기 때문에 화가 났을 것으로 짐작된다.

아무튼 후연은 400년 2월 광개토태왕이 보낸 국서에 불만을 품고 고구려를 급습하여 신성, 남소성을 강점하였다. 이때 후연의 군사들은 고구려 서부 지역 700리 지경까지 들어와 5,000여 호의 백성을 납치해갔다.

이에 화가 난 광개토태왕은 고구려 군사를 정비하여 그 다음 해인 401년 11월 후연의 숙군성(宿軍城)을 공격하였다. 이곳을 지키던 후연의 평주자사 모용귀(慕容歸)는 고구려 군사의 강력함을 알고 곧 성을 버리고 달아났다.

광개토태왕의 숙군성 공략은 후연의 군사력을 시험해 보기 위한 전초전에 불과하였다. 그로부터 2년 후 고구려는 다시 장성 이남에 있던 후연군을 기습하여 100여 명을 살상하였다. 이때 후연왕 모용희는 자국의 군사를 구하려고 하기보다 오히려 기습작전으로 고구려의 요동성을 공격하였다.

당시 후연은 모용성의 대를 이어 그의 숙부였던 모용희가 왕이 되어 있었는데, 그는 전에 표기대장군으로 선봉을 섰을 만큼 지략과 용맹을 겸비한 인물이었다. 연나라 군사의 공격으로 고구려의 요동성이 함락될 지경에 이르렀을 때, 모용희는 군사 참모격인 장사(將士)에게 다음과 같이 명하였다.

"성에 오르지 말라. 그 성을 토평한 후에 짐이 황후와 더불어 연을 타고 입성하겠다."

모용희는 스스로 '짐'이라 일컫고, 자기 아내를 '황후'로 칭하는 오만함을 보였다. 그러나 내심으로는 고구려 군사들의 강한 저항에 겁을 먹고 있었던 것이다. 그의 말은 더 이상 성을 공격하지 말고 후일을 기약하자는 것을 부하 장수 앞에서 그럴 듯한 자기 과신으로 포장한 것일 뿐이었다. 결국 모용희는 고구려의 요동성을 공략하지 못하고 군사를 돌렸다.

그 다음 해인 406년 1월에 후연의 모용희는 먼저 거란을 습격하여 군사가 형북(陘北)에 이르렀는데, 거란이 대군으로 저항하자 겁을 먹고 군사를 돌리지 않으면 안 되었다. 자존심이 부쩍 상한 모용희는 회군하던 군사 중 기병을 뽑아 3,000리를 강행군하여 고구려의 목저성(木底城)을 쳤다. 그러나 장거리 행군으로 병사와 말들이 너무 지쳤고, 추위에 얼어 죽는 자가 많은 데다 고구려군의 강력한 전투력을 이기지 못하고 결국 퇴각하였다.

407년에 후연은 고운, 풍발 등의 내란으로 인하여 모용희가 처단당하면서 4대 24년 만에 멸망하였다. 내란의 주모자인 고운(高雲)은 곧 북연(北燕)을 세워 왕이 되었는데, 그는 원래 고구려 유민 고화의 손자로 알려져 있다. 광개토태왕은 고운이 북연의 왕이 된 것을 축하하는 동시에, 그를 고구려 왕실의 왕족으로 인정한다는 국서를 보냈다. 이에 고운은 시어사(侍御史) 이발(李拔)을 보내어 고구려 광개토태왕에게 제후로서의 답례를 하였다.

409년 고운이 죽고 풍발이 왕이 된 다음에도 북연은 고구려와 계속 친밀관계를 유지하였다.

8. 고구려 영토를 크게 확장하다

≪삼국사기≫의 기록에 의하면, 광개토태왕은 후연을 멸망시킨 후 재위 18(또는 19)년 4월에 왕자 거련(巨連)을 태자로 책립하였으며, 그해 7월에 국동(國東)에 독산성(禿山城) 등 6성을 쌓고 평양의 민호를 이주시켰다고 한다.

국동의 독산성에 대해서는 그 위치를 비정하기가 매우 어렵다. 북한 사학자 손영종은 독산성을 경기도 포천 부근의 독현 또는 포천 성산산성을 주목하고 있다. 아무튼 광개토태왕이 국동 6성을 쌓은 것은 남쪽의 백제를 막기 위한 방어정책의 하나라고 볼 수 있다. 이는 성을 쌓은 다음 달인 8월에 태왕이 남방을 순수했다는 기록을 보면 알 수 있는 일이다.

한편 광개토태왕 능비의 기록에 의하면, 영락 20년(410)년에 왕이 친히 병력을 이끌고 동부여를 공략하였다고 한다. 원래 동부여는 고구려의 속민(屬民)이었는데, 자꾸 반발하는 세력이 늘어나 이때 재차 토벌하게 된 것이다.

광개토태왕은 먼저 다른 나라의 외침이 있을지도 모르는 곳을 철저히 방비하고 나서 계획했던 나라를 공략하는 전략을 구사하였다. 먼저 남방 정책으로 백제를 굴복시키고 나서 북방으로 진출한 것도 그와 같은 전략이었던 것이다. 409년에 백제를 방비하기 위해 국동에 6성을 쌓고 나서 그 다음 해에 태왕이 동북쪽에 위치한 동부여를 공략한 것은 바로 그와 같은 전략의 일환이었다.

원래 부여는 286년 선비족 모용외의 기습으로 나라가 망했는데, 그 왕족의 일부가 북옥저로 피난을 가서 동쪽에 다시 나라를 세웠다. 당시 동부여는 고구려에 대하여 사대를 하는 관계였다. 그러나 그 세력이 점차 강화되면서 고구려 속국에서 벗어나려고 국력을 키워나갔다. 고구려가 여러 차례 연나라와 전쟁을 벌이는 사이에 부여는 호시탐탐 고구려 국경의 일부 땅을 점령하기도 하였다.

고구려로서는 그러한 동부여가 크게 두려워할 대상은 아니었으나 껄끄러운 것만은 사실이었을 것이다. 손이 잘 닿지 않는 곳에 난 등창처럼 성가신 존재였다고 할 수 있다.

천관우는 이때의 동부여 위치를 두만강 하류로 비정하고 있는데, 두만강 그 위쪽일 가능성이 높다. 동부여의 정벌이 쉽지 않은 것은 그곳이 험준한 산악지대로 둘러싸여 있어서 대군을 이끌고 접근하기가 어렵다는 점이었다.

고구려를 둘러싼 서북방, 북방, 남방의 나라들을 공략하여 굴복시킨 광개토태왕은 마지막으로 동북방의 공략에 나섰다. 동부여까지 정벌하여 동북방의 안정을 되찾으면 일단 고구려를 둘러싼 발호세력을 완전히 잠재우게 되어 평화를 유지할 수가 있는 것이다.

당시 광개토태왕이 원정군을 이끌고 동부여로 가기 위해서는 유일한 통로가 개마고원을 경유해서 두만강을 건너는 길밖에 없었다. 압록강과 두만강 상류의 험준한 산악지대는 빽빽한 밀림지대여서 대군이 진군하기에는 큰 어려움이 뒤따랐을 것이기 때문이다.

아무튼 광개토태왕은 원정군을 이끌고 동부여의 수도 여성(위치는 정확히 알 수 없음)으로 가는 길에 여러 성을 함락하였다. 고구려 원정군이 수도인 여성까지 쳐들어가자 동부여의 왕은 사절을 보내 항복하였다. 이때 고구려는 동부여의 64개 성, 1,400촌을 함락하였다.

동부여를 제압하고 회군할 때 광개토태왕은 동부여의 높은 관직인 압로들을 볼모로 데려갔다. 미구루압로·비사마압로·단사루압로·숙사사압로, 그리고 이름을 알 수 없는 압로 등 5명의 압로가 그들이었다.

이로써 광개토태왕은 고구려 국경의 남쪽, 서북쪽, 북쪽, 동북쪽에서 각각 수백 리 또는 1,000여 리의 국토를 확장하였다. 과연 능비에 나오는 '국강상광개토경평안호태왕'이라는 이름을 얻기에 충분한 공로라 아니할 수 없다.

광개토태왕은 동부여 정벌 후 재위 22년 10월에 세상을 떠났다. 그가 어떤 이유로 죽었는지에 대해서는 기록이 전해지지 않아 아직까지도 의문으로 남아 있다.

9. 광개토태왕 능비의 비밀

광개토태왕 능비는 당대의 기록이므로 고려 중기에 편찬한 《삼국사기》 기록보다 훨씬 신빙성이 높다고 보아야 한다. 비문에는 광개토태왕의 즉위 원년이 신묘년(辛卯年), 즉 391년으로 되어 있는데, 《삼국사기》는 392년으로 되어 있다. 세상을 떠난 해도 능비는 412년으로 되어 있어 《삼국사기》 기록보다 꼭 한 해가 빠르다. 이렇게 볼 때 재위 기간 22년은 정확한 사실이며, 즉위년과 세상을 떠난 해도 당대의 기록인 능비의 내용을 존중하는 것이 옳다고 보는 것이 역사학계의 일반적인 견해다.

아무튼 광개토태왕의 능비는 그의 아들인 장수왕에 의해 건립되었는데, 비문에 나오는 건립 연대는 갑인년(甲寅年), 즉 414년 9월 29일로 되어 있다. 광개토태왕이 세상을 떠난 지 2년만의 일로, 아마 사망 직후부터 능비 제작에 착수하여 2년 만에 완성한 것으로 짐작된다.

능비는 거대한 암석으로 되어 있는데, 높이는 6.39미터이며, 무게는 약 37톤이 나간다. 이 비의 4면에 당시 유행하던 예서체(隸書體)로 1,775자에 달하는 비문을 새겨 넣었다.

비문의 내용은 크게 세 부분으로 되어 있다. 서두에는 고구려 건국자 추모(주몽)의 신이한 출생담과 건국 이야기, 그리고 광개토태왕의 일반 치적에 대하여 기술하고 있다. 그 다음 본론으로 들어가 광개토태왕 재위 시 영토 확장 사업의 주요 내용이 연도별로 정리되어 있으며, 세 번째는 광개토태왕의 능을 수호·관리하는 사람들 330호의 출신 지역과 이름이 낱낱이 기록되어 있다.

광개토태왕 능비에 대한 기록은 ≪용비어천가(龍飛御天歌)≫, 성현(成俔)의 칠언시 〈망황성교(望皇城郊)〉, 이수광(李睟光)의 ≪지봉유설(芝峰類說)≫ 등에 나오고 있다.

그러나 이 능비는 오랜 세월 망각 속에 묻혀 있었다. 그러다가 1880년에 능비가 재발견되었는데, 당시 청나라의 회인현 막료였던 관월산(關月山)이 능비 조사에 착수하여 비면에 덮여 있던 이끼를 일부 벗겨낸 다음 탁본(拓本) 제작에 착수하였다. 하지만 이것은 능비 기록의 일부에 지나지 않았고, 조잡한 탁본 기술이라 글자가 잘 보이지 않았다. 그리고 1887년과 1889년 두 차례에 걸쳐 당대 가장 이름난 탁공(拓工)의 한 사람인 이운종(李雲從)이 50여 벌의 탁본을 만들었다.

일본인으로 가장 먼저 집안에 나타나 광개토태왕 능비의 비문을 탁본한 사람은 사카와 카게노부(酒匂景信)라는 육군 포병 중위였다. 그는 1883년 능비의 비문을 한 면에 무려 수십 매씩의 종이를 들여 탁본하였는데, 1면 33매, 2면 28매, 3면 40매, 4면 32매로 된 것이었다.

사카와는 이 광개토태왕 능비 탁본을 일본으로 가져가 1888년 12월 네 폭으로 꾸며서 명치천황(明治天皇)에게 헌상하기까지 하였다. 일본에서는 그만큼 이 탁본의 중요성을 깊이 인식하고 있었던 것이다. 심지어 일본 당국은 이 능비를 일본으로 반출하려는 음모까지 꾸미기도 하였으나, 어떤 이유 때문인지 실현되지는 않았다.

광개토태왕 능비의 비문은 너무 오랜 세월이 흘러 글자가 마모된 곳이 여러 곳 있으며, 따라서 그 부분에 대한 해독에 있어서 큰 문제가 야기되었다. 더구나 1914년에 국내 사학자 단재 신채호(申采浩)가 능비를 찾아갔는데, 그로부터 10년 후에 발표한 ≪조선상고사≫에서 당시 세간에 판매되고 있던 능비의 탁본에 대하여 '그 결자(缺字)를 혹 석회(石灰)를 도부(塗付)하여 첨작(添作)한 곳이 있으므로, 학자가 그 진(眞)을 실(失)함을 한(恨)한다.'고 지적하였다. 즉 일본인들이 능비를 조작하여 탁본하였기 때문에 사카와 탁본의 진위를 의심할 수밖에 없다는 것이다.

그러나 신채호는 광개토태왕 능비의 비문 자체에 대한 본격적인 연구에까지 매달리지는 못했고, 정인보(鄭寅普)가 1955년에 발표한 논문 〈광개토경평안호태왕능비문석명〉에서 가장 난해하고 동시에 가장 중요시되어 온 이른바 신묘년조(辛卯年條) 기사에 대하여 새로운 견해를 제시하였다. 문제의 신묘년조 기사는 다음과 같다.

〈而倭以辛卯年來渡海破百殘□□新羅, 以爲臣民〉

일본은 이 부분에 대하여 '왜가 신묘년 이래 바다를 건너와 백제와 신라를 격파하고 신민으로 삼았다.'고 해석하였다. 그런데 정인보는 이러한 해석의 잘못을 지적하며 '渡海破'의 주어를 왜가 아닌 고구려로 간주하고, 그 격파 대상이 다름 아닌 왜임을 지적하였다. 따라서 백제가 왜를 끌어들여 신라를 신민으로 삼은 것이라고 주장하였다.

1972년에는 재일동포사학자 이진희(李進熙)에 의해 일본 참모본부의 음모설이 제기되었다. 그는 ≪광개토왕능비의 연구≫에서 탁본마다 내용이 조금씩 다른 점과, 뒤에 나온 탁본이 앞선 시기의 것보다 선명하다는 사실에서 그와 같은 의혹을 제기한 것이다.

현재까지도 광개토태왕릉비문에 대한 해석의 문제점은 한두 가지가 아니다. 이러한 문제점들은 장차 역사학계에서 새롭게 규명해 나가야할 과제이다.

제20대 장수왕

(재위기간: 413년~491년)

1. 남진정책과 평양 천도

광개토태왕 사후 그의 장자인 태자 거련(巨連)이 대를 이었으며, 그가 바로 고구려 제20대 장수왕(長壽王)이다.

대체적으로 광개토태왕 때 북방을 평정하여 안정을 되찾았으나 남쪽의 백제는 장수왕 때에 와서도 눈엣가시 같은 존재였다. 장수왕은 북방의 안정을 꾀하기 위하여 동진(東晉)과 외교관계를 돈독히 하는 한편, 남쪽의 신라와는 광개토태왕 때 인질을 잡아두던 것과 마찬가지로 여전히 힘으로 지배력을 과시하였다. 그러나 백제의 경우 그 세력이 만만치 않아 고구려 의 남진정책에 큰 걸림돌로 작용하고 있었다.

백제는 396년과 400년 두 차례에 걸쳐 광개토태왕에게 크게 패한 후 고구려의 명령에 복종하는 지배체제 아래 있었으나, 북방 안정을 꾀하기 위해 고구려가 북쪽의 여러 나라와 전쟁을 하는 사이에 국력을 키워 장수왕 이 즉위할 무렵이 되어서는 백제의 국력이 조금씩 신장되어 가고 있었다.

이에 따라 장수왕은 즉위 초기부터 남진정책을 표방하여 수도를 평양으 로 옮기기 위해 도성 건설에 박차를 가하였다. 국내성은 산지가 많고 강을 끼고 있어 수도를 방위하기 위한 요새로 적지였으나, 그런 만큼 교통은 매우 불편하다는 취약점을 갖고 있었다. 특히 남쪽 농경지역에서 거두어 들이는 공물을 운반하는데 있어서 교통의 불편은 큰 걸림돌이 아닐 수 없었다.

광개토태왕 때에 와서 국토가 크게 늘어났기 때문에, 고구려는 광활한 영토를 지배하기 위해 경제력의 신장을 꾀하는 것이 급선무이기도 했다. 따라서 평양 천도는 물산이 풍부한 남쪽의 기름진 땅을 찾아간다는 목적도 포함되어 있었다고 보아야 할 것이다.

사실 광개토태왕 시절부터 평양은 부수도로서의 역할을 수행하고 있었다. 393년 평양에 9개의 절을 한꺼번에 세운 것을 보면 당시 그 지역 인구가 많았다는 것을 알 수 있으며, 이미 평양 천도의 움직임은 그때부터 있어왔다고 보아도 큰 무리가 아니다. 9개의 절을 건설함과 동시에 궁궐 건설에도 박차를 가했을 것이다.

당시 평양성은 대성산 아래 지어졌으며, 궁궐의 이름은 안학궁이다. 고구려는 평지에 안학궁을 짓고, 대성산에 산성을 쌓아 적군의 침입에 대비하였다. 이는 고구려가 건국 초기부터 평지성과 가까운 지역에 산성을 두는 수도방위체제의 전략에 따른 것이다. 국내성이 평지성이고 위나암성이 산성이었던 것처럼, 평양 천도시에도 평지성으로 안학궁을 짓고 산성으로 대성산성을 쌓아올렸던 것이다.

당나라 때의 사서인 ≪주서(周書)≫에 보면 고구려의 평양성에 대하여 다음과 같이 기록되어 있다.

〈수도는 평양성이다. 그 성은 동서가 6리이고, 남으로 패수에 닿아 있다. 성안에는 군량과 무기를 비축하여 두었다가 적군이 침입하는 날에는 곧 성안으로 들어가서 굳게 지킨다. 왕은 따로 그 옆에 궁실을 마련하였으나, 평상시에는 거기에 살지 않는다.〉

이는 바로 대성산성과 안학궁이 수도방위전략으로서의 2성 체제를 이루었음을 시사해주는 대목이다.

평지성인 안학궁은 대성산 소문봉 바로 남쪽 기슭에 자리를 잡고 있으며 4각형의 토성으로 둘러싸여 있다. 북문·동문·남문 등 3개의 문이 있었으며, 동·북·서 방향으로 해자를 파서 적군의 침입에 대비하였다.

적군이 쳐들어오면 안학궁이 위기에 처할 경우 대성산성으로 옮겨 방어를 하게 되는데, 대성산성은 4세기 말에서 5세기 초에 건설된 것으로 안학궁 북문에서 많이 멀지 않은 거리에 있어 일단 유사시 대피하기에 유리하다. 소문봉·을지봉·장수봉·북장대·국사봉·주작봉 등 6개의 봉우리들로 연결된 대성산성은 2중 또는 3중의 성벽을 축성한 곳도 있어 당시 방어체계가 아주 튼튼하게 갖추어졌음을 알 수 있게 해준다.

대성산은 평양의 중심부 가까이에 있으며, 그 곁으로 대동강이 굽이쳐 흐르고 있어 대성산성의 해자 역할을 해주고 있다. 지리적 입지 조건이 천혜의 요새임을 말해주는 것이다.

장수왕은 이처럼 평지성인 안학궁과 산성인 대성산성을 건설한 후 재위 15년에 평양으로 천도하였다.

2. 원공근교(遠攻近交)의 긴축외교

장수왕이 즉위하였을 때 중국 대륙은 남북조시대였다. 4세기 초 서진이 멸망할 무렵 중국 북부와 서부에 근거지를 두고 있던 이른바 '5호(五胡)'라고 일컫는 흉노(匈奴)·갈(羯)·선비(鮮卑)·저(氐)·강(羌) 등 다섯 민족과 한족에 의하여 16개의 정권이 양자강 이북에서 군웅할거(群雄割據)하는 양상을 띠게 되었고, 그 이남에서는 서진(西晉)에 이어 동진(東晉)이 발흥하였다. 여기서 북쪽의 16국은 북위(北魏)에 의해 병합되었으며, 이남은 다시 동진에서 송(宋)으로 이어졌다.

이러한 중국 대륙의 혼란스런 정권 교체로 인하여 고구려는 긴축적인 외교정책을 펴지 않으면 안 되었다. 435년 장수왕 23년에 고구려는 북위에 사신을 보내어 친화적인 외교정책을 수립하였다. 당시 북위는 강력한 군사력을 가지고 있었으며, 자주 북연(北燕)을 쳐서 인근의 고구려도 큰 근심거리 중의 하나였다.

≪삼국사기≫에 보면 북연의 왕 풍홍(馮弘)이 신하에게 다음과 같이 말했다는 기사가 나온다.

"일이 급해지면 동(東)으로 고구려에 의지하여 뒷날을 도모하리라."

이렇게 말하며 북연왕 풍홍은 비밀리에 상서(尙書) 양이(陽伊)를 고구려에 보내 도움을 요청하였다.

한편 장수왕 재위 24년에 북연왕 풍홍은 마음이 조급해지자 북위에 사신을 파견해 조공을 바치고 자제까지 보내겠다고 하였다. 즉 자제를 볼모로 삼아달라는 뜻이었으니 전쟁도 하지 않고 스스로 항복한 것이나 다름없는 것이었다.

그러나 북위왕은 북연왕의 요청을 거절하고, 오히려 고구려에 사신을 보내어 북연과 서로 통하지 말고 북연왕이 망명하더라도 받아들이지 말아 달라고 부탁하였다.

이때 고구려 장수왕은 북위와 북연 모두에게 해가 되지 않을 방책을 강구하기로 하였다. 군사력이 강한 북위는 고구려에서 멀고, 상대적으로 군사력이 약한 북연은 가까운 거리였다. 따라서 멀고 강한 나라에 대해서는 견제를 하고, 가깝고 약한 나라에게는 위무를 하는 외교정책이 필요하다고 판단하였다.

그해 4월에 드디어 북위는 북연의 백랑성(白狼城)을 공격하여 단숨에 쳐부수었다. 이때 고구려의 장수왕은 급히 장수 갈로(葛盧)와 맹광(孟光)으로 하여금 군사 수만을 이끌고 북연 사신 양이(陽伊)의 안내를 받아 북연왕을 돕도록 하였다.

고구려 군대는 화룡(和龍: 지금의 朝陽)에 이르러 북연왕을 만났다. 갈로와 맹광은 용성에 들어가 북연왕을 보호하고, 그의 일족과 근위 군사들에게도 무장을 시켜 안전을 도모하였다. 그리고 다음 달인 5월, 북연왕은 북위의 군대를 피하여 용성을 버리고 고구려로 도망쳤다. 이때 용성의 궁전에 불을 질렀는데, 그 불이 무려 10일 동안이나 꺼지지 않았다고 한다.

북연왕 풍홍은 왕비에게 갑옷을 입히고 안전을 도모하기 위하여 행렬의 중앙에 섰으며, 양이 등으로 하여금 정병을 거느리고 양쪽에서 호위토록 하였다. 고구려 장수 갈로와 맹광은 기병을 이끌고 북연왕의 대열 뒤에서 북위의 군사들이 추격할 것에 대비하였는데, 그 행렬이 무려 80여 리나 되었다.

북위왕은 그 소식을 듣고 산기상시(散騎常侍) 봉발(封撥)을 고구려에 보내 북연왕을 압송하라고 요구하였다. 그러나 장수왕은 글을 보내어 북위왕이 요청한 북연왕의 압송을 거절하였다.

북위왕은 장수왕이 자신의 명을 어긴다 하여 고구려를 칠 것을 논의하고, 농우(隴右)의 기병을 일으키려 하였다. 그러나 이때 주위의 신하들이 간하여 시행치 못하였다. 당시 북위가 고구려를 칠 수 없었던 것은 북연 세력까지 합한 고구려의 군사력을 당할 수 없었기 때문이다.

그러나 고구려의 장수왕은 북위와의 신뢰를 회복하기 위하여 다음 해인 재위 25년 2월에 사신을 보내 다시 예전과 같은 우호 관계를 맺었다. 이처럼 장수왕은 유리할 때는 강력하게, 불리할 때는 부드럽게 대하여 나라의 안정을 꾀하는 긴축외교 정책을 펴나갔던 것이다.

3. 북연왕을 죽이고 송나라와 당당히 맞서다

장수왕 재위 26년 3월 북연왕 풍홍(馮弘)이 요동에 왔을 때였다. 3년 전 장수왕 덕분에 북위의 위협에서 살아남은 풍홍은 그때까지만 해도 요동 일대를 떠돌며 여전히 북연왕으로 행세하고 있었다.

이때는 중국 위진남북조 시대의 북쪽 맹주였던 북위가 점차 쇠퇴의 길을 걸으면서, 남쪽에서는 동진을 멸망시킨 송(宋)이 맹주로 등장하였다. 늘 두려움의 대상이었던 북위가 쇠퇴하기 시작하자 북연왕 풍홍은 거만해졌다.

그러나 북연의 국력은 고구려에 미치지 못하였다. 요동에 온 북연왕에게 장수왕은 신하를 보내 이렇게 전하였다.

"용성왕(龍城王) 풍군(馮君)이 요동에 와서 야숙(野宿)을 하고 있으니 사마(士馬)가 얼마나 피로하겠느냐?"

장수왕이 북연왕을 '용성왕'으로 지칭한 것은 '용성'이 북연의 수도임을 빌어 일개 성의 군주로 하대를 한 것이다. 그래서 '풍홍'의 성에 '군'을 붙여 '풍군'으로 낮춰 표현하였다. 이는 다시 말하면 당시 고구려는 북연을 속국으로 인식하고 있었으며, 풍홍을 일개 제후 정도로 여겼던 것을 의미한다.

이때 북연왕 풍홍은 고구려 장수왕의 말을 불쾌하게 생각하였다. 그러나 고구려가 나라 체제를 제대로 갖춘 강국임을 알고 있었기 때문에 불쾌하지만 참을 도리밖에 없었다. 다만 풍홍은 그때까지도 고구려를 업신여기는 마음을 버리지 못하고 있었다.

장수왕은 북연왕 풍홍을 요동군의 부속 군에 속하는 평곽(平郭)에 임시로 머물게 하였다가, 얼마 지나지 않아 역시 요동 땅인 북풍(北豊)으로 옮겨가게 하였다. 그리고 풍홍의 시인(侍人)을 빼앗아 수족을 묶어놓았으며, 언제 배반할지 모른다고 생각하여 그의 태자 왕인(王仁)을 인질로 취하였다.

이렇게 되자 풍홍은 장수왕을 원망하며 더 이상 고구려에 머물 수 없다고 판단, 몰래 송나라에 사람을 보내어 구원을 요청하였다. 송태조는 이를 받아들여 사자 왕백구(王白駒)를 보내 풍홍을 맞아들이게 하였다. 그리고 고구려로 하여금 군사를 대동하여 풍홍을 안전하게 호위해 보내라고 요구했다.

장수왕은 송태조의 요청을 거절하였다. 오히려 송나라에 사람을 보내 구조요청을 한 풍홍을 괘씸하게 생각하고, 장수 손수(孫漱)와 고구(高仇)에게 군사를 주어 북풍에 가서 풍홍을 죽이게 하였다. 또한 그의 자손 10여 명까지도 함께 죽여 후환이 없도록 조처하였다.

한편 군사 7,000여 명을 이끌고 온 송나라 사자 왕백구는, 풍홍을 죽인 고구려 장수들을 괘씸하게 생각하였다. 따라서 방심하고 있던 고구려 군대를 엄습하여 장수 고구를 죽이고, 손수를 사로잡았다.

그 소식을 들은 장수왕은 즉시 군사를 풀어 송나라 사자 왕백구를 잡아들이게 하였다. 사자로 온 자가 함부로 고구려 장수를 죽인 것에 대한 죄를 묻기 위함이었다. 그러나 송나라의 사자이므로 장수왕 마음대로 처결할 수는 없는 일이어서, 일단 송태조에게 그 죄인을 보내 송나라 국법으로 처결하게 하였다.

송태조는 고민하지 않을 수 없었다. 감히 자신이 보낸 사자를 죄인으로 포박하여 보낸 고구려의 장수왕이 못마땅하였을 뿐 아니라, 북연왕 풍홍을 온전하게 보내라고 한 요구를 거절하고 아예 죽여 버렸다는 것에 화가 났다. 그러나 송태조는 고구려가 멀리 있는 나라이므로 당장 쳐들어갈 수도 없는 형편이고, 만약 전쟁에서 승리한다 하더라도 관리하기가 힘들다는 것을 잘 알고 있었다.

따라서 송태조는 고민 끝에 고구려 장수왕의 요구를 받아들여 일단 사신 왕백구를 감옥에 가두었다. 그리고 얼마 후에 풀어주었다.

당시 송태조가 고구려를 함부로 대할 수 없었던 것은, 북쪽에 고구려와 돈독한 외교관계를 맺고 있는 북위가 있었기 때문이다. 비록 쇠퇴일로를 걷고 있기는 했지만 그때까지도 북위는 화북의 맹주였던 것이다. 바로 그 다음 해인 장수왕 재위 27년 11월과 12월에 두 차례에 걸쳐 고구려가 북위에 사신을 보낸 것을 보면 그러한 역학 관계를 미루어 짐작하기 어렵지 않다.

4. 북위와 대등 외교를 펼치다

김부식의 《삼국사기》에 보면 장수왕 시절 북위에 조공(朝貢)을 바쳤다는 기록이 너무 많이 나온다. 원래 조공은 제후국이 종주국에게 때마다 예물을 보내어 신하의 충성을 맹세하는 것을 이르는 말이다.

그러나 고구려 장수왕 시절 북위와의 관계는 조공을 바치는 상하 개념이라기보다는 실질적으로 대등한 위치에 있었다. 중국 남북조시대의 화북 맹주인 북위와 강남 맹주인 송, 그리고 동쪽의 고구려는 삼국이 서로 견제하면서도 우호적 관계 내지는 경우에 따라 밀고 당기는 긴축외교를 펼쳐왔다.

따라서 당시 고구려는 김부식이 ≪삼국사기≫를 썼던 고려시대의 사대주의 정서에 따른 기록과는 매우 거리가 먼 편이다. 다만 김부식이 당시 중국에 대한 고려의 정서를 감안하고 중국 사서를 그대로 원용하면서, 북위와의 대등 외교 활동까지도 '조공'이란 용어로 전락시키고 만 것이다. 그래서 후대에서는 '조공무역'이란 말로 표현하기도 했지만, 당시 나라대 나라의 외교는 단순 외교가 아니라 서로 물산을 교환하는 무역의 개념까지 포함하고 있었다고 보아야 한다.

≪삼국사기≫에 보면 장수왕은 재위 23년에 북위의 세조(世祖)에게 사신을 보내 국휘(國諱)의 교시(敎示)를 청했다고 기록하고 있다. 이 사실은 ≪위서≫ 열전 고구려편에도 언급되고 있다.

〈세조 때에 쇠(釗)의 증손 련(璉)이 처음으로 사신 안동(安東)을 파견하여 표를 올리고 방물을 바치면서 아울러 국휘(國諱)를 청하였다.〉

'쇠'는 북위가 고구려의 고국원왕을 부른 명칭으로 '유(劉)'의 잘못된 표기이다. 원래 고국원왕의 휘는 '사유(斯由)'인데 혹은 '유(劉)'로도 불렀다. 그 한문 자 유(劉)가 변하여 쇠(釗)가 된 것이다. 그리고 '련(璉)'은 장수왕의 휘인 '거련(巨連)'을 달리 부른 것이다. 또 '국휘'란 '역세의 제휘'를 말하는 것으로, '국휘를 청하였다'는 것은 중국 역대 황제의 계보를 알려달라는 뜻이다.

당시 장수왕이 무슨 뜻으로 '국휘'를 요청했는지는 알 수 없다. 이를 북위에서는 고구려가 신하의 예를 갖춘 것으로 판단한 듯하지만, 장수왕은 외교 상대국에 대한 정중한 태도의 한 표현으로 그렇게 한 것이라고 볼 수 있다.

북위의 세조는 이를 오인하고 신하에게 일러 역대 황제의 계보와 휘명(諱名)을 적어주게 하였다. 뿐만 아니라 원외산기시랑(員外散騎侍郞) 이오(李敖)를 사신으로 보내 장수왕에게 '도독요해제군사정동장군영호동이중랑장요동군개국공고구려왕'이란 칭호를 내렸다.

그러나 당시 고구려는 중국과는 다른 천하관(天下觀)을 가진 나라였다. 제후국에는 천하관이 있을 수 없다. 그러나 고구려는 중국의 제후국이 아니기 때문에 중국과는 다른 천하관을 갖고 있었으며, 사학자 노명호는 중국의 천하관과 달리 고구려의 천하관을 '다원적 천하관'이라고 표현하기도 하였다.

아무튼 장수왕은 북위에 대하여 떳떳한 외교를 펼쳤다. 북위와 외교 관계를 수립한 다음 해인 장수왕 재위 24년에 고구려는 북위가 북연왕 풍홍을 압송하라고 했으나 그 요청을 거절하였다. 이때 화가 난 북위의 세조는 고구려를 치려고 하였으나 군사 강국인 고구려의 위세에 눌려 포기하고 말았다. 이것 하나만으로도 북위는 고구려의 종주국이 될 수 없다. 따라서 북위에 조공을 바쳤다는 ≪삼국사기≫의 기록은 사대주의 정서에 입각한 잘못된 표현임이 입증된다.

고구려와 북위는 그 이후에도 계속 외교적 대등 관계를 유지하였다. 장수왕 재위 53년에 북위의 문명태후(文明太后)는 아들 현조(顯祖)의 후궁들을 미덥지 못하게 여겨, 고구려 장수왕에게 왕녀(王女)를 바치라고 요구하였다. 문명태후는 북위 제3대 세조의 며느리로 제4대 고종(高宗)의 황후다.

이때 장수왕은 북위에 "왕녀가 이미 출가하여 그 대신 제녀(弟女)를 보내겠다.'고 하였다. 북위는 이를 받아들여 곧 안락왕(安樂王) 진(眞)과 상서(尙書) 이부(李敷) 등을 시켜 고구려에 폐백을 전달케 하였다.

그러나 고구려에서는 이를 탐탁하게 생각하지 않았다. 이때 마침 신하들이 장수왕에게 다음과 같이 충언하였다.

"위나라가 전에 북연과 혼인을 맺고 얼마 안 있다가 연을 쳐들어갔으니, 이는 혼인을 빙자하여 사람이 오가면서 지리를 익히기 위한 계략이었습니다. 따라서 마땅히 방편을 써서 위나라의 요청을 거절함이 옳을 듯합니다."

장수왕은 드디어 사신을 보내 제녀, 즉 자신의 질녀가 죽었다고 하였다. 북위는 그것을 거짓으로 의심하고, 가산기상시(假散騎常侍) 정준(程駿)을 보내 다시 종숙(宗淑)을 간택하겠다는 뜻을 전하였다. '종숙'은 왕가인 종족의 숙녀를 이르는 것인데, 그러던 중 마침 북위의 현조가 죽으면서 그 요청은 유명무실하게 되었다.

북위와 고구려는 장수왕이 죽을 때까지도 서로 사신을 통해 공물을 보내는 대등 관계의 외교 무역을 펼쳤다. 그리고 재위 79년 12월 장수왕이 98세로 훙거(薨去)했을 때, 북위의 효문제(孝文帝)는 그 부음을 듣고 흰 위모관(委貌冠)과 베로 된 심의(深衣)를 지어 입고 고구려가 있는 동쪽 교외로 나가 애도식(哀悼式)을 거행하였다. 황제가 '위모관'을 썼다는 것은 당시 중국의 오래된 풍습으로 볼 때 거애(擧哀)의 표시라고 할 수 있다. '심의' 역시 중국의 오래된 풍습으로 예의를 갖추기 위해 깊이 몸을 감싸는 의상을 말한다.

이처럼 북위의 황제가 고구려 장수왕의 부음을 듣고 애도를 표시한 것은 당시 북위와 고구려의 관계가 적어도 대등 관계에 있었음을 시사해주는 증거라 할 수 있다.

5. 고구려 첩자 도림과 백제의 개로왕

≪삼국사기≫에 보면 장수왕 재위 62년 9월에 고구려는 군사 3만으로 백제를 쳐서 한성을 함락하고 백제왕 부여경(扶餘慶)을 죽였으며 남녀 포로 8,000여 명을 사로잡았다고 나와 있다. 이때 '부여경'은 백제의 개로왕(蓋鹵王)을 말하는데, 그는 장수왕이 보낸 첩자 도림(道琳)과 바둑을

두다가 나라를 망쳤다고 한다.

그런데 도림에 관한 이야기는 ≪삼국사기≫ 고구려편에 실려 있지 않고 백제편에 자세히 나와 있다. 고구려 장수왕이 보낸 첩자라고 하는데, 이상하게도 장수왕조에는 그의 이름이 한 번도 언급되지 않고 있다.

≪삼국사기≫ 백제편 개로왕조에 보면, 재위 21년에 고구려왕 거련(巨璉)이 군사 3만을 거느리고 와서 한성을 공략하였다고 나온다. 고구려군은 한성에 불을 지르고 네 길로 협공하였는데, 위기에 몰린 개로왕은 얼마나 급했던지 겨우 수십 기병의 호위를 받으며 서쪽 문을 열고 달아나다 고구려 군사에게 살해당했다. 바로 이러한 기록 뒤에 고구려 승려 도림의 이야기가 자세히 소개되고 있다.

고구려 장수왕은 일찍이 백제를 공격하기 위해 첩자를 백제에 보내기로 하였다. 남몰래 간첩으로 갈 수 있는 자를 물색하는데, 승려 도림이 찾아와 말하였다.

"어리석은 중이 아직까지 도를 깨치지 못하였는데, 이제라도 나라의 은혜에 보답하는 일을 하고 싶습니다. 원컨대 대왕께서는 신을 어리석다 하지 마시고 나라의 귀중한 일을 할 수 있게 해주십시오. 맹세코 왕명을 받들어 충성을 다하겠습니다."

장수왕이 이를 듣고 기뻐하여 도림을 몰래 백제로 보냈다.

이때 도림은 고구려에서 죄를 짓고 백제로 도망친 것처럼 꾸몄다. 그는 백제의 개로왕이 바둑을 좋아한다는 이야기를 듣고, 궁궐 앞에 가서 이렇게 외쳤다.

"신은 어려서 바둑을 배워 자못 신묘한 경지에 이르렀는데, 대왕께 제 이야기를 알려드리기를 원합니다."

개로왕은 궁궐을 지키던 신하로부터 도림의 이야기를 전해 듣고 곧 그를 불러들여 바둑을 두었다. 과연 도림은 듣던 대로 국수(國手)라 할 만하였다.

도림을 상대하여 바둑을 두게 된 개로왕은 아예 그를 상객으로 모셨으며, 뒤늦게 만난 것을 후회하기까지 하였다.

하루는 도림이 개로왕에게 조용히 말하였다.

"신은 이국인이지만, 대왕께서 신을 소외시키지 않고 은총을 베푸시니 몸 둘 바를 모르겠습니다. 신은 오직 바둑의 기술 하나로 보답할 뿐, 일찍이 털끝만한 도움도 드린 일이 없습니다. 지금 한 말씀 올리려고 하는데 대왕의 뜻은 어떠신지요?"

개로왕이 말하였다.

"말해 보거라. 만일 나라에 이득이 되는 일이 있다면, 이는 내가 그대에게 바라는 바이로다."

도림이 대답하였다.

"대왕의 나라는 사방이 모두 산악과 하천과 바다로 되어 있으니, 이는 하늘이 내려준 천연의 요새가 아닐 수 없습니다. 그러므로 주위의 나라들이 감히 엿볼 생각을 품지 못하고, 오직 받들어 섬기기만을 원하여 마지않습니다. 그런 즉 대왕께서는 마땅히 위엄을 보여 남의 이목을 놀라게 하여야 합니다. 지금 이 나라는 성곽과 궁실이 허물어져 있고, 선왕의 유해는 들판에 가매장되어 있습니다. 또한 백성의 가옥은 자주 장마에 떠내려가곤 하는데, 이는 대왕의 위엄에 저해 요인이 되는 것이옵니다."

"옳다. 내가 반드시 그것들을 고쳐 위엄을 보이리라."

개로왕은 나라의 사람들을 징발하여 무너진 성을 쌓고 궁실과 누각을 지었는데, 그 모습이 아주 장려하였다. 또한 강에서 큰 돌을 골라 석관을 만들어 부왕의 뼈를 모셨으며, 강의 연변에는 긴 둑을 쌓아 그 길이가 사성(蛇城) 동쪽에서 숭산북(崇山北)에까지 이르렀다.

이로 인하여 국고가 비고, 백성들이 곤궁해지니 나라의 위태로움이 알을 쌓아놓은 것보다 더한 상황이었다.

이렇게 된 연후에 도림은 백제에서 도망쳐 고구려로 돌아가 장수왕에게 사실대로 고하였다. 장수왕은 크게 기뻐하여 곧 군사를 내어 백제를 쳤다.

한편 백제의 개로왕은 뒤늦게 고구려 첩자 도림에게 속은 것을 알고,

아들 문주(文周)에게 말하였다.

"내가 어리석고 밝지 못하여 간첩의 말을 신용하다 나라를 이 지경으로 만들었다. 백성은 힘이 없고 군대는 강하지 못하니 누가 나를 위해 싸우려고 들겠는가? 나는 마땅히 사직을 위하여 죽겠지만 너까지 여기서 나와 함께 죽는 것은 실로 무익한 일이다. 너는 난을 피하여 후일 나라의 계통을 잇도록 하여라."

개로왕의 명을 받고 문주는 목협만치(木協滿致)·조미걸취(祖彌桀取) 등과 함께 남쪽으로 떠났다.

이때 고구려의 대로인 재우(齊于)·재증걸루(再曾桀婁)·고이만년(古尒萬年) 등이 군사를 거느리고 와서 북성을 쳐서 7일 만에 함락하고, 곧바로 남성을 들이치니 나라 안팎이 흉흉하기만 하였다.

위급함을 느낀 개로왕은 도망을 쳤는데, 고구려 장수 걸루 등이 왕을 보고 말에서 내려 절을 하였다. 그리고 잠시 후 왕의 얼굴에 침을 세 번 뱉고 그 죄를 물어 책망하며 아단성(阿旦城: 지금의 아차산성) 밑으로 끌고 가서 살해하였다.

걸루와 만년은 원래 백제 사람이었는데, 죄를 짓고 고구려로 도망갔던 인물들이었다. 때마침 장수왕은 그들을 발탁하여 고구려 군사를 이끌고 와서 백제의 성을 공략하고, 결국 그들로 하여금 개로왕을 포박하게 하여 살해까지 하도록 했던 것이다.

제5부

국내외 혼란과
수나라와의 전쟁

延嘉七年銘金銅佛立像 앞, 뒤 전경(ⓒ 국립중앙박물관)

제21대 문자명왕

(재위기간: 491년~519년)

1. 나제동맹으로 남진정책에 실패하다

장수왕이 재위 79년 12월 사망했는데, 그때 나이 98세였다. ≪위서(魏書)≫ 고구려전이나 ≪자치통감(資治通鑑)≫에는 장수왕이 나이 100여 세에 죽었다고 하는데, 어느 기록이 사실이든 오래 살았다는 이유로 '장수왕(長壽王)'이란 시호가 붙여진 것은 사실이다.

장수왕의 뒤를 이어 고구려 제21대 왕이 된 문자명왕(文咨明王)은 어릴 적 이름이 '나운(羅雲)'이다. 중국 측 사서에는 그냥 '운(雲)'으로 약칭한 예가 많다. 아무튼 나운은 장수왕의 손자로 할아버지의 대를 이어 왕이 되었다. 장수왕의 아들은 고추대가(古鄒大加)를 지낸 '조다(助多)'인데, 그가 일찍 죽는 바람에 장수왕은 손자를 궁중에서 길러 대손(大孫)을 삼았다. 아마 장수왕은 아들을 하나밖에 두지 못하였던 모양이다.

아들 조다가 일찍 죽은 것은 불운이지만, 그가 늦게까지 살아 있었다 하더라도 왕위에 오르기는 쉽지 않았을 것이다. 왜냐하면 장수왕이 79년 동안 왕위에 있었기 때문에, 그 아들이 대를 이어 왕위에 오른다 하더라도 이미 그 역시 80대 이상의 노인 나이가 되기 때문이다.

아무튼 장수왕의 뒤를 이은 손자 문자명왕 역시 남진정책에 주력하였다. 그러나 재위 28년 동안 백제와 신라의 연합으로 인하여 고구려의 남진정책은 좌절되었다. 고구려는 장수왕 때 백제 한성을 쳐서 개로왕을 죽였지만, 그 후 5세기 말에서 6세기 초에 걸쳐 백제는 고구려에 대한 원한에 사무쳐 국력을 강화하는 데 전력을 다하였다.

《남제서(南齊書)》 동남이전 백제편에 보면 모대(牟大)가 남제왕에게 표문을 보낸 기록이 있다. '모대'는 백제 개로왕의 손자인 동성왕(東城王)의 어릴 적 이름이다. 아무튼 당시 동성왕이 남제왕에게 올린 표문 내용을 분석해 보면 북위가 백제를 치므로, 동성왕이 사법명(沙法名) 등의 장수에게 군사를 주어 북위군을 역습해 대승을 거두었다고 나와 있다. 이러한 기록은 《삼국사기》 백제본기 동성왕조에서도 간략하게 보이는데, 동성왕 재위 10년 '위(魏)가 군사를 보내 쳐들어왔으나 우리에게 패하였다.'고 되어 있다. 또한 동성왕 재위 20년에는 탐라(제주도)가 조공을 바치지 않아, 왕이 친정하여 무진주(광주)까지 이르자 겁을 먹은 탐라가 사신을 보내어 죄를 청하였다고 나와 있다.

이런 여러 가지 기록으로 유추해 볼 때 백제는 동성왕 때 제법 강한 군사력을 가지고 있었던 것으로 보인다. 뿐만 아니라 동성왕은 신라에 사신을 보내어 양국이 협력해 고구려의 남진을 막으려는 외교 전략을 구사했다.

이렇게 백제와 신라의 연합세력이 위협적인 존재로 떠오르면서 고구려 남변을 공격해오자, 문자명왕은 긴장하지 않을 수 없었다.

문자명왕은 재위 3년 7월에 군사를 보내 살수원(薩水原: 괴산군 청천면)에서 신라와 싸웠는데, 이때 신라는 후퇴하여 견아성(犬牙城: 문경의 서쪽)을 지켰다. 고구려군은 견아성을 포위하고 신라군을 위협하였으나, 백제가 원군 3,000명을 보내 신라를 구원하자 철수하고 말았다.

다음 해 8월에 문자명왕은 군사를 보내 백제의 치양성(雉壤城)을 쳤다. 이때 백제는 신라에 구원병을 청하였고, 신라왕은 장군 덕지(德智)를 보내 백제를 돕게 하였다. 이렇게 되자 고구려군은 다시 철군할 수밖에 없었다.

문자명왕은 재위 5년 7월에 신라의 우산성(牛山城)을 쳤으나 신라군의 강력한 저항으로 실패하여 철군하였고, 그 다음 해 6월에 다시 신라의 우산성을 쳐서 성을 빼앗는데 성공하였다.

한편 백제는 호시탐탐 고구려 남쪽 변경을 침입하였는데, 문자명왕 12년에도 백제의 달솔(達率) 우영(優永)이 5,000명의 군사를 이끌고 고구려의 수곡성(水谷城)을 쳐들어왔다. 그로부터 3년 후에는 문자명왕은 군사를 보내 백제를 쳤으나, 때마침 폭설이 내려 동상 입는 군사가 늘어나 철군하고 말았다.

문자명왕 재위 16년에는 장수 고로(高老)를 시켜 말갈(靺鞨)과 함께 백제의 한성을 치려고 횡악(橫岳)까지 진군하였으나, 백제군의 강력한 반격으로 후퇴하였다.

이처럼 문자명왕 시절에 고구려는 백제와 신라를 상대로 여러 차례 싸웠으나, 두 나라의 연합 작전에 말려들어 이렇다 할 전과를 세우지 못하였다.

2. 북위·양나라와 견제 외교를 펼치다

고구려 문자명왕 재위 11년인 502년에 중국에서는 양(梁)나라가 건국되었다. 양나라를 세운 소연(蕭衍)은 원래 남제(南齊)의 옹주자사로 있었는데, 황제 소보권(蕭寶券)의 폭정으로 민심이 동요하자 이때를 틈타 군사를 일으켜 황제를 폐위시키고 스스로 양나라의 황제가 되었다.

남제를 멸망시킨 양나라의 고조(高祖) 소연은 명군의 자질을 갖추고 있었다. 남제 말기의 공포 정치를 지양하고 민심을 장악하여 건국 초기부터 탄탄하게 통치 체제를 갖추어나갔다.

한편 그 무렵 고구려와 오랜 외교 관계를 맺어온 북위는 499년 효문제(孝文帝)가 죽은 이후 통치 집단의 내부 모순과 사회 갈등이 심화되면서 점차 쇠퇴의 길로 접어들고 있었다. 그러나 효문제 다음으로 대를 이은 선무제(宣武帝) 때까지만 해도 북위는 결코 무시할 수 없는 위력을 과시하고 있었다.

이때 고구려의 문자명왕은 백제와 신라의 연합(흔히 '羅濟同盟'이라 부름) 세력 때문에 남쪽 국경의 방위에 치중하지 않으면 안 되었다. 따라서 서북쪽의 양나라나 북위를 견제하기 위해서는 이중적인 외교 관계를 맺는 방법밖에 없었다.

사실 이러한 고구려의 이중 외교는 전에 남제와 북위에 대한 외교 관계와 크게 달라진 것이 아니었다. 남제 대신 양나라와 외교 관계를 수립하여 북위를 견제하기 위한 것이기 때문이었다.

양나라 건국 초기에 고구려는 일단 북위와의 외교 관계를 더욱 돈독히 하는데 심혈을 기울였다. 양나라는 건국 초기라 내부 민심을 수습해야만 했기 때문에 일단 외교 문제에는 신경 쓸 겨를이 없었다.

남제가 망하고 양나라가 건국된 지 2년 후인 문자명왕 재위 13년에 고구려는 북위에 사신 예실불(芮悉弗)을 파견하였다. ≪삼국사기≫는 이 예실불의 파견을 ≪위서≫에 나오는 내용 그대로 옮겨 실었다.

그 내용을 살펴보면 고구려는 예전부터 북위와 외교 관계를 맺어 여러 대에 거쳐 서로 물품을 교환하였는데, 황금은 부여에서 나오고 옥은 섭라(涉羅: 신라 또는 탐라)에서 나왔다. 그런데 부여는 물길(勿吉)에게 쫓기고, 섭라는 백제에게 병합되어 금과 옥을 구하지 못해 가져올 수가 없었다. 예물로 더 이상 황금과 옥을 바치지 못하는 것이 양적(兩賊: 물길과 백제) 때문이라는 것이다.

이러한 고구려 사신 예실불의 변명을 당시 북위로서는 의심해 볼 수도 있었을 것이다. 그러나 북위의 황제는 고구려의 사정을 깊이 이해하고 다음과 같이 말하였다.

"고구려는 대대로 해외를 마음대로 제어하고 교활한 오랑캐인 구이(九夷: 東夷)를 모두 정벌하였소. 술병이 비는 것은 술동이의 부끄러움이라고 하니, 그것이 과연 누구의 허물이겠소? 지난 날 예물이 변변치 못했던 것은 그 책임이 연솔(連率: 지금의 지방장관)에게 있으니, 나의 뜻을 경의 군주에게 잘 전달하시오. 예전과 다름없이 위압과 회유의 방략을 써서

못된 무리들을 소탕하여 동방의 백성들을 편안케 하도록 하고, 부디 부여와 섭라 두 곳을 다시 관리하여 전처럼 예물을 가져올 수 있도록 하시오."

이렇게 고구려는 일단 예실불을 사신으로 보내 북위의 황제를 안심시킨 연후, 그로부터 4년 후인 문자명왕 17년에 양나라 고조와도 외교 관계를 수립하였다. ≪삼국사기≫에는 이때 양의 고조가 고구려왕에게 관작을 주었다고 기록하고 있다. 이것 역시 ≪양서(梁書)≫에 나오는 내용을 삭감하지 않고 그대로 전재한 것이다.

문자명왕은 이 시기에 북위에 매년 사신을 보냈으며, 양나라에도 3~4년마다 한 번씩 사신을 보내 외교 관계를 돈독히 하였다. 즉 고구려는 쇠퇴의 길로 접어들고 있는 북위와 새로운 강국으로 떠오르는 양나라 사이를 견제하기 위한 고도의 외교술을 펼쳐나갔던 것이다.

제22대 안장왕

(재위기간: 519년~531년)

1. 한씨 미녀와의 사랑

안장왕(安臧王)은 문자명왕의 장자로, 어릴 적 이름은 '흥안(興安)'이다. 문자명왕 재위 7년에 태자가 되었고, 재위 28년에 문자명왕이 죽고 나서 고구려 제22대 왕위에 올랐다.

《삼국사기》 고구려 본기 기록에는 안장왕에 대한 이야기가 간략하게 소개되고 있다. 재위 11년 10월에 안장왕이 오곡성(五谷城)에서 백제군과 싸워 이기고 적 2,000여 명을 죽였다는 기록만 전할 뿐, 나머지는 별다른 사건도 없이 그렇고 그런 내용만 담겨 있다.

그런데 《삼국사기》 잡지(雜志) 지리(地里)편에 보면 '왕봉현(王逢縣)'과 '달을성현(達乙省縣)'에 대한 설명 중에 다시 안장왕 이야기가 아주 짧게 언급되고 있다. 즉 왕봉현은 '개백(皆伯)'이라고도 하는데, 한인(漢人: 氏) 미녀(美女)가 안장왕을 맞이한 지방이므로 '왕봉(王逢)'이라 하였다는 것이다. 그리고 달을성현은 한씨 미녀가 고산(高山) 위에서 봉화(烽火)를 피워 안장왕을 맞이한 곳이므로 후에 '고봉(高烽)'이라 불렸다고 한다.

이렇게 《삼국사기》에 나오는 왕봉현과 달을성현의 지명 유래에 관한 기록을 통하여 '안장왕과 한씨 미녀' 이야기가 사실이었다는 것을 알 수 있다. 그런데 이 이야기는 《신증동국여지승람(新增東國輿地勝覽)》에도 나오며, 《해상잡록(海上雜錄)》에도 나온다고 한다. 하지만 《해상잡록

≫은 현재 전해지지 않고 있다. 다만 단재 신채호의 ≪조선상고사≫에 보면, 옛날 문헌 ≪해상잡록≫에 나오는 기록을 토대로 안장왕과 한씨 미녀의 사랑 이야기를 자세하게 소개하고 있다. 그런데 ≪삼국사기≫의 '한인(漢人)'은 '한나라 사람'을 칭하는 것이 아니라 성씨이므로, '한씨(韓氏)'를 잘못 표기한 것으로 봐야 할 것이다.

아무튼 이러한 역사적 기록들을 종합한 '안장왕과 한씨 미녀'의 사랑 이야기는 다음과 같다.

〈안장왕은 태자 시절에 상인의 차림을 하고 당시 백제의 땅인 개백(지금 의 행주산성 부근)에 가서 놀았다. 그곳에는 장자(長者)인 한씨(韓氏)가 살고 있었는데, 그의 딸 주(珠)가 절세가인이었다. 국경을 지키는 백제 군사의 감시를 뚫고 몰래 개백의 한씨 집에 숨어든 태자는 그의 딸을 보고 한 눈에 반하였다. 두 사람은 남모르게 정을 통하고 부부가 될 것까지 약속하였다.

"나는 고구려의 태자인데, 귀국하면 대군을 이끌고 이곳으로 쳐들어와 백제군을 물리치고 나서 정식으로 그대와 결혼할 것이다."

이렇게 약속을 하고 고구려로 돌아온 태자는 부왕인 문자명왕이 죽자 곧 고구려의 왕이 되었다.

안장왕은 한씨 미녀와의 약속을 지키기 위해 군사를 일으켜 백제를 쳤으 나 실패만 거듭하였다.

한편 개백의 태수는 한씨 미녀가 아름답다는 소문을 듣고 몸소 찾아가 청혼을 하였다. 그때 한씨 미녀가 말하였다.

"이미 정을 준 남자가 있는데 멀리 가서 돌아오지 않으니, 그 남자의 생사나 안 뒤에 결혼 여부를 말하겠습니다."

이 말에 태수는 화가 나서 그 남자가 누구냐고 물었다. 한씨 미녀가 누구 인지 대답을 하지 않자 태수는 다시 다그쳤다.

"바른대로 말하지 못하는 걸 보니, 그 자는 고구려 첩자가 분명하다. 적국 의 첩자와 정을 통하였으니 너는 죽을죄를 지은 것이다."

태수는 한씨 미녀를 옥에 가두고 온갖 감언이설로 꾀었다. 그러나 한씨 미녀는 다음과 같은 시를 읊어 자신의 사랑하는 사람에 대한 일편단심을 고백하였다.

'죽어죽어 일백 번 다시 죽어/백골이 진토되어 넋이야 있건 없건/임 향한 일편단심 가실 줄이 있으랴.'

이렇게 한씨 미녀가 눈물을 흘리며 노래를 부르자, 태수는 그녀를 죽이기로 작정하였다.

이때 고구려의 안장왕 귀에도 한씨 미녀가 옥에 갇혀 온갖 고초를 겪고 있다는 소문이 들어갔다.

안장왕은 고민 끝에 '을밀'이라는 지혜롭고 용감한 장수를 보내 한씨 미녀를 구하도록 하였다. 그리고 을밀이 '한씨 미녀 구하기 작전'에 성공하자 안장왕은 몸소 달려가 한씨 미녀를 만났다.〉

《삼국사기》 기록에 보면 안장왕이 백제를 공격한 것은 재위 5년과 11년 두 차례였다. 그러나 백제 땅의 한씨 미녀를 구하기 위해 장수 '을밀'을 보낸 것이 언제였는지는 잘 알 수 없다.

한편 '안장왕과 한씨 미녀 이야기'로 확인된 것은, 고려 말의 충신 정몽주의 '단심가(丹心歌)'로 잘 알려진 시조가 원래는 오래 전에 한씨 미녀가 안장왕을 생각하며 읊은 '연시(戀詩)'였다는 사실이다. 이방원이 '하여가(何如歌)'를 읊었을 때 정몽주는 다만 고구려 시대 때부터 인구에 회자되던 시조인 한씨 미녀의 '단심가'로 자기 의사를 표현했던 것이다.

2. 안학 공주를 사랑한 을밀 장군

고구려 안장왕 때의 장군 을밀(乙密)에 대한 이야기는 《삼국사기》에는 전하지 않고 《해상잡록》과 《신증동국여지승람》 기록에 나오고 있다. 그러나 단재 신채호의 《조선상고사》에 의하면 을밀에 대한 이야기를 《해상잡록》의 기록에서 발췌했다고 하는데, 현재 그 책은 전해지지 않아 원전의 사실 확인이 불가능하다.

아무튼 고구려 안장왕은 태자 시절 백제 땅인 개백현(皆伯縣)에 사는 한씨 미녀 '한주(韓珠)'를 사랑하였는데, 즉위하고 나서도 그녀를 잊지 못하여 신하들을 불러 다음과 같이 말하였다.

"만일 개백현을 회복하여 한주를 구원하는 사람이 있다면 천금은 물론 만호후(萬戶侯)의 상을 줄 것이다."

이때 장군 을밀이 선뜻 나섰다.

"천금과 만호후도 좋지만, 신의 소원은 안학 공주와 결혼하는 것뿐입니다. 신이 안학 공주를 사랑함이 대왕께서 한씨 미녀를 사랑하심과 마찬가지입니다. 대왕께서 만일 신의 소원대로 안학 공주와 결혼할 수 있게 해주신다면, 신이 대왕의 소원대로 한씨 미녀를 구해오겠습니다."

을밀은 오래 전부터 문자명왕의 딸인 안학 공주를 남몰래 흠모하였다. 문자명왕이 죽고 태자가 왕위에 올라 안장왕이 되었으니, 안학 공주는 바로 왕의 친누이동생이었다.

안장왕은 한주에 대한 사랑이 마음에 사무쳐, 마침내 을밀의 청을 허락하였다.

당시 안장왕은 마음이 급했다. 한주의 미모에 반한 개백현의 태수가 청혼을 하였는데, 그녀는 사랑하는 사람이 따로 있다면서 그것을 거절하였다. 그러자 태수는 적과 내통을 하였다는 죄를 뒤집어 씌워 한주를 옥에 가둔 채 감언이설로 달래고 때로는 엄포를 놓는 등 온갖 고문을 하면서 괴롭혔다.

도무지 한주가 말을 듣지 않자, 태수가 죽일지도 모른다는 소문이 고구려 안장왕의 귀에까지 들어갔던 것이다. 그러니 을밀의 요구 조건을 들어주지 않을 수 없었다.

을밀은 곧 수군 5,000명을 거느리고 바닷길로 떠나면서 안장왕에게 다음과 같이 고하였다.

"신이 먼저 백제를 쳐서 개백현을 회복하고 한씨 미녀를 살려낼 것이니, 대왕께서 대군을 거느리고 천천히 육로로 오시면 수십 일 안에 사랑하는 여인을 만나실 수 있을 것입니다."

을밀은 곧 배를 타고 바닷길을 통해 백제 땅으로 들어갔다. 개백현은 지금의 행주산성으로 비정되는데, 강화도를 통해 한강으로 곧바로 진입할 수 있는 뱃길이었다.

일단 을밀은 결사대 20명을 뽑아 평복으로 위장하여 개백현으로 잠입시키고, 그는 5,000명의 수군을 지휘하여 바로 그 뒤를 따랐다.

한편 그 무렵, 백제의 개백현 태수는 마침 그날이 그의 생일이라 관리와 친구들을 모아 성대한 잔치를 베풀었다. 그때까지도 옥에 갇혀 있는 한주에게 미련을 버리지 못한 태수는 졸개를 보내 그녀의 마음을 돌려보려고 다음과 같은 자신의 말을 전하게 하였다.

"오늘은 내 생일이다. 오늘 너를 죽이기로 작정하였으나, 만약 네가 마음을 돌리면 곧 너를 살려줄 것이다. 그렇게 되면 오늘이 바로 네가 다시 태어나는 생일이 될 수도 있다."

그러나 한주는 태수의 전하는 말에 냉정하게 잘라 대답하였다.

"태수가 내 뜻을 빼앗지 않으면 오늘이 태수의 생일이 되려니와, 그렇지 아니하면 태수의 생일이 곧 내가 죽는 날이 될 것이요, 만약 내가 사는 날이면 태수의 죽는 날이 될 것입니다."

졸개로부터 이 같은 한주의 말을 전해들은 태수는 크게 노하여 빨리 처형하라고 명을 내렸다.

이때 을밀의 결사대 20명이 춤추는 광대패로 가장하고 연회장에 들어가서, 갑자기 칼을 빼어들고 많은 사람들을 베어 넘기며 소리쳤다.

"지금 고구려 군사 10만 명이 입성하였다! 너희들은 독 안에 든 쥐니 곧 항복하라!"

연회장에 있던 백제의 태수를 위시하여 많은 사람들이 우왕좌왕 하는 사이, 을밀의 군사 5,000명이 성벽을 타넘고 들어가 감옥을 부수고 한주를 구하였다.

개백현이 고구려 군사들에 의해 점령되자, 육로를 통해 대군을 이끌고 백제 땅을 밟은 안장왕은 한강 일대의 각 성읍을 쳐서 항복받고, 아무런 장애 없이 여러 고을을 거쳐 곧 개백현에 이르렀다.

안장왕은 태자 시절에 사랑했던 한주를 만났으며, 그는 약속대로 친누이동생 안학 공주를 을밀에게 시집보냈다.

현재 대성산 아래 그 터가 남아 있는 안학궁(安鶴宮)이나 평양 대동강변의 을밀대(乙密臺)는 당시 안학 공주와 을밀 장군의 사랑 이야기가 살아숨 쉬는, 역사적으로 사연이 깊은 명소이기도 하다.

그리고 고구려 안장왕과 한주, 을밀과 안학 공주의 사랑 이야기는 나중에 조선시대에 와서 남원 땅의 성춘향과 이도령의 이야기인 ≪춘향전≫의소재가 되기도 하였다. 따라서 ≪춘향전≫은 창작이라기보다는 고구려때부터 전해 내려오던 이야기를 바탕으로 하고 있다고 하겠는데, 다만무대를 개백현에서 남원으로 옮기면서 시대 또한 조선시대로 바꾸어 새롭게재구성한 것으로 보아야 할 것이다.

제23대 안원왕
(재위기간: 531년~545년)

1. 백제와 신라의 국력 신장, 고구려의 쇠퇴

안장왕에게는 아들이 없었다. 따라서 안장왕이 죽고 나서 그의 동생 보연(寶延)이 고구려 제23대 왕위에 올라 안원왕이 되었다. ≪양서(梁書)≫ 고구려전과 ≪위서(魏書)≫ 고구려전에는 안원왕을 안장왕의 아들이라고 했는데, 이는 잘못된 기록이다.

아들이 없던 안장왕은 동생 보연을 특히 사랑하였다. 보연은 신장이 7척 5촌이고, 도량도 컸다고 한다. 그래서 특히 안장왕은 동생을 믿음직스럽게 생각하였다. 더구나 슬하에 아들이 없었으므로, 안장왕은 동생 보연을 다음 왕위를 이을 인물로 생각해두고 있었을 것이다.

안원왕은 재위 3년에 왕자 평성(平成)을 태자로 책봉하였다. ≪삼국사기≫ 기록에는 안원왕의 치적에 관한 이야기가 별로 나오지 않는다. 다만 재위 10년 9월에 백제가 우산성(牛山城)을 에워싸므로, 왕이 정예기병 5,000을 보내어 물리쳤다는 기록이 보일 뿐이다.

고구려 안원왕 시대에 백제에서는 성왕이 나라의 기강을 바로잡아 한창 국력을 키우고 있었다. 그리고 신라의 경우 법흥왕에서 진흥왕으로 이어지던 시기로, 내부적으로는 불교를 수용해 나라를 안정시키고 외부적으로는 점차 강성한 군사력을 키워가고 있는 중이었다. 이처럼 백제와 신라가 국가 기강을 바로 잡으며 국력을 키워가고 있을 때, 고구려는 반대로 그 강성했던 힘이 쇠퇴하기 시작하였다.

≪삼국사기≫ 기록에는 보이지 않으나, ≪일본서기(日本書記)≫ 권19 흠명천황(欽明天皇) 기록에는 7년(545)에 고구려에 큰 혼란이 있었다고 전한다. 이 기록은 당시 일본으로 망명한 백제 유민들이 쓴 ≪백제본기(百濟本紀)≫의 내용을 인용한 것이라고 하는데, 현재 그 책은 남아 있지 않아 원전을 확인하기는 어려운 실정이다.

아무튼 ≪일본서기≫ 흠명천황 7년조 기록에 보면 고구려에서 대란이 일어났다고 한다. 그리고 그 밑에 주(註)를 달아 ≪백제본기≫의 기록을 인용하고 있는데, 그 내용을 풀이하면 다음과 같다. 즉, 당시 고구려왕에게는 정부인·중부인·소부인 세 명의 부인이 있었는데, 정부인만 아들이 없고 중부인과 소부인은 각기 아들을 낳았다. 왕이 병들자 세군(細群)과 추군(麤群)이 각기 그 부인들의 아들을 왕위에 추대하려고 세력 다툼을 벌여 결국 세군이 졌다. 그때 죽은 자가 2,000여 명이나 되었다고 한다.

일본 흠명천황 7년은 고구려 양원왕 즉위 2년에 해당하는데, 만약 ≪일본서기≫의 기록이 사실이라면 안원왕이 죽고 그의 아들 양원왕이 즉위할 때 왕위를 두고 심한 세력 다툼이 있었다는 이야기가 된다. 그러나 ≪일본서기≫의 기록 중 믿을 수 없는 것이 당시 대란으로 고구려의 왕이 된 인물이 겨우 나이 8세라고 한 점이다.

≪삼국사기≫ 기록에 양원왕은 분명 안원왕의 장자로 재위 3년에 태자에 책봉되었다고 나와 있다. 그렇다면 안원왕이 재위 15년에 죽었으므로, 양원왕은 태자로 책봉된 후 12년 만에 왕위에 오른 셈이다. 따라서 ≪일본서기≫의 기록은 양원왕의 즉위년도가 맞지 않고, 그 나이도 틀리기 때문에 신빙성이 결여되어 있다.

다만 하나 안원왕 시절에 고구려에서 대란이 있었다는 것은 사실일지도 모른다. 재위 5년 기록에 큰물이 나서 민가가 떠내려가고 200여 명이 죽었으며, 그 다음 해인 6년에는 한재(旱災)가 크게 나서 왕이 기아에 허덕이는 백성들에게 곡식을 내줬다는 기록이 있다. 이런 기록들을 통해 당시 민심이 흉흉했다는 사실을 유추해볼 수 있으며, 그러한 틈을 타서 혹여 권세가들 간에 권력 다툼이 있었을지도 모른다는 가정도 가늠해볼 수는 있다.

제24대 양원왕

(재위기간: 545년~559년)

1. 나제동맹군에게 연패를 당하다

고구려 제24대 양원왕(陽原王)은 안원왕의 장자(長子)로, 휘는 '평성(平成)'이다. 어려서부터 총명하고 지혜로웠으며, 안원왕 재위 3년에 태자가 된 후 12년 만에 왕이 세상을 떠나자 대를 이어 즉위하였다.

양원왕 재위 시절인 545년에서 559년에 이르는 동안은 백제와 신라가 한창 국력을 팽창해 나가던 시기였다. 백제에는 성왕(聖王)이, 신라에는 진흥왕(眞興王)이 나라 기강을 바로잡고 '나제동맹'을 맺어 연합하여 고구려를 협공하였다.

한편 중국 대륙에서는 위세를 떨치던 북위가 효문제 사후 내분이 일어나 동위(東魏)·서위(西魏)·북주(北周)·북제(北齊) 등으로 갈라지는 등혼란을 거듭하였다. 양원왕은 그 네 나라 중 동위와 북제를 선택하여 외교관계를 맺었다. 이러한 양다리를 걸친 외교 전략으로도 마음을 놓을 수가없게 되자, 고구려는 양원왕 재위 3년에 백암성(白巖城)과 신성(新城)을 개축했다.

이렇게 중국 쪽의 변방을 방비한 뒤, 양원왕은 재위 4년 정월에 동예(東濊)의 군사 6,000명을 이끌고 백제의 독산성(獨山城)을 쳤다. 독산성은 지금의 충주로 비정되는 지역인데, 이때 신라 장군 주진(朱珍)이 와서 백제를 구원하는 바람에 양원왕은 이기지 못하고 돌아갔다.

그런데 양원왕 재위 6년 정월에는 백제군이 고구려의 도살성(道薩城)을 쳐서 함락시켰다. 도살성은 지금의 천안 부근 지역인데, 이 전투는 2년 전 고구려가 백제의 독산성을 공격한 것에 대한 보복전일 가능성이 크다. 아무튼 백제가 도살성을 점령하자, 고구려는 그해 3월에 백제의 금현성(金峴城)을 쳤다. 이것은 도살성을 점령한 백제군을 끌어내기 위한 전략이었다. 그러자 위기를 느낀 백제는 도살성을 버리고 후퇴하면서 신라에 구원을 요청하였다. 이때 신라군은 그 틈을 타서 도살성과 금현성 두 성을 모두 취하였다.

결국 양원왕은 나제동맹군에게 패하여 철군할 수밖에 없었다. 그 다음 해에는 돌궐(突厥)이 군사를 이끌고 고구려의 신성을 공격하였다. 그러나 신성이 강하므로 함락하지 못하자, 돌궐군은 그 인근에 있는 백암성을 다시 공격 목표로 삼았다. 이때 양원왕은 장군 고흘(高紇)에게 군사 1만 명을 주어 돌궐군과 대항하게 하였다. 장군 고흘이 이끄는 고구려군은 돌궐군을 무찌르고 적 1,000여 명을 살획하였다.

이렇게 고구려군이 돌궐군과 싸우는 틈을 타서 이번에는 신라군이 고구려 남경을 침입하여 10개의 성을 빼앗았다. 당시 신라 장군은 거칠부(居柒夫)였는데, ≪삼국사기≫ 열전 '거칠부전'에 보면 '죽령(竹嶺)에서 고현(高峴)에 이르는 지역 내의 10개 성을 취하였다.'고 나온다. 이는 고구려 본기 기록과 일치하는 부분이기도 하다. 이때 거칠부가 점령한 지역은 죽령 이북의 한강 상류 지역으로 추정되는데, 한강을 잃어버린 고구려로서는 중요한 군사 요충지를 빼앗긴 셈이었다.

결국 신라의 군사력이 고구려 수도인 평양성까지 위협을 가하게 되자, 양원왕은 재위 8년부터 장안성(長安城)을 쌓기 시작하였다. 기존 대성산성과 안학궁이 있어서, 일단 적이 외침할 경우 안학궁에서 대성산성으로 들어가 방어전을 펼치는 것이 고구려의 전략이었다.

그러나 신라의 북진에 위기를 느낀 양원왕은 대동강의 자연적 조건을 해자(垓字)로 활용하여 산성과 평지성의 두 기능을 갖춘 장안성을 축성하게 된 것이다. 이 장안성은 오늘날의 평양 시내 중심지에 새롭게 축성한 도성으로, 무려 35년간에 걸친 대공사였다. 양원왕 8년에 시작된 이 공사는 평원왕 28년에 가서야 완공되었다.

양원왕은 재위 10년 겨울에 백제의 웅천성(熊川城)을 쳤으나 이기지 못하였다. 이처럼 백제 또는 신라와의 싸움에서 번번이 패한 고구려는 양원왕 재위 13년에 간주리(干朱理)의 모반사건까지 일어나 내우외환이 겹쳤다. 간주리의 모반 사건은 해결되었으나, 국력은 그만큼 쇠퇴할 수밖에 없었다.

한편 신라의 진흥왕은 555년, 즉 고구려의 양원왕 재위 11년에 북한산에 진흥왕 순수비까지 세울 정도로 막강한 세력을 과시하였다. 이미 전에 고구려 땅이었던 한수 이북까지 신라가 차지하게 된 것이다.

2. 신라로 망명한 고구려 승려 혜량

고구려 양원왕 때의 승려인 혜량(惠亮) 법사에 관한 기록이 ≪삼국사기≫ 열전 '거칠부(居柒夫)'조에 자세하게 나온다. 혜량은 고구려 승려였지만, 그때 이미 기울어져가는 고구려의 운명을 예감하고 있었다.

신라 내물왕의 5대손으로 태어난 거칠부는 젊은 시절 원대한 뜻을 품고 세상 공부를 하기 위해 스스로 머리를 깎고 중이 되었다. 그리고 그때부터 신라는 물론 적국인 고구려 땅까지 두루 돌아다녔다. 그가 고구려에 발을 들여놓은 것은 적국을 정찰하기 위한 목적도 가지고 있었다.

고구려 땅 곳곳을 떠돌던 거칠부는, 어느 날인가 법사 혜량이 불경을 강설한다는 말을 들었다. 그는 곧 혜량을 찾아가 그의 강설을 들었다.

하루는 혜량이 거칠부에게 물었다.

"사미는 어디서 왔는가?"

'사미(沙彌)'는 수도승을 일컫는 범어(梵語)인데, 아무튼 혜량은 거칠부가 머리를 깎은 중이지만 고구려가 아닌 다른 나라에서 온 사람임을 간파하고 있었다.

"저는 신라 사람입니다."

혜량은 그 말을 듣고 그날 밤 몰래 거칠부를 불러 비밀리에 다음과 같이 말하였다.

"내가 많은 사람을 보았는데 그대의 용모를 보니 보통 사람이 아니다. 그대는 다른 마음을 가지고 이곳에 온 것이 분명하다."

거칠부는 속으로 뜨끔하였다. 그러나 태연자약을 가장하여 말하였다.

"제가 멀리 다른 지역에서 태어나 도리를 깨치지 못하다가 스승님의 덕망과 명성을 듣고 이렇게 와서 말석에 끼었사오니, 부디 스승님께서는 거절하지 마시고 제게 깨우침을 주십시오."

혜량이 정좌한 자세로 말하였다.

"노승이 불민하지만 그대의 인물됨을 능히 알아볼 수 있다. 이 나라가 비록 작기는 하지만 사람을 알아보는 자가 없다고는 못할 것이다. 그대가 잡힐까 염려하여 비밀을 알려주는 것이니 빨리 신라로 돌아가라."

거칠부는 두려움을 느끼고 일어섰다. 앞에 앉은 혜량의 사람 알아보는 눈이 두려웠고, 그보다도 다른 사람들이 자신의 정체를 알까 무서워 서둘러 신라로 떠나려고 하였다.

거칠부가 신라로 떠나려고 할 때 혜량이 다시 불러 말하였다.

"그대의 상을 보니 제비턱에 매의 눈이라, 장래에 반드시 장수가 될 것이다. 만일 군사를 거느리고 오거든 나에게 해를 끼치지 않을 수 있겠는가?"

"만일 스승님의 말씀과 같다면, 저 밝은 해를 두고 맹세하겠습니다. 아무 염려 마십시오."

신라로 돌아온 거칠부는 곧 벼슬길로 나가 관직이 대아찬에 이르렀다. 그는 진흥왕 6년에 왕명을 받아 여러 문사들과 함께 국사(國史)를 편찬하고, 대아찬에 더하여 파진찬의 벼슬을 겸하였다. 신라 최고의 관직에 오른 셈이었다.

진흥왕 12년 거칠부를 포함한 8명의 장수는 백제군과 더불어 고구려를 공격하였다. 백제군이 먼저 남평양(北漢城)을 격파하였고, 거칠부가 이끄는 신라군은 그 사이 죽령 이북에서 고현에 있는 10개 군을 점령하였다.

이때 법사 혜량이 수하의 무리를 이끌고 노상에 나와 거칠부를 맞았다. 거칠부가 곧 혜량을 알아보고 말에서 내려 군례로 절을 하고 말하였다.

"옛날 유학할 때 법사의 은혜를 입어 목숨을 부지하였는데, 지금 의외의 곳에서 이렇게 만나니 어떻게 보은을 해야 할지 모르겠습니다."

혜량이 대답하였다.

"지금 고구려는 정사가 어려워 멸망할 날이 얼마 남지 않았으니, 나를 신라로 데려가기 바란다."

거칠부는 신라로 돌아갈 때 혜량을 수레에 태워 정중히 모셨다.

그리고 거칠부는 진흥왕에게 가서 혜량의 이야기를 전하였고, 그때 왕은 혜량을 승려로서는 신라 최고의 직책인 승통(僧統)으로 삼았다.

승통이 된 혜량은 신라에서 백좌강회(百座講會)를 열고, 팔관(八關)의 법(法)을 설파하였다.

제25대 평원왕(평강왕)

(재위기간: 559년~590년)

1. 35년에 걸친 대공사, 장안성 축조

고구려 제25대 평원왕은 양원왕의 장자로 휘는 양성(陽星)이다. 양원왕 재위 13년에 태자가 되었고, 그로부터 2년 후인 재위 15년에 왕이 죽자 태자 양성이 왕위를 이었다.

평원왕은 어려서부터 말 타기와 활쏘기를 잘하였고 담력이 강하였다고 한다. 그러나 재위 32년에 수나라 고조가 보낸 새서(璽書)를 보고 두려워 하다 결국 죽은 것을 보면 담력이 강하였다는 것은 사실이 아닐지도 모른다.

고구려의 국력이 쇠퇴일로에 있을 때, 중국에서는 북제와 북주가 맹위를 떨치고 있었으며, 그 무렵 진패선(陳霸先)이 세운 진(陳)나라가 건국되었다. 그리고 그 뒤를 이어 북주의 대승상 양견(楊堅)이 북주의 황제를 몰아낸 뒤, 국호를 '수(隋)'라고 하고 그 스스로 황제가 되었다. 수나라를 건국한 양견은 '문제'라고 하는데, 개국 초기부터 중앙집권체제를 갖추어 막강한 국력을 과시함으로써 주변의 여러 나라들을 떨게 만들었다.

고구려의 평원왕은 이들 진·북제·북주·수 등과 외교관계를 맺었는데, 이처럼 여러 나라와 눈치를 보며 교섭을 할 수밖에 없었던 이유가 있었다. 어쩌면 굴욕적이라고 할 수밖에 없는 조공을 바치면서 외교관계를 펼친 것은, 국력이 강해진 남쪽의 백제와 신라를 견제하기 위해서는 대륙의 서북쪽 나라들과 가까이 지낼 수밖에 어찌할 도리가 없었기 때문이었을 것이다.

이러한 주변 나라들에 대한 두려움 때문에 평원왕은 양원왕 8년부터 축조하기 시작한 장안성의 건설에 박차를 가하였다. 장안성이 완성된 것은 평원왕 28년이었는데, 축조 기간만 무려 35년이 걸린 대공사였다. 왕궁을 대성산 아래 안학궁에서 장안성(지금의 평양)으로 옮긴 평원왕은 그때서야 조금 마음을 놓을 수 있었다.

평원왕 재위 32년 진나라가 수나라에 망했을 때, 왕은 크게 두려워하여 병기를 수리하고 군량을 비축하여 외침에 대비하였다. 바로 그 해에 수문제는 평원왕에게 새서를 보냈다. '새서'는 황제의 옥새가 찍혀 있는 중요 문서를 말한다.

수문제가 평원왕에게 보낸 새서의 내용은 ≪수서(隋書)≫ 동이열전 고구려조에 자세하게 나온다. 그리고 ≪삼국사기≫에는 그 기록을 요약하여 간략하게 소개하고 있다.

수문제의 새서는 한 마디로 평원왕에게 엄포를 주기 위한 것이었다. 그 새서는 고구려가 말갈과 거란을 지배하고 있는 것이 못마땅한 데다, 수나라에서 보낸 사자를 고구려에서 한 곳에 머물게 하고 감시를 게을리 하지 않았다는 데 대한 질책을 하고 있었다. 또한 고구려의 기마병이 수나라 변방을 쳐서 인명을 살상했다고 하면서, 만약 앞으로 자신의 말을 듣지 않으면 왕을 내쫓고 수나라의 관원을 보내 고구려를 관리토록 하겠다는 협박이었다.

비근한 예로 수문제는 강남의 진나라를 쳐서 무너뜨렸는데, 수나라가 군사를 일으켜 진나라를 멸망시키고 돌아오기까지 채 한 달이 걸리지 않았다는 사실을 상기시켰다. 그리고 진나라를 멸망시킨 군사가 수천 명에 불과하였다는 것을 강조하며, 고구려는 한 명의 장수만 보내도 무너질 것이니 복종하라는 것이었다.

이러한 수문제의 새서를 받은 고구려 평원왕은 두려운 나머지 장차 사과의 글을 올려야 할 것인가 말 것인가 고민하던 끝에, 그해 10월에 세상을 떠나고 말았다. 수문제의 협박에 밤잠을 이루지 못하다 결국 죽어 버린 평원왕의 최후를 보면서, 당시 고구려의 국력이 얼마나 쇠약해졌는지 미루어 짐작하기 어렵지 않다.

그런데 당시 수문제의 새서 문투를 보면 고구려를 어르고 달래는 느낌이 강하였다. 수나라로서는 당장 고구려를 침략할 상황이 못 되었다. 비록 진나라를 제압하기는 했지만 아직도 가까이에 무시할 수 없는 힘을 가진 나라들이 버티고 있었기 때문에, 멀리 고구려까지 넘보는 것은 무리수였던 것이다. 그렇다고 그냥 방치해두었다가는 긁어 부스럼이 될 것 같았으므로, 수문제는 생각다 못하여 평원왕에게 협박 편지를 보낸 것뿐이었다.

2. 자유결혼을 한 당당한 여성, 평강공주

온달(溫達)에 관한 이야기는 ≪삼국사기≫ 고구려본기에는 보이지 않고 열전 제5권에 들어 있다. 김부식이 온달을 열전에서 다룬 것은 그 이야기 자체가 설화적으로 처리되어 있기 때문에 본격적인 역사에서 제외시킨 것으로 보인다.

고구려 평원왕 때 장군인 온달은 '평강공주와 바보 온달'이라는 설화로 더욱 유명하다. ≪삼국사기≫ 열전에서는 평원왕을 '평강왕(平岡王)'으로 쓰고 있다.

≪삼국사기≫ 열전 5권 온달편에 나오는 평강공주의 이야기는 이러하다.

〈평강왕의 어린 딸이 울기를 잘하므로 다음과 같이 말하였다.
"네가 항상 울어서 내 귀를 시끄럽게 하니 커서 사대부의 아내가 될 수는 없겠고 바보 온달에게나 시집을 보내야겠다."
그러나 공주의 나이 이팔(二八), 즉 16세가 되었을 때 왕은 상부(上部: 東部) 고씨(高氏)에게 시집을 보내려고 하였다.
그러자 공주가 말하였다.
"폐하께서 항상 말씀하시기를, 너는 반드시 온달의 아내가 된다 하셨는데 지금 무슨 까닭으로 저를 다른 사람에게 시집보내려 하십니까? 필부(匹夫)도 거짓말을 하지 않으려고 하거늘 하물며 지존께서 그러하시면 되겠습니까? 그러므로 왕자(王者)는 희롱하는 말을 하지 않는다고 합니다. 지금 폐하의 명령은 잘못된 것이오니 소녀는 감히 받들지 못하겠나이다.”

이에 평강왕은 화가 나서 소리쳤다.

“네가 나의 말을 따르지 않는다면 정말 내 딸이 될 수 없다. 어찌 함께 있을 수 있으랴? 이제부터 너는 갈 데로 가는 것이 좋겠다.”

평강왕은 공주를 궁궐에서 내쫓았다.

이때 공주는 보물 팔찌 수십 개를 팔꿈치에 두르고 궁궐을 나와 사람들에게 묻고 물어 온달의 집을 찾아갔다. 온달의 집에는 눈이 먼 그의 노모가 있었는데, 공주는 가까이 가서 절을 하고 아들이 어디에 있는지 물었다.

노모가 대답하였다.

“우리 아들은 가난하고 추하여 귀인이 가까이할 인물이 못 되오. 지금 그대의 냄새를 맡으니 향기가 이상하고, 손을 만지니 부드럽기가 풀솜 같은 즉, 천하의 귀인이 틀림없소. 대체 누구의 속임수로 여기까지 찾아온 거요? 내 자식은 굶주림을 참지 못하여 산에 느릅나무 껍질을 벗기러 간 지 오래인데, 아직 돌아오지 않았소.”

공주는 그 집에서 나와 산 밑에 가서 온달을 기다렸다.

온달이 느릅나무 껍질을 지고 오는 것을 보고 공주는 자신의 신분을 밝히며 찾아온 이유를 말하였다. 그러자 온달이 화를 내며 소리쳤다.

“이는 어린 여자가 행동할 바가 아니다. 반드시 사람이 아니라 여우나 귀신이다. 내 곁으로 가까이 오지 말라.”

온달은 뒤도 돌아보지 않고 집으로 가버렸다.

공주는 온달의 집 사립문 아래서 하룻밤을 지새우고, 이튿날 다시 모자에게 자신이 찾아오게 된 사연을 간곡하게 말하였다. 그 말을 들은 온달은 우물쭈물하며 결정을 내리지 못하였다.

그때 온달의 어머니가 말하였다.

“내 자식은 지극히 추하여 귀인의 배필이 될 수 없고, 내 집은 지극히 가난하여 귀인의 거처로 누추하기 이를 데 없소.”

공주가 그 말을 듣고 대답하였다.

“옛사람의 말에 한 말 곡식도 방아를 찧을 수 있고, 한 자 베도 꿰맬

수 있다고 하였습니다. 마음만 같다면 어찌 반드시 부귀한 후에라야 함께 지낼 수 있겠습니까?"

공주는 자신의 고집을 꺾지 않았다. 결국 공주와 온달은 결혼을 하였다. 그리고 공주는 자신이 궁궐에서 가져온 금팔찌를 팔아 밭을 사고 주택과 노비와 우마와 기물 등을 사서 온달과 함께 살았다.〉

이것은 궁궐에서 나온 평강공주가 온달과 결혼하기까지의 이야기다. 당시 평강공주는 궁궐에서 추방당한 것이 아니라 당당하게 스스로 걸어 나온 것이다. 평강왕이 공주와 결혼시키려고 한 상부(東部: 5방위부의 하나)의 고씨는 당시 고구려의 최고 관료 집안이었을 것으로 보인다. 그런데 공주가 왕명을 어기고 온달에게 시집을 가겠다고 하자 왕은 화가 나서 호통을 쳤던 것이다.

이때 이미 공주는 온달을 흠모하고 있었으며, 중매혼이 아닌 자유혼을 원한 개방적인 여성이었다. 아버지 평강왕의 호통에도 굴하지 않고, 공주는 자신이 평소 마음속으로 흠모하던 사람을 찾아가서 당당하게 사랑을 고백하고 온달의 아내가 되었던 것이다.

그런데 ≪삼국사기≫ 열전 온달편에서는 공주가 평강왕의 말을 듣지 않아 궁궐에서 쫓겨난 것으로 묘사되고 있다. 뿐만 아니라 이 설화는 평강 왕과 공주의 갈등을 감추기 위해 똑똑한 온달을 '바보'로 만들어버리기까 지 하였다.

3. 가난한 평민 출신으로 무술이 뛰어났던 온달

≪삼국사기≫ 열전 기록은 이야기 초입 부분에서 온달에 대해 다음과 같이 소개하고 있다.

〈얼굴은 파리하여 우습게 생겼지만 마음씨는 명랑하였다. 집이 매우 가난 하여 항상 밥을 빌어다 어머니를 봉양하였는데, 떨어진 옷과 해어진 신으로

시정간(市井間)에 왕래하니, 그때 사람들이 지목하기를 바보 온달이라 하였다.〉

이 기록으로만 볼 때 온달은 바보다. 그러나 ≪삼국사기≫ 열전 기록 어디를 봐도 온달의 행동에서 바보 같은 구석을 찾아보기 어렵다. 오히려 그의 행동이나 언행을 볼 때 보통 사람 이상으로 너무 똑똑하여 의문이 갈 정도다. 얼굴이 파리하여 우습게 생기고, 집이 가난하여 밥을 빌어다 먹었다는 것은 외형에 대한 묘사이지 '바보'라서 그렇다는 이야기가 아니다. 더구나 마음씨가 착하고 어머니를 봉양했다는 것은 '효자'이지 바보라서 그런 것이라고 보기 어렵다.

그런데 왜 '온달'이란 이름 앞에는 '바보'라는 별칭이 따라붙게 된 것일까? 그리고 또한 '바보 온달' 앞에는 왜 반드시 '평강공주'가 나와야만 하는가? 여기서 엿볼 수 있는 것은 신분의 차이다. 평강공주는 왕실의 피를 이어받았고, 온달은 가난한 평민 출신이다.

당시 고구려에서는 매년 3월 3일 산에 가서 사냥대회를 열고, 그날 잡은 멧돼지·사슴 등으로 하늘과 산천신(山川神)에게 제사를 지냈다고 한다. 그날은 왕까지 친히 사냥에 나섰으며, 여러 신하들과 5부의 병사들이 모두 참여하였다. 여기서 '5부'는 궁궐 안팎을 지키는 왕의 친위대라고도 할 수 있는 '5방위부'를 말한다. 그리고 5방위부의 수장들은 권력을 가진 귀족들이다.

≪삼국사기≫ 열전 기록에는 온달도 그 사냥대회에 참여하였다고 한다. 이 기록으로 볼 때 어쩌면 온달은 5방위부 소속의 병사였는지도 모른다. 아무튼 그는 이 사냥대회에서 말을 잘 타고 사냥감을 많이 포획하여 누구보다 눈에 띄었다. 사냥대회가 끝나고 나서 '왕이 친히 불러 이름을 물어보고 놀라며 또 이상히 여겼다.'고 기록은 전하고 있다. 이때 분명 평강공주도 왕 옆에 있었다면, 그 용맹스런 모습의 온달을 보고 첫눈에 반했을 것이다.

신화 해석은 앞뒤를 잘 구분하여 이해할 필요가 있다. 당시 힘 있는 인물의 입장을 생각하다 보니 사실이 왜곡되어 서술되기도 하지만, 사람들의 입에서 입으로 전해지면서 앞뒤가 바뀔 수도 있기 때문이다.

≪삼국사기≫ 열전 기록에서는 평강공주가 궁궐에서 나와 온달과 살면서, 금팔찌를 팔아 말을 사오게 했다고 한다. 그때 공주는 온달에게 시장 사람이 파는 말을 사지 말고 꼭 국마(國馬)를 고르되 병들고 파리해서 내다파는 것을 사오라고 일렀다. 그리고 공주는 이 말을 잘 길러 살을 찌우고 건강하게 키운 후 온달에게 주었다. 온달은 그 말을 타고 나가 사냥대회에서 큰 공을 세웠다는 것이다.

여기서 잠시 이야기의 앞뒤를 바꾸어 보면, 온달이 사냥대회를 나가기 전까지 평강공주는 그를 만난 적이 없었다. 온달은 5방위부 소속의 하찮은 병사였는데, 남달리 무술이 뛰어나 장군들보다 더 많은 사냥감을 포획하여 왕으로부터 칭찬을 받았다. 그때 평강공주가 왕 곁에서 지켜보고 온달을 은근히 사모하기 시작하였다.

그리고 얼마 후 평강왕은 공주를 상부(上部)의 고씨(高氏)에게 시집보내려 하였다. 상부는 5방위부의 하나로, 고씨는 당시 세도가 있는 고관의 자제였을 것이다. 고구려의 왕들이 건국 초기부터 5부 출신의 왕후를 택하였던 것은 왕권과 신권이 결탁한 정략결혼이었다. 이처럼 왕실 결혼은 대부분 정략결혼이어서, 공주의 배우자 역시 세도 있는 고관의 자제들 가운데서 택할 수밖에 없었다. 왕권이 약할 때는 권력을 쥔 고관들의 압력에 못 이겨 억지로 그의 자제와 공주를 결혼시킬 때도 있었다. 왕의 사위에게는 부마도위(駙馬都尉)의 벼슬이 내려지므로 그만큼 그 집안의 권위가 올라가는 일이다.

아무튼 평강왕이 공주를 상부의 고씨에게 시집보내려고 한 것도 그러한 맥락과 연관이 있을 것으로 보인다. 이때 공주가 반대를 하고 나서며 당당하게도 자신은 온달을 사랑한다고 고백한 것이다. 평강왕은 공주를 궁궐에서 내쫓았고, 그 길로 그녀는 자신이 평소 남달리 흠모하던 온달을 찾아가 사랑을 고백하고 같이 살게 된 것이었다.

그러면 왜 신화에서는 '온달'을 바보로 만들었을까? 그것은 왕실의 자존심 문제와 직결되어 있다. 공주가 평민과 결혼한다는 것은 당시로서는 있을 수 없는 일이었다. 그런데 평강공주는 그녀 스스로 평민 남편인 '온달'을 택하였다. 어쩌면 평강왕이 공주를 궁궐에서 쫓아낸 것이 아니라, 그녀 스스로 궁궐을 나와 '사랑하는 남자' 온달을 찾아간 것인지도 모른다.

아무리 공주가 궁궐에서 도망쳐 평민과 결혼했다 하더라도, 당시 평강왕으로서는 딸을 욕할 수 없었을 것이다. 그래서 평강공주가 바보 온달을 키워 장군으로 만들었다는 이야기로 둔갑하였을 가능성이 크다. 반드시 온달이 '바보'여야만 평강공주의 지혜로운 선택이 돋보일 수 있기 때문이다. 그것이 바로 고구려 왕실의 자존심이었던 것이다.

4. 온달은 '바보'가 아닌 불세출의 '명장'이었다

무술에 뛰어났던 온달이지만, 평강공주와 결혼하고도 그는 한동안 대왕의 사위로서 인정을 받지 못하였다. 그의 신분이 미천했기 때문이다.

그런데 후주(後周)의 무제가 군사를 보내 고구려 변방인 요동을 쳤다. 이때 평강왕(평원왕)은 군사를 거느리고 원정을 나가 배산(拜山) 앞 들판에서 적군을 맞아 싸웠는데, 온달이 선봉장으로 출전하였다.

평강왕이 온달을 선봉장으로 내보낸 데는 그럴 만한 이유가 있었다. 온달의 무술이 뛰어나다는 사실을 안 대왕은 남들도 다 알아줄 정도로 큰 공을 세워 떳떳하게 사위로 인정해주고 싶은 마음이 앞섰다. 요컨대 다른 고위 관료들에게 내세울 수 있는 명분이 필요했던 것이다.

이때 온달은 선봉장으로 나가 적군 수십 명을 눈 깜짝할 사이에 베어 넘겼으며, 그 기세를 타고 그가 거느린 고구려 선봉 부대가 적의 예봉을 꺾어 크게 승리를 거두었다.

완전히 적군을 무찌르고 나서 공을 논할 때, 장수들이 모두 온달을 극찬

해 마지않았다. 이때 평강왕은 기쁜 나머지 온달을 불러 장수들 앞에 세우고 말하였다.

"이 사람이 나의 사위다!"

이것은 평강왕이 온달을 사위로 받아들이는 공식 선언이었다.

이때 평강왕은 전쟁을 승리로 이끈 사위 온달에게 작위를 주어 대형(大兄)으로 삼았다. '대형'은 5품쯤 되는 벼슬로, 온달은 이때부터 대왕의 총애를 받았다.

평강왕이 죽고 양강왕(陽岡王)이 즉위하였다. ≪삼국사기≫ 열전편에는 '양강왕'이라고 나오는데, 평강왕이 곧 '평원왕'이므로, 양강왕은 평원왕의 아들 영양왕(嬰陽王)을 가리키는 것이다.

고구려 제26대 영양왕이 즉위하자, 온달이 다음과 같이 아뢰었다.

"신라가 우리 한북(漢北)의 땅을 빼앗아 군현을 삼았으니, 백성들이 원통하여 일찍이 부모의 나라를 잊은 적이 없습니다. 원컨대 대왕께서는 어리석은 신을 불초하다 여기지 마시고, 만약 군사를 주시면 한번 가서 반드시 우리 땅을 되찾아 오겠습니다."

영양왕은 이를 허락하고 온달에게 군사를 주었다. 온달은 군사를 정비해 신라를 치러 갈 때 다시 대왕에게 말하였다.

"계립현과 죽령 서쪽 땅을 우리에게 귀속시키지 않으면 신은 돌아오지 않겠습니다."

온달이 말한 계립현(谿立峴)은 조령(鳥嶺), 즉 지금의 '새재'를 이르는 말이다.

그런데 이렇게 비장한 각오를 하고 출정한 온달은 신라 군사들과 아단성(阿旦城)에서 맞서 싸우다 적의 화살을 맞고 전사하였다. '아단성'은 지금의 아차산성을 이르는 말이다.

여기서 ≪삼국사기≫는 다시 신화를 하나 만들어냈다. 온달이 죽어 장사를 지내려고 하는데 관이 움직이지를 않자, 평강공주가 와서 관을 어루만지며 다음과 같이 말하였다고 한다.

"사생(死生)이 이미 결정되었으니, 아아 돌아갑시다."

그러자 온달의 시체가 들어 있는 관이 땅에서 떨어져 운구하여 장사를 치를 수 있게 되었다는 것이다.

한데 일제강점기에 한학자 김종한(金宗漢)이 저술한 한문 역사서 ≪조선사략(朝鮮史略)≫에 보면 평강공주가 남편 온달의 관을 붙들고 울다 기절했는데, 결국 깨어나지 못하고 죽어 온달의 묘 옆에 장사 지냈다고 나온다. ≪삼국사기≫에 비하면 저술 연대가 너무 후대여서 신빙성이 덜하긴 하지만, 그래서일까 더 사실적으로 그려져 있다. 다만 평강공주가 온달과 같이 죽었다는 대목은 극적 효과를 노리기 위해 지어낸 것 같은 느낌이 든다.

아무튼 '평강공주와 바보 온달' 이야기는 신화로 남아 있다. 그러나 엄연히 온달은 현존했던 인물이고 고구려의 훌륭한 장수였다. 신화적인 요소만 제거하고 나면 곧바로 역사로 편입시킬 수 있는 이야기인 것이다. 따라서 온달을 역사로 끌어들이기 위해서는 신화로 만들 때 그에게 붙여준 '바보'라는 오명을 벗겨주어야 한다.

제26대 영양왕

(재위기간: 590년~618년)

1. 수나라를 선제공격한 영양왕

영양왕(嬰陽王)은 고구려 제26대 왕으로 평원왕의 장자(長子)다. 평원왕 재위 7년에 태자가 된 그는, 재위 32년에 부왕이 세상을 떠나자 왕위에 올랐다. 어려서부터 그는 의젓하고 풍채가 좋았을 뿐만 아니라 총명하였다.

"내가 반드시 나라를 부강하게 하고, 백성을 편안하게 보살필 것이다."

태자 시절부터 이렇게 말할 정도로 영양왕은 자신만만하고 패기가 있었다.

그런데 영양왕 즉위 당시 중원에서는 강국으로 떠오른 수나라가 패자로 군림하고 있었다. 우문씨(宇文氏)의 북주는 부병제를 통해 막강한 군사력을 자랑하고 있었는데, 그러다 보니 황제는 오만이 지나쳐 폭정을 일삼았다. 당시 북주의 건국공신 양충(楊忠)에게는 '양견(楊堅)'이라는 아들이 있었다. 그는 아버지의 공적 덕분에 북주 최고의 귀족인 주국(柱國)에 올랐다. 고구려의 국상과도 같은 자리였다. 아버지 양충이 건국공신으로 수국공(隨國公)이란 칭호를 받았는데, 그 아들 양견도 그것을 세습하였던 것이다.

양견은 자신의 딸을 선제(宣帝)의 비(妃)로 삼아 황실의 외척이 되기도 하였다. 마침 선제가 죽고 그의 어린 아들 정제(靜帝)가 즉위하였으니, 나라의 권력은 이미 양견의 손아귀에 들어가 있었다. 결국 양견은 찬탈이나 다름없는 형식으로 외손자 정제로부터 선양을 받아 581년에 즉위하고,

국호를 수(隋)로 정하였다. '수국공'의 '수(隨)' 자에서 주(辵) 자를 떼어내고 새로운 글자 수(隋)가 탄생한 것이다. 즉 달아날 '주(辵)' 자이므로 '사라진다'는 뜻이 되어, '황권의 장수'를 기원하는 의미에서 그 획을 떼어버리고 나라 이름을 지은 것이다.

수문제 양견은 돌궐을 제압하고 서량(西梁: '後樑'이라고도 함)을 멸하였으며, 남조의 마지막 왕조인 진나라까지 멸망시켜 천하통일을 완수하였다. 수문제가 중국을 천하통일한 다음 해인 590년에 고구려에서는 영양왕이 왕위에 올랐다.

당시 고구려로서는 승승장구하는 수나라를 경계하지 않을 수 없었다. 중원을 통일하였으므로 수나라가 다음의 공격 목표로 삼을 만한 나라는 고구려밖에 없었던 것이다.

수나라가 건국에서부터 이웃나라를 하나하나 정복하기까지 일련의 사실과 그 정황을 잘 알고 있었던 영양왕은, 자신이 즉위한 후 수문제가 사신을 보낸 것을 보고 더욱 긴장하지 않을 수 없었다. 수문제가 은근히 자신을 떠보기 위한 전략이라는 것을 그는 모르지 않았다.

영양왕도 재위 2년에 답례로 수나라에 사신을 보냈다. 이 또한 영양왕으로서는 수문제를 떠보기 위한 전략에 다름 아니었다. 영양왕 재위 8년까지 고구려와 수나라는 서로 사신을 왕래하는 외교관계를 지속하였다. 사실 이것은 두 나라가 서로 견제하면서 정보 탐색전을 벌인 것으로 보아야 할 것이다.

그리고 영양왕 재위 9년에 고구려는 말갈(靺鞨: 후의 여진족) 군사 1만여 명을 거느리고 수나라의 요서(遼西) 지방을 공격하였다. 수문제가 고구려를 칠 기미를 보이자, 영양왕이 기선을 제압하려고 선제공격을 한 것이다. 당시 수나라의 영주(營州) 총관이었던 위충(韋沖)이 고구려와 맞서 싸웠다. 이때 영양왕은 크게 싸우지도 않고 군사를 퇴각시켰다.

사실 영양왕이 수나라의 요서 지역을 선제공격한 데는 남다른 이유가 있었을 것이다. 당시 수나라와의 싸움은 인구수나 군사력으로 볼 때 고구려가 감당할 수 없는 여건이었다. 그것을 잘 알고 있는 영양왕이 먼저 수나라를 공격한다는 것은 무모한 짓일 수밖에 없었다. 그런데도 영양왕은 수나라를 선제공격하였다.

전후 사정을 살펴보건대 영양왕이 선제공격한 것은 수나라 군사를 끌어들이기 위한 낚싯밥과도 같은 것이었다. 수문제의 약을 올려 화가 나서 대군을 이끌고 고구려로 쳐들어오기를 기다리고 있었다고 봐야 한다.

수나라는 평야지역에 있었고 고구려의 경우 산악지대에 위치해 있었다. 고구려의 적은 군사로 강대한 수나라를 쳐서 평야지역에서 적의 대군과 격전을 벌인다는 것은 무모한 짓이었다. 적은 군사로 많은 군사를 대적할 수 있는 것은 산악의 요새를 활용한 산성 전투밖에 없었다. 영양왕이 노린 것은 바로 그 점이었다.

2. 임유관 전투에서 수나라 대군을 물리친 강이식 장군

수나라는 영양왕의 유인작전에 말려들었다. 영양왕이 말갈의 군사 1만 명을 거느리고 요서 지역을 쳤던 바로 그해에, 고구려의 침략 소식을 들은 수문제는 크게 노하여 즉각 한왕(漢王) 양(諒)과 왕세적(王世績)을 원수로 삼아 수륙군 30만을 거느리고 가서 고구려를 치게 하였다. 한왕 양은 수문제의 넷째 아들로 수나라 제후였는데, 수문제는 나라 정사 때문에 자신이 직접 원정길에 나설 수 없는 관계로 그 대신 넷째 아들을 내보낸 것이다.

≪삼국사기≫에는 한왕 양의 군사가 임유관(臨渝關: 산해관 서북지역)으로 나왔는데, 장마를 만나 군량의 수송이 어려워진 데다 군사들이 전염병에 걸려 회군하였다고 기록하고 있다. 수나라의 수군(水軍)을 지휘했던 주라후(周羅睺) 총관 역시 산동성 동래(東萊)에서 배를 타고 바다를 건너 고구려의 수도 평양성으로 향하다가 폭풍을 만나 병선이 거의 침몰하였다고 기록하고 있다. 이때 수나라의 수륙군 병사들 중 죽은 자가 10명 중 8~9명이었다고 하니, 거의 전멸하였다고 보아야 한다.

이 기록은 김부식이 ≪삼국사기≫를 편찬할 때 ≪수서(隋書)≫에 나온 내용을 그대로 인용한 것인데, 내용상으로 볼 때 의문이 가는 점이 한두 가지가 아니다. 육군은 전염병에 걸려서, 수군은 폭풍을 만나 10명 중 8~9명의 군사가 몰살당했다는 것은 도무지 이해할 수 없는 일이다. 거기에는 고구려와의 전면전에서 수나라 대군이 패했다는 사실을 덮어버리기 위한 의도가 숨어 있는 것이다.

어쩌면 이것은 수나라의 자존심일 수도 있다. 고구려 군사에게 대패했다는 사실보다 천재지변으로 군사를 잃었다는 것, 표면상으로는 그럴 듯하지만 더 깊이 생각해보면 그것은 하늘이 수나라를 버리고 고구려를 도왔다는 뜻이 된다.

신채호는 ≪조선상고사≫에서 수나라 대군 30만이 고구려를 쳤을 때의 ≪수서≫ 기록을 '춘추필법(春秋筆法)'이라 하여 비판하고 있다. '춘추필법'은 '≪춘추≫의 문장에 공자의 역사비판이 나타나고 있다.'고 하는 데서 나온 것인데, 다시 말하면 '간접의 원인을 직접의 원인으로 하여 표현하는 논리 형식'을 이르는 말이다. 역사서술은 객관적이어야 하는데, 춘추필법에 따른 역사 기록은 자국의 부끄러운 부분은 가리고 자랑스러운 부분은 과장하는 등 주관적인 입장에서 서술하기 때문에 내용에 있어서 많은 것이 생략될 수 있다. 따라서 신채호는 당시 수나라 대군이 궤멸되다시피 한 것이 질병이나 폭풍 때문이 아니라 고구려 군사와의 싸움에서 대패한 것이라고 해석하고 있다.

신채호는 ≪삼국사기≫ 기록에는 나오지 않는 '강이식(姜以式)'이란 고구려 장군을 등장시킨다. 강이식은 ≪대동운해(大東韻海)≫, ≪서곽잡록(西郭雜錄)≫ 등의 책에 소개되고 있는데, 당시 고구려의 병마도원수였다고 한다. 특히 ≪서곽잡록≫에 강이식은 임유관 전쟁 때의 병마도원수라고 나오는데, ≪삼국사기≫나 ≪수서≫는 바로 이 전쟁에서 고구려를 침공한 수나라 30만 대군이 질병과 폭풍으로 후퇴했다고 기록하고 있는 것이다.

그러나 신채호의 해석은 다르다. 당시 수나라의 수군을 지휘했던 주라후가 산동반도에서 바다를 건너 평양으로 쳐들어오려고 한 것은, 사실은 수문제의 넷째 아들 한왕 양이 이끄는 대군에게 식량을 보급하기 위해 해로를 선택한 것이라고 한다.

당시 한왕 양이 육로로 고구려 국경을 넘어 임유관으로 나갔으나, 장마로 인하여 육로 보급이 어려워졌다. 그러자 수문제는 주라후를 수군총관으로 삼아 보급품을 배에 싣고 해로를 통해 한왕 양의 대군에게 군량을 대주려 했다는 것이다.

이때 그 정보를 입수한 고구려 장군 강이식이 수군을 거느리고 나가 바다 가운데서 주라후의 군량미를 실을 배를 격파하였으며, 군중에 영을 내려 성책을 지키고 나가 싸우지 말라 이르자 양식이 떨어져 굶주리던 한왕 양의 대군이 퇴각을 하지 않을 수 없었다. 때를 기다리던 강이식은 퇴각하는 수나라 대군을 격파하여 10명 중 8~9명의 적을 섬멸하는 대승을 거두었다. 이로써 수나라 30만 대군과 격돌한 임유관 전투는 고구려의 대승으로 끝이 났던 것이다.

현재 ≪대동운해≫나 ≪서곽잡록≫이란 책은 전해지지 않고 있어 그 진위를 파악하기 힘들지만, 신채호의 이 같은 해석은 강한 설득력을 가지고 있다. 당시 고구려는 산성 전투에 능했으며, 적군이 쳐들어오면 '청야작전(淸野作戰)'을 써서 완벽한 방어전을 치렀다.

'청야작전'이란 일단 적군이 쳐들어오면 들판에 익어가던 곡식을 불 지르고 집안에 있던 식량을 모두 짊어지고 산성으로 들어가 방어전을 치르는 전략을 말한다. 원정을 온 적군은 현지에서 식량을 구할 수 없게 되자, 멀고 먼 보급로를 통하여 군량미를 실어 나르는 고통을 감수하여야 했던 것이다.

당시 고구려는 산성에서 방어전만 하면서, 호시탐탐 적의 보급로에 군사를 매복시켜 식량과 마초를 빼앗거나 불살라 상대의 전투력을 약화시켰다. 그로 말미암아 적들은 군량미가 모자라 굶주림에 허덕이고, 기후 조건이 안 맞아 병마에 시달려 대군을 물리지 않으면 안 되었던 것이다.

3. ≪유기≫ 100권을 줄여 ≪신집≫ 5권 편찬

수문제의 30만 대군을 물리친 고구려의 영양왕은 확실한 자신감을 얻었다. 그리고 일당백의 기상을 가진 고구려 군사들의 정신을 나라 안팎으로 널리 알려야 한다는 생각에 재위 11년에 태학박사 이문진(李文眞)으로 하여금 역사서를 저술하라고 명하였다. 이미 고구려에는 건국 초기에 ≪유기(留記)≫ 100권의 역사서가 있었다.

≪삼국사기≫에 보면 고구려는 '국초부터 문자(漢文)를 사용하기 시작하였다.'고 기록되어 있다. ≪유기≫는 한문으로 저술한 고구려의 역사서로, 무려 그 분량이 100권이나 되었다. 중국 최고의 역사서인 사마천의 ≪사기(史記)≫가 130권이니, 분량으로 볼 때 ≪유기≫는 그에 조금 미치지는 못하지만 방대한 저술이 아닐 수 없다.

짐작컨대 ≪유기≫ 100권 속에는 단군조선 · 부여 · 고구려로 이어지는 역사의 맥이 이야기체로 기술되어 있었을 것이다. 사마천의 ≪사기≫가 한나라 때 저술한 역사서이지만, 중국 삼황오제 시대부터 한나라 통일시대, 그리고 당대(漢)의 무제 시대까지 기록하고 있는 것을 보면 미루어 짐작하기 어렵지 않다. ≪유기≫는 한문으로 저술된 역사서이므로 당연히 그보다 더 오래 된 중국의 역사서에 영향을 받았을 것이고, 그 체제 역시 ≪사기≫의 기전체를 따랐을 가능성이 높다.

당시 영양왕은 ≪유기≫ 100권을 읽었던 것이 분명하다. 그리고 그 책에 나오는 고구려 역사에 대한 강한 자부심을 갖게 되었을 것이다. 다만 너무 방대한 분량이라 백성들이 읽기에는 벅찬 책일 수밖에 없었다. 당시로서는 필사본을 만들어야 하므로 방대한 분량의 책을 널리 보급하는 데도 문제가 있었다.

따라서 영양왕은 태학박사 이문진을 불러 ≪유기≫ 100권을 축약한 새로운 역사서를 저술하라고 명하였다. 당시 태학박사는 오늘 날 교수와도 같은 직책이다. 고구려는 소수림왕 2년에 태학(太學)을 설립하였고,

그곳에서 태학박사들이 왕실 자제와 귀족들에게 공부를 가르쳤다. 《삼국사기》를 번역한 이병도는 역주에서 이문진이 씨명(氏名)으로 보아 중국에서 고구려로 귀화한 사람이거나 혹은 그 자손일 거라고 추측하고 있다. 아무튼 이문진은 왕명을 받아 《유기》 100권을 줄여 《신집(新集)》 5권을 집필하였다.

영양왕 재위 11년 기록으로 보아 당시까지 고구려 역사서 《유기》 100권이 전해지고 있었던 것은 분명한 사실이다. 또한 축약본 《신집》 5권도 확실하게 저술되었다. 그런데 그 귀중한 책들은 현존하지 않는다. 언제 어느 때 그 책들이 없어졌는지도 알 수 없다.

고구려의 역사서를 축약본까지 낼 정도였다면 당시 고구려 왕실은 역사서의 중요성을 깊이 인식하고 있었던 것이 분명하다. 그렇다면 영양왕 이후에도 계속 역사 집필이 진행되었을 것이고, 이러한 작업은 고구려가 패망하기 직전까지의 역사를 낱낱이 기록했을 가능성이 높다.

여기서 고구려 역사서가 사라지게 된 이유를 더듬어볼 필요가 있다. 고구려는 나당연합군에 의해 망하였다. 이때 당나라는 고구려에게 당한 치욕적인 과거-당태종의 전쟁 패배-를 지워버리고 싶었을 것이고, 따라서 고구려를 정복한 후 그와 관련된 기록을 없애기 위해 아예 《유기》 100권이나 《신집》 5권을 불태워 버렸을 가능성이 높다.

또 하나 고구려의 역사서가 사라지게 된 이유를 추측해 본다면, 신라에 의한 훼손을 의심해 볼 수 있다. 신라는 건국 이후 거의 고구려에게 굴종하는 자세로 일관해 왔기 때문에 고구려 역사서에 기록된 신라 부문에 대해서는 치욕적이라고 느꼈을 것이다. 따라서 나당연합군이 고구려를 정복한 후, 신라가 고구려 역사서들을 모조리 찾아내어 불태웠을 가능성도 있다고 본다.

고려시대에 와서 경주 출신의 김부식이 《삼국사기》를 저술할 때 신라의 시각에서 고구려의 역사를 폄하한 것만 보더라도 신라인의 고구려에 대한 시각을 충분히 읽을 수 있는 일이다. 또한 일연의 《삼국유사》에서도 고구려나 백제의 이야기는 거의 없고 신라 이야기 위주로 되어 있다. 이는 이미 신라에 패망한 고구려와 백제의 역사서가 사라져 버려 참고할 수 있는 것이 별로 없었다는 것을 의미한다. 고대의 역사는 승자 입장에서 서술되었다는 것도 그 이유가 될 수 있다.

김부식이 ≪삼국사기≫를 저술할 때 ≪구삼국기≫를 참고하였다고 하는데, 아마 이 책도 고구려 멸망 이후에 인구에 회자하는 이야기를 모아놓았을 가능성이 높기 때문에 고구려 역사에 대해서는 제대로 다루어지지 않았을 것이다.

더군다나 김부식은 ≪삼국사기≫ 편찬 이후 ≪구삼국기≫를 비롯한 참고서적들을 모두 불태워버렸다. 자신이 주도하여 편찬한 ≪삼국사기≫가 최고의 가치를 가지고 있다는 오만을 그는 그런 식으로 표현했던 것이다. 실로 안타까운 일이 아닐 수 없다.

4. 한수 이남을 되찾기 위한 남진정책

영양왕 재위 14년, 고구려 장수 고승(高勝)은 왕명을 받아 신라의 북한산성(北漢山城)을 치기 위해 군사를 이끌고 남하하였다. 이때 그 소식을 들은 신라의 진평왕은 친히 군사를 거느리고 한수(漢水)를 건너 산성에 들어가 북을 치고 떠들며 고구려 군사와 맞서 싸울 태세를 갖추었다.

진평왕이 1만 명의 군사를 이끌고 원정을 왔으므로 신라의 군대는 산성을 지키던 군사까지 합하여 그 수가 매우 많았다. 결국 고구려 장군 고승은 중과부적이라고 판단, 철군하였다.

영양왕 재위 18년 5월에 고구려는 백제의 송산성(松山城)을 쳤으나 함락시키지 못하고, 다시 군사를 돌려 석두성(石頭城)을 습격해 남녀 3,000명을 사로잡았다.

이어서 재위 19년에 영양왕은 신라의 북쪽 변경을 습격하게 하였으며, 이때 8,000명의 포로를 잡는 전과를 올렸다. 그리고 다시 4월에 군사를 일으켜 신라의 우명산성(牛鳴山城)을 빼앗았다.

이렇게 영양왕이 남진정책을 써서 백제와 신라를 공격할 수 있었던 것은 수나라의 30만 대군을 물리친 이후 자신감을 가졌기 때문에 가능한 일이었다. 한동안 수나라에 대해서는 안심해도 된다는 생각에, 남진정책을 써서 백제와 신라를 공격하였던 것이다.

영양왕이 한수 유역에 대한 회복의지를 다진 것은 재위 초기에 장군 온달을 보내 신라를 치게 하였다가 아단성(아차산성)에서 전사하는 바람에 실패한 것에 대한 한이 남아 있었기 때문이다. 장수왕 시절 남진정책으로 차지했다 다시 신라 진흥왕에게 빼앗긴 한수 이남의 옛날 땅을 반드시 찾겠다는 의지가 담겨 있었다.

당시 신라의 진평왕은 수나라 30만 대군을 이긴 고구려에 대해 잔뜩 겁을 먹고 있었다. 더구나 고구려가 여러 차례 군사를 보내 신라의 북쪽 경계를 무너뜨리자, 진평왕은 신라 군사만으로는 고구려 군사를 대적할 힘이 없다고 생각하여 외교 전략으로 고구려를 견제하려 하였다.

영양왕 19년 고구려가 두 차례나 신라를 치자, 이에 위기를 느낀 진평왕은 원광법사(圓光法師)를 불러 수나라에 보낼 걸사표(乞師表)를 짓게 하였다. 이때 '걸사표'란 군사를 청하는 글월을 의미한다.

진평왕의 말을 듣고 나서 원광이 대답하였다.

"자기가 살려고 남을 멸하는 것은 승려의 할 짓이 아니오나, 빈도가 대왕의 나라에 있어 그 물과 그 곡식을 먹고 살아가므로, 어찌 감히 대왕의 명령에 좇지 아니하오리까."

원광은 곧 수나라에 보낼 '걸사표'를 지어 진평왕에게 올렸다.

진평왕은 수나라에 이러한 청원서를 두 번씩이나 보냈다. 즉 수나라가 군사를 일으켜 고구려를 공격해 달라는 부탁을 직접 사신을 보내 외교문서로 전달하였던 것이다.

5. 수양제, 고구려에 선전포고를 하다

수나라 문제는 건국 직후 내사성·문하성·상서성 등 조정의 관제를 확립하고, 중앙집권체제를 갖추었다. 또한 과거제를 실시하여 훌륭한 인재를 발굴하였으며, 천하통일의 대업을 이룩하였다.

그런데 서기 598년, 영양왕 9년에 30만 대군을 이끌고 고구려를 쳐들어왔다가 패한 수문제는 그 충격에 놀라 총기까지 흐려진 모양이다. 수문제는 600년에 큰아들인 황태자 양용(楊勇)을 폐하고, 둘째 아들 양광(楊廣)을 황태자로 삼았다. 무슨 이유로 갑자기 황태자를 바꾸었는지는 모르나, 그것이 나중에 당사자 문제는 물론이고 큰아들 양용까지 죽게 만드는 결정적인 요인으로 작용하였다.

수나라 황태자 양광은 604년 아버지 문제와 형을 죽이고 스스로 황제가 되었다. 그가 바로 수양제(隋煬帝)다. 중국 사가들도 수양제를 혹독하고 난폭하며 사치스러운데다 호색한이었다고 기록하고 있다.

수양제는 권력욕 때문에 아버지와 형을 죽인 악덕군주이기는 하지만, 추진력 하나는 강력하였다고 한다. 즉위 초기에 그는 수도였던 장안 근처에 새로운 도읍을 건설하고 이를 대흥(大興)이라 불렀다. 또한 605년에는 풍요의 땅 관동과 강남을 통치하기 위하여 동도(東都) 낙양(洛陽)을 건설하였으며, 이와 동시에 낙양을 중심으로 하여 북쪽의 탁군(涿郡: 북경)으로 통하고 남쪽의 여항(餘杭: 항주)으로 통하는 전체 5,000여 리(약 2,500km)에 해당하는 대운하를 건설하였다.

서기 607년 수양제는 동돌궐의 군주 계민가한(啓民可汗)의 막부를 방문하였다. 당시 동돌궐은 수나라와 고구려 두 강대국 사이에서 눈치만 보고 있었다. 따라서 이 시기의 정세는 두 나라 중 어느 나라가 동돌궐과 연합하느냐에 따라 대세가 결정될 수도 있었다. 느닷없이 수양제가 계민가한의 막부를 찾아간 것은, 동돌궐이 고구려와 가까워지는 것을 경제하기 위한 전략의 일종이었다.

그때는 영양왕 재위 18년이었는데, 고구려도 수나라를 경계하기 위해서는 동돌궐과 연합해야 한다는 당위성을 갖고 있었다. 그래서 영양왕은 동돌궐에 사신을 파견하였던 것인데, 고구려 사신은 계민가한의 막부에서 수양제와 운명적으로 만났다.

고구려 사신이 온 것을 눈치 챈 수나라 대신들은 수양제에게 그 사실을 알렸다. 수문제가 고구려에게 대패한 사실 때문에 설욕전을 꿈꾸고 있던 수양제는, 신하를 시켜 고구려 사신에게 다음과 같이 전하였다.

"나는 계민이 성심껏 우리 수나라를 받드는 까닭에 친히 이곳에 온 것이다. 명년에는 탁군으로 갈 터이니, 그대는 환국하는 날 국왕에게 말하여 의심하거나 두려워하지 말고 속히 조공을 바치게 하라. 그렇게 하면 나는 그대 나라의 국왕을 계민과 같이 대할 것이다. 만일에 국왕이 입조치 않을 경우 장차 계민을 거느리고 그대 나라를 치려고 하니 그리 알라."

고구려 사신은 환국하여 영양왕에게 수양제의 말을 그대로 전하였다.

수양제의 말은 오만하기 그지없는 선전포고였다. 그러나 영양왕은 수나라가 재차 고구려를 공격해 올 것이라는 사실을 알고 있었으므로, 크게 놀라지는 않았다. 다만 고구려는 동돌궐과 연합하기 위해 사신을 파견한 것인데, 수양제가 직접 동돌궐 군주 계민가한을 만나러 왔다는 사실이 영양왕을 긴장케 만들었다.

영양왕은 수양제의 흑심을 모르지 않았다. 반드시 몇 년 후에는 수나라가 대군을 이끌고 고구려 땅으로 쳐들어올 것이라는 걸 알고 있었다. 수양제가 갑자기 동돌궐에 나타난 것은, 군주 계민가한에게 겉으로는 위무를 하는 척하면서 속으로는 엄포를 가하는 것에 다름 아니었다. 만약 수나라가 군사를 일으킬 경우 절대 고구려와 연합할 생각을 하지 말라는 경고가 포함되어 있는 방문이었던 것이다.

이러한 수양제의 속마음을 물밑 들여다보듯 꿰뚫고 있던 영양왕은 남쪽의 백제와 신라에게 겁을 주면서 한편으로는 군사력을 기르는 데 전력을 다하였다.

6. 수나라 대군의 2차 침입

영양왕 재위 23년에 수양제는 고구려를 치기 위한 출사표를 던졌다. ≪삼국사기≫는 ≪수서(隋書)≫ 양제기(煬帝紀) 대업(大業) 8년 정월조(條)에 자세하게 실려 있는 수양제의 조(詔)를 인용하여, 그 내용을 장황하게 싣고 있다. 사실 이 내용은 수양제의 오만을 그대로 보여주는 문투인데, 그것을 고구려 역사 기록에 그대로 사용하고 있다는 것은 문제가 있다. 김부식이 사대주의자라는 것을 여실히 드러내주는 대목이다. ≪삼국사기≫ 고구려 본기 제8 영양왕조 기록이므로, 수양제의 오만으로 가득 찬 출사표보다는 수나라의 침입에 대비한 영양왕의 전쟁준비 상황이 나와 주었어야 옳다고 본다.

아무튼 수양제에 관한 역사 기록을 보면 고구려를 침입하기 위해 그가 얼마나 공을 들여 철저한 전쟁 준비를 해왔는지 잘 알 수 있다. 아버지 수문제가 고구려에게 당한 포한까지도 역사 기록 여기저기서 그대로 드러나고 있다.

수양제는 동돌궐에서 고구려 사신을 만난 후 본격적으로 전쟁 준비를 시작하였는데, 이때 그는 공성 전투에 필요한 사다리인 운제(雲梯)를 비롯하여 각종 무기를 개발하도록 명하였다. 강을 건널 수 있는 부교(浮橋)까지도 만들었을 정도다.

이렇게 철저한 전쟁 준비를 한 수양제는 612년 1월 좌군 12대와 우군 12대로 나누어 군사를 출동시켰는데, 좌우군 군사는 총 113만 3,800명이었다. 수나라는 이를 과장하여 200만 대군이라 하였다. 그러나 당시 군량미를 나르던 인력까지 합하면 적어도 그 정도는 예상해야 하므로 지나친 과장은 아닌 듯하다.

612년 2월에 수양제는 원정군을 통솔하고 요하에 이르렀다. 고구려 군사가 요하를 굳건하게 지키자, 수나라 수병들은 감히 강을 건너지 못하였다. 수양제는 공부상서(工部尙書) 우문개(宇文愷)를 불렀다. 공부는 오늘

날 '공병대'에 해당되므로, 우문개는 부교를 놓는 부대의 우두머리였다.

"저 강에 부교를 만들어라!"

우문개는 수양제의 명을 받고 곧 요하의 서쪽 강둑에서 동쪽 강둑까지 부교를 놓기 시작하였다. 한꺼번에 많은 병력이 건널 수 있도록 부교를 세 개씩이나 놓았는데, 준비한 부교가 너무 짧아 동쪽 강둑까지 닿지 못하였다.

이때 고구려 군사가 동쪽 강둑에 나타나 기습을 감행하였다. 부교를 통해 강을 건너려던 수나라 병사들은 갈팡질팡하였다. 부교가 짧아 강을 건너기가 쉽지 않았던 것이다. 부교에서 강물로 떨어져 언덕으로 기어오르려던 수나라 병사들은 고구려군의 기습을 받아 죽는 자가 부지기수였다.

수나라 장수 맥철장(麥鐵杖)은 휘하 낭장(郎將) 전사웅(錢士雄)·맹차(孟叉) 등과 함께 가장 먼저 강을 건너 언덕으로 올라섰으나, 숨어 있던 고구려군의 날카로운 공격을 받아 그 자리에서 전사하였다. 이와 같이 용감한 장수들이 제대로 싸워보지도 못하고 죽자, 수나라 병사들은 전의를 잃어버렸다.

수양제는 할 수 없이 군사를 퇴각시켰다. 그러고는 다시 명을 내려 부교를 연장하도록 하였다. 부교 연장 공사는 2일 만에 완성되었다.

완성된 세 개의 부교로 수나라 대군이 강을 건너자 고구려 군사는 당할 수가 없었다. 이때 고구려 군사 1만 명이 죽었다.

수양제는 그 여세를 몰아 요동성으로 진격하였다. 이 요동성은 한(漢)나라 때 양평성(襄平城)으로 불렸는데, 당시 요동군을 다스리던 성주가 머무르던 곳이다.

7. 난공불락의 요동성

수나라 대군은 요동성을 함락시키려고 온갖 작전을 다 짰다. 113만 대군을 거느린 수양제지만 고구려 군대를 만만하게 보지는 못하였다. 그는 무조건 군대의 머릿수만 믿고 공격을 할 정도로 무지한 사람이 아니었다. 그는 전쟁보다 앞서 백성을 위무할 줄 아는 지략을 겸비하고 있었다. 백성의 마음을 돌려놓지 않으면 그 지역 전투에서 결코 승리할 수 없다는 사실을 잘 알고 있었다.

아무튼 113만 대군으로 요동성을 에워싼 수양제는 전투에 임하기에 앞서 조서를 내려 죄수들에 대한 대사면령을 단행하였다. 그리고 형부상서 위문승(衛文昇) 등에게 명령하여 요동의 백성들을 위로케 하고 10년간 부역을 면제시켜 준다는 약속도 하였다.

612년 5월, 수양제가 군사를 일으켜 원정에 나선지 어느덧 4개월이 지났다. 그러나 수나라 대군은 요동성을 에워싼 채 세월만 허비하고 있었다. 수양제가 회유 작전으로 요동의 백성을 아무리 위무해도 요동성을 지키는 고구려 군대의 철통같은 방어벽을 뚫을 수는 없었다.

역사 기록에는 나와 있지 않지만, 당시 요동 백성들은 고구려 편이었을 것이다. 수양제가 아무리 조서를 내려 죄수를 사면하고 부역을 면제시켜 준다고 해도 요동의 백성들은 그를 믿고 따르지 않았다.

요동 백성들의 마음을 사로잡지 못하자, 수양제는 갑자기 두려움을 느꼈다. 그래서 그는 제장들을 불러 다음과 같이 명하였다.

"군사들로 하여금 함부로 경거망동하지 못하게 하라. 독단으로 행동하는 것을 용서치 않겠다."

한편 요동성을 굳게 지키는 고구려 군대는 자주 성밖에 나와 수나라 대군에게 싸움을 걸었으나, 그것은 적군의 의중을 떠보기 위한 작전의 일환일 뿐이었다. 수나라 대군이 교전을 하려고 들지 않자, 고구려 군사는 성을 굳게 지키는데 최선을 다하였다.

요동성을 지키는 고구려 군대나 성을 에워싼 수나라 대군이나 오랜 시일을 끄는 동안 서로의 탐색전을 끝낸 지 이미 오래되었다. 더 이상 인내심을 발휘하지 못한 수양제는 마침내 수나라 대군에게 총공격 명령을 내렸다.

"요동성을 총공격하여 함락시키되, 만일 고구려 군사들이 항복하거든 안심시켜 받아들이고, 일체의 경거망동을 금한다. 우리 군사들로 하여금 백성들을 괴롭혀 노략질을 하지 못하게 단단히 일러라."

수양제가 제장들을 불러 공격 명령을 내리면서 신신당부한 말이었다.

수나라 대군이 총공격을 감행하였으나, 고구려 군사가 지키는 요동성은 그야말로 난공불락의 요새였다.

수양제가 대군을 이끌고 요하를 건넌 것이 2월이었으니, 요동성 전투에서 양군이 대치한 지도 4개월이 지났다. 어느덧 한창 무더운 여름으로 접어들었던 것이다. 그때까지만 해도 수양제는 휘하의 제장들이 알아서 요동성을 공략하기를 바랐다. 그리고 그는 요동성에서 조금 떨어진 곳에 여장을 푼 채 승전 소식만을 기다리고 있었다.

612년 6월 11일, 더 이상 기다리는 데 지친 수양제는 요동성 남쪽으로 행차하여 성의 형세를 살펴본 후 제장들에게 꾸짖어 말하였다.

"그대들은 이제까지 나를 우롱하였다. 내가 저 같은 난공불락의 요동성을 아예 구경조차 하지 못하게 하려고 멀리 떨어져 있게 한 것이 아닌가? 그대들이 죽음을 두려워하여 성을 공략치 못하니, 모두 목을 베는 것이 마땅하다."

수나라 제장들은 양제의 호통에 벌벌 떨었다. 실제로 목을 칠 수는 없었고, 말로 야단을 친 것이지만 제장들로서도 몇 달씩이나 요동성을 공략하려고 했지만 실패를 거듭한 죄가 있어 어떤 변명도 할 수 없었던 것이다.

그러나 수양제로서도 난공불락의 요동성을 어찌 공격해야 할지 묘책이 떠오르지 않았다. 결국 그는 요동성 서쪽으로 후퇴하여 일단 육합성(六合城)에 머물며 차후의 대책을 강구하기로 하였다.

8. 수나라 수군을 크게 물리친 고건무

수양제가 고구려에 쳐들어왔을 때의 기록을 보면, ≪삼국사기≫에는 영양왕의 배다른 동생 고건무(高建武)에 대한 언급이 없다. 고건무는 나중에 영양왕의 뒤를 이어 고구려 제27대 영류왕(榮留王)이 되는데, 왕자 시절에 그는 유능한 장수로 눈부신 활약을 하였다.

신채호의 ≪조선상고사≫의 기록에 의하면, 당시 '수륙군의 대원수는 왕의 아우 건무요 육군의 원수는 을지문덕'이라고 나온다. 북한 사학자 손영종의 ≪고구려사≫에도 '평양성 전투를 지휘한 고구려 장수가 영양왕의 아우 고건무'라는 사실을 밝히고 있다.

수양제는 요동성 공격에 실패하자 수륙군을 총동원하여 수륙양병작전을 구사하였다. 즉 철의 요새인 요동성은 그대로 놔둔 채, 별군인 우문술(宇文述)과 우중문(于仲文) 등의 육군을 출동시켜 육지를 통해 고구려의 수도인 평양성으로 진격케 하였다. 그리고 다른 한편으로 수군을 총지휘하는 수사총관인 좌익위대장군(左翊衛大將軍) 내호아(來護兒)에게 명하여, 바다를 건너 패수(浿水: 지금의 대동강)로 들어가 곧바로 평양성을 치게 하였다.

당시 내호아가 거느린 수군의 경우, 바다 위에 뜬 함대의 대열이 수백 리를 뻗쳤을 정도로 대단하였다고 한다. 이렇게 바다를 건너 패수로 진입한 내호아의 수군은 평양성에서 불과 60리 떨어진 곳에서 고구려 수군을 만나 크게 격파하였다. 이때 내호아가 승세를 몰아 곧바로 평양성으로 향하려고 하자, 부총관 주법상(周法尙)이 말렸다.

"요동 방면의 우리 육군이 아직 도착하지 않았습니다. 수륙양병작전을 구사하려면 육군이 도착할 때까지 기다려야 합니다."

그러나 초반전에서 고구려군을 크게 무찌른 내호아는 자만심에 의기가 충천하여 주법상의 말이 귀에 들어오지 않았다.

기록에 나와 있지는 않았지만, 평양성에서 60리 떨어진 곳에서 고구려군이 내호아의 수군과 벌인 전투에서 패한 것은 일종의 유인작전이었을 것이다. 당시 수륙군 대원수였던 고건무는 내호아가 이끄는 수나라 수군이 곧 평양성으로 진격할 것을 알고 나곽(羅郭), 즉 평양성 외성 안의 절에 복병을 숨겨두었다. 이는 그 전에 벌인 전투가 유인작전이었음을 명백히 해주는 증거가 아닐 수 없다.

아무튼 내호아는 이미 승세를 잡았다고 생각하고 평양성의 외성으로 쳐들어갔다. 수나라 군사들은 약탈을 일삼는 등 대오가 흐트러져 있었다. 이때 고건무는 절에 숨겨두었던 고구려 복병으로 하여금 일제히 수나라 대군을 기습케 하여 대승을 거두었다. 당시 수나라 장수 내호아는 겨우 몸만 빠져 달아났으며, 그의 뒤를 따르는 사졸들도 불과 수천 명밖에 안 되었다고 한다.

고구려 군사는 쫓기는 수나라 군사를 추격하여 패수에 정박한 수나라 함선이 있는 곳까지 갔다. 그러나 함선을 지키고 있던 수사부총관 주법상이 군사를 정돈하여 대항할 태세를 취하므로 고구려 군사들은 일단 물러났다.

9. 살수대첩의 명장 을지문덕

수양제가 원정군을 총동원하여 바다와 육지로 고구려 평양성을 공격하는 수륙양병작전을 구사할 때, 고구려에서는 고건무가 수군을 맡고 을지문덕(乙支文德)이 육군을 맡아 대적하였다.

을지문덕은 ≪삼국사기≫ 열전에도 나오는데, 그 내용은 고구려 본기의 내용과 별 차이가 없다. 열전에 의하면, 을지문덕의 출신은 기록에 전해지지 않아 알 수가 없다. 다만 침착하고 지략이 뛰어나며 글을 잘 지었다고 한다.

수나라의 수사총관 내호아가 수군을 이끌고 바다를 건너 대동강을 통하여 평양성을 공격할 때 고건무가 지략으로 싸움에 패하는 척 적을 유인하여 복병으로 기습을 가한 것처럼, 우문술·우중문 등이 이끄는 수나라의 육군 30여만의 대병력을 맞은 을지문덕도 꾀로써 적을 유인하는 작전을 구사하였다.

당시 수나라 대군은 머나 먼 원정길이었기 때문에 병사와 말이 먹을

100일 양식을 비롯하여 갑옷과 창·방패, 침식 장비 일체를 옮겨야만 했다. 그러다 보니, 병사 1명당 엄청난 짐이 주어질 수밖에 없었다. 병사들은 짐이 너무 무거워 다 가져갈 수 없으므로 군막 밑에 구덩이를 파고 식량을 묻는 자가 부지기수였다. 장수들이 군중에 영을 내려 식량을 버리는 자가 있으면 목을 벤다고 엄포를 주었지만, 병사들은 말을 듣지 않았다. 따라서 평양성에 미치지도 못하고 압록수(압록강)에 이르렀을 때 이미 군량미가 떨어졌다.

이 소식을 접한 영양왕은 을지문덕으로 하여금 몸소 적에게 가서 거짓 항복하라고 명하였다. 이에 을지문덕은 적의 진영에 나가 항복하는 척하면서 적정을 살폈다. 군량미가 떨어진 적들은 먹지 못해 비실거렸고, 사기가 땅에 떨어진 지 오래였다.

한편 수양제는 우문술·우중문 등으로 하여금 영양왕과 을지문덕을 만나면 즉시 사로잡으라는 밀지를 내렸다. 을지문덕이 거짓 항복을 하고 물러가려 하자, 적장들은 그를 사로잡으려고 몰래 의논을 하였다. 이때 적장 중에서 위무사(慰撫使)로 있던 상서우승(尙書右丞) 유사룡(劉士龍)이 말렸다.

"지금 을지문덕이 항복을 하였는데, 그를 사로잡으면 평양성의 고구려 군사들이 가만히 있지 않고 결사투쟁을 할 것입니다. 고이 돌려보내 을지문덕으로 하여금 우리 수나라 대군을 영접토록 하는 것이 옳다고 여겨집니다."

유사룡의 말을 듣고 보니 그럴 듯하여, 우문술과 우중문도 을지문덕을 돌려보내기로 하였다.

을지문덕이 돌아간 후, 수나라 장수들은 제 발로 걸어 들어온 적장을 그냥 보내 준 것을 못내 아쉬워하였다. 그래서 사람을 보내 "의논할 일이 있으니 다시 오라."고 불렀으나, 을지문덕은 뒤도 돌아보지 않고 압록수를 건넜다.

이때 수나라 장수들은 을지문덕에게 속은 것을 뒤늦게 깨달았다. 특히 우문술과 우중문 사이에서는 군사의 진퇴 문제를 두고 의견이 엇갈렸다. 우문술은 군량미가 다 떨어졌으므로 되돌아가자고 하였고, 우중문은 정예 부대를 이끌고 을지문덕을 쫓아가면 고구려 군대를 쉽게 무너뜨릴 수 있다고 하였다. 우문술이 거듭 말리자, 우중문이 버럭 화를 내며 소리쳤다.

"장군이 10만 대군을 가지고 능히 열세한 적을 소탕치 못한다면 무슨 면목으로 황제를 보려 하는가?"

결국 우문술도 우중문의 의견에 따라 압록수를 건너기로 하였다.

압록수를 건넌 수나라 장군 우문술과 우중문은 곧바로 고구려 군사를 공격하였다. 그러나 을지문덕은 수나라 군대가 피로한 기색이 역력한 것을 알아차리고 작전상 후퇴를 명하였다. 싸울 듯이 대응하다가 후퇴하고 다시 교전하다가 겁을 먹고 도망치듯이, 그렇게 을지문덕은 고구려 군사들을 후퇴시켰다. 일종의 교란작전이면서 수나라 군사들을 더욱 피로하게 만들기 위한 전략이었던 것이다.

그런데 우문술과 우중문은 을지문덕의 그러한 전략을 눈치 채지 못한 채 계속 후퇴하는 고구려 군대를 추격하였다. 하루 동안에 일곱 번 싸워 일곱 번 이기니 우문술과 우중문은 기고만장하여 더욱 휘하 군사들에게 채찍을 가하여 고구려 군사들을 공격토록 하였던 것이다.

우문술과 우문술은 살수(薩水: 지금의 청천강)를 건너 평양성에서 30리 떨어진 산기슭에 이르러 진영을 갖추고 평양성을 치기 위한 작전을 짰다. 이때 을지문덕은 우중문에게 다음과 같은 시를 지어 보냈다.

〈신묘한 책략은 하늘의 이치를 깨달았고(神策究天文)
 기묘한 계책은 지리마저 능통하였도다(妙算窮地理)
 이미 싸움마다 이겨 큰 공을 쌓았으니(戰勝攻旣高)
 만족하였거든 이제는 그만둠이 어떠리(知足願云止)〉

우중문은 이러한 시를 읽고 그때서야 자신들이 을지문덕의 꾀에 속았다는 사실을 깨달았다.

을지문덕은 다시 우문술에게 사람을 보내 "만약 군사를 돌이킨다면 왕을 받들고 가서 항복하겠다."고 전하게 하였다.

우문술은 그것이 거짓 항복임을 알아차렸다.

수나라 군사는 헐벗고 굶주린 데다 강행군으로 모두 지쳐 있었다. 더구나 평양성은 견고하였으며 고구려 군사들 또한 철벽처럼 방어하고 있어 함락시키기 쉽지 않았다. 결국 겁을 먹은 수나라 군대는 철군을 시작하였다.

수나라 군사들은 추격하는 고구려 군사들을 방어하면서 후퇴를 거듭하였다. 이때 을지문덕은 수나라 군사가 후퇴하는 길목 곳곳에 고구려 군사들을 숨겨두었다가 기습적으로 공격하여 큰 공을 세웠다. 이러한 고구려 군사들의 기습 공격에 수나라 군사들은 지칠 대로 지쳐 있었다.

마침내 후퇴하는 수나라 군사들은 살수에 이르렀다. 수나라 군사들이 강을 반쯤 건넜을 때 고구려 군사들이 뒤에서 수나라의 대군을 치자, 수나라 우둔위장군(右屯衛將軍) 신세웅(辛世雄)이 그 자리에서 전사하였다. 이렇게 되자 수나라 대군은 걷잡을 수 없는 지경이 되어 무너졌다. 수나라 대군은 거의 전멸하다시피 하였다.

사지에서 겨우 목숨을 건진 수나라의 패잔병들은 하루 낮밤을 달려 압록수에 이르렀는데, 그 하루 동안 무려 450리를 달아난 것이다. 처음 수나라 대군이 요수를 건너올 때는 30만 5,000명이었는데, 살수에서 대패하여 퇴각해 요동성에 이르렀을 때는 불과 2,700명밖에 남아 있지 않았다.

제6부

당나라의 침공과
고구려의 멸망

연천 무등리 2보루 갑옷 출토 전경(ⓒ 박종서)

제27대 영류왕

(재위기간: 618년~642년)

1. 당나라와 우호적 관계를 유지하다

수양제는 고구려를 세 차례나 침입하였다가 번번이 실패하였다. 영양왕 23년 고구려 명장 을지문덕에게 살수에서 크게 패하고 철군한 뒤, 바로 그 다음 해에 다시 쳐들어왔으나 요동성과 신성 싸움에서 크게 패하였다. 다시 해를 넘겨 그 다음 해에 쳐들어왔으나, 비사성 싸움에서 고구려의 유인 작전에 말려들어 실패한 후 화친을 맺고 돌아갔다.

이러한 연이은 수양제의 고구려 원정은 수나라가 패망하는 근본 원인으로 작용하였다. 당시 수나라에서는 여기저기서 반란이 일어났는데, 봉기한 무리들이 10여 명의 소규모 단위에서 몇 십만의 대단위까지 전체 200여 집단이 넘었다.

617년 군도들이 봉기하고 수나라 왕조의 쇠멸이 눈앞에 다가왔을 때, 수양제의 이종사촌인 태원(太原) 유수(留守) 이연(李淵)이 거병을 결심하고 장안으로 출병하였다. 태원을 떠날 때 3만 명이던 군사가 장안으로 들어설 때는 20만 명을 넘어섰다. 각지에서 봉기했던 무리들이 이연의 군대에 합류한 것이었다.

이연은 여유 있게 장안을 공략하고 양제의 손자인 양유(楊侑)를 황제에 옹립하였다. 이때 황음에 빠져 정사를 돌보지 않던 양제는 졸지에 태상황으로 물러나 앉게 되었다.

그런데 618년 태상왕 양제는 자신이 가장 아끼던 장군 우문술의 맏아들 우문화급(宇文化及)에게 피살되었고, 이연은 양유로부터 양위를 받아 황제의 자리에 올랐다. 이로써 수나라가 망하고 당나라가 건국된 것이다.

한편 당나라가 건국된 618년에 고구려에서는 영양왕이 죽고 그의 이복 동생 고건무가 즉위하였다. 그가 바로 고구려 제27대 영류왕(榮留王)이다.

영류왕 시절에 고구려는 당나라와 매우 우호적인 관계를 유지하였다. 이는 어쩌면 큰 전쟁 이후 두 나라 사이에 휴지기와도 같은 기간이 이어진 것이라고 볼 수 있다. 두 나라는 사신이 내왕하고, 서로 전쟁 포로를 교환하기도 하였다.

영류왕 재위 5년에 당고조 이연은 수나라와의 전쟁 때 잡혀온 고구려 포로들이 많음을 보고 사신을 보내 고구려에 잡혀 있던 수나라 포로들과 교환하자는 제의를 하였다. 영류왕은 흔쾌히 이에 응하였으며, 고구려에 살고 있던 수나라 포로들 1만여 명을 당나라로 돌려보냈다. 이때 당고조는 대단히 기뻐하였다.

그런데 626년에 당나라에서는 변란이 일어났다. 고조 이연에게는 여러 명의 아들이 있었는데, 둘째 아들 이세민(李世民)이 맏아들인 태자 이건성(李建成)을 살해하였다. 이연은 아들 이세민에게 양위하고 태상황으로 물러앉았다. 이렇게 변란을 일으켜 황제의 자리에 오른 이세민이 바로 당태종이다.

당태종은 627년을 정관(貞觀) 원년으로 선포하고, 그 다음 해에는 나라를 천하통일하였다. 당태종도 겉모습은 고구려와 우호적인 입장을 취하는 듯하였다. 고구려 태자가 당나라에 가자, 당태종은 그 답례로 고구려에 진대덕(陣大德)을 사신으로 보냈다.

그런데 당시 고구려에서는 당나라 사신 진대덕이 첩자인줄 꿈에도 모르고 있었다. 진대덕은 고구려 성읍에 들어서면, 그 성을 지키는 장관에게 비단을 주며 다음과 같이 말하였다.

"내가 산수를 좋아하니 이곳의 경치 좋은 곳을 보고 싶습니다."

성읍 장관은 뇌물을 받고 기쁜 나머지 아주 친절하게 진대덕을 산수 좋은 곳으로 안내하였다. 이때 진대덕은 가는 곳마다 지리를 익혀두고 민심을 살폈다.

이렇게 고구려 곳곳을 정탐한 진대덕은 평양성에 가서 영류왕을 만나 정중하게 사신의 예를 갖추었다. 일을 마치고 당나라로 돌아간 진대덕은 태종에게 다음과 같이 보고하였다.

"고구려는 우리 당나라가 천하통일 한 이야기를 듣고 매우 두려워하여 사신 접대를 전보다 더욱 융숭하게 하였나이다."

당태종이 진대덕의 보고를 듣고 말하였다.

"고구려는 본시 사군(四郡)의 땅이다. 내가 군사 수만을 내어 요동을 친다면 그들은 반드시 국력을 기울여 이를 구원하려고 들 것이다. 그러할 때 수군을 내어 해로를 통해 평양으로 가서 수륙 양군이 합세하여 성을 친다면 고구려를 취하기 어렵지 않다. 하지만 아직 산동(山東)의 주현(州縣)이 영락하여 회복이 되지 못하였으므로 그들을 수고롭게 하고 싶지 않다."

한편 고구려 영류왕은 당태종의 야심을 모르지 않았으나, 당나라와의 전쟁은 피하고 싶었다. 고구려 역시 수나라와 총 4차례에 걸친 큰 전쟁을 치르면서 군사들이 피로할 대로 피로해 있었던 것이다. 전쟁을 치른 마당이니 민심 또한 흉흉할 수밖에 없었다. 우선 먹고사는 일이 급하였다.

그래서 재위 25년에 영류왕은 당나라의 침입에 미리 대비하기 위해 서부대인(西部大人) 연개소문(淵蓋蘇文)에게 명하여 장성을 쌓게 하였다. 그러나 연개소문의 생각은 영류왕과 달리 호전적이었다. 그해 10월에 연개소문은 영류왕을 시해하였는데, 이는 당나라에 대하여 온건론적인 영류왕과 강경론을 내세우는 연개소문과의 파벌 싸움이 낳은 비극이 아닐 수 없다.

2. 영류왕을 죽이고 최고 권력자가 된 연개소문

≪삼국사기≫ 열전에 '연개소문'에 대한 기록이 나온다. 원래 그의 성씨는 천씨(泉氏)라고 전한다. 그는 스스로 수중(水中)에서 출생하였다고 한다. 샘 천(泉) 자 또는 못 연(淵) 자를 성씨로 쓰는 것이나 '수중 출생'이라는 설이나 모두 물과 관련이 있다. 아마도 조상 대대로 살아온 곳이 물과 밀접한 관련을 갖고 있었을 것으로 해석된다.

아무튼 연개소문의 아버지는 동부(東部: 혹은 '서부'라고도 함)의 대가(大加)인 연태조(淵太祖)로 관직이 대대로(大對盧)였다. 당시에는 아버지의 관직이 그 아들에게도 세습이 되었던 모양이다. 아버지가 죽고 나서 연개소문이 그 뒤를 이어 대대로가 되려고 하자, 당시 고구려에서 실권을 쥐고 있던 많은 귀족 관료들이 그의 성품이 잔혹하다는 이유를 들어 관직의 계승을 반대하였다.

이때 연개소문은 반대하는 귀족 관료들 앞에 머리를 숙여 사죄하고, 아버지의 관직을 이어받을 수 있게 해달라고 애원하였다. 그러면서 만약에 나중에 불가하다고 생각되면 폐직이 되더라도 결코 후회하지 않겠다는 다짐까지 하였다.

고구려 정치권의 실세였던 귀족 관료들은 연개소문의 애원에 못 이겨 아버지의 관직을 그대로 물려받을 수 있게 허락하였다. 그런데 나중에 연개소문이 권력을 휘두르며 잔혹한 짓을 서슴지 않고 저지르므로, 대가들은 곧 후회를 하고 영류왕에게 몰래 간하여 비밀리에 그를 죽이려고 하였다.

당시 연개소문은 영류왕의 명을 받아 천리장성을 쌓는 감독관으로 가게 되어 있었다. 그런데 그는 때마침 왕과 대가들이 자신을 죽이기 위해 모종의 음모를 꾸미고 있다는 사실을 사전에 알게 되었다.

이때 연개소문은 자기 휘하의 군사들을 모아놓고 사열식을 거행하기로 하였다. 그리고 그를 죽이려고 음모를 꾸민 대가들을 사열식에 초청하였다. 대가들은 자신들의 음모가 탄로 난 줄 모르고, 혹시 사열식에 가지 않으면 연개소문에게 그 비밀이 발각될 것이 두려워 참석하기로 하였다.

드디어 사열식이 열리는 날 대가들이 100여 명이나 참석하였다. 연개소문은 자기 휘하 군사들로 하여금 대가들을 무참하게 학살하라고 명하였다. 사열식장은 대가들의 살육 현장이 되고 말았다. 그리고 그는 곧바로 군사를 이끌고 궁궐로 쳐들어가 영류왕을 죽여, 그 시체를 여러 토막 내어 구렁텅이에 던져버렸다.

졸지에 영류왕은 무주고혼(無主孤魂)의 신세가 되고 말았다. 그래서 당초에는 '영류왕'이라는 묘호가 없었다. 사후에 능묘를 만들고 그 소재 지명인 영류산(嬰留山)에서 이름을 따다 '영류왕'이라 칭하게 되었다.

3. 연개소문 이야기가 전해지고 있는 중국 기록들

≪삼국사기≫ 기록에는 연개소문에 대해 매우 비판적으로 나와 있다. 그리고 그의 출생에 대해서는 별로 언급도 하지 않았다. 다만 중국의 소설인 ≪규염객전≫이나 ≪갓쉰동전≫ 등의 이야기를 보면, 그 주인공이 연개소문임을 알 수 있게 해주는 대목이 많다. 사실을 가지고 소설을 꾸몄으므로, 역으로 그 꾸며낸 이야기 속에서 사실을 찾아낼 수 있을 것이다.

신채호의 ≪조선상고사≫에는 연개소문을 주인공으로 한 두 소설에 대해 자세하게 나와 있다.

먼저 ≪갓쉰동전≫에 대한 이야기를 약술하면 다음과 같다.

〈…연국혜라는 재상이 있었는데 나이 50이 되도록 슬하에 자식이 없어 하늘에 제사를 지내 아들을 얻었다. 갓 쉰 살에 낳았다고 해서 아들 이름을 '갓쉰동'이라 지었다.

어느 날 한 도사가 나타나서 일곱 살 난 갓쉰동을 보고 그 부모에게 말하기를 "타고난 수명이 짧으니 어려서부터 멀리 보내 부모와 서로 만나지 못하게 해야 그 액을 면할 수 있다."고 하였다. 그 말을 듣고 연국혜는 아들의 등에 먹실로 '갓쉰동'이라 새겨서 멀리 어디론가 떠나보냈다.

갓쇤동은 장자(長者) 유씨(柳氏)의 집에서 종으로 살았는데, 산에 가서 나무를 할 때마다 도사가 나타나 그에게 검술·병서·천문·지리 등을 가르쳐 주었다.

장년이 된 갓쇤동은 이웃나라인 달딸국에 들어가 내정을 살피기 위해 이름을 '돌쇠'라 고치고, 달딸국왕의 가노(家奴)가 되었다. 그런데 달딸국왕의 둘째 아들이 갓쇤동의 범상치 않음을 알고 철책 안에 가두어두었다.

위기를 느낀 갓쇤동은 달딸국왕의 막내딸을 꼬드겨 철책에서 도망쳐 자기 나라로 귀국하였고, 곧 책문(策文)을 지어 과거에 급제한 후 달딸국을 토평하였다.〉

신채호는 이 '갓쇤동'을 '연개소문'이라고 주장한다. '개소문'의 '개'는 '갓'으로 읽으며, '소문'은 '쇤'으로 읽을 수 있다는 것이다. 그리고 소설에 나오는 '달딸국'은 '당나라'이며, 그 왕은 당고조 '이연'이다. 또한 왕의 둘째 아들은 당태종 '이세민'을 일컫는 것으로 보고 있다.

≪규염객전≫에 나오는 주인공이 연개소문과 관련이 있다고 추측되는 이야기는 다음과 같다.

〈…당나라의 장열(張悅)이라는 사람이 규염객(虯髥客)의 사실을 기록하여 "규염객은 부여국 사람으로 중국에 와서 태원(太原)에 이르러 이정(李靖)과 친교를 맺고, 이정의 아내 홍불지(紅拂枝)와는 남매의 의를 맺어 중국의 제왕이 되려고 도모하다 당공(唐公) 이연(李淵)의 아들 세민(世民)을 만나보고는 그의 영기(靈氣)에 눌려 이정더러 중국의 제왕이 될 것을 단념했노라고 하고 귀국하여 난을 일으켜 부여국 왕이 되었다."고 하였는데, 선배들이 "부여국은 곧 고구려요, 규염객은 곧 연개소문이다."라고 하였다.〉

중국에서 이와 같은 기록들이 나오는 것으로 볼 때 당시 당나라에서는 연개소문에 대한 이야기가 많이 퍼져 있었음을 미루어 짐작할 수 있다. 또한 연개소문이 출생의 비밀이야 어찌되었든 젊은 시절 중국에 가서 머물렀던 때가 있었다는 것은 사실일 가능성이 매우 높다.

당나라를 세운 이연은 수나라 시절 고구려와 국경을 이루고 있던 변방 땅 태원을 지키던 유수였고, ≪귀염객전≫에 나오는 이정은 실제로 태원 유수 이연 밑에서 작은 벼슬을 하고 있었다. 따라서 '규염객'이 연개소문이 라면, 그는 분명 고구려의 대막리지가 되기 이전에 중국 태원에 가서 이정 을 친구로 사귀며 지냈던 것이 사실일 것이다.

이정은 나중에 당나라의 뛰어난 명장이 되었는데, 그가 지은 ≪이위공 병법(李衛共兵法)≫ 원본에 보면 "막리지 개소문은 스스로 병법을 안다고 하였다."고 쓰여 있을 뿐만 아니라, 그 자신 또한 연개소문에게 병법을 배웠다고 실토하고 있다.

이러한 여러 가지 정황으로 볼 때 연개소문은 젊은 시절 중국 땅에 가서 견문을 넓히며 친구를 사귀고 지리를 익혔으며, 무술과 병법을 배웠 다는 사실을 유추해 볼 수 있다.

제28대 보장왕
(재위기간: 642년~668년)

1. 도교를 숭상한 연개소문

반정에 성공한 연개소문은, 죽은 영류왕의 동생인 대양왕(大陽王)의 아들 장(臧)을 다음 왕위에 앉혔다. 그가 바로 고구려 마지막 왕이 된 제28대 보장왕(寶臧王)이다.

그러나 보장왕은 꼭두각시에 불과하였다. 연개소문은 스스로 자신의 직위를 대막리지(大莫離支)라 하였는데, 이는 당시 당나라 직위로 따지면, 병부상서(兵部尙書)로서 중서령(中書令)의 직을 겸한 것과 같은 최고의 권력이었다.

이렇게 하여 연개소문은 병권뿐만 아니라 고구려의 국사(國事)를 좌지우지하는 최고 실력자가 되었다. 그는 몸에 칼 다섯 자루를 차고 다녔는데, 좌우의 사람들이 감히 쳐다볼 엄두조차 내지 못하였다. 또한 말에 오르고 내릴 때는 항상 귀인무장(貴人武將)을 땅에 엎드리게 한 후 그 등을 발판으로 삼았다. 데리고 다니는 말구종도 아니고 휘하의 귀족 출신 장수를 발판으로 삼아 말에 올랐다는 이야기다.

뿐만이 아니었다. 연개소문은 외출을 할 때도 반드시 군사들로 하여금 대오를 지어 좌우에 거느리고 다녔는데, 앞에서 인도하는 자가 큰 소리로 외치면 길을 가던 사람들이 무서워서 달아나다 구렁텅이 같은 데로 몸을 숨기기에 바빴다.

보장왕 재위 2년 3월에 연개소문은 왕에게 다음과 같이 고하였다.

"삼교(三敎: 儒·佛·道)는 솥(鼎)의 발과 같아, 그 하나가 없어서는 아니 됩니다. 지금 유교와 불교는 함께 성행하나 도교는 그렇지 못하니, 천하의 도술을 갖추었다고 할 수 없습니다. 청컨대 사신을 당나라에 보내 도교를 구하여 나라 사람을 가르치게 하소서."

당시 보장왕은 꼭두각시 왕이었으므로, 연개소문의 말을 듣지 않을 수 없었다. 대왕은 곧 국서를 써서 사신으로 하여금 당나라 태종(이세민)에게 전하도록 하였다.

고구려에서 보낸 국서를 본 당태종은 도사 숙달(叔達) 등 여덟 명의 사람을 고구려로 보냈다. 이때 노자의 ≪도덕경(道德經)≫도 보내주었다. 보장왕은 크게 기뻐하여 당나라에서 온 여덟 명의 도사들을 절에 머물게 하였다.

이러한 ≪삼국사기≫의 기록으로 볼 때 연개소문은 도교에 밝았던 것이 분명하다. 연개소문을 주인공을 한 소설 ≪갓쉰동전≫에서도, 갓쉰동이 장자 유씨의 집에 머물며 종노릇을 할 때 산에 나무를 하러 가서 퉁소를 불고 있던 한 노인에게 검술과 병법과 천문·지리 등을 익혔다는 이야기가 나온다. 그 노인은 연개소문이 젊은 시절 당나라에 머물 때 만난 도사일지도 모른다. 물론 그 당시 연개소문은 노자의 ≪도덕경≫도 접했을 것이다.

북한 사학자 손영종은 ≪고구려사≫에서 연개소문이 도교를 장려하는 정책을 실시한 데는 다음과 같은 두 가지 이유가 있었다고 주장한다.

첫째, 영류왕을 비롯한 집권 귀족들의 비호를 받던 불교사원 세력을 꺾으려는 데 있었다.

둘째, 도교가 불교나 유교처럼 심한 허례의식을 일삼는 종교가 아니었으므로 중하층 일반 백성들로부터 쉽게 지지를 받을 수 있었다.

연개소문이 도교를 숭상한 첫째 이유에서 당시 고구려의 내정이 몹시 불안하였다는 사실을 간파할 수 있다. 즉 영류왕을 비호하는 권력층 세력과 그 반대 세력 간의 알력 다툼이 심화되고 있었던 것이다.

신채호는 ≪조선상고사≫에서 그 두 세력을 영양왕 사후 고건무가 영류왕이 되면서 북수남진(北守南進) 정책을 펴자, 그와 반대로 을지문덕은 북진남수(北進南守)를 주장하면서 두 세력 간에 반목이 심각한 수준에 달했다고 주장한다. 즉 영류왕(고건무) 세력은 주적(主敵)을 남쪽의 백제와 신라로 보았는데 반하여, 수나라와의 싸움에서 큰 공을 세운 을지문덕 세력은 수나라를 멸하고 새로 건국한 당나라를 주적으로 보았던 것이다.

실제로 영류왕 즉위 이후 고구려는 당나라와 사신을 교환하는 등 친선 외교를 펼쳤으며, 백제와 신라에 대해서는 일진일퇴를 거듭하는 싸움을 계속하였다. 그러다가 당태종이 고구려 실정을 염탐하기 위해 자주 밀정을 보내자, 당나라를 견제하기 위해 남녀를 징발하여 북부여성(北扶餘城)에서 요동 남쪽 끝(渤海)까지 1천여 리에 달하는 장성을 쌓았다. 영류왕 재위 14년에 시작하여 장장 16년에 걸친 대역사로, 이것은 이른바 '고구려의 천리장성'이다.

영류왕 말기의 주적 싸움은 권력의 주도권 다툼으로 바뀌었다. 이미 주도권을 잡고 있는 영류왕을 위시한 북수남진 세력과 새롭게 주도권을 잡으려는 북진남수 세력 간의 알력 다툼은 연개소문의 개입으로 더욱 첨예화되었다. 주로 영류왕을 보위하며 권력을 좌지우지하는 북수남진 세력은 유교와 불교를 숭상하는 문관 귀족들이었다. 그리고 연개소문을 비롯한 북진남수를 주장하는 세력은 무관 출신들로 이루어져 있었다.

연개소문이 무관 세력의 중심인물로 떠오르며 발언권을 행사하자, 문관 귀족들은 그가 두려워질 수밖에 없었다. 따라서 그들은 영류왕에게 간청하여 연개소문을 천리장성 감독관으로 보내게 하였다. 평양성에서 멀리 떨어져 있으면 나라 일에 간섭하기 어렵다고 생각한 것이었다.

그러나 연개소문은 차일피일 미루며 천리장성으로 떠나지 않은 채 자기 휘하에 있는 서부(西部)의 군사들을 모았다. 당시 그는 서부대인(西部大人) 즉, 서부의 우두머리였다. 그가 천리장성 감독관으로 떠나지 않고 미적거린 것은 영류왕을 위시한 문관 세력들이 자신을 변방으로 밀어내는 이유를 너무도 잘 알고 있었기 때문이다.

영류왕을 위시한 문관 세력들은 더욱 겁을 먹고 연개소문을 죽이려고 하였는데, 그 기밀을 연개소문이 먼저 알고 평양성 남쪽에서 크게 열병식을 거행한다며 왕과 대신들을 초청하여 살육전을 감행했던 것이다.

이렇게 하여 연개소문은 정권을 잡고 나서도 문관 세력들을 견제하기 위하여 보장왕으로 하여금 도교를 들여오게 한 것이다. 숭도억불(崇道抑佛) 정책을 썼던 것이다. 보장왕 재위 9년 6월에 반룡사(盤龍寺)의 보덕화상(普德和尙)이 '국가에서 도교를 받들고 불법을 믿지 않는다.'고 하여 남쪽 완산(完山)의 고대산(孤大山)으로 옮겼다는 ≪삼국사기≫의 기록이 그 증거이다.

연개소문이 도교를 숭상한 이유는 바로 불교의 배척에 있으며, 그 뒤에는 문관 세력의 축출 음모가 숨어 있었던 것이다.

2. 연개소문, 김춘추를 억류하다

당태종은 연개소문이 정변을 일으켜 영류왕을 죽이고 보장왕을 세운 것에 대해 비난의 말을 자주하였다. 보장왕 재위 2년 윤 6월에 당태종은 신하들에게 이렇게 말하였다.

"개소문은 그 임금을 죽이고 국정을 오로지하고 있는데, 진실로 참을 수 없는 일이다. 지금 우리 당나라 군사로 능히 그를 취할 수 있으나, 백성들을 괴롭히고 싶지 않아 참고 있을 뿐이다. 나는 이제 거란과 말갈을 시켜 고구려를 치게 하고 싶은데 그대들은 어찌 생각하는가?"

이때 신하들 중 장손무기(長孫無忌)가 대답하였다.

"개소문이 죄가 많은 것을 스스로 알고 우리 대국의 정토를 두려워하여 수비를 엄히 하고 있으니, 폐하께서는 우선 참으셔야 합니다. 그 자는 스스로 안심하고 교만이 더욱 심해져 악행을 마음대로 저지를 것입니다. 그러므로 지금보다는 더 시일을 두고 지켜본 연후에 치는 것이 좋겠습니다."

당태종은 옳다고 여겨 오히려 고구려를 안심시키려고 사신을 파견하였으며, 이때 보장왕을 위무하는 조서를 보냈다.

그런데 같은 해 9월에 신라는 사신을 당나라에 보내 다음과 같이 구원을 요청하였다.

"백제가 우리 신라의 40여 성을 공격하여 빼앗고, 또 고구려와 군사를 연합하여 당나라에 입조하는 길을 막으려고 합니다."

당시 신라는 선덕여왕 11년에 해당된다. 그해 8월에 고구려는 백제와 연합하여 당항성(지금의 화성군 남양면)을 빼앗아 신라가 당나라로 가는 길을 막으려고 하였던 것이 사실이다.

고구려와 백제의 동맹은 신라에게 매우 위협적인 일이 아닐 수 없었다. 따라서 당나라에 도움을 요청하는 외교 전략으로 사태를 수습하려고 한 것이다. 더구나 백제는 당항성 공격뿐만 아니라 거의 같은 시기에 대야성(지금의 합천)을 쳐서 함락시켰다. 이때 백제 장수 윤충(允忠)의 군사에게 신라 장수 품석(品釋)·죽죽(竹竹)·용석(龍石) 등이 죽었다. 이들은 신라의 화랑 출신으로, 그 중 품석은 김춘추(金春秋)의 사위였다.

김춘추는 억울함을 참지 못하여 선덕여왕에게 나가 고하였다.

"신이 고구려에 가서 군사를 청하여 백제에 대한 원수를 갚고 싶습니다."

선덕여왕은 김춘추의 청을 허락하였다.

김춘추는 곧 고구려로 가서 보장왕에게 말하였다.

"이제 백제가 무도하게 과욕을 부려 우리 신라 땅을 침범하니, 우리 임금께서 대국(고구려)의 병마를 얻어 그 치욕을 씻으려고 합니다."

보장왕은 신라가 전에 고구려를 쳐서 죽령 서북 땅을 차지한 적이 있으므로, 다음과 같이 김춘추를 꾸짖었다.

"죽령은 본시 우리 고구려 땅이었으니, 네가 만약 죽령 서북의 땅을 돌려주면 원병을 보내겠다."

김춘추가 대답하였다.

"신은 임금의 명을 받들어 군사를 청한 것인데, 대왕께서는 환난을 구하여 이웃과 친선하려 함에는 뜻이 없으시고, 단지 사신을 위협하여 국토 반환을 요구하십니다. 신은 죽을지언정 다른 것은 알지 못합니다."

보장왕은 화가 나서 김춘추를 별관에 가두었다.

한편 신라의 선덕여왕은 고구려에 사신으로 간 김춘추가 돌아오지 않자, 김유신(金庾信)으로 하여금 1만 명의 결사대를 조직하여 고구려를 치게 하였다.

신라 군사가 한강을 건너 고구려 남쪽 변경에 다다르자, 고구려는 김춘추를 돌려보냈다.

이처럼 신라는 고구려와 백제를 경계하기 위해 당나라에 구원을 요청하는 외교전술을 폈다. 그리고 고구려와 백제의 동맹을 깨기 위하여 교란전술을 구사하기도 하였다. 이러한 외교를 통한 양면작전을 구사한 것은 바로 김춘추였다.

한편 김춘추가 고구려에 가서 보장왕을 만났을 때, 그 왕 뒤에서 조종을 한 사람은 연개소문이었을 것이다. 즉 죽령 서북 땅을 내놓으라는 것이나, 그 말을 듣지 않자 김춘추를 별관에 가둔 것도 실제로는 연개소문의 머리에서 나왔다고 할 수 있다.

3. 당태종의 말을 듣지 않은 연개소문

고구려에 두려움을 느낀 신라는 선덕여왕 재위 12년에 당나라에 사신을 보내 당태종에게 다음과 같이 부탁하였다.

"고구려와 백제가 수시로 우리 신라를 침입하여 수십 성이 공격을 당하였으며, 양국 군사가 연합하여 기어코 우리나라를 취하려 합니다. 지금 양국은 대대적으로 거병을 하여 신라를 칠 기세이므로, 대국에게 구원을 요청하는 바입니다."

당태종이 신라 사신에게 말하였다.

"그대의 나라가 고구려와 백제 두 나라의 침해를 받는 것을 나도 실로 애달프게 생각한다. 그래서 내가 자주 사신을 보내 세 나라를 화합케 하려는 것인데, 고구려와 백제가 내 말을 듣지 아니하고 그대의 나라를 분할하려고 한다. 그대 나라에서는 지금 어떠한 묘책으로 그 화를 면하려고 하는가?"

"지금 우리 임금이 사세가 궁하여 이렇다 할 계책을 내놓지 못하고 있는 실정입니다. 오직 환난을 대국에 알려서 구원을 받고자 하는 것뿐이옵니다."

신라 사신의 말에 당태종이 세 가지 방책을 내놓았다.

"내가 변방의 군사를 조금 내서 거란과 말갈을 거느리고 곧 요동으로 쳐들어간다면 그대 나라는 저절로 환난에서 벗어나게 되므로, 그 후 적어도 1년 동안은 적의 공습을 받지 않을 것이다. 그러나 이후 우리 군사가 물러가고 나면 다시 고구려와 백제가 침공을 할 것이므로, 그대 나라에게는 좀 안 된 일이지만 이것이 첫째 방책이다. 그리고 내가 그대에게 붉은 옷과 깃발을 주어 고구려와 백제가 신라를 칠 때 그것을 세워 벌여놓으면, 적들이 우리 당나라 군사로 여겨 반드시 달아날 것이니, 이것이 둘째 방책이다. 한편 백제는 바다의 험함을 믿고 병장기를 수선하지 않을 뿐 아니라 남녀가 섞여 연회만 여니 내가 수백 척의 배에 갑졸을 싣고 백제를 습격하고 싶다. 그러나 그대 나라는 임금이 여자여서 이웃나라의 업신여김을 받으니, 이는 임금을 잃고 적을 받아들이는 격이라 해마다 편치가 않다. 내가 나의 친족을 한 사람 보내 그대 나라의 임금을 삼고 싶은데, 이때 자연 혼자서 갈 수는 없고 마땅히 군사를 보내어 보호케 하면 그대 나라가 안정될 것이다. 그때 가서 신라 스스로 나라를 다스리게 할 수 있을 것이니, 이것이 셋째 방책이다. 그대는 잘 생각해 보아라. 어느 편을 쫓으려 하는가?"

당태종의 세 가지 방책에 대하여 신라 사신은 그저 "예!"라고 대답할 뿐이었다.

그리고 그 다음 해인 보장왕 재위 3년 당태종은 사농승(司農丞) 상리현장(相里玄奬)을 고구려에 사신으로 보냈다. 현장은 당태종의 새서를 보장왕에게 바치며 말하였다.

"신라는 우리 당나라에 귀의하여 조공이 끊이지 아니하니, 백제와 더불어 각기 전쟁을 그치는 것이 마땅할 것이오. 만일 또 다시 신라를 친다면 명년에는 우리 당나라가 군사를 일으켜 고구려를 정벌할 것이오."

그러나 그때 이미 연개소문은 군사를 거느리고 신라를 쳐서 두 개의 성을 빼앗았다. 보장왕은 현장의 말을 듣고 당나라에 대한 두려움 때문에 급히 연개소문으로 하여금 신라 공격을 멈추고 군사를 돌리게 하였다.

현장은 전장에서 돌아온 연개소문에게 다시 "신라를 치지 말아 달라."고 부탁하였다. 그러자 연개소문이 현장에게 다음과 같이 말하였다.

"우리 고구려와 신라는 원수지간이 된지 이미 오래 되었소. 지난 번 수나라가 우리 고구려를 쳐들어왔을 때, 신라는 그 틈을 타서 우리 땅 500리를 빼앗아 그 성읍을 모두 차지하였소. 신라가 그 땅을 돌려주지 않으면 우리는 싸움을 그칠 수가 없소."

그러자 현장도 물러서지 않고 한 마디 하였다.

"이미 지나간 일을 더 추론하여 무엇 하겠소? 지금 요동의 여러 성도 본래 다 중국의 군현이었지만, 중국은 오히려 아무 말도 않고 있소. 그런데 왜 고구려는 옛땅을 반드시 찾으려고 하는 것이오?"

그러나 연개소문은 현장의 말을 듣지 않았다.

현장이 당나라로 돌아가 연개소문에 대한 이야기를 보고하자, 당태종은 다음과 같이 말하였다.

"연개소문이 고구려의 임금을 죽이고, 그 대신들을 해치고, 그 인민을 잔혹하게 하고, 지금 또 나의 명령을 어기니, 내 반드시 이를 정토하리라."

그해 7월에 당태종은 홍주(洪州)·요주(饒州)·강주(江州) 3주에 명하여 배 400척을 만들어 군량을 실어 나르게 하고, 영주도독 장검(張儉)으로 하여금 영주와 유주의 군사를 합하여 거란·해·말갈의 군사를 거느리고 먼저 요동을 공격하게 하였다.

4. 고구려 원정을 결심한 당태종

당나라 군사가 요동을 공격하려 하자, 연개소문은 이를 무마한다는 이유로 당나라에 백금(銀)을 보냈다. 이때 당나라의 권신 저수량(褚遂良)이 당태종에게 말하였다.

"막리지가 그 임금을 죽이고 구이(東夷: 고구려 백성)에 용납되지 못하는 일을 저질러 이제 우리가 치려고 하므로, 그 금을 받아서는 안 됩니다."

당태종도 저수량의 말이 옳다고 생각하였다.

이때 연개소문은 백금뿐만 아니라 관원 50명을 보내 당태종을 숙위(宿衛)케 하였다. '숙위'란 '숙직을 선다.'는 뜻이니, 고구려 관원으로 하여금 당태종을 보좌케 하겠다는 것이다.

당태종은 화가 나서 고구려 사신을 향해 소리쳤다.

"너희 무리는 모두 고무(영류왕)를 섬기어 벼슬과 작위까지 얻었다. 막리지가 그를 시해하였는데도 너희들은 복수할 생각을 하지 않고 있다. 더구나 이제 와서는 다시 막리지를 대변하며 감히 대국을 기만하니, 그 죄가 막대하다 하지 않을 수 없도다."

당태종은 고구려 관원 50명 모두에게 죄를 물어 불법으로 억류하였다.

연개소문은 분명 당태종이 백금을 받지 않고, 고구려 관원 50명도 억류할 것이라는 사실을 알고 있었을 것이다. 그런데도 그는 당태종에게 백금을 들려 사신을 보냈다.

이는 당태종을 놀려 화를 돋우기 위한 연개소문의 심리작전일 가능성이 높다.

처음 당태종은 고구려를 치되 친정을 할 생각을 갖지는 않았었다. 그래서 장검으로 하여금 거란·해·말갈 등과 함께 요동을 치게 한 것이었다.

그런데 연개소문이 보낸 백금과 관원 50명을 보고 당태종은 생각을 바꾸었다. 그 역시 연개소문이 자신을 놀리고 있다는 것을 알았던 것이다.

당태종은 장안(長安)의 예순 살 이상 되는 원로들을 불러 말하였다.

"요동은 옛날 중국 땅인데 지금 막리지가 그 왕을 시해하였으니, 내가 친히 가서 그를 경략하려고 한다. 따라서 그대들은 나의 원정길에 따라갈 아들과 손자들을 안심하고 맡겨라. 내가 그들을 위무할 터이니 아무 염려할 필요가 없다."

당태종은 원로들을 이렇게 설득시키고 비단과 곡식을 하사하였다.

그러자 군신이 모두 당태종을 말렸다.

"지금 원정은 불가합니다. 좀 더 시간을 두고 준비를 철저히 하며 때를 기다리는 것이 좋겠습니다."

"나도 알고 있다. 본(本)을 무시하고 말(末)로 가며, 고(高)를 버리고 하(下)를 취하며, 근(近)을 놔두고 원(遠)으로 가는 것은 세 가지 마땅치 않은 일이다. 지금 고구려를 치는 것은 이와 같다. 그러나 개소문이 임금을 시해하고 또 대신들을 모두 죽였으며, 한 나라(신라)의 백성이 목을 늘이고 구원을 기다리고 있다. 이제 내가 마땅히 나서지 않으면 안 된다."

당태종은 군신의 만류에도 불구하고 고구려 원정을 결심하였다.

우선 당태종은 북쪽의 영주(營州)로 군량미를 수송케 하고, 동쪽의 고대인성(古大人城)에도 별도로 군량미를 저장케 하였다.

그리고 나서 당태종은 다음 달 군사를 이끌고 낙양(洛陽)으로 가서 전 의주자사 정천도(鄭天璹)를 불러 고구려 원정에 대해 의논하였다.

정천도는 수나라 시절 수양제를 따라 고구려 정벌에 나선 적이 있었는데, 당태종이 일부러 그를 행재소로 불렀던 것이다.

"요동은 길이 멀어 양곡을 수송하기가 곤란하고, 동이족(고구려인)은 수성(守成)을 잘하여 짧은 기간에 항복시키기가 곤란합니다."

정천도의 이 같은 말을 당태종은 듣지 않았다.

"지금의 상황은 수나라 때와 다르다. 공은 나를 따라 원정길을 안내하라."

이렇게 말하며 당태종은 형부상서(刑部尙書) 장량(張亮)을 평양도행군 대총관(平壤道行軍大摠管)으로 삼아 강(江)·회(淮)·영(嶺)·협(硤)의 군사 4만 명을 거느리게 하였다. 또한 장안과 낙양에서 군사 3,000명을 모집하여 합세케 하였으며, 이들 군사를 전함 500척에 싣고 내주(萊州: 山東)에서 바다를 건너 평양으로 진격토록 명했다.

그러는 한편 태자첨사좌위솔(太子詹事左衛率) 이세적(李世勣)을 요동도행군대총관(遼東道行軍大摠管)으로 삼아 보명 및 기병 6만 명과 난(蘭)·하(河) 2주(州)의 항복한 호위병을 거느리고 요동으로 출병케 하였다.

5. 당태종의 5가지 '필승의 도'

당태종은 고구려를 침공하기 위해 철저한 준비를 하였다. 일단 수륙양군을 유주(幽州: 지금의 北京)에 집결시켜 놓고 나서, 행군총관(行軍摠管) 강행본(姜行本)과 소감(少監) 구행엄(丘行淹)으로 하여금 군사들을 독려케 하였다. 그리고 또한 이들로 하여금 안라산(安羅山)에서 운제(雲梯)와 충차(衝車)를 만들도록 명하였다.

운제는 성을 공격할 때 쉽게 오를 수 있도록 설계한 사다리이며, 충차는 성문을 부수는 데 사용하는 수레다. 이 두 공성무기는 수나라가 고구려를 공격할 때 많이 쓰던 공성 병기로, 당나라도 이 무기를 더욱 성능 좋게 개발하여 고구려 성을 공략할 때 사용하기로 한 것이다.

당태종이 운제와 충차를 만들도록 명하자, 곳곳에서 무기를 만드는 전문가들이 자원하여 모여들었다. 스스로 개발한 공성기계를 갖다 바치는 자들도 많았다.

수나라가 고구려를 4차례 공격하여 모두 실패한 사실을 알고 있던 당태종으로서는 내심 두렵지 않을 수가 없었다.

전쟁 준비가 완벽하게 갖추어졌을 즈음, 당태종은 고구려에 대한 선전포고를 다음과 같이 내렸다.

"고구려의 개소문이 왕을 시해하고 백성을 학대함을 보고 어찌 인정상 참을 수 있으리오. 지금 나는 유주와 소주를 순행하여 요(遼)·갈(碣)에서 그 죄를 묻고자 한다. 행군하는 길에 너무 힘을 소모하지 않도록 하라."

그러면서 당태종은 수나라를 예로 들어, 옛날 수양제는 그 백성을 괴롭혔는데 반하여 당시 고구려왕은 백성들을 인애로 다스렸으므로 수나라가 고구려를 공격하여 성공하지 못하였다고 강조하였다. 그러나 지금 당나라는 수나라와 그 상황이 다르므로 반드시 이길 수 있다면서, 다음과 같은 다섯 가지 '필승의 도'를 내세웠다.

"첫째 대(大)로써 소(小)를 치고, 둘째 순(順)으로써 역(逆)을 토벌하며, 셋째 치(治)로써 난(亂)을 틈타고, 넷째 일(逸)로써 노(勞)를 적으로 삼고, 다섯째 열(悅)로써 원(怨)을 당하는 것이니, 어찌 이기지 못하겠는가? 백성들에게 포고하노니 너무 의심하거나 두려워하지 말라."

이와 같은 선전포고와 함께 당태종은 수륙군으로 하여금 일제히 고구려를 치게 하였다.

당태종의 다섯 가지 '필승의 도'는 겉으로 볼 때 그럴 듯해 보이지만, 사실은 오만에 가득 찬 것이었다.

첫째, 대로서 소를 친다는 것은 큰 나라인 당이 작은 나라인 고구려를 친다는 뜻이다. 군사의 수 또한 비교가 안 될 정도로 당나라가 많으므로 당연히 이긴다는 이야기다.

이것은 당태종이 너무 고구려를 얕잡아보았다는 결정적인 증거다. 당시 고구려는 결코 작은 나라가 아니었다. 물론 중원을 통일한 당나라보다야 작긴 하였지만, 만만하게 볼 상대는 결코 아니었던 것이다.

전쟁은 나라의 크기나 군사의 많고 적음으로 승패를 판가름할 수 없다. 그 나라의 정치적 안정과 경제적 기반, 그리고 군사의 사기와 전술과 무기 등 전투력에 따라 상황은 언제든지 달라질 수 있다. 특히 그 나라의 지리적 여건은 원정하는 나라의 입장에서 볼 때 엄청난 불이익을 감수하지 않으면 안 된다.

둘째, 순으로 역을 토벌한다는 것도 명분이 서지 않는 말이다.

이는 연개소문이 영류왕을 죽이고 막리지가 되어 고구려의 정사를 좌지우지하고 있어 역(逆)이라고 표현한 것인데, 그렇다고 당태종도 순(順)이라고 할 수는 없다. 그 역시 순리가 아닌 반역으로 정권을 잡았기 때문이다.

당태종은 당나라를 건국한 이연의 둘째 아들이다. 그는 당시 태자인 형 이건성과 동생 이원길을 죽이고 아버지를 협박하여 다음 대를 이어 제위에 올랐다. 그 역시 순리가 아닌 반역에 의해 정권을 잡은 것이다. 그러므로 순으로 역을 토벌한다는 것은 명분이 아니라 억지다.

셋째, 치로써 난은 틈탄다는 것은 훌륭한 정치를 베푸는 당태종이 고구려의 혼란한 정국을 노려 공격한다는 말이다.

그러나 고구려는 비록 보장왕이 꼭두각시이긴 하였지만, 막리지 연개소문의 강력한 군사력에 의해 통치되고 있었다. 결국 당태종은 자신을 세우고 연개소문을 비하하는 마음을 드러내고 만 것이다.

넷째, 일로써 노를 적으로 삼는다는 말은 토끼몰이를 하듯 적을 쉬엄쉬엄 쫓음으로써 오히려 수고로움조차 적으로 삼으니 이길 수밖에 없다는 뜻이다. '일(逸)'은 쉬엄쉬엄 갈 착(辵)과 토끼 토(兔)가 합쳐진 글자다.

당태종은 고구려와의 전쟁을 토끼몰이 정도의 사냥놀이로 생각한 것이다. 이는 그만큼 고구려를 얕잡아보고 있다는 이야기다.

다섯째, 열로써 원을 당한다는 것은 기쁨으로써 원수를 짓는 일이라는 뜻이다. 즉 고구려를 쳐서 이기면 당나라만이 아니라 고구려 백성조차 기뻐할 것이니, 연개소문의 원수가 되는 것은 크게 마음 둘 일이 아니라는 이야기다.

여기서 또 당태종은 오만을 드러내고 있다. 왕을 죽인 연개소문을 처단한다는 명분을 가지고 고구려를 공격한다는 것인데, 그것이 곧 고구려 백성에게 기쁨이 되는 일은 아니다. 전쟁은 어느 나라 백성들에게나 고통만 줄 뿐이다. 당나라의 공격은 고구려 백성에게 원한만 키워주는 일이 되는 것이다.

이처럼 당태종은 다섯 가지 '필승의 도'를 선전포고로 내세웠으나, 그것이 거꾸로 보면 '필패의 도'임을 그는 알지 못하였다.

6. 요동 공략에 성공한 당나라 원정군

당태종은 특히 요동성에 대한 집착이 강했다. 그는 보장왕 재위 4년 3월에 정주(定州)에 이르러 신하들에게 다음과 같이 말하였다.

"요동은 본래 중원의 땅인데 수나라가 네 번 군사를 출동시켰으나 단한 번도 취하지 못하였다. 내가 지금 원정하여 요동을 치려는 것은 우리 중원 땅을 위하여 그동안 희생당한 군사들의 자제들 원수를 갚기 위함이다. 또한 연개소문에게 억울한 죽임을 당한 고구려의 왕과 대신들의 치욕을 씻어주려는 것이다. 내가 사방을 크게 평정하였는데, 오직 고구려만 평정하지 못했다. 따라서 내가 아직 젊을 때 사대부의 여력을 빌어 고구려를 취하려고 한다."

당태종의 이와 같은 말에는 모순이 있다. '요동은 본래 중국 땅'이라 함은 억지다. 후한 시절 한 때 중국이 요동에 한사군을 설치한 적은 있지만, 고구려는 자력으로 그들을 몰아낸 이후 요동을 더욱 굳건하게 지켰다. 수나라조차도 성을 함락하지 못한 채 포기하고 철군할 정도로 요동성은 고구려의 중요한 군사 요충지의 하나였다.

더 역사를 거슬러 올라가면 고구려 땅은 옛날 고조선의 강역에 있었으므로, '요동을 중원 땅'이라고 하는 당태종의 말은 허위다. 정확하게 말하면 '중국이 잠시 머물다 간 땅'이라고 해야 옳을 것이다.

정주를 출발하여 요동으로 떠날 때 당태종은 활과 화살을 어깨에 메고, 손수 우의(雨衣)를 말안장에 묶는 등 비장한 각오를 하였다.

한편 당태종의 명을 받고 먼저 요동을 공략하러 간 이세적은 보장왕 재위 4년 정월에 유주(幽州)에 당도하였고, 곧 요수를 건너 일찌감치 현도성에 이르렀다.

대총관 이세적과 부대총관 도종(道宗)은 고구려의 신성(新城: 지금의 무순 관북산성)을 공격하기 시작하였다. 그러나 신성을 지키는 고구려 군사는 예상 외로 강했다.

이세적은 신성 공략을 포기하고 거기서 멀지 않은 개모성(蓋牟城: 지금의 무순 서방)으로 군사를 이동시켰다. 이세적과 도종은 개모성을 함락시키는데 성공하였으며, 고구려군 1만 명을 포로로 삼고 양곡 10만 석을 노획하였다. 그 무렵 영주도독 장검도 건안성(建安城)을 함락시켜 고구려 군사 수천 명을 살상하였다.

한편 장량이 이끄는 당나라 수군도 동래(東萊)에서 바다를 건너 비사성(卑沙城)을 습격하였다. 성은 삼면이 절벽 같은 요새여서 오직 서문으로만 오를 수 있었는데, 오랜 공격 끝에 당나라 군사는 성을 함락시켰다. 이때 고구려는 남녀 8,000명의 사상자를 냈다.

이세적이 승세를 타고 진군을 계속하여 요동성에 이르렀을 때, 당태종은 요택(遼澤)을 만나 진군을 멈추었다. 요택은 진흙이 200여 리나 되는 뻘이어서 인마가 통과하기 쉽지 않았다. 당나라 군사들은 흙을 펴고 다리를 만들어 행군을 계속하였는데, 요택을 직접 통과하지는 못하고 동쪽으로 우회하느라 시일이 좀 걸렸다.

한편 연개소문은 신성과 국내성에서 보병과 기병 4만 명을 보내 요동성을 구원케 하였다.

이때 당나라 부총관 도종이 4,000명의 기병을 거느리고 고구려의 구원병을 맞아 싸울 태세를 갖춘 후 다음과 같이 말하였다.

"적이 많음을 믿고 우리를 가벼이 여기고 있다. 적은 멀리서 와서 피곤하니, 이때 치면 반드시 격파할 수 있다."

도종은 고구려 군사를 격파하여 요택을 건너 요동으로 오는 당태종에게 거침없이 올 수 있도록 길을 열어줄 심산이었다.

"사나운 적을 만나지 않으면 무엇으로 장사임을 나타낼 것인가?"

도위(都尉) 마문거(馬文擧)도 이렇게 일갈하며 고구려 대군을 향해 말채찍을 휘둘러 공격을 감행하였다.

이렇게 당나라 군사들이 합심하여 고구려 대군과 일전을 겨루는데, 당나라 행군총관(行軍摠管) 장군예(張君乂)는 적이 무서워 퇴각하였다. 이를 기회로 고구려 대군이 일제히 공격하니, 당나라 군사는 지리멸렬 되었다.

한편 도종은 흩어진 군사를 수습하고 나서 높은 곳으로 올라갔다. 그리고 고구려 대군의 진이 어지러운 틈을 타서 이세적의 군사와 합세하여 다시 공격을 감행하였다. 이때 고구려 대군은 대패하여 1,000여 명이 목숨을 잃었다.

마침내 요수를 건넌 당태종은 마수산(馬首山: 지금의 요양 서편)에 주둔하여 군사를 정비한 후, 도종과 마문거의 노고를 치하하였다. 퇴각하여 달아났던 장군예는 본보기로 목을 베어 죽였다.

이세적은 당태종이 도착하기 12일 전부터 요동성을 공략하였다. 그 후 당태종이 이끌고 온 원정군까지 합세하여 당나라 군사는 요동성을 수백 겹으로 둘러쌌다.

당나라 군사는 포차(砲車)로 돌을 날려 요동성의 성벽을 깨부수었다. 고구려 군사는 무너진 성벽을 나무로 쌓아 방비하였으나, 당나라 군사는 그 나무에 불을 질러 화공으로 요동성을 공략하였다. 고구려 군사가 끝까지 항전하였으나 당나라 대군에게는 중과부적이었다.

요동성이 함락당하면서 고구려 군사 1만 명이 죽고, 1만 명이 당나라 군사의 포로가 되었다. 또한 남녀 4만 명과 양곡 50만 석을 빼앗겼다.

당태종은 요동성을 함락하고 나서 그 기념으로 '요주(遼州)'라고 명명하였다.

7. 당군에게 내준 천혜의 요새 백암성

요동성을 함락시킨 당나라 대군은 곧 그 기세를 몰아 백암성(白巖城)으로 진군하였다. 백암성은 그리 크지 않은 성이었지만, 그 옆으로 흐르는 태자하를 해자로 삼아 깎아지른 절벽 위에 세운 천연의 요새였다. 따라서 동북쪽 태자하의 강물을 가로질러 공격하는 길은 절벽 때문에 수월하지 않았고, 서남쪽의 평야지대에서만 공격이 가능하였다.

그런데 백암성의 경우 북동쪽 태자하 절벽은 지대가 높고, 서남쪽 평야 지대는 낮은 것이 흠이었다. 저 멀리 평야지대에서 바라보면 성 안에 있는 군사들의 일거수일투족을 한눈에 들여다 볼 수 있었다.

이세적이 당나라 대군을 이끌고 와서 백암성 서남쪽을 포위하자, 백암 성 성주 손대음(孫代音)은 은근히 두려움을 느꼈다. 서남쪽 평야지대로 몰려오는 당나라의 많은 병력을 보고 기가 질려버린 것이다. 그는 비밀리 에 수하의 믿을만한 졸개를 보내 항복하기를 청하였다.

당태종 앞에 나타난 손대음의 졸개가 성주의 말을 다음과 같이 전하였다.

"성주께서는 항복을 원하십니다. 당군이 성 앞에 나타나 도끼를 던지는 것을 신호로 성문을 열고 항복하겠답니다. 다만 성주께서 항복을 원하지 만 성안에 따르지 않는 자가 있어 걱정이라고 하십니다."

이때 당태종이 당나라 깃발을 손대음의 졸개에게 주며 말하였다.

"항복하려거든 이 기를 성 위에 세워라!"

졸개가 백암성으로 돌아와 당기를 전해주자, 손대음은 당태종이 이른 대로 그것을 성 위에 세웠다. 그러자 이미 당나라 군사가 성 안에 들어온 것으로 안 일부 고구려 군사는 항복을 하려고 하였다.

하지만 다른 고구려 군사들은 끝까지 싸울 것을 결심하고 굳게 성문을 지켰다. 성 위에 당기는 올라갔으나 성문을 굳게 지키는 고구려 군사들 때문에 도끼를 던지는 것을 신호로 성문을 열겠다고 약속한 것이 지켜지지 않자, 당태종은 화가 나지 않을 수 없었다.

"성을 취하면 마땅히 모든 인민과 물자로서 전사에게 상을 주리라!"

이에 당나라 군대는 용기백배하여 백암성을 공략하였다. 서남쪽 평야지 대에서 바라보면 성 안이 훤히 들여다보였으므로, 당나라 군사들이 포차와 충차로 공격하기에 좋은 여건이었다.

마침 그때 연개소문은 오골성(烏骨城) 성주에게 명하여 1만 명의 고구 려 지원군을 백암성으로 보내게 하였다. 지원군이 도착하자 백암성 안의 고구려군은 사기가 충천하여 당나라 대군을 맞아 수성전을 벌였다.

이렇게 되자 당나라 군대는 백암성 공략보다 우선 오골성에서 달려온 고구려 지원군을 퇴치하는 것이 급선무였다. 워낙 당나라 군대의 병력이 많은 관계로 열세에 몰린 오골성의 고구려 지원군은 퇴각할 수밖에 없었다.

사태를 주시하던 백암성 성주 손대음은 결국 당나라 군대에 투항하고 말았다. 당태종은 백암성을 '암주(巖州)'라고 하고, 손대음을 자사(刺史)로 삼았다.

연개소문은 개모성(蓋牟城)에도 고구려 군사 700명을 보내어 개모성 군사와 합세하여 성을 지키게 하였다. 그러나 이세적은 백암성 공략 후 곧바로 그 기세를 몰아 개모성까지 함락시켰다. 당태종은 개모성 역시 '개주(蓋州)'로 고쳤다.

8. 안시성주 양만춘에 관한 문헌 기록

백암성과 개모성을 함락시킨 당태종은 다시 안시성(安市城)으로 진군 하였다. 당시 안시성은 군사적으로 요동성에 버금가는 고구려의 중요한 요새였다. 지금의 만주 봉천성(奉天省) 해성(海城)의 동남방에 위치한 영 성자산성(英城子山城)으로 추정된다.

김부식의 ≪삼국사기≫에는 안시성 성주의 이름이 나오지 않는다. ≪구 당서(舊唐書)≫ 동이열전 고구려조에도 안시성의 성주가 누구라는 것은 언급된 일이 없다. 그런데도 사람들은 안시성 성주를 '양만춘'으로 알고 있다.

실제로 안시성 성주가 양만춘으로 기록된 것은 고려 말의 학자 이곡(李 穀)의 ≪가정집(稼亭集)≫과 이색(李穡)의 시 '정관음(貞觀吟)', 조선중기 의 학자 송준길(宋浚吉)의 ≪동춘당선생별집(同春堂先生別集)≫과 조선 후기의 실학자이자 소설가인 박지원(朴趾源)의 ≪열하일기(熱河日記)≫ 등의 문헌이다. 이들 문헌을 살펴보면 고구려 시대의 안시성 성주가 '양만 춘(梁萬春)' 또는 성씨의 한자가 다른 '양만춘(楊萬春)'으로 나온다.

가정(稼亭) 이곡은 목은(牧隱) 이색의 아버지이며, ≪가정집≫에 고구려 안시성주 양만춘에 대한 기록을 남기고 있는데, 조선시대의 송준길이나 박지원이 그 책에서 따다 쓴 것인지에 대해서는 정확하게 알 수 없다.

다만 박지원은 ≪열하일기≫에서 '세상에 전하는 말'이라는 단서를 달면서 다음과 같이 양만춘에 대해 기록하고 있다.

〈안시성주 양만춘이 당나라 황제의 눈을 쏘아 맞혀, 당나라 임금은 양만춘이 성을 굳게 지키는 데 탄복하여 군사를 성 아래 머물게 하고, 비단 백 필을 성주에게 보냈다고 한다. 삼연(三淵) 김창흡(金昌翕)이, 그의 아우 노가재(老稼齋) 김창업(金昌業)이 북경으로 갈 적에 지은 전별시에, '천추에 대담한 양만춘은 수염 털보 눈알을 쏘아 뽑았네(千秋大膽楊萬春, 箭射虯髥落眸子)'라는 구절이 있다. 목은(牧隱) 이색(李穡)은 '정관음'이란 제목으로 지은 시에, '독 안에 든 쥐로만 생각했더니 흰 깃에 검정 꽃 빠질 줄이야(爲是 囊中一物爾, 那知玄花落白羽)'라고 하였다. '검정꽃(玄花)'이라 함은 눈알을 이름이요, '흰깃(白羽)'이라고 함은 화살을 말한다.〉

김창흡이나 이색 역시 이곡의 ≪가정집≫에서 양만춘에 대한 기록을 보았을 것으로 추측된다. 특히 이색은 이곡의 아들로 ≪가정집≫의 초간본을 편집했으므로, '정관음'이란 시를 쓰게 된 연유도 거기에서 기인했다고 볼 수 있다.

아무튼 안시성 성주로 알려진 양만춘은 범상한 인물이 아니다. 연개소문이 영류왕과 대신들을 죽이고 정권을 잡을 때, 그는 그 정변을 지지하지 않았다.

정변 이후 대막리지가 된 연개소문은 끝까지 양만춘이 불복하자 손수 군사를 이끌고 안시성을 쳐들어가기까지 하였다. 그러나 전략전술에 능한 연개소문도 양만춘의 군대가 지키는 안시성을 깨뜨리지는 못하였다. 양만춘을 굴복시키지 못한 연개소문은 결국 그에게 본래대로 안시성 성주의 직책을 맡기고 군사를 되돌릴 수밖에 없었다.

아무튼 양만춘은 당나라 대군을 맞아 안시성을 굳건히 지켰다. 만약 당태종이 안시성 성주의 화살을 맞고 회군한 것이 사실이라면, 김부식은 ≪삼국사기≫를 편찬할 때 그 기록을 빠뜨렸을 가능성도 배제할 수 없다.

당시 김부식을 위시한 ≪삼국사기≫ 편찬자들은 대체적으로 국내 기록을 무시한 채 거의 중국 역사서에 의존하였다는 혐의에서 벗어나기 어렵다. 당나라와의 전쟁 기록만 보더라도 고구려 입장의 서술이 아니다. 당나라 군사들이 고구려로 쳐들어온 경위를 ≪구당서≫에 나온 내용 그대로 발췌하다시피 하여 싣고 있기 때문이다. 그러다 보니 고구려가 당나라 군사를 맞아 어떻게 응전했는지에 관한 기록에 대해서는 지극히 소홀한 편이다. 결국 ≪삼국사기≫에서는 애석하게도 고구려의 막리지 연개소문이나 안시성 성주 양만춘의 전략전술에 대한 기록을 찾아보기 어렵게 되었다.

이러한 정황으로 볼 때 김부식이 일부러 수나라와 당나라에 수치가 될 수 있는 기록은 삭제했다는 쪽으로 생각해 볼 수밖에 없다. 김부식의 사대주의 역사관이 주범이었던 것이다. ≪삼국사기≫에서 안시성 성주 '양만춘'의 이름이 사라지게 된 이유도 거기에 있다. 양만춘을 거론하다 보면 자연히 그의 화살에 당태종이 눈을 맞고 회군한 사실을 기록하지 않으면 안 된다. 이것은 당나라로서는 치욕적인 일일 수밖에 없고, 그래서 사대주의자 김부식은 그 기록을 아예 삭제해 버렸는지도 모른다.

9. 고구려 지원군 안시성으로 집결하다

태자하가 발해만으로 흘러드는 중요한 지역에 고구려의 성은 차례로 배치되어 있었다. 즉 흔하와 태자하의 합류지점에 백암성이 위치해 있었고, 그 다음에 그 하류로 요동성·안시성·건안성이 자리를 잡고 있었다. 이들 태자하의 지류를 따라 연계되어 축성된 고구려의 성들은 상류의 흔하를 끼고 있는 신성과 개모성까지 합하여 요동 지역 변방을 한 획으로 긋는 전초기지였던 것이다.

이러한 전초기지가 무너지면 적들은 고구려 중심부에 해당하는 환도성·환인성·국내성을 거쳐 압록수를 건너 곧바로 평양성으로 진입할 수 있기 때문에 고구려 서북 변경의 마지막 보루인 안시성은 그만큼 중요해질 수밖에 없었다. 당나라 대군은 고구려 요동지역 남부의 건안성과 북부의 개모성, 그리고 그 중간 지대에 있는 요동성과 백암성을 차례로 공략해 차지했으나, 마지막 보루인 안시성을 함락하지 못하였기 때문에 더 이상 고구려 지역 깊숙이 쳐들어갈 수가 없었다.

여기서 안시성이 굳건한 요새라는 것을 알고 있던 당태종은 망설이지 않을 수 없었다. 안시성을 놔두고 곧바로 환도성이나 환인성으로 진격할 수 있었으나, 그럴 경우 안시성의 고구려 군사가 배후를 치거나 보급로를 끊어놓을 가능성이 있어 함부로 나갈 수가 없었던 것이다.

결국 당태종은 안시성을 포위하고 전력을 기울여 공성 전투를 벌이기로 하였다. 그러나 당나라 대군은 고구려 북부의 신성과 남부의 건안성을 완전히 정복하지 못하고 있었기 때문에, 그 중간 지점의 안시성을 공략하는 데 큰 부담을 안고 있었던 것이 사실이다.

연개소문 역시 그 점을 작전에 활용키로 하였다. ≪손자병법≫에도 뱀의 머리를 공략하면 꼬리가 덤비고, 꼬리를 치려고 하면 머리가 반격하며, 몸통을 노리면 머리와 꼬리가 동시에 협공한다는 전술전략이 나와 있다. 당시 당태종이 뱀의 몸통에 해당하는 안시성을 공략하려고 하자, 연개소문은 뱀의 머리에 해당하는 신성과 꼬리에 해당하는 건안성의 고구려 군사를 안시성으로 보내 협공하는 전략을 세웠다. 거기에다 말갈병까지 합세하여 총 15만 명에 이르는 지원군을 보내라는 작전 명령을 내렸다.

여기서 안시성 성주 양만춘이 연개소문에게 지원을 요청했는지는 알 수 없다. 그러나 고구려 군사권을 쥐고 있는 대막리지 연개소문으로서는 고구려 전초기지의 마지막 보루라고 할 수 있는 안시성을 버려둘 수 없었을 것이다. 따라서 연개소문은 북부욕살(北部褥薩) 고연수(高延壽)와 남부욕살 고혜진(高惠眞)으로 하여금 안시성을 구원하라는 명을 내렸다. 이들 두 장수가 거느린 고구려 군사와 말갈병이 합세한 대군이 안시성을 지원한다는 소식을 접한 당태종은, 급히 휘하 장수들을 불러놓고 대책을 논의하였다.

"지금 연수에게 방책이 있다면 다음 세 가지다. 군사를 이끌고 진격하여 안시성과 연결하여 누(壘)를 만들고 산악 지형에 진지를 구축한 뒤, 성 중의 양식을 먹으며 말갈병으로 하여금 우리 대군의 우마를 노략하려고 할 것이다. 이렇게 되면 우리 대군은 쉽게 적을 물리칠 수 없어 진퇴양난이 되니 이는 상책이다. 다른 하나는 우리 대군이 무서워 연수가 성 중의 군사를 빼돌려 밤에 도망을 가는 것인데 이는 중책이다. 그리고 하책은 특별한 작전도 없이 무조건 쳐들어와 우리 대군과 맞서 싸우는 것이다. 경들은 이제 내 말을 들어보라. 저들은 반드시 세 가지 방책 중 하책으로 나올 것이니, 연수의 군사는 우리 대군의 포로가 될 것이 뻔하다."

당태종은 자신만만하게 말하였다.

10. 고구려 지원군의 항복

한편 북부욕살 고연수가 지원군을 이끌고 안시성으로 떠날 때, 비록 연로하나 사물의 이치에 밝은 대로(對盧) 고정의(高正義)가 말하였다.

"진왕(秦王: 당태종을 이름)은 안으로 군웅을 제거하고 밖으로 융적을 정복하여 스스로 황제가 되었으니, 출중한 사람임에 틀림없소. 지금 대군을 이끌고 원정을 왔으니 대적하기 어렵습니다. 우리가 취할 수 있는 계략은 군사를 멈추어 싸우지 않고 시일을 오래 끄는 것뿐이외다. 그러면서 때로 기병을 파견하여 적의 군량미 수송로를 끊어놓는다면 양식이 떨어져 싸우려고 해도 싸울 수 없고, 돌아가려 해도 길이 끊겨 돌아갈 수 없으니 우리가 능히 이길 수 있소."

그러나 고연수는 이 같은 대로의 말을 한 귀로 흘리고 군사를 이끈 채 곧바로 안시성으로 향하였다. 그는 안시성과 40리 떨어진 곳까지 가서 일단 당나라 군대의 동태를 살폈다.

이때 당태종은 고연수의 군사가 더 이상 움직이지 않자, 대장군 아사나 (阿史那) 두이(杜尒)를 불렀다.

"그대는 돌궐의 기병 1천을 이끌고 가서 고구려 지원군을 우리 대군이 있는 곳으로 유도하라."

두이는 당태종의 명대로 돌궐 기병을 이끌고 가서 고연수가 거느린 고구려 지원군과 일대 접전을 벌였다. 돌궐 기병은 작전대로 싸우는 척하다가 물러서고, 또 싸우는 척하다가 물러서며 고연수의 군사들을 당나라 군영 가까이로 유인하였다.

"별 것 아니구먼. 전군은 진격하라!"

고연수는 돌궐 기병을 공격하여 멀리 쫓아내고 안시성 동남쪽 8리 되는 지점의 야산에 진지를 구축하였다.

이때 안시성의 성주 양만춘은 고연수의 군대를 받아들일 만반의 준비를 갖추고 있었을 것이다. 대로 고정의의 작전대로 성을 굳게 닫고 장기전에 돌입하면서 적의 보급로를 끊어버리면 당나라 군사들은 굶주림에 허덕이다 무주고혼 신세가 될 수밖에 없다고 양만춘도 생각하고 있었을 것이 틀림없다. 그런데 고연수는 안시성으로 들어가지 않고 그 가까운 곳에 진지를 구축한 채 남부욕살 고혜진의 군사와 합류하기 위해 머뭇거리고 있었던 것이다.

아무튼 이때 고연수 군사들을 유인하는데 성공한 당태종은 제장들을 불러놓고 작전을 짰다.

"어찌하면 손쉽게 고연수의 군사들을 무찌를 수 있겠는가?"

이때 장손무기(長孫無忌)가 대답하였다.

"신이 들으니 적과 싸우려고 할 때는 반드시 먼저 사졸들의 사기부터 살핀다고 합니다. 신이 마침 사졸들의 막사를 지나다가 보니, 고구려 군사가 가까이 와서 진을 치고 있다고 하자 사졸들이 모두 칼을 갈고 깃발을 매며 얼굴에 희색이 나타남을 보았습니다. 이는 사졸들의 사기가 충천함을 말하는 것이니, 우리가 반드시 이번 전투에서 이길 것입니다."

당태종은 장손무기의 말이 옳다고 여기고, 기병 수백을 거느린 채 높은 곳에 올라가 복병을 숨길 곳과 그곳으로 출입할 수 있는 길을 살펴보았다. 고구려의 고연수가 이끄는 군사는 말갈병과 합병하여 진을 쳤는데, 그 길이가 무려 40리나 뻗쳐 있었다. 그때는 이미 남부욕살 고혜진도 고연수의 군대에 합류를 한 상태였던 것이다.

이를 보고 당태종은 두려움을 느끼지 않을 수 없었다. 이때 강하왕(江夏王) 도종(道宗)이 말하였다.

"지금 고구려의 평양성은 수비가 약할 것입니다. 원컨대 신에게 정예병 5천을 주시어 평양성을 치게 하면, 여기 수십만의 무리를 싸우지 않고 쉽게 항복시킬 수 있습니다."

그러나 당태종은 고개를 좌우로 흔들었다.

"여기서 평양성은 멀다. 차라리 고연수를 유인하여 항복을 받아내는 게 빠를 것이다."

당태종은 사자를 파견하여 고연수에게 다음과 같은 말을 전하도록 하였다.

"나는 연개소문이 그대 나라의 왕을 시해하였기에 그 죄를 물으러 온 것이다. 그러므로 그대와의 교전을 원치 않는다. 이곳에 와서 군량미가 보급되지 않는 관계로 여러 성을 빼앗아 많은 양곡을 확보하였으나, 그대 나라가 신하의 예를 지킨다면 빼앗은 것을 모두 돌려줄 것이다."

고연수는 당태종의 말을 믿었다. 그는 대막리지 연개소문을 그리 좋아하지 않았다. 어찌됐건 고구려 군사권을 연개소문이 쥐고 있었기 때문에, 그의 명령에 따르고 있을 뿐이었다.

고연수는 당나라 군대와 애써 싸울 필요가 없다고 생각하였다. 곧바로 전투에 돌입하여 군사를 피로하게 하는 것보다 일단 사태를 관망하자는 편이었다.

그런데 이때 당태종은 이세적으로 하여금 보병과 기병 1만 5,000명의 병력을 거느리고 서령(西嶺)에 진을 치게 하였다. 또한 장손무기와 우진달(牛進達)에게 기병 1만 1,000명을 주어 산 북쪽에 있는 협곡으로 나와 고구려 군사의 후면을 치게 하였다.

이들 두 무리의 군사들은 산 위에서 고각을 부는 것을 신호로 일제히 고구려 군사를 공격토록 하였다. 뿐만 아니라 유사(有司)에게 명하여 적의 항복을 받을 때 사용할 막사를 조당(朝堂) 옆에 치게 할 정도로 당태종은 자신감에 차 있었다.

그러고 나서 당태종은 직접 보병과 기병 4,000명을 거느리고 고각(鼓角)을 허리에 차 소리를 죽인 채 기치(旗幟)를 눕혀 적으로 하여금 그 움직임을 알지 못하게 하여 산으로 올라갔다.

《삼국사기》에는 그날 밤 유성(流星)이 고연수의 군영에 떨어졌다고 하였다.

아무튼 다음 날 아침에 고연수는 홀로 나와 적의 동태를 살핀 결과, 이세적의 군사가 적음을 보고 군사들에게 일단 전투태세를 갖추게 하였다.

당태종은 산 위에서 저 멀리 산 북쪽 협곡을 바라보았다. 그리고 말발굽에서 일어나는 먼지를 보고 장손무기와 우진달이 이끄는 기병들이 협곡으로 나오는 것을 알아채자, 곧 휘하 군사들로 하여금 일제히 고각을 불고 기치를 들게 하였다.

그때서야 고연수는 사태의 위급함을 짐작하고 군사를 나누어 막으려 하였으나, 이미 고구려 군사들은 당나라 군사들의 기습에 갈팡질팡 정신을 차리지 못하였다. 이때 고구려 군사의 전사자가 3만 명이나 되었다.

한편 당태종은 때를 놓치지 않고 설인귀를 유격장군으로 삼아 고연수의 남은 군대를 포위케 하였다. 또한 장손무기로 하여금 교량을 끊어 고구려 군대의 퇴로를 차단케 하였다. 이렇게 되자 고연수와 고혜진은 더 이상 견디지 못하고 군사 3만 6,800명을 이끌고 항복을 청하였다.

당태종은 항복한 고구려 군사 중 욕살 이하 관장 3,500명을 가려 내지로 옮기게 하고, 나머지는 모두 풀어주어 평양으로 돌아가게 하였다. 그리고 당나라 군사들은 말갈인 3,300명을 모두 구덩이를 파고 생매장시켜버렸다.

사태를 모두 수습한 후 당태종은 군사를 지휘하기 위해 자신이 머물렀던 산을 '주필산(駐蹕山)'이라 하고, 항복한 고구려 장수 고연수를 홍려경(鴻臚卿)으로, 고혜진을 사농경(司農卿)으로 삼았다.

11. 장기전에 돌입한 안시성

원래 당태종은 안시성보다 건안성을 먼저 치려고 했었다. 안시성이 험한 요새인데다 고구려 정예 군사들이 지키고 있어 무너뜨리기 어렵다고 판단했기 때문이다. 특히 안시성 성주는 재능이 뛰어나고 용맹이 있어 연개소문조차 굴복시키지 못하였다는 것을 당태종도 잘 알고 있었다.

따라서 백암성을 함락시킨 후 안시성을 놔두고 남쪽의 건안성으로 군사를 진군시키려고 하자, 이세적이 당태종에게 다음과 같이 말하였다.

"건안은 남쪽에 있고 안시는 북쪽에 있으며, 우리 군량은 요동에 있습니다. 지금 안시를 놔두고 건안을 친다면 반드시 안시성의 고구려 군대가 뛰쳐나와 요동에서 건안으로 통하는 군량미 수송로를 끊으려고 들 것입니다. 먼저 안시를 치고 북을 울려 건안으로 진군하는 것이 상책입니다."

당태종이 이세적에게 말하였다.

"그대를 장수로 삼았으니 어찌 그대의 책략에 따르지 않으리오."

이세적은 당태종의 말에 용기백배하여 안시성을 쳤다.

그러나 안시성은 소문대로 방어벽이 단단하였다. 당나라 대군의 기치를 보자, 고구려 군사들이 성위에 올라가 북을 두드리고 소리치며 만만치 않은 위세로 나왔다. 당나라 군사들을 보고도 고구려 군사들은 기죽지 않고 오히려 야유를 보내며 약을 잔뜩 올려 싸움을 부추기기까지 하였다.

그것을 보고 당태종은 단단히 화가 났다.

"저놈들을 대체 어찌해야 좋겠는가?"

이때 이세적이 이를 부드득 갈며 소리쳤다.

"성을 함락하는 날에는 저놈들을 모두 구덩이를 파고 묻어버리겠습니다!"

그러나 당나라 군사들의 계속적인 공격에도 안시성은 끄떡하지 않았다.

당나라에 항복한 고연수와 고혜진이 당태종에게 청하였다.

"저희는 이미 몸을 대국에 맡겼으니 감히 정성을 바쳐 살려주신 은혜에 보답코자 합니다. 천자께서는 빨리 큰 공을 세우셔서 저희가 처자와 만날 수 있도록 해주십시오. 안시성 사람들은 그 집을 돌보고 아끼면서 또한 스스로 앞장서서 싸우니 함락시키기 어렵습니다. 지금 저희가 고구려 10여만 병력의 군세를 바라보기만 하고 있을 뿐인데, 늙은 욕살이 지키는 오골성은 쉽게 무너뜨릴 수 있을 것입니다. 군사를 보내 오골성을 함락시킨 후 평양으로 진군하면 고구려 군사가 궤멸될 것입니다."

당나라 군신들도 한 마디 하였다.

"장량(張亮)의 군사가 사성(沙城)에 있으니 이곳으로 부르면 이틀이면 올 것입니다. 고구려 군사가 두려워하고 있는 틈을 타서 오골성을 빼앗고, 압록수를 건너 평양으로 진격하면 고구려가 쉽게 항복할 것입니다."

당태종은 당나라 군신들까지 고연수와 고혜진의 의견에 동조하고 나서자, 이에 따르려고 하였다.

그러나 이때 장손무기가 나섰다.

"그것은 아니 될 말입니다. 지금 건안성과 신성의 고구려 군사가 10만 명이나 되니, 만일 우리가 오골성을 칠 경우 배후가 위험합니다. 따라서 먼저 안시를 치고 건안을 취하는 것이 만전을 기하는 계책입니다."

당태종은 장손무기의 말에 손을 들어주었다.

이 무렵 연개소문은 안시성의 전황을 살피기 위하여 고죽리(高竹離)를 간첩으로 파견하였는데, 그는 안시성에 닿기도 전에 당나라 군사들에게 붙잡히고 말았다. 그러나 당태종은 자신이 영웅임을 과시하기 위하여 간첩을 살려 평양성으로 되돌려 보냈다.

그 후에도 안시성 공략은 계속되었는데, 싸움이 점차 장기전으로 돌입하는데도 당나라 군사는 제대로 성벽 한 번 넘어보질 못하였다. 더구나 성안에서는 닭과 돼지의 울음소리까지 들려왔다.

"성안에서 닭과 돼지의 울음소리가 들리는 것으로 보아 고구려 군사들이 고기를 배불리 먹고 힘을 길러 우리를 습격하려는 모양이다. 방비를 철저히 하도록 하라."

당태종이 제장들에게 일렀다.

그날 밤 고구려 군사 수백 명이 성에 줄을 매달아 내려왔다. 당나라 군사들이 이를 알고 급습하여 고구려 군사들의 사상자가 많이 발생하였다.

당시 안시성에서 닭과 돼지의 울음소리가 들려왔다는 것은 당태종의 판단대로 장기전에 대비하여 식량을 그만큼 많이 확보해 놓고 있었음을 뜻한다. 만약 식량이 모자란다면 닭이고 돼지고 남아날 수가 없기 때문이다.

어쩌면 이것은 안시성 성주 양만춘의 지략에서 나온 기만전술일 수도 있었다. 일부러 닭과 돼지를 괴롭혀 울음소리가 성 밖으로 나가게 하여 당나라 군사들로 하여금 성 안에 먹을거리가 풍부하다는 것을 과시하는데 목적이 있었을지도 모른다. 만약 그것이 양만춘의 전술이었다면 당태종은 그 지략의 싸움에서 이미 지고 있는 것이다.

성 밖의 멀리 떨어진 당나라 진영에서 성 안의 닭과 돼지가 우는 소리를 들을 수 있을 정도라면, 일부러 울리지 않고는 가능한 일이 아니다. 그런데 그것을 당태종은 곧이곧대로 믿고 안시성에서 장기전을 대비해 많은 군량미와 군사들에게 먹일 고기를 준비해놓고 있다고 생각한 것이다.

12. 당나라군이 쌓은 토성 고구려군이 점령

난공불락의 요새 안시성은 당나라 대군의 계속되는 공성전투에도 끄떡하지 않았다. 그러자 어느 날 당나라의 강하왕(江夏王) 도종(道宗)이 당태종에게 아뢰었다.

"손자병법에 나오는 말처럼 적을 알고 나를 알아야 전쟁에 승리하는 것인데, 아군은 지금 성 안에 있는 적의 동태를 살필 수가 없습니다. 즉

적은 우리 군사의 동태를 한눈에 파악할 수 있는 데 반하여 아군은 적이 성을 방어하기 위해 어떤 준비와 훈련을 하는지 도무지 알 길이 없습니다. 성 앞에다 성 안이 훤히 내려다보이도록 높이 토산을 쌓아 공격하면 아무리 난공불락의 안시성이라 해도 능히 깨부술 수 있을 것입니다."

당태종도 도종의 말이 옳다고 여겼다.

"좋은 작전이다. 어서 성 앞에 토산을 쌓도록 하라."

당태종의 명령이 떨어지자, 도종은 그날부터 군사들을 지휘하여 안시성 앞에 토산을 쌓기 시작했다. 고구려 군사도 이에 대응하여 성벽을 더욱 높이 쌓는 등 방비를 철저히 하였다. 당나라 군사와 고구려 군사는 서로 토산 쌓기와 성벽 쌓기 시합을 하게 된 것이다.

이렇게 토산과 성벽을 쌓으면서도 양군은 하루에 6~7번씩 교전을 하였다. 당나라 군사는 충거(衝車)를 동원하고, 돌 뇌쇠로 성벽을 깨부수기 위해 돌덩어리를 날렸다. 간혹 성벽 일부가 파괴되기도 하였으나, 그 즉시 고구려 군사는 무너진 성벽에 목책을 쌓아 적의 침입을 막았다.

어느 날 도종이 토산 쌓기 작업을 진두지휘하다가 발을 다쳤다. 이때 당태종은 친히 나서서 침을 놓아주기도 하였다.

이에 감읍한 도종은 토산 쌓기에 더욱 박차를 가하여, 주야로 60일 동안 연인원 50만 명을 동원해 만족할 만한 토산을 완성하였다. 토산 위에서 바라보니 성안이 눈 아래 훤히 내려다보였다.

도종은 과의(果毅) 부복애(傅伏愛)로 하여금 군사를 거느리고 토산 위에 올라가 산마루에 머물면서 안시성을 공격하게 하였다. 그리고 혹시 고구려 군사가 토성을 점령하기 위해 기습할지 모르므로 방비를 철저히 하라고 지시하였다.

그러나 너무 급히 쌓는 바람에 당나라의 많은 군사가 산마루에 올라가자 토산이 무너져 내렸다. 그 흙이 안시성을 덮쳐 성벽 한 쪽이 허물어졌다.

토산이 무너졌을 때 부복애는 마침 현장에 없어 군사를 지휘하지 못했다. 지휘하는 장수가 없어 갈팡질팡할 때, 무너진 성벽을 통해 고구려 군사들이 기습적으로 몰려나와 당나라 군사를 물리치고 토산을 탈취해 버렸다.

곧 고구려 군사들은 토산을 깎아 방어벽을 만들어 더욱 굳건하게 지켰다. 토산과 성벽이 이중의 방어벽을 형성해 전보다 방어체제가 더욱 완벽해진 것이었다.

이렇게 되자 당태종은 화가 몹시 났고, 그래서 토산이 고구려 군사들에게 점령당할 때 현장을 떠나 있어 군사 지휘를 하지 못한 부복애의 죄를 물어 그 자리에서 목을 쳐버렸다. 또한 제장들에게 명하여 안시성을 3일 동안 공격하게 하였다.

그러나 이미 기가 한풀 꺾인 당나라 군사들로서는 이중으로 된 고구려 군사들의 방어벽을 뚫기에 역부족일 수밖에 없었다.

도종은 토산 쌓기 작전이 실패로 돌아가자 당태종 앞에 나가 죄를 청하였다.

"토산을 적에게 넘겨준 것은 신의 잘못입니다. 신을 죽여주십시오."
이때 당태종이 말하였다.

"네 죄는 죽어 마땅하다. 그러나 나는 한무제(漢武帝)가 왕회(王恢)를 죽인 것을 진목공(秦穆公)이 맹명(孟明)을 등용한 것보다 못하다고 여기고 있다. 또 그대는 개모성과 요동성을 깨뜨린 공이 있으므로 특별히 용서해 주겠노라."

당태종은 토산을 고구려 군사들에게 빼앗긴 죄를 물어 본보기로 부복애를 죽였지만, 도종까지 희생양으로 삼고 싶지는 않았다. 유능한 장수 한 명이 아까운 실정임을 그 역시 모르지 않았던 것이다.

13. 고구려 원정에 실패한 당태종

≪삼국사기≫에는 당태종이 토성 쌓기 작전에 실패한 후 요동 지방의 날씨가 추워지자 풀이 마르고 물이 얼어 병마가 오래 머물기 어렵다고

판단하여 퇴각 명령을 내렸다고 기록하고 있다. 더구나 보급로가 끊겨 군량미가 다 떨어졌으므로 더 이상 전쟁을 할 여력이 없었다는 것이다.

당태종은 철수할 때 안시성 아래서 전군이 시위를 하는 요식 행사를 가졌다고 한다. 이때 안시성의 고구려 군사들은 모두 숨을 죽여 나오지 않았으며 성주는 성루에 올라가 송별의 예를 다하였는데, 그러자 당태종이 성을 고수한 것을 가상히 여겨 비단 100필을 주어 격려하였다고 ≪삼국사기≫ 기록은 전하고 있다.

전쟁에 실패하여 철수하는 마당에 적장에게 비단 100필을 하사한다는 것은 말도 안 되는 이야기다. 더구나 패전한 군대가 시위를 하는 것도 어불성설이며, 적군이 퇴각하는데 성루에 올라가 예의를 갖춰 송별 인사를 하는 장수 또한 있을 수 없다. 이는 김부식의 사대주의 사관이 만들어낸 억지일 것이다.

아무튼 당태종은 이세적과 도종에게 명하여 보, 기병 4만 명을 거느리고 후군을 삼게 하여 고구려 군사의 추격을 막게 한 후 서둘러 요동성을 거쳐 요수를 건넜다. 요수 너머 요택에는 진흙과 물이 있어 마차가 건널 수 없었다.

당태종은 장손무기에게 명하여 1만 명의 군사를 동원해 풀을 베어다 진흙길을 메우고, 물이 깊은 곳은 수레를 이어 다리를 만들게 하였다. 당나라 군사가 발착수(渤錯水)를 건널 때는 눈보라가 몰아쳐 군사들 중 얼어 죽는 자가 부지기수였다.

한편 고구려 장수 고연수는 항복한 뒤 자신의 잘못을 뉘우치고 늘 한탄하다 결국 죽었고, 고혜진은 끝내 당나라 대군을 따라 퇴각하여 장안에 이르렀다.

장안에 도착한 당태종은 고구려와의 전쟁에서 패한 것에 대하여 탄식하며 다음과 같이 말하였다고 한다.

"위징(魏徵)이 만일 있었다면 나로 하여금 이 원정을 말렸을 것이다."

당나라 원정군을 이끌고 고구려에 쳐들어왔던 당태종이 안시성에서 대패하여 돌아간 뒤에도, 그는 고구려 정복에 대한 야욕을 숨기지 못하였다. 철군하면서 병을 얻은 관계로 그 스스로 다시 원정을 단행할 엄두를 내지는 못하였으나, 기회만 나면 휘하 장수들에게 군사를 주어 고구려 국경을 침입케 하였다.

당태종의 원정군이 철군한 다음 해인 보장왕 6년에도 우진달(牛進達)을 대총관으로, 이해안(李海岸)을 부총관으로 삼아 1만여 군사를 보내 바다를 건너 고구려를 공격하였다. 또한 이세적을 대총관으로, 손이랑(孫貳朗)을 부총관으로 삼아 3,000여 명의 군사를 거느리고 요하를 건너 고구려의 남소성(南蘇城)을 공격케 하였다.

보장왕 7년에도 당태종은 설만철(薛萬徹)을 대총관으로, 배행방(裵行方)을 부총관으로 삼아 군사 3만 명을 거느리고 바다를 건너 고구려를 침공케 하였다.

이렇게 잦은 공격에도 불구하고 당나라 군사들은 고구려를 쉽게 공략할 수가 없었다. 그러나 당태종은 고구려 정복의 꿈을 버리지 못하고 나무를 베어 주함(舟艦)을 만들게 하는 등 투병 중에도 의지를 꺾지 않았다. 그때 만든 배는 큰 것의 길이가 100자이고 너비가 50자나 될 정도였다. 당나라 군사가 바다를 건널 때마다 해전에서 고구려 군사에게 대패하자 큰 파도에도 끄떡하지 않는 배를 만들기 위해 전력을 다하였던 것이다.

그러나 결국 당태종의 고구려 공략은 실패로 끝났다. 그는 보장왕 8년 4월에 3년간의 투병 생활을 접고 병사하였던 것이다. 그는 죽기 전에 "고구려 침공을 중지하라."고 유언하였다.

14. 연개소문 사망 후 두 아들의 권력 다툼

당태종이 죽고 나서 그 아들 당고종도 고구려에 대한 침공을 멈추지 않았다. 보장왕 14년 2월에 그는 영주도독 정명진(程名振)과 좌위중랑장 소정방(蘇定方)을 보내 요하를 건너 고구려를 공격케 하였다. 보장왕 18년

11월에도 그는 우령군중랑장 설인귀(薛仁貴), 아장 온사문(溫沙門) 등을 보내 고구려를 침공했다.

이처럼 당고종의 고구려 침공은 해마다 계속 이어져 보장왕 19년에 설필하력(挈苾何力)·소정방·유백영(劉伯英)·정명진 등을 보내어 각기 길을 나누어 공격케 하였다. 그리고 그 다음 해인 보장왕 20년 정월에는 하남·하북·회남의 군사를 새로 모집하여 4만 4,000여 명을 고구려 침공에 가담케 하였다. 이들은 수륙 양군으로 나누어 진군하였다.

한편 연개소문은 당나라와의 싸움을 승리로 이끌면서 고구려의 확고부동한 통치자로 자리를 굳혔다. 할아버지 연자유, 아버지 연태조에 이어 세습으로 대막리지가 된 그는 다시 그 자리를 아들에게 물려주려고 하였다.

연개소문에게는 남생(南生)·남건(南建)·남산(南産) 등 세 아들과 정토(淨土)라는 남동생 하나가 있었다. 연개소문이 영류왕을 죽이고 대막리지의 자리에 올랐을 당시 장남 남생의 나이는 9세였다.

남생은 아버지 덕분에 9세의 나이에 선인이 되었다. 15세 때는 중리소형이, 18세 때는 중리대형으로 승진하였다. 중리대형은 인사권을 가진 요직이었다. 그는 계속 승승장구하여 23세 때 중리위두대형이 되었고, 24세 때에는 장군까지 겸하여 병사들을 직접 거느리는 등 위세를 떨쳤다.

보장왕 20년 9월에 연개소문은 아들 남생에게 정병 수만 명을 내주어 압록수에서 당나라 대군이 오는 길을 막게 하였다. 고구려 군사들이 강을 건너지 못하게 철저히 방어하므로, 당나라 군사들은 더 이상 진군하지 못하였다. 그러나 겨울이 되어 강물이 얼자 설필하력이 이끄는 당나라 군사들이 얼음 위로 강을 건너 기습을 하였다. 그 바람에 남생이 이끄는 고구려 군사들은 설필하력의 당나라 군사들에게 크게 패배하였다. 3만 명의 군사가 죽고 나머지 군사들은 항복하였으며, 남생만 겨우 몸을 빼져 나올 수 있었다.

이때 당고종은 당나라 군사들에게 철군 명령을 내렸다고 한다. 그 이유는 기록에 나와 있지 않기 때문에 알 수가 없다. 다만 당나라 군사들이 압록수를 건너기는 하였으나, 추위에 견디지 못하는 데다 고구려 군사의 강력한 저항에 부딪쳐 패배하였을 가능성이 높다.

그로부터 몇 년 후인 보장왕 25년에 연개소문이 죽었다. 아들 남생이 그를 대신하여 막리지의 자리에 올랐다. 당시 남생 형제들 사이에는 알력 다툼이 있었다. 무술에 능했던 둘째 남건을 내세워 정권을 잡으려는 고구려의 일부 관료층들이 생겨, 형제간의 반목이 대두되었다.

이러한 사실을 크게 걱정하던 연개소문은 죽음에 임박하였을 때 다음과 같은 유언을 남겼다고 한다.

"너희들 형제가 서로 화목하기를 고기와 물 사이처럼 되게 하라. 절대 작위를 가지고 다투지 말라. 만약 그렇지 못하면 반드시 이웃의 웃음거리가 될 것이다."

연개소문의 장자 남생은 아버지가 죽자 그 뒤를 이어 대막리지가 되었다. 처음 국정을 맡은 후 그는 자신의 위엄을 보이기 위해 고구려 여러 성을 순시하였다. 지방 순시를 떠날 때 그는 동생 남건과 남산에게 잠시 국정을 맡겼다.

그때 어떤 간신배가 자신의 지위를 확보하기 위해 남건과 남산에게 다음과 같이 말하였다.

"남생은 의심이 많은 사람입니다. 아우님들이 자기의 권력을 빼앗을까봐 두려워하고 있습니다. 따라서 지방 순시에서 돌아오면 아우님들을 제거하려고 들 것입니다. 그러니 두 형제분께서는 위난을 당하기에 앞서 선수를 쳐서 일을 도모하는 것이 상책입니다."

남건과 남산은 처음에 그 말을 믿지 않았다.

그런데 이번에는 지방 순시를 돌던 남생에게 다음과 같이 고하는 자가 있었다.

"남건과 남산 두 아우는 지금 형님이 지방 순시를 도는 사이 국정을 맡아 권력의 맛을 알았습니다. 따라서 형님이 돌아와 정권을 다시 차지할 것을 두려워하여 성안으로 들이지 않으려고 할 것입니다."

남생도 처음에는 그 말을 믿지 아니하였다. 그러나 의심이 많았던 그는 몰래 사람을 평양으로 보내 두 아우가 어떻게 국정을 다스리고 있는지 보고 오라고 하였다.

때마침 남건과 남산은 우연히 형 남생이 비밀리에 보낸 사람을 붙잡았다. 밀실에 가두고 그에게 평양에 잠입한 이유를 캐물었다. 결국은 형이 아우들을 못미더워 하여 보냈다는 사실을 알아냈다.

남건과 남산은 보장왕을 위협하여 왕명으로 남생을 불러들이게 하였다. 그러나 남생은 두 아우가 두려워 감히 평양으로 돌아오지 못하였다. 결국 남생은 뜻하지 않게 왕명을 어기는 입장에 처하였다.

이렇게 남생이 지방 순시에서 돌아오지 못하게 되자, 남건이 스스로 막리지가 되어 왕명을 어긴 죄로 형 남생의 토벌에 나섰다. 그는 형을 역적으로 몰아 먼저 평양에 있던 남생의 아들인 헌충(獻忠), 즉 조카를 죽이고 군사를 일으켜 역도들의 토벌 작전에 나섰다.

졸지에 역적으로 몰린 남생은 일단 국내성으로 도망을 쳤다. 국내성에서 군사를 모아 지지기반을 확보하면 다시 평양성으로 쳐들어가 음모를 꾸민 두 아우를 처단할 생각이었다. 그러나 국내성에 가보니 생각대로 군사들을 동원시키기가 어려웠다. 남생의 무리들을 역도로 알고 협력하려 들지 않았던 것이다. 평양성에서부터 따라온 수하 장졸들까지도 규합하기가 어려워지자, 남생 자신도 의지가 꺾여버렸다.

남생은 부하인 대형 불덕을 가까이 불러 말하였다.

"그대가 당나라에 가서 나의 억울함을 알리도록 하라."

남생은 당나라 군사의 힘을 빌려서라도 평양성을 치고 싶었던 것이다. 그러나 수하의 장졸들이 그러한 기미를 알고 당나라로 가려던 불덕을 억류하는 한편, 남생을 대놓고 규탄하였다.

궁지에 몰린 남생은 요동성으로 도망쳤고, 거기에서도 일신의 위험을 느껴 다시 현도성으로 도피하였다. 그는 사태가 다급해지자 이번에는 대형 염유를 당나라에 보냈다. 그러고도 안심이 안 되어 아들 헌성(獻誠)을 재차 당나라에 보내 구원을 요청토록 하였다.

보장왕 21년 6월 당나라 고종은 좌효위대장군 설필하력에게 명하여 군사를 거느리고 가서 위기에 처한 남생을 구원하라고 명하였다. 남생은 몰래 국내성에서 몸만 빠져나와 당나라 군사에 몸을 의탁하였고, 설필하력이 거느린 군사들의 호위를 받으며 당나라로 달아났다.

당나라 고종은 투항해온 남생에게 특진요동도독 겸 평양도안무대사에 임명하였으며, 거기에다 다시 현도군공에 봉하였다.

15. 당나라로 망명한 연남생의 행적

고구려 보장왕 재위 25년 12월에 당고종은 이적(李勣: 이세적)을 요동도 행군대총관 겸 안무대사를 삼아 요동 공략에 나섰다. 이때 고구려 지리에 밝은 연남생이 당나라 군사의 향도 역할을 맡았으며, 결국 그는 고구려 멸망을 자초하는 반역자로 역사에 남게 되었다.

1923년 중국 하남성 낙양 남쪽에서 '천남생묘지명'이 출토되었다. 천남생(泉男生)은 연남생을 가리킨다. 왜 그는 연씨가 아닌 천씨로 변했을까? ≪삼국사기≫에서도 연개소문의 아들을 소개하면서 갑자기 천남생으로 기록하고 있다. 이 기록은 중국의 ≪신당서≫나 ≪구당서≫, ≪자치통감≫ 등의 내용을 그대로 옮겨온 것이다.

김부식은 중국의 기록을 지극히 신봉하는 편이었다. 연남생의 연(淵)이 당고조(李淵)의 이름자이므로 당시 당나라에서 그의 성씨를 천(泉)으로 고쳤을 것으로 추측된다. 사대주의 성향이 강했던 김부식 역시 중국의 것을 그대로 따랐다. 거기에 더하여 김부식은 남생뿐만 아니라 남산·남건 등 고구려에 남아 항전했던 형제들까지 모조리 천(泉)씨로 바꾸어 놓는 우를 범하였다.

천남생묘지명(泉男生墓誌銘)에 보면 연남생은 당나라에 귀화한 후 특별한 대접을 받았다. 그가 당나라 군사의 앞잡이가 되어 고구려의 평양성을 칠 때의 묘지명 기록 중에 다음과 같은 것이 있다.

〈그해 가을 칙을 받들어 사공(司空), 영국공(英國公) 이적과 함께 서로
경략을 책임지고 바람처럼 달리며 번개같이 내쳐서 막바로 평양성에 다다르
니, 앞에서 노래 부르고 뒤에서 춤추며 멀리 높은 성벽의 성가퀴를 깨뜨렸
다.〉

연남생은 고구려를 멸망시키고 나서 당고종으로부터 우위대장군을 제
수받았으며, 변국공(卞國公)으로 진봉되었다. 또한 식읍으로 3,000호가
주어졌다고 한다.

그 후 연남생은 호의호식하며 잘 살다가 의봉(儀鳳) 4년 1월 29일 안동
부(安東府)의 관사에서 병사하였다. 서기 679년의 일로, 그의 나이 46세였
다. 668년에 고구려가 멸망하였으니, 그로부터 겨우 11년의 부귀영화를
누리다 병이 들어 죽은 셈이다.

연남생이 죽었을 때 당나라 황제는 조서(詔書)를 내려 이렇게 말했다고
'천남생묘지명'에 전하고 있다.

〈많은 공(功)에 넘치는 상(賞)으로 생전에 총명(寵命)이 두루 있었으니,
같은 예로 추증함으로써 슬픔과 영화가 죽은 뒤에도 크게 하라. 충의(忠義)
를 드러내어 밝힘에 어찌 삶과 죽음에 차이가 있겠는가? 특진행우위대장군,
상주국(上柱國), 변국공 천남생은 5부의 우두머리이자 삼한(三韓)의 영걸로
신묘한 기지(機智)가 영오(穎悟)하고 갖추어진 식견이 심원하였으며, 신비한
헤아림이 계책에서 드러났고, 큰 재능을 무예에서 펼쳤더니, 변방에 후미지
게 살면서도 진실된 정성을 바쳤도다. 위태한 상황을 떠나 편안한 지경으로
나아가서 진실로 변통의 도에 합당하였고, (당에) 순응하고 (고구려에) 역
(逆)함으로 도모하여 능히 요동에서 패수의 끝까지 맑게 하였다. 훌륭한
공적이 멀리서도 두드러져 높은 관직이 맡겨졌다. 들어오면 북군을 책임져
서 궁중에서 머물렀으며, 나가면 동쪽 끝까지 이르러 빛남이 청구(靑丘)를
진무(鎭撫)하였다. 교화를 기다리다가 일찍 죽으매 갑작스럽기가 아침이슬

보다 앞서니, 그 죽음을 말함에 천자의 슬픔이 진실로 깊어서, 마땅히 연솔(連率)의 반차(班次)를 더하여 추숭(追崇)의 모범을 삼가 기록하노라. 가히 사지절대도독(使持節大都督), 변(弁)·분(汾)·기(箕)·남(嵐)의 4주제군사(四州諸軍事), 병주자사(幷州刺史)를 추증하며, 나머지 관직은 예전과 같이 할 것이다.〉

이렇게 연남생은 당나라에 가서 '천남생'으로 성씨를 바꾸어 살면서 영화를 누리다 죽었다. 그러나 당나라에서의 부귀영화는 그의 겉모습일 뿐이고, 고구려를 배반하였다는 치욕으로 가슴앓이를 하다 결국 병을 얻어 일찍 저 세상으로 떠난 것이다.

16. 연남건의 마지막 항쟁과 고구려의 멸망

고구려의 배신자 천남생(연남생)을 길잡이로 하여 총공세에 나선 당나라 군대는 가장 먼저 신성(新城)을 공격하기로 하였다. 당나라 장수 이적(이세적)은 요하를 건너자 제장들에게 다음과 같이 말하였다.

"신성은 고구려 서변의 요새이므로 이를 먼저 깨뜨리지 못하면 나머지 성을 쉽게 취하기 어려울 것이다. 따라서 가장 먼저 신성을 공격한다."

당나라 대군이 쳐들어오자 신성 안의 고구려 군사들 사이에 자중지란이 일어났다. 성주가 결전의 의지를 보이자, 수적으로 열세라고 생각한 사부구(師夫仇) 등이 오히려 성주를 묶어놓고 성문을 열어주었다. 어이없는 항복이었다.

이적은 별로 싸워보지도 않고 신성을 함락하고, 그곳을 설필하력에게 지키게 하였다. 그리고 그 기세를 몰아 이적은 고구려의 16개 성을 손에 넣었다.

연남생의 뒤를 이어 막리지가 된 연남건은 뒤늦게 군사를 보내 신성을 구하도록 하였다. 그러나 당나라 좌무위장군 설인귀가 군사를 이끌고 가서 연남건이 보낸 고구려 지원군을 격파하였다.

한편 신성 안에는 방동성(龐同善)·고간(高侃) 등이 있었는데, 당나라에 항복한 고간이 군사를 이끌고 나와 금산(金山)에서 고구려 군과 싸우다 패하였다. 이때 다시 설인귀가 군사를 이끌고 와 기습으로 고구려 진영의 옆구리를 쳐서 5만 명의 고구려 군사가 죽었다. 설인귀는 그 여세를 몰아 남소(南蘇)·목저(木氐)·창암(蒼巖) 세 성을 빼앗았으며, 천남생이 이끄는 군사와 합쳐 대오를 형성했다.

당나라 군사들은 승승장구하여 평양성으로 진격하기 위해 압록수에 이르렀다. 이에 연남건이 군사를 보내 적들이 강을 넘지 못하도록 방비하였다. 그러자 보장왕 재위 27년 2월 설인귀가 부여성으로 쳐들어가려 하였다. 금산에서 고구려 군대를 무찌르고 그 기세를 몰아 군사 3,000명으로 부여성을 치려고 할 때 제장들이 말렸다.

이때 설인귀가 말하였다.

"군사가 반드시 많아야 이기는 것이 아니고, 그 군사를 어떻게 쓰는가에 달린 것이다."

설인귀는 선봉장이 되어 부여성을 공격해 함락시켰다. 부여성이 함락되자 부여성 인근의 40여 개 성이 모두 항복을 청하였다.

연남건은 다시 부여성에 군사 5만 명을 보냈다. 이때 고구려 지원군은 설하수(薛賀水)에서 당나라 이적의 군사를 만나 결전을 벌이다 패하였다. 이적은 그 길로 진군하여 대행성(大行城)을 쳤다.

그리고 그해 9월에 이적은 드디어 평양성으로 진군하기 위해 강을 건너게 되었다. 이적의 군사가 대행성을 함락시키자, 인근에 있던 당나라 다른 군사들까지 합세하여 대부대가 압록책(鴨淥柵: 지금의 '의주')에 이르렀다. 압록수에서 고구려 군사들은 결사항전을 벌였으나 당나라 대군 앞에서는 중과부적이었다.

한편 그 즈음, 설필하력이 이끄는 당나라 군사는 이적보다 먼저 평양성 아래 이르렀다. 또한 신라 문무왕의 왕제인 김인문(金仁問)이 이끄는 신라

군도 남쪽에서 북진하여 사천원(蛇川原)에서 고구려군을 격파하고 당나라 군과 합세하여 평양성을 포위하였다.

뒤미처 이적의 군대까지 당도하여 평양성을 포위하자, 겁을 먹은 보장왕은 연남산으로 하여금 수령 98명을 거느리고 성문 밖으로 나가 백기를 들어 항복하게 하였다. 그러나 막리지 연남건은 오히려 문을 단단히 걸어 잠근 채 성을 굳게 지키며 자주 군사를 성 밖으로 내보내 나당연합군과 결전케 하였다.

평양성 내의 고구려 군사로는 나당연합군의 많은 군사를 대적하기 어려웠다. 결전을 할 때마다 중과부적으로 고구려 군사들이 패하였다. 이렇게 되자 연남건은 군대를 관장하는 일을 중(僧) 신성(信誠)에게 맡겼다.

그런데 신성은 이미 나당연합군의 기세에 눌려 소장(小將) 오사(烏沙)·요묘(饒苗) 등과 함께 의논하여 몰래 졸개를 이적에게 보냈다. 당나라 군사가 공격을 해오면 자신들이 성문을 열고 환영하겠다는 조건으로 비굴하게 목숨을 구걸한 것이었다.

그로부터 5일 후 이적과 김인문이 이끄는 나당연합군은 평양성 공격을 시작하였고, 신성 등은 약속대로 성문을 열어 그들을 받아들였다. 이적이 군사들을 놓아 성에 불을 지르자, 연남건은 사태를 돌이킬 수 없다고 판단하고 자살을 시도하였다. 그러나 그는 자살하기 전에 당나라 군사들에게 사로잡혀 죽지 못하였다. 이때 보장왕도 같이 잡혔다. 이로써 고구려는 668년에 멸망하였다.

17. 실패로 돌아간 고구려 부흥운동

고구려의 마지막 임금인 제25대 보장왕은 이름이 장(臧: 혹은 '寶臧')이고, 휘호는 없다. 영류왕의 아우인 대양왕(大陽王)의 아들이다. 보장왕에게 휘호가 없는 것은 고구려의 마지막 왕이기 때문에 사후에 누가 그에게 묘호조차 붙여주지 않았던 까닭이다. 그러나 보장왕은 재위 2년에 왕의 자리에 오른 적이 없는 아버지를 '대양왕'에 봉하여 받들었다.

연개소문이 영류왕을 살해한 후 꼭두각시 왕으로 보장왕을 세웠고, 왕권 한번 제대로 행사하지 못한 채 재위 27년인 668년 9월에 고구려가 나당연합군에게 멸망하는 바람에 마지막 왕이 되고 말았다.

668년 10월에 당고종은 이적에게 명하여 고구려왕과 그 수하들을 아버지 당태종의 능에 참소케 하였다. 당태종이 고구려 원정을 했다가 안시성 싸움에서 패하고 돌아간 데 대한 보복심리가 당고종으로 하여금 그런 명을 내리게 한 것이었다. 나라를 잃었는데도 목숨을 부지한 죄로 보장왕은 결국 적국에 가서 굴욕적인 수모를 겪지 않으면 안 되었다.

그리고 668년 12월에 당고종은, 고구려의 정치를 실제로는 연개소문이 한 것이므로 보장왕의 죄를 사하고 벼슬까지 내렸다. 이때 당나라에 항복한 연남산과 승려 신성, 그리고 당나라 군대의 길잡이가 되었던 연남생 등에게도 큰 벼슬을 주었다. 다만 고구려의 막리지로 끝까지 항전했던 연남건은 검주(黔州)로 유배를 보냈다.

한편 고구려 유민들 사이에서는 여기저기서 고구려 부흥운동이 일어나기도 하였다. 대표적인 인물은 검모잠(劍牟岑)이다. 고구려가 멸망한 후 2년 뒤인 670년에 고구려 수림성(水臨城) 출신의 대형(大兄) 검모잠이 유민들을 수습하여 궁모성(窮牟城)에서 군사를 조직해 부흥운동을 시작하였던 것이다.

검모잠은 고구려 부흥군을 이끌고 패강(浿江) 남쪽으로 진군하여 당나라 관리들과 승려 법안(法安) 등을 죽이고 신라 쪽으로 향하였다. 서해 사야도(史冶島)에 이르러 고구려 대신 연정토(淵淨土: 연개소문의 동생)의 아들 안승(安勝)을 만나, 그를 한성(漢城)으로 맞아들여 왕으로 삼았다. 안승은 일설에 '안순(安舜)'이라고도 하며, 보장왕의 외손이라는 기록이 있다. 어쩌면 보장왕이 딸을 연개소문의 동생 연정토에게 시집보내 그 사이에서 난 아들이 안승인지도 모른다. 혹은 안승을 보장왕의 서자라고도 하여, 그의 성이 고씨인지 연씨인지 정확하게 알 수는 없다.

≪삼국사기≫ 신라 본기에 보면 당시 신라의 문무왕은 안승에게 사찬 수미산(須彌山)을 보내어 고구려왕에 책봉하였다고 한다. 검모잠과 안승이 고구려 부흥운동을 한다는 소식을 접한 당고종은, 항복한 고구려 장수 고간(高侃) 등에게 군사를 주어 고구려 부흥군을 치게 하였다.

이때 겁을 집어먹은 안승은 부흥군의 장수 검모잠을 죽이고 신라로 달아났다. 결국 검모잠이 중심이 되어 일으켰던 고구려 부흥운동은 안승의 배반으로 허무하게 무너지고 말았다. 그런데도 신라 문무왕은 나중에 안승을 보덕왕(報德王)으로 삼았다.

한편 당고종은 677년에 보장왕을 요동주 도독으로 삼고, 조선왕(朝鮮王)에 봉하였다. 요동 지역에서도 끊임없이 고구려 군사들이 부흥운동을 일으키자, 그 지역의 안정을 꾀하기 위해 보장왕을 보낸 것이다.

보장왕이 요동으로 돌아올 때 당나라에 끌려갔던 고구려 유민들도 상당수가 따라왔다. 이때 당나라 장수 설인귀는 요동성에 있던 안동도호부를 신성으로 옮겼으며, 보장왕으로 하여금 요동성과 신성을 통괄케 하였다. 그러나 당고종은 끝내 보장왕을 의심하여 연남생에게 따로 안동도호부의 도호 벼슬을 주어 그의 행동을 감시케 하였다.

비록 당고종의 지배하에 있었지만, 보장왕은 요동주 도독이 되어 당나라의 직접 지배권에서 벗어나게 되자 몰래 말갈(靺鞨)과 연합하여 고구려 부흥운동을 일으키려고 하였다. 그러나 이때 보장왕은 당고종의 첩자인 연남생의 눈까지 속이지는 못하였다. 어쩌면 보장왕은 연남생도 고구려인이므로 고구려 부흥운동에 같이 참여할 것이라고 굳게 믿고 있었는지도 모른다.

그러나 연남생은 보장왕이 말갈과 연합하여 고구려 부흥운동을 꾀한다는 사실을 당고종에게 보고하였다. 이처럼 연남생은 끝까지 고구려를 배반하고 당나라에 붙어 살았다.

당고종은 즉각 681년에 보장왕을 요동에서 소환하여 공주(邛州)로 귀양을 보냈다. 보장왕은 귀양지 공주에 격리되어 있다가 다음 해인 682년에 죽었다.

18. 고구려 땅에 발해국을 세운 대조영

고구려를 정복한 당나라는 고구려 땅에 기존의 5부, 176성, 69만여 호를 나누어 9개 도독부, 42개 주, 100개 현으로 재편성하였다. 그리고 고구려의 항복한 장수들 중 공이 있는 자를 골라 도독이나 자사, 현령 등으로 임명하여 당나라에서 현지에 파견한 관리들과 함께 행정 업무를 수행토록 하였다. 고구려 장수들은 행정을 수행하는 하수인에 불과하였고, 실질적인 권한은 당나라 관리들에게 주어져 있었다.

한편 고구려는 망했지만 각처에 흩어져 있던 고구려 유민들은 계속해서 고구려 부흥운동을 일으켰다. 남쪽에 검모잠이 안승을 고구려왕으로 추대하여 고구려 부흥운동을 일으키다가 겁 많은 안승의 배반으로 실패를 하였지만, 당나라에 대항하여 싸운 고구려 유민들은 그 후에도 많이 있었다.

670년 3월에 고구려의 태대형 고연무는 군사 1만을 거느리고 신라의 설오유가 지휘하는 1만 명의 군사와 합세하여 고구려 땅에 주둔하려는 당나라 군사와 맞서 싸웠다. 이들은 압록수를 건너 오골성으로 진출하였는데, 이때 당나라 군대는 말갈족 부대를 앞세워 방패막이로 삼았다. 고연무와 설오유는 말갈을 앞세운 당나라 군대와 맞서 아홉 번이나 싸워 크게 이기고 적군 2,000여 명을 살상하였다.

이러한 고구려 부흥운동은 요동에서도 빈번하게 일어나 당나라가 보장왕을 요동주 도독으로 임명하여 이를 무마시키려고 들었을 정도였다. 고구려 부흥군 중 가장 강력한 세력을 가지고 있었던 것은 태백산 지역에서 일어난 대조영의 군대였다. 대조영은 고구려 지방군을 통솔하던 장수로, 고구려가 망하자 그의 아버지 걸걸중상과 함께 고구려 부흥운동에 나섰다. 678년에 대조영은 후고구려라고 할 수 있는 나라를 세웠으며, 아버지 걸걸중상을 '진국공'으로 추대하였다.

681년 요동에 있던 보장왕이 말갈과 연합하여 부흥운동을 일으키려다 발각이 나서 다시 당나라로 끌려가고, 검모잠에 의해 고구려왕에 추대되었던 안승이 682년 신라로 귀순하자, 684년 대조영은 아버지 걸걸중상과 함께 태백산 남쪽 책성에서 군사를 모아 본격적인 부흥운동에 돌입하였다. 이들은 국력을 강화하기 위하여 모든 힘을 집중하고, 옛 고구려 땅의 동부와 북부 지역을 통합하려고 애썼다.

696년에 당나라 영주지방에서는 당나라 폭정에 반대하는 거란족들이 대규모 폭동을 일으켰다. 그 일대에는 당나라로 강제 연행된 고구려와 말갈 사람들도 많이 살았는데, 이들도 거란의 폭동을 기회로 당나라 군대와 관리들을 공격하는 투쟁을 벌였다. 특히 고구려와 말갈 사람들은 거란과 달리 동쪽으로 진격하여 당나라 군대를 분쇄하였으며, 680년에는 안동도호부를 공격하기에 이르렀다.

이때 영주의 폭동 소식을 접한 대조영과 그의 아버지 걸걸중상은 말갈 추장 허국공 걸사비우와 연합하여, 안동도호부를 공격하는 고구려와 말갈 사람들을 적극 지원하였다. 698년 초에 말갈 장수 걸사비우가 죽자 대조영은 말갈 군대까지 자신의 지휘 통솔 하에 두고 당나라 추격군인 이해고의 군대와 맞서 싸웠다.

이때 대조영의 군대는 일부러 싸움에 밀리는 척하며, 지리에 익숙한 천문령쪽으로 후퇴하였다. 천문령에는 대조영이 미리 매복시킨 군대가 있었는데, 당나라 이해고의 군대는 이곳에서 대조영의 군대에게 크게 패하였다. 당시 이해고는 겨우 목숨만을 살려 당나라로 달아나는 수모를 겪었다.

이렇게 당나라 군대를 몰아낸 대조영은 698년에 고구려의 옛땅인 동모산(오늘날의 길림성 돈화)에 성을 쌓고, 그곳을 수도로 하여 정식으로 발해국을 건국하였다. 발해국의 초대 왕이 된 대조영은 계속적으로 고구려의 정통성을 이어나갔다. 〈끝〉

부 록

■ 고구려 연대표

장군총(ⓒ 김인홍)

왕명	연도(재위년)	고구려의 역사적 사건
제1대 추모왕 (동명성왕)	기원전 37년 (1) 〃 36년 (2) 〃 32년 (6) 〃 28년(10) 〃 24년(14)	-추모왕, 졸본에 고구려 건국. -송양의 비류국 합병 후 '다물도'라 칭함. -오이·부분노 등이 행인국 병합. -북옥저 병합. -추모왕의 모후 유화 부인이 동부여에서 사망하자, 동부여의 금와왕이 태후의 예로 장례를 지냄.
제2대 유리명왕 (유리왕)	〃 19년 (1) 〃 18년 (2) 〃 17년 (3) 〃 9년(11) 〃 6년(14) 서기 3년(22) 〃 7년(26) 〃 8년(27) 〃 13년(32) 〃 14년(33)	-추모왕이 재위 18년 만에 죽고, 아들 유리가 즉위하여 유리명왕이 됨. -비류국 송양왕의 딸을 왕후로 삼음. -왕후 송씨 사망함. 유리왕, 한씨녀(치희)를 그리워하며 〈황조가〉를 지음. -장군 부분노, 선비를 공격해 항복받음. -동부여 대소왕이 고구려를 공격했으나 실패함. -졸본에서 국내성으로 천도하고, 위나암성을 축조. -태자 해명이 황룡국왕이 보낸 활을 꺾어 조롱함. -왕명으로 태자 해명이 자결함. -부여의 침입을 왕자 무휼이 학반령에서 격퇴시킴. -태자 무휼에게 군정을 맡김.
제3대 대무신왕	〃 18년 (1) 〃 22년 (5) 〃 25년 (8) 〃 26년 (9) 〃 28년(11) 〃 32년(15)	-유리명왕이 재위 36년 만에 죽고 태자 무휼이 즉위하여 대무신왕이 됨. -동부여를 원정해 대소왕을 죽임. 대소왕이 막내동생 갈사국을 세움. -을두지를 좌보로 삼음. -개마국을 쳐서 멸망시키자, 구다국왕이 항복해옴. -후한의 요동 태수가 위나암성을 공격해오자, 을두지가 지혜로 물리침. -호동왕자, 낙랑국 공격에 성공했으나 원비의 모함으로 왕명을 받아 자결함.
제4대 민중왕	〃 44년 (1) 〃 46년 (3)	-대무신왕이 재위 26년 만에 죽고 왕제 해색주가 즉위하여 민중왕이 됨. -고구려에 혜성 출현.

왕명	연도(재위년)	고구려의 역사적 사건
제5대 모본왕	서기 48년 (1)	-민중왕이 재위 4년 만에 죽고 대무신왕의 차남 해우가 즉위하여 모본왕이 됨.
	〃 49년 (2)	-후한의 북평 · 어양 · 토곡 · 태원을 공격함.
제6대 태조대왕	〃 53년 (1)	-모본왕의 폭정으로 근신 두로가 반정을 일으켜 왕을 살해함. 모본왕 재위 5년 만에 유리명왕의 여섯째아들 재사의 아들 궁이 즉위하여 태조대왕이 됨. 왕이 어리므로 모후인 부여태후가 섭정함.
	〃 55년 (3)	-후한의 공격에 대비하여 요서 지역에 10성을 축조함.
	〃 56년 (4)	-동옥저 정벌.
	〃 68년(16)	-갈사국왕의 손자 도두를 항복시켜, 갈사국 병합.
	〃 72년(20)	-조나국을 공격해 조나국왕을 생포함.
	〃 74년(22)	-주나국을 쳐서 왕자 을음을 고추가로 삼음.
	〃 98년(46)	-동쪽으로 책성을 순수함.
	〃 105년(53)	-후한의 요동 6개 현을 공격함.
	〃 111년(59)	-예맥과 함께 현도군을 공격함.
	〃 121년(69)	-선비족과 함께 요동을 공격해 태수 채풍을 살해함.
	〃 123년(71)	-목도루를 좌보에, 고복장을 우보에 임명함.
제7대 차대왕	〃 146년 (1)	-태조대왕이 재위 93년 만에 아우 수성에게 선위함. 수성이 차대왕이 됨. 요동 서안평을 공격함. 낙랑태수 처자를 볼모로 잡아옴.
	〃 147년 (2)	-왕의 반대파인 고복장을 죽임. 미유를 우보에, 어지류를 좌보에, 양신을 중외대부에 임명.
	〃 148년 (3)	-태조대왕의 원자 막근을 살해함.
제8대 신대왕	〃 165년 (1)	-명림답부가 차대왕 재위 20년에 왕을 시해한 후 고추가 재사의 셋째아들(태조대왕과 차대왕의 이복동생)을 왕위에 추대, 신대왕이 됨.
	〃 166년 (2)	-명림답부, 고구려 최초로 국상이 됨.
	〃 168년 (4)	-선비와 함께 후한의 유주 · 병주를 공격함.
	〃 169년 (5)	-후한의 현도태수 경림이 침입하자 공손탁을 도와 부산성 토벌.
	〃 172년 (8)	-명림답부, 후한이 침입하자 좌원에서 격퇴.

왕명	연도(재위년)	고구려의 역사적 사건
제9대 고국천왕	서기 179년 (1) 〃 190년(12) 〃 191년(13) 〃 194년(16)	-신대왕이 재위 14년에 죽고 태자 남무가 고국천왕이 됨. -연나부 좌가려의 반란이 일어남. -좌가려 반란 진압 후, 을파소를 국상에 임명함. -을파소의 건의로 진대법 실시.
제10대 산상왕	〃 197년 (1) 〃 198년 (2) 〃 209년(13) 〃 213년(17)	-고국천왕이 재위 18년 만에 죽고 셋째 왕제 연우가 즉위해 산상왕이 됨. 왕위를 동생 연우에게 빼앗긴 둘째 왕제 발기 가 난을 일으켰다 실패함. 고국천왕 비 우씨 왕후가 다시 산상왕의 비가 됨. -환도성 축조. -주통촌의 여자가 산상왕의 아들을 낳자, 소후에 봉함. 도읍을 환도성으로 옮김. -주통촌 여자가 낳은 왕자 교체를 태자로 삼음.
제11대 동천왕	〃 227년 (1) 〃 230년 (4) 〃 238년(12) 〃 242년(16) 〃 244년(18) 〃 247년(21)	-산상왕이 재위 30년 만에 죽고 태자 교체가 즉위하여 동천 왕이 됨. -명림어수를 국상에 임명함. -위와 함께 요동의 공손연을 공격함. -요동의 서안평을 정벌함. -위의 유주자사 관구검이 침입해 국내성 점령. -평양성 축조.
제12대 중천왕	〃 248년 (1) 〃 251년 (4) 〃 259년(12)	-동천왕이 재위 21년 만에 죽고 태자 연불이 즉위하여 중천 왕이 됨. -왕비와 투기를 하던 관나부인(장발미녀)을 가죽자루에 넣어 바다에 던짐. -위의 침입을 양맥곡에서 대파함.
제13대 서천왕	〃 270년 (1) 〃 271년 (2) 〃 273년 (4) 〃 276년 (7) 〃 280년(11)	-중천왕이 재위 22년 만에 죽고 태자 약로가 즉위하여 서천 왕이 됨. -서부 대사자 우수의 딸을 왕후로 삼음. 국상 음우가 사망하 자, 상루를 국상에 임명함. -272년과 273년 두 해에 걸쳐 한해가 발생해 농사를 망치 자, 국고를 열어 빈민들을 구제함. -왕이 신성을 순행함. -왕제 달가가 숙신을 쳐 항복받음. 그 공으로 달가는 '안국

왕명	연도(재위년)	고구려의 역사적 사건
	서기 286년(17)	군'에 봉해지고 병마사가 되어 군권을 장악함. -왕제 일우 · 소발 등의 세력이 모반을 일으켰다 처형됨.
제14대 봉상왕	〃 292년 (1)	-서천왕이 재위 22년 만에 사망하고, 태자 상부가 왕위를 이어받아 봉상왕이 됨. 왕이 숙부인 안국군 달가를 살해함.
	〃 293년 (2)	-모용외가 평양성을 치자, 이를 북부 소형 고노자가 물리침.
	〃 293년 (3)	-창조리를 국상에 임명. 왕이 동생인 왕제 돌고를 죽이자, 돌고의 아들 을불이 도망침.
	〃 296년 (5)	-모용외가 재침해 서천왕의 능묘를 파헤치고 물어감. 모용외 의 공격에 대비코자 고노자를 신성태수로 삼음.
	〃 298년 (7)	-9월 추수를 앞두고 서리와 우박이 내려 농사를 망침. 그런 데도 왕은 궁실을 증축하기 위해 부역을 단행하고, 강제로 세금을 징수케 해 백성들의 원성을 삼.
제15대 미천왕	〃 300년 (1)	-국상 창조리가 반정을 단행하여 봉상왕 재위 8년 만에 왕을 폐함. 이때 숨어 살던 돌고의 아들 을불이 왕위에 올라 미천 왕이 됨.
	〃 302년 (3)	-왕이 군사 3만을 이끌고 현도군을 공격, 8천의 포로를 생포 해 평양으로 이주시킴.
	〃 311년(12)	-요동의 서안평 공격에 성공함.
	〃 313년(14)	-낙랑군을 공격해 멸함.
	〃 314년(15)	-대방군을 점령함.
	〃 315년(16)	-현도성을 공격해 점령함.
	〃 319년(20)	-동진의 평주자사 최비가 모용외를 치다 실패하여 고구려로 도망옴.
	〃 330년(31)	-후조에 사신을 보냄.
제16대 고국원왕	〃 331년 (1)	-미천왕이 재위 31년 만에 죽고, 태자 사유가 왕위를 이어 고국원왕이 됨.
	〃 334년 (4)	-평양성 증축.
	〃 335년 (5)	-신성을 쌓음.
	〃 336년 (6)	-동진에 사신을 보냄.
	〃 337년 (7)	-요동 모용인의 부하였던 동수가 고구려로 귀화함.
	〃 339년 (9)	-전연 모용황의 군사가 신성을 침입하자, 고구려는 화해를 요청함.

왕명	연도(재위년)	고구려의 역사적 사건
	서기 340년(10)	−태자를 전연 모용황에게 보냄.
	〃 342년(12)	−환도성과 국내성을 증축하고, 왕이 환도성으로 천도함. 전연의 모용황이 침입해 환도성이 함락당함. 모용황은 태후 주씨와 왕후를 볼모로 삼고, 5만 명의 포로를 잡아 전연의 도성인 용성으로 끌고 감. 이때 미천왕의 묘를 파헤쳐 시신을 도둑질해 감.
	〃 343년(13)	−왕제 무를 전연에 보내, 미천왕의 시신을 찾아옴. 왕이 평양 동황성으로 도성을 옮김.
	〃 345년(15)	−전연의 모용각이 고구려의 남소성을 빼앗음.
	〃 349년(19)	−포로로 잡았던 전연의 동이호군 송황을 돌려보냄.
	〃 355년(25)	−전연에 억류되었던 태후 주씨와 왕후가 13년 만에 귀환함.
	〃 369년(39)	−백제를 공격하다 치양성 전투에서 대패함.
	〃 370년(40)	−전연의 태부 모용평이 망명해오자, 그를 전진으로 보냄.
제17대 소수림왕	〃 371년 (1)	−백제의 평양성 침공으로 재위 40년 만에 고국원왕 전사하고, 태자 구부가 왕위에 올라 소수림왕이 됨.
	〃 372년 (2)	−전진의 승려 순도가 불상과 경문을 가져옴. 태학을 세움.
	〃 373년 (3)	−율령을 반포함.
	〃 375년 (5)	−백제에게 빼앗겼던 수곡성을 공격해 함락시킴.
	〃 376년 (6)	−백제의 북부를 공격함.
	〃 377년 (7)	−백제가 고구려의 평양성을 쳤으나, 실패하고 물러감.
	〃 378년 (8)	−거란이 고구려 북부의 8개 부락을 공격해 약탈함.
제18대 고국양왕	〃 384년 (1)	−소수림왕이 재위 13년 만에 죽고, 왕제 이련이 왕위를 이어받아 고국양왕이 됨.
	〃 385년 (2)	−요동과 현도를 함락하고, 포로 1만 명을 사로잡음. 5개월 후 후연의 모용농이 고구려에게 빼앗겼던 요동과 현도를 회복함.
	〃 388년 (5)	−가뭄으로 큰 피해를 입음.
	〃 390년 (7)	−백제의 진가모가 고구려를 공격해 도압성을 함락함.
제19대 광개토태왕	〃 391년 (1)	−고국양왕이 재위 7년 만에 죽고, 태자 담덕이 왕위에 올라 광개토태왕이 됨. 즉위와 함께 '영락'이란 연호를 사용함. 평양성에 9개의 사찰을 창건함.

왕명	연도(재위년)	고구려의 역사적 사건
	서기 392년 (2)	−백제를 공격하여 10성을 빼앗음. 신라로 하여금 내물이사금의 조카 실성을 고구려에 볼모로 보내도록 함. 백제의 요새 관미성(광개토태왕 능비에는 각미성으로 나옴)을 육로와 해로 7대의 군사로 나누어 공격, 20일 만에 공략함.
	〃 394년 (4)	−백제 침공에 대비하여 남방에 7성을 쌓음.
	〃 395년 (5)	−평양성을 쳐들어온 백제를 패강(대동강)에서 크게 무찌름. 비려(거란)을 정벌함.
	〃 396년 (6)	−태왕이 대선단을 이끌고 한수를 거슬러 올라가 백제의 한성을 공략함. 이때 백제왕은 항복하고, 남녀 1천 명과 세포 1천 필, 그리고 왕족 및 대신 10명을 볼모로 바침. 한수 이북의 백제 땅 58개 성과 700개 촌락이 고구려에 편입됨.
	〃 398년 (8)	−북위에 사신을 보냄. 숙신 정벌.
	〃 399년 (9)	−백제 · 왜 · 가야의 연합군으로 공격해오자 신라가 고구려에 구원 요청을 함.
	〃 400년(10)	−태왕이 보기병 5만을 보내 신라를 구원, 백제 · 왜 · 가야의 연합군이 궤멸시킴.
	〃 402년(12)	−후연의 숙군성을 공격함.
	〃 404년(14)	−태왕이 친정에 나서 후연을 정벌함. 고구려의 대방군에 침입한 왜군을 물리침.
	〃 405년(15)	−요동성에 침입한 후연왕 모용희의 군대를 격파함.
	〃 406년(16)	−목저성에 침입한 후연왕 모용희의 군대를 격파함.
	〃 409년(19)	−왕자 거련을 태자로 삼음.
	〃 410년(20)	−동부여를 정벌함.
	〃 412년(22)	−신라의 내물마립간이 아들 복호를 고구려에 볼모로 보냄.
제20대 장수왕	〃 413년 (1)	−광개토태왕이 재위 22년 만에 죽고, 태자 거련이 왕위에 올라 장수왕이 됨.
	〃 414년 (2)	−광개토태왕릉비를 건립함.
	〃 418년 (6)	−고구려에 볼모로 있던 복호를 신라의 박제상이 구출해 귀국시킴.
	〃 423년(11)	−송에 사신을 보냄.
	〃 425년(13)	−북위에 사신을 보냄.
	〃 427년(15)	−평양으로 천도, 안학궁을 건립함.

왕명	연도(재위년)	고구려의 역사적 사건
	서기 436년(24)	-북연왕 풍홍이 북위의 공격을 피해 고구려로 도망옴.
	〃 438년(26)	-고구려, 북연왕 풍홍을 죽임.
	〃 439년(27)	-북위에 두 차례 사신을 보냄. 송에는 말 800필을 보냄.
	〃 449년(37)	-중원고구려비 건립.
	〃 454년(42)	-신라 북쪽 변방을 공격함.
	〃 455년(43)	-백제를 공격하자, 나제동맹을 맺은 신라가 원군을 보냄.
	〃 464년(52)	-신라를 공격하자, 백제와 가야가 신라를 지원함.
	〃 468년(56)	-말갈과 함께 신라 실직성을 공격함.
	〃 475년(63)	-백제 수도 한성을 함락하고, 개로왕을 시해함.
	〃 481년(69)	-말갈과 함께 신라 북변을 쳐서 7성을 함락시킴.
	〃 489년(77)	-신라 고산성을 함락시킴.
제21대 문자명왕	〃 491년 (1)	-장수왕이 재위 79년 만에 죽고, 손자인 나운이 왕위를 이어 문자명왕이 됨.
	〃 494년 (4)	-부여왕이 항복해 옴.
	〃 495년 (5)	-고구려가 백제의 치양성을 쳤으나, 신라의 도움으로 실패함.
	〃 497년 (7)	-신라의 우산성을 함락함.
	〃 503년(13)	-백제가 고구려의 수곡성을 침공함.
	〃 512년(22)	-백제의 가불성과 원산성을 함락함.
제22대 안장왕	〃 519년 (1)	-문자명왕이 재위 28년 만에 죽고, 태자 흥안이 왕위를 이어 안장왕이 됨.
	〃 523년 (5)	-백제의 북변을 공격했으나, 백제 장군 지충의 1만 군에 밀려 성과를 거두지 못함.
	〃 529년(11)	-백제의 북변을 공격하여 오곡 벌판에서 대혈전을 벌여, 백제군 2천을 죽이고 수천의 부상자가 발생케 함.
제23대 안원왕	〃 531년 (1)	-안장왕이 재위 12년 만에 죽고, 문자명왕의 차남이자 안장왕의 아우인 보연이 왕위를 이어받아 안원왕이 됨.
	〃 533년 (3)	-장자 평성을 태자로 삼음.
	〃 537년 (7)	-장수 고흘이 백암성에서 돌궐군을 대파함.
	〃 540년(10)	-백제가 고구려 우산성을 공격함.
제24대 양원왕	〃 545년 (1)	-안원왕이 재위 14년 만에 죽고, 태자 평성이 왕위를 이어 양원왕이 됨.

왕명	연도(재위년)	고구려의 역사적 사건
	서기 547년 (3)	–백암성을 쌓고, 신성을 보수함.
	〃 548년 (4)	–고구려가 예와 함께 백제의 독산성을 공격하자, 신라의 주진이 이끌고 온 군대가 고구려군를 격파함.
	〃 550년 (6)	–백제가 고구려의 도살성을 점령하자, 고구려는 백제의 금현성을 점령함. 이때 신라의 이사부가 도살성과 금현성을 모두 점령함.
	〃 551년 (7)	–신성과 백암성에 침입한 돌궐군을 격파함.
	〃 552년 (8)	–장안성을 축조함.
	〃 554년(10)	–백제의 웅진성을 공격함.
	〃 557년(13)	–환도성의 간주리가 모반을 함,
제25대 평원왕 (평강왕)	〃 559년 (1)	–양원왕이 재위 14년 만에 죽고, 태자 양성이 왕위를 이어 평원왕이 됨.
	〃 565년 (7)	–왕자 원을 태자로 책봉함.
	〃 568년(10)	–신라의 진흥왕이 고구려로부터 빼앗은 영토에 황초령순수비와 마운령순수비를 세움.
	〃 570년(12)	–왜국에 사신을 파견함.
	〃 586년(28)	–평양 대성산에서 장안성으로 천도함.
제26대 영양왕	〃 590년 (1)	–평원왕이 재위 31년 만에 죽고, 태자 원이 왕위에 올라 영양왕이 됨. 온달 장군이 신라군과 아차산성에서 싸우다 전사함.
	〃 598년 (9)	–말갈병 1만을 동원해 요서를 공격함. 수문제가 30만 대군으로 공격하자, 수나라군을 물리침.
	〃 600년(11)	–이문진으로 하여금 고구려 역사를 《신집》 5권으로 편찬케 함.
	〃 603년(14)	–신라의 북한산성을 공격함.
	〃 607년(18)	–백제의 송산성과 석두성을 공격함.
	〃 608년(19)	–신라의 우명산성을 함락시킴.
	〃 610년(21)	–고구려 승려 담징이 왜국에 종이 · 먹 · 수차 등을 전하고, 호류사의 금당벽화를 그림.
	〃 612년(23)	–수나라의 113만에 이르는 대군이 침입, 장군 을지문덕이 살수(청천강)에서 크게 물리침.
	〃 613년(24)	–수나라가 다시 고구려의 요동성을 침공해왔으나, 성공하지 못하고 회군함.

왕명	연도(재위년)	고구려의 역사적 사건
제27대 영류왕	서기 618년 (1)	−영양왕이 재위 28년 만에 죽고, 영양왕의 이복동생 건무 (또는 성)가 왕위에 올라 영류왕이 됨.
	〃 629년(12)	−고구려 낭비성(娘臂城)이 신라에 함락됨.
	〃 631년(14)	−천리장성 축조 시작.
	〃 638년(21)	−신라의 칠중성 공격.
	〃 641년(24)	−당나라 사신 진대덕이 고구려에 와서 지리를 정찰하고 돌아감.
제28대 보장왕	〃 642년 (1)	−연개소문이 영류왕을 죽이고 평원왕의 셋째 아들인 대양왕의 장남 보장을 왕으로 추대하여 보장왕이 됨.
	〃 643년 (2)	−당나라로부터 도교가 전래됨.
	〃 645년 (4)	−당나라 군대가 안시성을 포위하자, 고구려군이 이를 격퇴함.
	〃 646년 (5)	−천리장성을 완성함.
	〃 647년 (6)	−당나라의 이세적 군대를 대파함.
	〃 655년(14)	−고구려, 백제 · 말갈과 함께 신라의 33개 성을 빼앗음.
	〃 658년(17)	−당나라의 설인귀 군대와 요동에서 전투를 벌임.
	〃 666년(25)	−연개소문이 사망하자, 장자 남생이 막리지가 됨. 차남 남건 이 형의 자리를 빼앗아 막리지가 되면서 형제다툼이 벌어짐.
	〃 667년(26)	−당나라 군대에 고구려의 16개 성이 함락됨.
	〃 668년(27)	−보장왕이 나당연합군에게 항복, 고구려 멸망.

■ 자료 제공 및 소장처

국립중앙박물관
김인홍(단국대학교)
박종서(한국역사문화연구소)
윤성호(서울시 광진구청)

생동하는 고구려사

지 은 이 엄광용
초판 1쇄 발행   2019년 7월 30일

발 행 인 박종서
발 행 처 도서출판 역사산책
출판등록 2018년 4월 2일 제25100-2018-000060호
주   소 (10477) 경기도 고양시 덕양구 은빛로 39, 401호(화정동, 세은빌딩)
전   화 031-969-2004
팩   스 031-969-2070
이 메 일 historywalk2018@daum.net
페이스북 https://www.facebook.com/historywalkpub/

ISBN 979-11-964076-8-1 03910

값 18,000원

이 도서의 국립중앙도서관 출판예정도서목록(CIP)은 서지정보유통지원시스템 홈페이지
(http://seoji.nl.go.kr)와 국가자료종합목록구축시스템(http://kolis-net.nl.go.kr)에서
이용하실 수 있습니다.(CIP제어번호 CIP2019027796)